本书由浙江师范大学中国语言文学一级学科重点高校建设经费和浙江省社会科学重点研究基地浙江师范大学江南文化研究中心资助出版

清代的《史记》研究

俞樟华 等 著

黑龙江人民出版社

图书在版编目(CIP)数据

清代的《史记》研究/俞樟华著. —— 哈尔滨：黑龙江人民出版社，2016.4
ISBN 978-7-207-10708-4

Ⅰ.①清… Ⅱ.①俞… Ⅲ.①《史记》—研究—清代 Ⅳ.①K204.2

中国版本图书馆 CIP 数据核字(2016)第 081995 号

责任编辑：孙国志
封面设计：张　涛　李德铖
责任校对：秋云平

清代的《史记》研究
俞樟华　等　著

出版发行	黑龙江人民出版社
通信地址	哈尔滨市南岗区宣庆小区 1 号楼
邮　　编	150008
网　　址	www.longpress.com
电子邮箱	hljrmcbs@yeah.net
印　　刷	北京万博诚印刷有限公司
开　　本	787×1092　1/16
印　　张	20.5
字　　数	340 千字
版　　次	2016 年 4 月第 1 版　2021 年 1 月第 2 次印刷
书　　号	ISBN 978-7-207-10708-4
定　　价	48.00 元

版权所有　侵权必究　　　　举报电话：(0451)82308054
法律顾问：北京市大成律师事务所哈尔滨分所律师赵学利、赵景波

目　录

清代《史记》研究综论 …………………………………………… (1)
　一、论乾嘉学派考证《史记》的成果 …………………………… (3)
　　（一）考订文字 ……………………………………………… (4)
　　（二）考订地名、人名 ……………………………………… (7)
　　（三）考订年月 ……………………………………………… (9)
　　（四）考订作者生平 ………………………………………… (10)
　　（五）考订书名、断限、缺补 ……………………………… (12)
　　（六）考订史实 ……………………………………………… (13)
　二、评清学者论太史公叙事笔法 ……………………………… (14)
　三、论清学者对《史记》论赞的研究 ………………………… (23)
　四、从金批《水浒传》看古代小说评点与《史记》评点的关系 ……… (33)
　五、论"《三国》叙事之佳，直与《史记》仿佛"——从毛宗岗评点《三国演义》谈起 ………………………………………………… (42)
　　（一）叙事"直与《史记》仿佛" ………………………… (43)
　　（二）叙事"有倍难于《史记》"者 ……………………… (50)
　六、论王又朴的《史记七篇读法》 …………………………… (57)
　　（一）以古文说时文，以时文说古文 …………………… (58)
　　（二）会此意而推之，则无书不可读 …………………… (60)
　　（三）只以义法论文，则得其一端而已 ………………… (70)
　七、曾国藩论《史记》为文之法 ……………………………… (72)
　　（一）"俱含命字之意在言外"——紧扣主旨，量身选材 ……… (72)

1

(二)"借以自鸣其郁耳"——自鸣郁抑,情感喷涌 …………… (74)
  (三)"行气为文章第一义"——文气承接,迈远骞举 …………… (76)
  (四)"故知记事之文,宜讲剪裁之法"——详略得当,繁简相宜 … (77)
  (五)"不可一览而尽,又不可杂乱无纪"——先后有序,布局巧妙
  ……………………………………………………………………… (79)
  (六)"不妄下一字也"——用词洁准,叠词复笔 ………………… (81)

牛运震《史记评注》研究 …………………………………………… (84)

  一、《史记评注》的著者牛运震 ……………………………………… (92)
    (一)牛运震其人 …………………………………………………… (92)
    (二)牛运震著述 …………………………………………………… (96)
  二、评《史记》的艺术成就 …………………………………………… (98)
    (一)评《史记》的语言艺术 ……………………………………… (99)
    (二)评《史记》的写人艺术 ……………………………………… (116)
    (三)评《史记》的叙事艺术 ……………………………………… (131)
  三、评《史记》的其他内容 …………………………………………… (150)
    (一)评《史记》十表 ……………………………………………… (150)
    (二)评《史记》"太史公曰" ……………………………………… (157)
    (三)评《史记》与其他史书 ……………………………………… (165)

程馀庆《史记集说》研究 …………………………………………… (178)

  一、评《史记》之写人艺术 …………………………………………… (180)
    (一)评人物典型 …………………………………………………… (180)
    (二)评"主宾关系" ………………………………………………… (184)
  二、评《史记》之叙事艺术 …………………………………………… (189)
    (一)评文章"眼目" ………………………………………………… (189)
    (二)评"合传法" …………………………………………………… (191)
  三、评《史记》的其他内容 …………………………………………… (193)
    (一)评赞语 ………………………………………………………… (193)
    (二)评"十表" ……………………………………………………… (194)

目录

桐城四祖与《史记》 …………………………………………………… （199）
  一、接受的背景与动机 ………………………………………………… （202）
    （一）意欲存明代之史 …………………………………………… （202）
    （二）文统的一脉相承 …………………………………………… （204）
    （三）桐城文化的影响 …………………………………………… （206）
  二、文本的阐释与超越 ………………………………………………… （211）
    （一）太史公释名 ………………………………………………… （211）
    （二）人物品评 …………………………………………………… （214）
    （三）对《货殖列传》的接受 …………………………………… （218）
    （四）理论的阐释与超越 ………………………………………… （222）
  三、创作的影响与局限 ………………………………………………… （228）
    （一）创作的影响 ………………………………………………… （228）
    （二）戴名世对《史记》的接受 ………………………………… （237）
    （三）创作的局限 ………………………………………………… （246）

附录 ………………………………………………………………………… （253）
论司马迁对"让国"之态度——以《史记·吴太伯世家》为例 ……… （253）
  一、吴太伯让国与季札让国之比较 …………………………………… （254）
    （一）身份比较 …………………………………………………… （255）
    （二）原因比较 …………………………………………………… （256）
    （三）让国结果及让国态度比较 ………………………………… （258）
  二、司马迁对太伯、季札让国之态度 ………………………………… （259）
    （一）司马迁对季札其人的评价 ………………………………… （259）
    （二）司马迁对季札"让国"持有的态度 ……………………… （260）
  三、让国之难 …………………………………………………………… （261）
论杜甫诗歌对《史记》的借鉴与运用 …………………………………… （265）
论宋代诗人对韩信形象的接受 …………………………………………… （277）
论宋代韩信诗评与韩信史评 ……………………………………………… （290）

俞樟华教授的学术探索与创新之路 …………………………………（299）
  一、《史记》研究的集成性 ……………………………………（299）
  二、传记研究的开拓性 …………………………………………（303）
  三、学术史研究的创新性 ………………………………………（305）
参考文献 …………………………………………………………（309）
后记 ………………………………………………………………（318）

清代《史记》研究综论

清代是《史记》研究的高峰期，其探讨《史记》者之多，考评方面之广，出现了前所未有的盛况。据不完全统计，从清初到1905年间，研究过《史记》并有文章著作的学者，有三百人左右，论文有一百六十多篇，专著几十部，像储欣的《史记选》、吴见思的《史记论文》、王治皞的《史记榷参》、方苞的《史记注补正》、王又朴的《史记七篇读法》、汪越的《读史记十表》、汤谐的《史记半解》、杭世骏的《史记考证》、牛运震的《史记评注》、王元启的《史记三书正讹》、王鸣盛的《史记商榷》、邵泰衢的《史记疑问》、赵翼的《史记札记》、钱大昕的《史记考异》、邱逢年的《史记阐要》、邵晋涵的《史记辑评》、杨于果的《史汉笺论》、高塘的《史记钞》、梁玉绳的《史记志疑》、林伯桐的《史记蠡测》、王筠的《史记校》、丁晏的《史记余论》、程馀庆的《史记集说》、吴敏树的《史记别钞》、张文虎的《校勘史记札记》、郭嵩焘的《史记札记》、尚镕的《史记辨证》、潘永季的《读史记札论》、李慈铭的《史记札记》、吴汝纶的《桐城吴先生点勘史记》、沈家本的《史记琐言》、杨琪光的《史汉求是》和《读史记臆说》、鹿兴世的《史记私笺》等等，都是研精覃思、启发心智的力作，其他如顾炎武的《日知录》、李晚芳的《读史管见》、刘大櫆的《论文偶记》、章学诚的《文史通义》、刘熙载的《艺概》、曾国藩的《求阙斋读书录》、林纾的《春觉斋论文》等著作中，也对《史记》发表了许多值得重视的评论。

清人对《史记》研究的最大贡献，在考据方面。在清代，凡治《史记》者，无论史学家还是文学家，皆不废考证。他们对《史记》文字的衍、讹、脱、增、误、异、通、改、混、补，对史事的错谬、疏漏、矛盾，对舆地之古今异名和职官之沿革变化，以及年月之不伦失实、三家注之错妄疑缺等等，均详加稽考，匡谬正疵，探本溯源，其用力之勤，收效之大，可谓前无古人，后人也罕有其匹者。清人为何考证《史记》如此轰轰烈烈并硕果累累，究其原因，约有两端：

清代的《史记》研究

第一，清代统治者实行高压政策，屡兴文字狱，知识分子动辄得咎，为全身免祸，遂逃避现实，埋头于考证古籍，故乾嘉时代，考据学风靡学界，一时史学大家，都以考据治史学，甚至认为史家如不以考据治历史，即是足齿诸史学之林。在这样的政治形势和学术风气影响下，治《史记》者以考证为主，这是很自然的事。

第二，和清人治史的指导思想有关。清人治史，最讲究实事求是，凡古史"无稽者不信，不信必反复参证而后即安"（余廷灿《戴东原先生事略》）。他们反对驰骋议论，反对书法褒贬，主张史家应不虚美，不隐恶，据事直书，以期不失史实真相。如钱大昕说："史家以不虚美不隐恶为良，美恶不掩，各从其实。"（《史记志疑序》）"史家纪事，唯在不虚美，不隐恶，据事直书，是非自见。若各出新意，掉弄一两字，以为褒贬，是治丝而棼之也。"（《十驾斋养新录》卷十三）王鸣盛在《十七史商榷序》中所说，更具体而有代表性，他说："大抵史家所记典制，有得有失，读史者不必横生意见，驰骋议论，以明法戒也。但当考其典制之实，俾数千百年建置沿革，了如指掌，而或宜法，或宜戒，待人之自择焉可矣。其事迹则有美有恶，读史者亦不必强立文法，擅加与夺，以为褒贬也。但当考其事迹之实，俾年经事纬，部居州次，纪载之异同，见闻之离合，一一条析无疑，而若者可褒，若者可贬，听之天下之公论焉可矣。书生胸臆，每患迂遇，即使考之已详，而议论褒贬，犹恐未当，况其考之未确者哉？盖学问之道，求于虚不如求于实，议论褒贬，皆虚文耳。作史者之所考，总期于能得其实焉而已矣，外此又何多求耶？"钱大昕、王鸣盛其理论如此，实践也如此，他们几十年如一日，孜孜不倦地为古史订伪文，正误谬，补阙遗，祛疑指瑕，拾遗规过，取得了很大的成绩。他们的治史理论和实践，对乾嘉以后考证风气的盛行颇具影响，治《史记》者也都从考证入手，从乾嘉至清末，几无例外。

不过应该指出的是，清人治《史记》虽以考证为主，但也不废评论，像王鸣盛、赵翼、钱大昕等考据学大家，也是考中有评，兼及史事、兼论人物的，只是非其重心所在而已。还有一些学者，如何焯、方苞、王又朴、吴见思、汤谐、李晚芳、邵晋涵、邱逢年、林伯桐、丁晏、程徐庆、章学诚、曾国藩等人，则都重在分析评论《史记》，而考证是次要的。所以除考证外，清人在《史记》评论方面的成就也足称道，不可忽视，尤其是桐城派等对《史记》艺术美的研究，已经具有相当高的水平。

桐城派是清代散文的一大流派，作为封建正统文学，它雄霸清文坛200余年。这个流派有一个鲜明特点,就是从其先驱戴名世,到桐城三祖的方苞、刘大櫆、姚鼐,再到中兴之主曾国藩,直至末代宗师吴汝纶、殿军林纾,以及他们数以千计的门生弟子都十分喜爱《史记》,推崇《史记》。他们以方苞创立的义法说论《史记》,认为《史记》是义法最精的古文典范,是散文家师法学习的榜样,所以桐城派诸家,都很注重学习《史记》。为了学习有章可循,首先应该知道《史记》文章的动人美妙之处在哪里,因此,桐城派中的一些名家除了通过论文或专著对《史记》文章之美作了细微委曲的分析研究外,还通过编纂如《古文约选》(方苞)、《古文辞类纂》(姚鼐)、《经史百家杂钞》(曾国藩)等古文通俗读本,来选录《史记》文章,并加上评点,供人阅读和学习。所以说,桐城派在深入研究和普及宣传《史记》上,都做出了积极贡献。

但是考据亦好,评点亦好,都还存在着一些不足之处。前者为考证而考证,有不当考者而考、不当辨者而辨、不当疑者而疑、不当非者而非的缺点,而且其考证也每每失之细碎,过于繁琐,其中劳而无益之处,也时时可见;后者以义法论文,局限太大,不能使《史记》文章种种美妙动人之处得到尽情阐发,个中流弊,固不待言。所以著名史学家章学诚对两者都不满意,予以批评。他说:"至于辞章家舒其文采,记诵家精其考核,其于史学,似乎小有所补;而循流忘源,不知大体,用力愈勤,而识解所至,亦去古愈远而愈所不当。"(《文史通义·申郑》)这里的"辞章家",即指桐城派,"记诵家"指考据派。章氏认为他们只是溺于考索,尚空言,炫文采,而不懂得史以明义的道理,所得不多,所以他非常感叹。钱大昕也指摘方苞之病,批评说:"盖方所谓古文义法者,特世俗选本之古文,未尝博观而求其法也。'法'且不知,而'义'于何有?昔刘原父讥欧阳公不读书,原父博闻诚胜于欧阳,其言未免太过。若方氏乃真不读书之甚者。"(《潜研堂文集·与友人书》)钱氏对方苞的批评,未尝没有道理,但谓方苞不读书,并讥其得为"古文之糟粕",亦未为准评。清人研究《史记》有不当之处,这是正常现象,不足为怪,指出其存在的问题是必要的,但过分苛求责难,甚至一笔抹杀,这就失之过激,不足取了。

一、论乾嘉学派考证《史记》的成果

近代林纾曾指出,清代治《史记》者,"厥有二派,甲派如钱竹汀之《考异》、梁玉绳之《志疑》、王怀祖之《杂志》,均精核多所发明,而梁氏成书至三十六

3

清代的《史记》研究

卷,论黄帝一事凡千言,其下历举异同,良足以刊《史记》之误。乙派则归震川、方望溪及先生(按指吴汝纶)之读本,专论文章气脉,无尚考据。二者均有益于学子,然而发神枢鬼藏之秘,治丛冗芜肴之病,导后进以轨辙,则文章家较考据为益滋多。顾不有考据,则眚于误书;不讲文章,则昧于古法。"①在清代,考据学家考订《史记》,匡谬正疵,探本溯源,使《史记》更臻完善了,为读者提供了一个错误较少的本子;文章家评点《史记》,抉幽发微,指说《史记》文章的妙处,对帮助读者阅读欣赏、师法学习都很有用。考订和评点,两者相互并存,相得益彰,皆有功于史学,有利于后人。作为古文家,林纾更推崇评点家,这情有可原,其实成就最大的,还得数考据家。

《史记》在长期流传、抄写、刻印的过程中,造成了很多错误。对其错误的考订,前人早已有之,如三家注对《史记》文字和史事的考释,宋人吕祖谦对《史记》亡篇缺篇的考证等都是。但是对《史记》的错讹舛误展开全面细致的考证工作,是从清代开始的,其主力军是乾嘉学派。乾嘉学派治《史记》,精力主要集中在对《史记》错误的考订辨析上,他们充分利用经学、小学、天文、历法、舆地、音韵、金石、版本、氏族、避讳等方面的知识来治《史记》,所发现的问题多,所解决的问题也多,取得的成就也非常大。

乾嘉学派考证《史记》,重事实,重证据,凡创立新说,必凭证据,绝不无证虚测,妄下断语,孤证不足定其说,则罗列多项证据以定是非。在具体做法上,或以《史记》纪传对勘,或以前后文互比,或用先秦经传相印证,或以《汉书》证《史记》,在比较中明异同,见正误,分是非。乾嘉学派考证《史记》的方面很广,大至重大历史事件,小至一字一句、一地一名,都不放过,细细碎碎,既富且杂,约而言之,主要有以下几个方面:

(一)考订文字

《史记》在文字上出现的问题最多,各本之间,字句有多有少,有同有异,差别很大。其错脱讹衍、增改窜乱的情况也很严重,有的地方已经使人真假莫辨,不知所从。有时一字一句的不同,含义就完全两样,史实有了出入,这势必影响到对司马迁和《史记》思想的正确评价。为了澄本清源,归复旧观,清人花了大量的时间和精力来厘正《史记》文字上的错误。厘正文字,实为清人考证

---

① [清]林纾:《畏庐续集·桐城吴先生点勘史记读本序》,北京市中国书店1985年版,第9页。

《史记》的重心所在,在这方面贡献较大的,是钱大昕、王念孙、梁玉绳、李慈铭、张文虎等人。他们考证《史记》文字,主要是指正其文字的衍、羡、脱、误、增、改、缺、疑、异、诞、倒,及错简等,如:

衍文《廉颇蔺相如列传》:"秦破赵,杀将扈辄于武遂城。"钱大昕说:"《赵世家》作'武城'。武遂在燕、赵之交,秦兵未得至其地,恐因上文有'武遂方城'之文,误衍'遂'字耳。"①这是因上文而衍的例子。又《越王勾践世家》:"允常之时,与吴王阖庐战而相怨伐。"王念孙说:"'怨伐'二字,义不相属,诸书亦无以'怨伐'连文者,'伐'字盖因下文而误衍也。"②因下文而衍,这又是一种情况。《史记》衍文很多,或因上文而衍,或因下文而衍,少则一二字,多则十几字,且有错中有衍,比较复杂,要一一厘正,不是件容易的事,清人于此下了不少苦工。

讹文《十二诸侯年表》:"卫君起元年,石傅逐起出。"钱大昕说:"《左传》作'石圃','圃''傅'相近,'传'盖'傅'之讹。"③又《齐悼惠王世家》:"孝文帝尽封齐悼惠王子罢军等七人,皆为列传。"但据《汉书·王子侯表》载,当时同封者共十人,故钱大昕认为:"此云'七人',盖'十人'之讹。"④可见"七""十"是形近而误。像"比"讹为"北","徒"讹为"徙","劫"讹为"部","奏"讹为"奉","劲"讹为"到"等,也都属于形近而误,王念孙在《史记杂志》中均有发明。对《史记》讹文的辨正,梁玉绳《史记志疑》曾做了大量工作。

增改《史记》文字被后人或增或改的现象也很严重,如钱大昕说,《武帝本纪》"与王不相中得"的"得"字,是"后人妄增",而"中"本可训"得";《齐太公世家》"阚止有宠焉",在《田齐世家》中,"阚止"作"监止",钱氏认为这才是太史公的本文,"此篇作'阚',乃后人妄改。"⑤又如《屈原列传》"曾伤爰哀,永叹喟兮。世溷不吾知,心不可谓兮"四句,王引之说,此四句"乃后人援《楚辞》增入,非《史记》原文也。'曾吟恒悲'四句,即'曾伤爰哀'四句之异文。特《史记》在'道远忽兮'之下,《楚辞》在'余何畏惧兮'之下耳。后人据《楚辞》增入,而不知已见于上文也。"⑥王氏的分析有根有据,是可以同意的。梁玉绳也

---

① [清]钱大昕撰,陈文和、张连生、曹明升校点:《廿二史考异》卷五,凤凰出版社2008年版,第53页。
② [清]王念孙:《读书杂志·史记》卷三之三,中华书局1991年版,第103页。
③ [清]钱大昕撰,陈文和、张连生、曹明升校点:《廿二史考异》卷二,凤凰出版社2008年版,第11页。
④ [清]钱大昕撰,陈文和、张连生、曹明升校点:《廿二史考异》卷四,凤凰出版社2008年版,第45页。
⑤ [清]钱大昕撰,陈文和、张连生、曹明升校点:《廿二史考异》卷四,凤凰出版社2008年版,第37页。
⑥ [清]王念孙:《读书杂志·史记》卷三之五,中华书局1991年版,第136页。

指出，《项羽本纪》"大司马咎长史翳、塞王欣皆自刭汜水上"句中，"《高纪》及《汉书》纪、传皆无'翳塞王'三字，此后人妄增之。"①又说《周本纪》"二月甲子昧爽"句中的"二月"，"当依徐广注作'正月'为是。《齐世家》作'正月'，此乃后人传写妄改也。"②这些指正也是对的。后人传写《史记》，或不明文义，或不解古音，或据他本，或凭己意而任意增改《史记》文字的事，也屡见不鲜，它给《史记》文字造成的混乱，也是很严重的。

脱缺 《史记》中的脱文缺字，以十表为最多，有的一表之中多达几十处。如王念孙指出，《建元以来王子侯者年表》中"东野侯刘章，'侯'上脱'戴'字；繁安侯刘忠，'侯'上脱'夷'字；鄑侯刘延年，'侯'上脱'安'字；春陵侯刘买，'侯'上脱'节'字；瓶侯刘成，'侯'上脱'敬'字，皆当依《汉表》及《索隐》本补。"③梁玉绳也说，《高祖功臣侯者年表》中，绛侯栏"其三年为太尉，七为丞相，有罪国除。""七"下缺"年"字；舞阳侯栏"中元五年侯它广非荒侯市人子，国除"，"它广"下缺"坐"字；成侯栏"元狩二年，侯朝为济南太守"，"二"当作"三"，"朝"下缺"坐"字；贳侯栏"以都尉击项羽，千六百户，功比台侯"，"羽"下缺"侯"字；壮平侯栏"其四为丞相，五岁罢"。"四"下缺"年"字，"五"上缺"十"字，"孝文四年张苍为丞相，凡十五年而免也。"④如此等等，不一而足。清人读书之细心，耙梳之殷勤，由此可见一斑。

《史记》文字上的错误，以上所述，还不完善，比如还有误倒、错简等等。如王念孙说，《五帝本纪》"动静之物，小大之神"，"小大"当从宋本作"大小"，写者误倒耳。《正义》先释"大"，后释"小"，则本作"大小"明矣。⑤梁玉绳也指出，《卫将军骠骑列传》"其秋，青为车骑将军，出雁门，三万骑击匈奴，斩首虏数千人。明年，匈奴入杀辽西太守"这段话中，"青为车骑将军"至"明年"共23字，当在下文"汉会将军李息击之，出代"句之后，这是传写误倒所致。⑥对《史记》异文的校勘，以张文虎的成就为大。他的《校勘史记集解索隐正义札记》一书，依本纪、表、书、世家、列传别为五卷，每卷摘取所校原文，其下即说明用以互校的各本异文及取舍理由。如《十二诸侯年表》鲁文公十四年栏记"宋、

---

① [清]梁玉绳：《史记志疑》卷六，中华书局1981年版，第209页。
② [清]梁玉绳：《史记志疑》卷三，中华书局1981年版，第85页。
③ [清]王念孙：《读书杂志·史记》卷三之二，中华书局1991年版，第85页。
④ [清]梁玉绳：《史记志疑》卷一一，中华书局1981年版，第523、523、526、534、556页。
⑤ [清]王念孙：《读书杂志·史记》三之一，中华书局1991年版，第71页。
⑥ [清]梁玉绳：《史记志疑》卷三四，中华书局1981年版，第1391页。

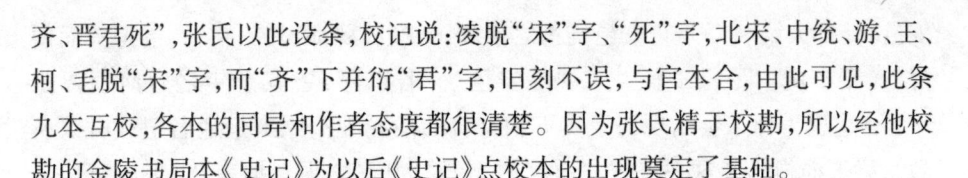

齐、晋君死",张氏以此设条,校记说:凌脱"宋"字、"死"字,北宋、中统、游、王、柯、毛脱"宋"字,而"齐"下并衍"君"字,旧刻不误,与官本合,由此可见,此条九本互校,各本的同异和作者态度都很清楚。因为张氏精于校勘,所以经他校勘的金陵书局本《史记》为以后《史记》点校本的出现奠定了基础。

清人在订正《史记》文字时,对三家注在注释方面的失误,也作了许多辨正。同时,对《史记》中的疑难字句,也或注音,或释义,随时做出解释,以期帮助读者更好地阅读和理解《史记》。这都是很有意义的工作。他们的优秀成果,许多已被以后的《史记》注释者所吸收、采纳。

在肯定清人考订《史记》文字的成就时,我们也需要指出,对清人的考订结果是不能盲目相信、全盘接受的。清代学者大都以现传古籍来校《史记》,这固然可以证明《史记》的错误,但是,又怎么知道清人所见的古籍就是司马迁当年作史所依据的本子呢?又有什么证据足以证明现传古籍就一定是正确的呢?所以不能够得到一点印证,就完全肯定司马迁错了。乾嘉考据学家持这种方法治《史记》,有得也有失。如《史记·周本纪》载:"得卫巫,使监谤者,以告则杀之。其谤鲜矣,诸侯不朝。三十四年,王益严,国人莫敢言,道路以目。"这是司马迁对周厉王残酷压制人民言论的揭露,诸侯也不以为然。正是司马迁不隐恶的描写,而梁玉绳却认为:"《国语》无'其谤鲜矣'十五字,当是误证。"①像这种论断,是无法让人心满意足的。所谓"疑所不当疑",是清人考证《史记》的一大通病,明慧如梁玉绳,也没能避免。

(二)考订地名、人名

《史记》一书涉及的地名、人名,是非常多的,其中记载有误,或表达不明的情况,也不在少数。如《绛侯周勃世家》载:"攻曲逆,最,还守敖仓,追项籍"。钱大昕认为,这里的"曲逆"当作"曲遇","逆"字错了。② 梁玉绳也说:"曲遇在中牟,故下文云'还守敖仓'。若曲逆,属中山,不相值也。"③曲逆在今河北完县东南,古属中山。曲遇在今河南中牟东北。据史所载,赵、代、中山之地皆为韩信所取,而未闻周勃有从韩信征战事。故钱、梁之说可信。又如《商君列传》:"于是以鞅为大良造,将兵围魏安邑,降之。"顾炎武指出:"下文'魏遂去

---

① [清]梁玉绳:《史记志疑》卷三,中华书局1981年版,第100页。
② [清]钱大昕撰,陈文和、张连生、曹明升校点:《廿二史考异》卷四,凤凰出版社2008年版。
③ [清]梁玉绳:《史记志疑》卷二六,中华书局1981年版,第1172页。

安邑,徙都大梁',乃是自安邑徙都之事耳。安邑,魏都,其王在焉,岂得围而便降?《秦本纪》昭王二十一,'魏献安邑'。若已降,于五十年之后何烦再献乎?"①这里为什么会出现与事实不相符合的情况呢?原来是地名记载有误所致。梁玉绳指出了这一点:"'安邑'二字乃'固阳'之误。据表及《魏世家》,惠王十九年,筑长城塞固阳,秦商鞅围固阳降之,即此事也。"②梁氏的分析是对的。

对《史记》地名的失误,可考者清人大都做了考订,对弄不太清楚的,只好存疑。如《秦本纪》:"四十四年,攻韩南郡,取之。"钱大昕指出:"南郡",《六国表》作"南阳","战国之际,韩、魏皆有南阳,魏之南阳,即河内之修武。……韩之南阳,即秦、汉南阳郡也,但秦昭王三十五年已置南阳郡,而此又云攻韩取之,亦似可疑,若江陵之南郡,则楚地,非韩地也。"③对不可解的不强为之解,疑者存疑,这是严谨不苟的治学态度。

至于对人名的考证,例子也很多。如钱大昕说,《管蔡世家》"卫使史鳅自言康叔之功德"句中的"史鳅",据《左传》应作"祝鮀","两人同字子鱼,因而传讹"④。王鸣盛则指出,《项羽本纪》"广陵人召平矫陈涉命封项梁",《吕后本纪》"齐王相召平举兵欲围王",《萧相国世家》"有故秦东陵侯召平种瓜城东",这三句中的"召平","三人皆同姓名,非一人"也。⑤又如"魏世家"曰:"魏王以秦救之故,欲亲秦而伐韩,以求故地。无忌谓魏王曰"云云,这里的"无忌",王念孙认为杨倞注《荀子·强国篇》引此"无忌"作"朱忌"是对的,他分析说:"作无忌者,后人以意改之耳。《史记》他篇中或称信陵君,或称魏公子无忌,或称魏将无忌,其但称无忌者,则承上文而言,今无忌之名不见于上文,而忽云'无忌谓魏王曰',则文义不明,……且下文称'信陵君无忌矫夺晋鄙兵',而此但称'无忌',则是详于后而略于前,于理尤不可通。《魏策》作'朱己谓魏王曰',己、忌古同声,则《史记》之本作'朱忌'甚明。"⑥后来张文虎也赞同此说。

---

① [清]顾炎武著,[清]黄汝成集释,栾保群、吕宗力校点:《日知录集释·史记》卷二六,下册,花山文艺出版社1990年版,第1117页。
② [清]梁玉绳:《史记志疑》卷四,中华书局1981年版,第140页。
③ [清]钱大昕撰,陈文和、张连生、曹明升校点:《廿二史考异》卷一,凤凰出版社2008年版,第5页。
④ [清]钱大昕撰,陈文和、张连生、曹明升校点:《廿二史考异》卷四,凤凰出版社2008年版,第38页。
⑤ [清]王鸣盛撰,陈文和、王永平、张连生、孙显军校点:《十七史商榷》卷四,凤凰出版社2008年版,第21页。
⑥ [清]王念孙:《读书杂志·史记》卷三之三,中华书局1991年版,第106~107页。

(三)考订年月

记载历史,时间是一个很重要的因素,时间不确,有时会失之毫厘,谬之千里。司马迁写史,对于主要历史事件发生、发展的时间,都注意交代清楚,基本真实可信。但其中记载失实之处,仍在所难免。在这方面,清人也做了相当仔细的考证辨析工作。如钱大昕指出,《张仪列传》"卒起兵伐蜀,十月取之"的记载有误,据《秦本纪》及年表,"伐蜀乃惠王后九年事。此传叙于惠王十年以前,则误以为前九年矣。"[1]又指出,《范雎传》中范雎说秦"至今闭关十五年,不敢窥兵于山东者"云云,与事实不符。范雎说秦王在昭王三十六年,"是时秦用白起破赵、魏及楚者屡矣,而穰侯方出兵攻纲寿,安有闭关十五年之事?"[2]其实范雎说秦,用的是战国纵横家的口吻,为打动君王,难免危言耸听,夸饰失实。司马迁如实记录,正可见出范雎的为人特点,清儒却死抠字义,斤斤计较于这十五年中的频繁战事,把本不该坐实的地方去硬性坐实,照此办理,《史记》将大失光彩,范雎作为游说之士的特点也就荡然无存了。这是清人为考证而考证的弊病。

如果说像范雎这类游说之辞中涉及的时间问题可以存而不论,那么,是不是凡司马迁叙述语中谈到的时间就应——落实呢? 看来也不尽然,因为司马迁有时也用夸饰之笔。对这个问题处理的较好的是郭嵩焘。我们先看例子:《魏公子列传》说:"当是时,诸侯以公子贤,多客,不敢加兵谋魏十余年。"郭氏在《史记札记》卷五上据《史记·魏世家》指出:"安釐王元年,秦拔魏两城;二年,又拔二城;三年,拔四城;四年,秦破魏,予秦南阳以和;九年,秦拔魏怀;十一年,秦拔魏郪丘;齐楚攻魏,秦救之,魏王因欲伐韩求故地,信陵君谏;二十年,秦围邯郸,信陵君矫夺晋鄙军救赵。盖自魏安釐王立,无岁不有秦兵。是时秦益强,六国日益弱。而赵将楼昌攻魏几,廉颇攻魏房子,又攻安阳。所谓'诸侯不敢加兵谋魏十余年',是史公极意描写之笔,无事实也。"郭嵩焘比钱大昕高明的地方在于,他既看到所谓"诸侯不敢加兵"云云,与事实并不相符,又能看到这是司马迁对魏公子的极意描写。此时此刻,司马迁重在刻画人物,而不是在作信史。这样分析,比较接近司马迁作史的实际,对读者也有帮助。

---

[1] [清]钱大昕撰,陈文和、张连生、曹明升校点:《廿二史考异》卷五,凤凰出版社2008年版,第51页。

[2] [清]钱大昕撰,陈文和、张连生、曹明升校点:《廿二史考异》卷五,凤凰出版社2008年版,第52页。

清代的《史记》研究

其实司马迁在这里已用了互见法,为了突出魏公子的形象,他在《魏公子列传》说"诸侯不敢加兵"云云,为了弥补这种夸饰失实,他又在《魏世家》中记载了频繁的战事,这正表明司马迁作史态度的严谨,比较好地处理了写史事和写人物的关系,而不应该视为自相矛盾。

(四)考订作者生平

关于司马迁的生平事迹,材料很少,班固《汉书》为司马迁作传,也只是根据《太史公自序》和《报任安书》敷衍成文,没有什么新的发现,给后人留下了诸多疑惑。清人考证《史记》,必然也顾及对作者生平事迹的考证,他们注意到的问题主要有:

第一,关于司马迁的字。《史记正义》说:"司马迁字子长,左冯翊人也。"但《史记》自序及《汉书·司马迁传》皆不见著录,惟见于《法言·寡见篇》和《后汉书·张衡传》等书。王鸣盛认为,既然扬雄已言司马迁字子长,那么班固应该知道,《汉书》不载,是因为"《迁传》即用《自序》元文,例不画一,故漏其字。"[①]尽管司马迁的字来历不明,清人仍然照用不误,说明"子长"是司马迁的字,大家还是承认的。

第二,关于卒年。司马迁自言二十南游江淮,上会稽,探禹穴,窥九疑,浮沅湘,北涉汶泗,讲业齐鲁之都,乡射邹峄,厄困鄱、薛、彭城,过梁楚以归。以后又为郎中,奉使巴蜀,南略邛、笮、昆明以还。因此,王鸣盛便由其游踪仕历来考其年岁,认为司马迁游历既多,历时必久,至汉武帝元封元年平西南夷成功,司马迁奉使巴蜀时,大约已四十左右,出使回来在洛阳见到其父,父卒后三年始为太史令,而抽石室金匮书又五年,当太初元年始作史,迁之年约五十七岁,至书成,必六十余矣。最后,王氏认为,司马迁"卒于昭帝初"年。[②] 关于司马迁的生卒,众说纷纭,迄今没有定论,王氏之论,可备一说。

第三,关于作史年岁。司马迁什么时候开始作《史记》? 又在什么时间完成? 清人也提出了看法。如赵翼在《廿二史札记》中指出,司马迁为太史令即着手编纂史事,而迁初为太史令在元封二年,元封二年至天汉二年遭李陵之

[①] [清]王鸣盛撰,陈文和、王永平、张连生、孙显军校点:《十七史商榷》卷一,凤凰出版社2008年版,第2页。

[②] [清]王鸣盛撰,陈文和、王永平、张连生、孙显军校点:《十七史商榷》卷四,凤凰出版社2008年版,第2页。

祸,间隔十年;又《报任安书》中说任安有不测之罪,将受极刑。任安因戾太子巫蛊一案牵连入狱,其事在征和二年。自天汉二年至征和二年,又越八年,"统计迁作《史记》,前后共十八年。况安死后,迁尚未亡,必更有删订改削之功,盖书之成凡二十余年也。"①汪之昌的《青学斋集》中,有《马班作史年岁考》一文,也主赵说。但陈汉章却认为司马迁作史只用了十四年时间,"始元封三年癸酉,终太始二年丙戌",即司马迁"自三十八岁作《史记》,至五十一岁而成矣。"(《缀学堂初稿》卷二)司马迁作史的时间起讫,和司马迁的生卒紧密相关,可这一切都较难确切考订。一般说,写《史记》这样一部大著作,十来年时间是必需的,所以,陈汉章的推论似乎更切合一些。

第四,关于李陵之祸。司马迁惨遭李陵之祸,是他一生中的重要转折点,对他的思想和创作都产生了深刻的影响。那么司马迁为什么会受宫刑的呢?清人的评论石破天惊。赵铭说:

> 夫迁以救李陵得罪,迁但欲护陵耳,非有沮贰师意也。帝怒其欲沮贰师而为陵游说,则迁罪更不容诛,以武帝用法之严,而吏傅帝意以置迁于法,迁之死尚得免乎?汉法,罪当斩赎为庶人者,唯军将为然,而死罪欲腐者许之,则自景帝时著为令。张贺以戾太子宾客,当诛,其弟安世为上书,得下蚕室,是其明证。迁惜《史记》未成,请减死一等就刑,以继成父谈所为史,帝亦惜才而不忍致诛,然则迁之下蚕室,出于自请无疑也。迁《报任少卿书》曰:"草创未就,会遭此祸,惜其不成,是以就极刑而无愠色。"又曰:"仆诚已著此书,藏之名山,传之其人,通邑大都,则仆尝前辱之责,虽万被戮,岂有悔哉!"寻文考指,当日迁所以请,与帝所以贳之之本末,犹可推见,史家讳不书耳。②

司马迁受宫刑,历来都以为是被迫的,是汉武帝对他的一种惩罚,赵铭却提出是司马迁自觉自愿的。为了写完《史记》,司马迁甘受奇耻大辱以延生命,这样推测,庶几符合司马迁的思想性格,说的不无道理。赵氏这个令人耳目一新的见解,有独到之处,能给人以启发。今贤韩兆琦教授曾撰《司马迁自请宫刑说》

---

① [清]赵翼著,王树民校正:《廿二史劄记校注》卷一,中华书局2013年版,第1~2页。
② [清]赵铭:《琴鹤山房遗稿·司马迁下蚕室论》卷五,金兆蕃1992年刊本。

一文①也赞同赵说。

(五)考订书名、断限、缺补

围绕《史记》的名称及有关问题,清人也有不少论证。《史记》原先或称《太史公书》,或称《太史公记》,称《史记》者,钱大昕"疑出魏晋以后"。② 梁玉绳则认为"当起于叔皮父子,观《汉书·五行志》及《后汉书·班彪传》可知"。③ 其实这两说皆不能成立,据今人的考论,"史记"成为司马迁著作的专称,当始于东汉末年,这已为学术界所公认。

关于《史记》的内容,清人的考证比较广泛,或说其记事断限止于汉武帝太初年间(公元前104—前101年),或说《秦始皇本纪赞》《田儋传赞》《司马相如传赞》等已被后人窜乱,或论《史记》取材所本,或论《律书》即《兵书》等等,而考证最充分的,是《史记》缺篇补篇的问题。

自从班固指出《史记》"十篇缺,有录无书"以后,《史记》的缺补问题就成了研究的重点,出现了许多辨析文字,前代如张晏、刘知幾、吕祖谦等人,都有议论。而讨论最为热烈的时期,是在清代,议论纷纷,莫衷一是。如纪昀说:"今考《日者》《龟策》二传,并有'太史公曰',又有'褚先生曰',是为补缀残稿之明证,当以知幾为是也。然《汉志》春秋家载《史记》百三十篇,不云有阙,盖是时官本已以少孙所续,合为一篇。"④在纪昀看来,《史记》部分有未完稿的地方,是存在的,至于十篇是否真缺了,他没明确表态,似乎还把握不定。然而王鸣盛就直截了当地说:十篇之中,"今惟《武纪》灼然全亡,《三王世家》《日者》《龟策传》为未成之笔,但可云'阙',不可云'亡',其余皆不见所亡何文。"⑤

王鸣盛的观点影响较大,清人大多不信十篇全亡之说。但《史记》有续补之处,事实俱在,不由人不信。至于哪些篇章被人续补了,续补者又是谁,清人也做了考证。

张晏认为,在有录无书的十篇中,褚少孙补了四篇,而张守节则认为十篇全是褚少孙所补,对此清人都不同意。汪继培说:"张晏徒见《三王世家》《龟

---

① 韩兆琦:《司马迁自请宫刑说》,《北京师大学报》1988年2期,第46~47页。
② [清]钱大昕撰,陈文和、张连生、曹明升校点:《廿二史考异》卷五,凤凰出版社2008年版,第69页。
③ [清]梁玉绳:《史记志疑》卷三六,中华书局1981年版,第1489页。
④ [清]永瑢等:《四库全书总目·史·正史·史记》卷四五,中华书局1983年版,第397页。
⑤ [清]王鸣盛撰,陈文和、王永平、张连生、孙显军校点:《十七史商榷》卷一,凤凰出版社2008年版,第5页。

策》《日者传》俱有褚先生名,遂举属之少孙,则《三代世表》《建元侯表》《外戚世家》《梁孝王世家》《田叔传》《滑稽传》,少孙俱有附益,又何以不在补篇之数?而《始皇本纪》之附《秦纪》及班固语,《历书》之附《历术甲子篇》及表传世家中增入史公后事者,凡数十处,安能一一名之?"①汪氏认为,褚少孙所补《史记》不止三篇,而补《史记》者又不止褚少孙一人,只是他人之名没有留下而已,这是完全正确的。其他如威镛、孙同元、王棻等人,都有与汪继培相同的考论。当然,对《史记》的亡篇缺篇问题的研究,清人尽管费力甚多,可离问题的最后解决,差距还是很大的。

(六)考订史实

《史记》是实录之作,这是古今一致的通论,固无可疑,但司马迁以一人之力写三千年历史,要想把大大小小的事情都弄得十分周全而没有一点矛盾破绽,也是做不到的。对于《史记》在史实记载方面的舛误,清人的考证是大量的,这里无法胪列遍举,仅以梁玉绳《史记志疑》为主,举例说明之。

如《项羽本纪》载:"是时,彭越渡河击楚东阿,杀楚将军薛公。"梁玉绳指出:"《高纪》及《汉书》纪传,项王击彭越是三年五月,在楚拔荥阳及成皋之前,此书于拔成皋后,一误也;越渡睢水与项声、薛公战下邳,杀薛公,此不书项声,而不曰'渡河击东阿',二误。"梁氏此说是对的,因为东阿距彭城甚远,攻击东阿对项羽威胁不大,而下邳则靠近彭城,正兵法所谓"攻其必救"者。梁氏又指出,齐威王二十六年的桂陵之役,是救赵,非救韩,《孟尝君列传》把它说成是"田婴与成侯邹忌及田忌将而救韩伐魏",这也是错的。梁玉绳为了考证《史记》的史实失误,常常广征博引,甚至用长篇大论以定是非。其中最著名的是他用洋洋十条证据,来论说《伯夷列传》所载事实之不可信,考证的非常严整细密,他的成就是可以代表整个清代《史记》研究水平的。不过也应该看到,梁玉绳和乾嘉时代的考据学家论经、史的方法一样,以现传古籍来校《史记》,有不少论断不能叫人信服。特别是他依据明凌稚隆的校雠不清、错误较多的所谓湖本进行辨正,他所提出的问题有时就不一定是《史记》本身的错误,这个不大不小的技术上的失误,使他白费了很多力气。

总而言之,乾嘉学派考证《史记》取得了多方面的丰收成果,在《史记》研

---

① [清]阮元订:《诂经精舍文集》卷八,中华书局1985年版,第256页。

13

清代的《史记》研究

究史上值得大书一笔,应充分肯定。

二、评清学者论太史公叙事笔法

《史记》布世后,研究者颇多,大抵以诠次史法、斟酌音义、裨补疏遗、刊正得失等为发达;而对《史记》文学价值的认识,相应较迟。《史记》在文学史上的不朽地位,是在唐代奠定基础的,到宋元以降,评论《史记》文学成就的文字才逐渐增多,延及明清两代,终于蔚为大观,取得了丰硕成果。明清学者研究《史记》的文学性,还没有专门的著作,他们主要是用眉批、夹注、题解、段落分析、篇末总评等不同形式,对《史记》的文学性问题进行研究。

明清学者研究《史记》文学性的文字甚多,内容极为丰富,可以说是中国文学批评史上的一份重要的史料,很值得加以总结清理,以便使《史记》研究在旧有成果的基础上加以发展。本节就明清学者对太史公的叙事笔法做点研究。

"文章惟叙事最难",[1]然而司马迁却长于叙事,是叙事的行家里手。这是从刘向、扬雄、班固赞扬他有良史之才、"善序事理"以后,历代文人学者都一致肯定,并且颂扬备至的。如唐代刘知幾说:"观子长之叙事也,自周以往,言所不该,其文阔略,无复体统。自秦汉以下,条贯有伦,则焕炳可观,有足称者。"[2]宋人李涂《文章精义》说,《史记》"叙战堪画"。清人冯班说:"《史记》叙事,如水之傅器,方圆深浅,皆自然相应。"[3]刘熙载说:"《史记》叙事,文外无穷,虽一溪一壑,皆与长江、大河相若。"[4]顾炎武则指出司马迁善写战争,说"秦楚之际,兵所出入之涂曲折变化,唯太史公序之如指掌。以山川郡国不易明,故曰东、曰西、曰南、曰北,一言之下而形势瞭然。"(《史记通鉴兵事》)又说:"古人作史有不待论断而序事之中即见其指者,惟太史公能之。《平准书》末载卜式语,《王翦传》末载客语,《荆轲传》末载鲁勾践语,《晁错传》末载邓公与景帝语,《武安侯田蚡传》末载武帝语,皆史家于序事中寓论断法。"(《史记于序事

---

[1] [清]李绂:《秋山论文》,王水照编《历代文话》第四册,复旦大学出版社2007年版,第4004页。
[2] [唐]刘知幾著,[清]蒲起龙通释,王煦华整理:《史通通释》卷六,上海古籍出版社2009年版,第154页。
[3] [清]冯班:《钝吟杂录》卷六,中华书局1985年版,第87页。
[4] [清]刘熙载撰,袁津琥校注:《艺概注稿·文概》卷一,中华书局2009年版,第63页。

中寓论断》)①如此等等，不一而足。总之，一部《史记》，似七宝楼台，通体辉煌，其美妙动人之处言不胜言，而约言之，"其佳处在于叙事如画。"②

明清《史记》研究者认为，司马迁的叙事笔法异彩纷呈，有抑扬开合、变化无穷的显著特色，而这种变化，又不外乎有三种，即表现在通篇变化、段落变化、字句变化上。

先谈《史记》文章不同笔法的变化。

《史记》百三十篇，是一个完美无比的艺术整体，分开来看，又一篇一个样，各篇写法不同。有的"或先提后叙，或先叙后提，或从旁面，或写余情，移步换形，一节一样"③，如《五宗世家》；有的"其事纷纭错杂，如理乱丝，最难著手。而太史公不用辞采，全以格法胜。有双叙处，有单叙处，有分叙处，有合叙处，自首至尾，无一懈笔"④，如《东越列传》；有的"或入序事，或入议论；或以序事带议论，或以议论代序事，纵横错杂而出，其中段落井井，照应楚楚，结构奇绝"⑤，如《大宛列传》；有的"序法有分合，有繁简，有排有宕，有变化，有错宗，有插叙于前，有带叙在后，有两并而一，有一分而两，有注，有不注，有复，有单"⑥，如《天官书》。所以，"《史记》之文，一篇自有一法或一篇兼具数法。烟云缭绕处，几于勺水不漏，而寄托遥深，迷离变幻使人莫可端倪，一片惨澹经营之意匠皆藏于浑浑沦沦、浩浩落落之中，所以为微密之至，而其貌反似阔疏也。"⑦随着司马迁叙事笔法的千变万化，不主故常，《史记》各篇也呈现出了多姿多彩的不同风貌，似美女，如鲜花，使人赏心悦目，乐而忘返。于此，明清学者的评论文字极多，这里只能择要论述之。

---

① [清]顾炎武著，[清]黄汝成集释，栾保群、吕宗力校点：《日知录集释》卷二六，下册，花山文艺出版社1990年版，第1114~1115页。
② [明]袁宗道著，钱伯城标点：《白苏斋类集·杂说类·论文上》卷二〇，上海古籍出版社1989年版，第284页。
③ [清]吴见思、[清]李景星著，陆永品点校整理：《史记论文 史记评议》，上海古籍出版社2008年版，第150页。
④ [清]吴见思、[清]李景星著，陆永品点校整理：《史记论文 史记评议》，上海古籍出版社2008年版，第206页。
⑤ [清]吴见思、[清]李景星著，陆永品点校整理：《史记论文 史记评议》，上海古籍出版社2008年版，第74页。
⑥ [清]吴见思、[清]李景星著，陆永品点校整理：《史记论文 史记评议》，上海古籍出版社2008年版，第22页。
⑦ [汉]司马迁著，[清]汤谐编纂，韦爱萍整理：《史记半解·杂述》，商务印书馆2013年版。

清代的《史记》研究

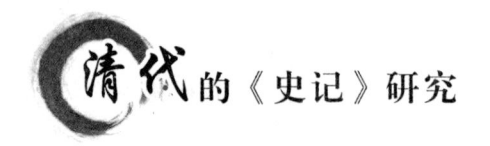

1. 事绪繁多，叙次明晰

《史记》一书，上下千古，举凡三代之礼乐、刘项之战争，以及律历天官、文辞事业，无所不有。要把这些千端万绪、纷纭繁杂的社会历史事件叙述得有条不紊，清晰明了，达到各得其所、各臻其妙的地步，确实不是件容易的事。司马迁作为我国古代一位享有盛誉的文章圣手，却实实在在地做到了这一点，而且笔法灵活，不拘一格。清人吴见思评论《项羽本纪》的叙事成就时说：

> 当时四海鼎沸，时事纷纭，乃操三寸之管，以一手独运，岂非难事！他于分封以前，如召平、如陈婴、如秦嘉、如范增、如田荣、如章邯诸事，逐段另起一头，合到项氏，百川之归海也。分封以后，如田荣反齐、如陈余反起、如周吕侯居下邑、如周苛杀魏豹、如彭越下梁、如淮阴侯举河北，逐段追序前事，合到本文，千山之起伏也。而中间总处、提处、间接处、遥接处，多用"于是""当是时"等字，神理一片。[①]

把丰富庞杂、头绪万端的人事写得头头是道，生动感人，是司马迁的擅长本领，《史记》中类似的篇章很多，吴见思接着评论《高祖本纪》说："高祖开创之时，事务极多，多则便难挥攉矣。看他东穿西插，纵横不乱，如绣错，如花分；突起忽住，络绎不绝，如马迹，如蛛丝；或一齐乱起，如野火，如骤雨；或一段独下，如澄波，如浩月，万余字组成一片。非有神力，安能办此！"又说司马迁"先写项羽一纪，接手又写高祖一纪，一节事分两处写，安得不同乃羽纪中，字字是写项羽。高纪，中字字是写高祖。两篇对看，始见其妙。"[②]在《史记》中，《项羽本纪》和《高祖本纪》都是司马迁的精心力作，但因为是一事两纪，《羽纪》在前，再作《高纪》就显得困难，弄得不好，必然重复雷同，不见精彩。司马迁的叙事本领之高，就在这里显示出来了。他写项羽是每事为一段，插入合来，较好下手；写高祖则将诸事纷纷抖碎，组织而成，整中见乱，乱中见整，全篇浑然一体，绝无痕迹。在组织结构上，比《项羽本纪》更难处理，所以，吴见思更赞叹《高祖本纪》的叙事成就。

---

① ［清］吴见思、［清］李景星著，陆永品点校整理：《史记论文 史记评议》，上海古籍出版社2008年版，第14页。

② ［清］吴见思、［清］李景星著，陆永品点校整理：《史记论文 史记评议》，上海古籍出版社2008年版，第15页。

司马迁于极复杂之事项都能剖析条理,缜密而清晰地表述出来,表现了他叙事才力的不同凡响,其受到的颂赞也就特别多。除项羽、高祖本纪外,像《吕后本纪》《陈涉世家》《匈奴列传》《西南夷列传》《货殖列传》等篇的叙事成就,明清学者都格外看重,高度评价。比如梁启超曾多次肯定《西南夷列传》的写作成就,认为此篇是把复杂之事用简单明了的方法写出来的模范作品,号召人们学习司马迁这种作文法。他说:"这篇传叙川边、川南、云南、贵州一带氐羌苗蛮诸种族,情形异常复杂,虽在今日,尚且很难理清头绪。太史公却能用极简净的笔法把形势写得了如指掌。他把他们分为三大部,用土著、游牧及头发的装束等等做识别,每一大部中复分若干小部;每小部举出一个或两个部落为代表,代表之特殊地位固然见出,其他散部落亦并不挂漏。到下文虽然专记几个代表国,如滇、夜郎等的事情,然已显出这些事情是西南夷全体的关系,这是详略繁简最好标准。"①从梁氏的分析可以知道,《西南夷列传》记载的事情尽管复杂,但写法和《项羽本纪》等又迥然不同。太史公叙事笔法的灵活多变,由此可见一斑。

2. 因事设文,意异文变

形式是为内容服务的,司马迁不同笔法的运用,也随着表达不同的内容发生变化。他作《魏其武安侯列传》,旨在暴露统治阶级内部互相倾诈、互相残害的矛盾斗争,因此写法不像《孙子吴起列传》等篇那样,虽云合传,实是各成一章,彼此联系不大,而是"如入田蚡,紧接魏其;先序魏其,带出灌夫",把"三人打成一片",一滚写去。② 通篇"以魏其、武安为经,以灌夫为纬,以窦、王两太后为眼目,以宾客为线索,以梁王、淮南王、条侯……许多人为点染,以鬼报为收束,分合联络,错综周密,使恩怨相结,权势相倾,杯酒相争,情形宛然在目"。③ 这是写人事的笔法。司马迁作《平准书》,因为写的是经济问题,故又是另一副笔墨。

李晚芳认为,汉武帝时代弊政很多,太史公写《平准书》是要对当时某些弊

---

① 梁启超:《梁启超全集·中国历史研究法·作文教学法》卷一四,第七册,北京出版社1999年版,第4077页。
② [清]吴见思、[清]李景星著,陆永品点校整理:《史记论文 史记评议》,上海古籍出版社2008年版,第64页。
③ [清]吴见思、[清]李景星著,陆永品点校整理:《史记论文 史记评议》,上海古籍出版社2008年版,第196页。

政予以批评和讥讽,但又不便太直接,故出之以婉笔,她说:"太史(公)于是以敏妙之笔,敷绚烂之辞,若吞若吐,运含讥冷刺于有意无意之间,使人赏其绚烂,而不觉其含讥;赞其敏妙,而不觉其冷刺。笔未到而意已涵,笔虽煞而神仍浑。前用隐伏,将种种包孕,如草芽之在土;后用翻笔显笔,而节节回应,若绿缛之逢春。每于提前,或推原,或突起,用凌空之笔,醒纷更之不一。每段小驻,或绾或含,用概笔,留不尽之神,令人远想其味外之味,将数十年种种弊政,布于万余言之中,乱若散线而不可牧拾,乃或离或合,忽断忽接,或错综叙去,或牵连并写,起伏转接,痕迹俱化,浑如一线穿成,是何等笔力!……煞是太史公惨淡经营之作。"①司马迁为了表达不同的思想内容和感情色彩,着笔的浓淡、虚实、远近等等,也相应地出现了各种变化。用抑扬开合、变化无穷来说明这个问题,似乎并非虚美之词。

3. 起笔若平,收笔生花

司马迁不同笔法的变化,还表现在起笔和收笔上。一般说,《史记》文章起笔平平,仿佛千篇一律,没有变化;其实仔细寻绎,却是千姿百态,各具章法,没有重复雷同之弊的。不过明清学者于此认识不足,评论甚少,这里略去不提。在结尾上,明清学者已充分感到,太史公是极尽腾挪变化之能事的。或则山穷水尽之处突起波澜,出人意料;或则终篇之际妙语摄魂,使人若难遽别;或则以平淡出之,却含有余不尽之意,使人终卷之后仍不能释然。如吴见思评《吕后本纪》结尾说:"一篇匆忙文字,借文帝雍容揖逊以为曲终雅奏,令人神怡。"②郭嵩焘评《荆轲传》结尾说:"史公之传刺客,为荆卿也,而深惜其事之不成。其文迷离开合,寄意无穷。荆卿胸中尽有抱负,尽有感发,与游侠者不同。……而终惜荆卿之不知剑术,借鲁勾践之言以发之,为传末波澜。"③其中晚清林纾的评论最说明问题,这里全部援引如下:

    故大家之文,于文之去路,不惟能发异光,而且长留余味,其最擅长者无若《史记》。《史记》于收束之笔不名一格:如本文饱叙妄诞之事,及到结束必有悔悟之言;偏复掉转,还他到底妄诞,却用一冷隽之笔闲闲点醒,

---

① [清]李晚芳:《李菉猗女史全集》,《读史管见》卷二,齐鲁书社2014年版。
② [清]吴见思、[清]李景星著,陆永品点校整理:《史记论文 史记评议》,上海古籍出版社2008年版,第16页。
③ [清]郭嵩焘:《史记札记》卷五上,商务印书馆1957年版,第298~299页。

如《封禅书》之收笔是也。有痛叙奸谗误国,令读者愤懑填胸,达到收局,人人必欲观其伏诛,此似行文之定例;乃不叙进谗者之应伏其罪,偏叙听谗者之悔用其言,不叙用谗者之以间成功,偏叙诛谗者以不忠垂诫,如《吴太伯世家》之收笔是也。有叙开国之勋臣,定霸之钜子,功高不赏,幸免弓狗之祸,却把其退隐之轶事尽情一述,竟似以国史为其家传;虽描摹琐屑,愈见其人能全身而远祸,寓其微旨,如《越王勾践世家》之收笔是也。有同等之隐事,同恶之阴谋,同时之败露,是天然陪客;文中且不说明,直到结穴之处,大书特书彼人之罪状,与本文两不关涉,然句中用一"亦"字,见得同恶之人亦同抵于族,不加议论,其义见焉,如《春申君列传》之收笔是也。有三传联为一气,事一而人三,则每传不能不划清界限;顾三人终局,必待第三传之末始能分晓,而每传中又宜有收笔,此应如何分界者?乃史公各于本传之末,各用似了非了之笔,读之雅有余味,则《魏其武安侯列传》之收笔是也。三传中惟武安得保首领以没,不就刑诛,故收束处用淮南玉馈金事,上曰:"使武安侯在者,族矣!"余味盎然。而《平津侯传》末亦用此意。独《荆轲列传》终写荆轲之勇,行刺之难,秦王之惊骇,廷臣之慌乱,五光十色,使读者太息。以为一刺一掷,秦王之死,其间不能容发,只能归诸天意,而史公冷眼直看出荆轲剑术之疏,又不便将荆轲之勇抹杀,故于传末用鲁勾践一言,闲闲回顾篇首,说到荆轲若能虚心竟学,则亦不致失此好机会矣。似断非断,却用叙事作结穴。此等收笔,直入神化。①

这一大段评论,林纾把太史公各种笔法在收尾上的使用,指点得异常清晰,对帮助读者深入领会司马迁作文时的艺术匠心,启发很大。当然,司马迁在文章结尾上的笔法变化,远不止于此,明清学者是没有把它全部开掘出来的。

《史记》诸篇在段落层次之间的笔法变化,则更如公孙大娘舞剑,令人心目俱眩;又如常山之蛇,出没隐见,变化无端,使人应接不暇。明清学者评论这方面的文字颇多,也颇为生动。譬如对《五帝纪赞》,吴楚材、吴调侯评论说:"此为赞语之首,古质奥雅,文简意多。转折层曲,往复回环,其传疑不敢自信之意,绝不作一了结语,乃赞语中之尤超绝者。"②牛运震说:"《五帝纪赞》妙在意

---

① [清]林纾:《春觉斋论文·用笔八则·用收笔》,王水照编《历代文话》第七册,复旦大学出版社2007年版,第6425~6426页。
② [清]吴楚才、吴调侯编:《古文观止》卷五,浙江古籍出版社2010年版,第115页。

多而文简,尤妙在意属而文断。用笔灵活处,往往意到而笔不到,词了而意不了,叙中夹断,承中带转,正有吞吐离合、若断若续之妙。"①李晚芳则说,此赞"高唱而起,前叙后断。看其一到即止,一转即落,一接即上,章法、句法、字法无不入妙。"②《史记》论赞,是太史公发议论、明褒贬的一节短小文字,尚且写得如此一波三折,无限委蛇,如黄河之水,百折百回,那么,他长篇文字中的抑扬顿错的笔法变化之妙,就更令人击节赞叹,叹为观止了。

如太史公作《楚世家》,"前半力求简约。自灵王以下,始放笔为之。遂如万里黄河,导源星宿,脉络分明。入中国后,声势愈大,真能尽长篇文字之妙。篇幅既长,恐其脱节,故前路多用提顿之笔。……后路叙楚入战国事,多录《国策》全文,笔意跌宕,极疏爽,极俊快。合之前之质古简峭,正以变化见长。"③文如《赵世家》,"是一篇极奇肆文字,在诸世家中特为出色。通篇如长江大河,一波未平,一波复起,令览之者应接不暇,故不觉其长。用笔节节变化,有移步变形之妙。如叙程婴、公孙杵臼存赵孤事,以淋漓激昂胜。叙武灵王议胡服事,以纵横跌宕胜。叙公子章等作乱,公子成、李兑等兴兵围主父事,以历落缠绵胜。"④"一篇之中,笔境体格凡数变而无不工绝。"⑤难怪明清学者不无感慨地说,司马迁遇一种题便成一种文字,胸中笔墨无所不有,也无所不肖。

太史公在文章段落层次上的不同笔法变化,以上所论,还没有完全概括出来,明清学者在这方面还有不少论述。诸如李晚芳评论《伯夷列传》说:"一篇之中,忽序忽断,如论如赞,若吊古,若伤今,令读者迷离,莫名其妙。"又说《高祖功臣年表序》"有无限伤今慕古之意,往复低徊,回环百折,词旨疏畅,而局度谨严。说古处,直捷,用快笔;说今处,含蓄吞吐,用婉笔,有言外不尽之意,味外不尽之味。"⑥吴见思评论《吴太伯世家》中"季子观乐"一段,说它"句句变,节节变,分之各成一小篇,合之共成一大篇,胚胎于《左传》,而史公又出剪裁,所以更妙。"又评《汲黯列传》说:"忽序事,忽行文,忽而简质,忽而铺排,逐段

---

① [清]牛运震撰,魏耕原、张亚玲整理点校:《史记评注》卷一,三秦出版社2011年版,第6页。
② [清]李晚芳:《李菉猗女史全集》,《读史管见》卷一,齐鲁书社2014年版。
③ [清]吴见思、[清]李景星著,陆永品点校整理:《史记论文 史记评议》,上海古籍出版社2008年版,第134页。
④ [清]吴见思、[清]李景星著,陆永品点校整理:《史记论文 史记评议》,上海古籍出版社2008年版,第137页。
⑤ [清]牛运震撰,魏耕原、张亚玲整理点校:《史记评注》卷五,三秦出版社2011年版,第131页。
⑥ [清]李晚芳:《李菉猗女史全集》,《读史管见》卷一,齐鲁书社2014年版。

变换,又有山回谷转、云破月来之妙。"①牛运震则指出,《匈奴列传》"或作提,或作收;或沿叙,或倒点;或指在某人之前,或指某事之后。错综变化,而条理却自井然。太史公纪叙,笔法之妙如此。"②此等评论,并非誉美夸饰之辞,的确说了太史公笔法富于变化的艺术特色。

下面,再简略谈谈明清学者对太史公在字句上用笔变化的论述。明清学者认为,司马迁有极深厚的文字修养,能够娴熟自如地驾驭语言文字,最大限度地发挥语言在写人叙事上的积极而又巨大的作用。他在字句上的用笔变化很多,论者的评论也很丰富,这里只说两点:

1. 一字作骨,通体皆灵

古人论作文,比较注重文章的"题理""题窍"。所谓"题理",就是文章的内在逻辑,即文章各部分之间的内在联系;所谓"题窍",是体现这一内在联系的关键。把握了这个关键,就可以做到胸有成竹,从容按节,使文章思路清楚,血脉贯通。明清学者认为,司马迁是最善于把握文章关键的好手,所以《史记》各篇无不血脉畅通,针线绵密,组织合理,构思精巧,没有东枝西蔓之病。有时下一两个字,竟成为一篇文章中的筋骨所在,起着中流砥柱的作用。譬如《项羽本纪》以"东西"两字为眼目,把浩繁的事件、众多的人物,十分巧妙地黏合成一个气势磅礴、跌宕有致的艺术整体之中,不仅使项羽这个人物形象栩栩如生,而且汉楚形势,宛如掌上螺纹,展示得一清二楚。《李将军列传》以"不遇时"三字为纲规划全篇,充分表现了李广多智多勇而又遭遇坎坷的一生,读来催人泪下,感人至深。《李斯列传》以李斯五次叹息为行文筋节,洋洋洒洒,几及万言,生动细致地揭露了李斯贪羡功名富贵、一切以个人得失为转移的极端自私、极端懦弱的小人本性,也是太史公极用心得意之文。诸如此类以一两字作骨,从而使文章无美不备、通体皆灵的篇章,论家均是啧啧称赞,大力推许的。如凌约言评《吕后本纪》说:"一篇关键,总在王诸吕,诛诸吕上著力,以汉室兴替所关也。太史公乃见其大者。"③凌稚隆评《孙子吴起列传》说:"通篇以'兵法'二字作骨,首次武以兵法见吴王,卒斩二姬为名将;后次膑与庞涓俱学兵法,而膑以兵法为齐威王师,及死庞涓显当时传后世,皆兵法也;篇终结兵法

---

① [清]吴见思、[清]李景星著,陆永品点校整理:《史记论文 史记评议》,上海古籍出版社2008年版,第72页。
② [清]牛运震撰,魏耕原、张亚玲整理点校:《史记评注》卷十,三秦出版社2011年版,第286页。
③ [明]凌稚隆辑校,[明]李光缙增补,于亦时整理:《史记评林》卷九,天津古籍出版社1998年版。

清代的《史记》研究

三字,与首句相应。"①又说《商君列传》"通篇以法字作骨,曰'鞅欲变法',曰'卒定变法之令',曰'于是太子犯法',曰'将法太子',而终之曰'为法之敝一至此',血脉何等贯串。"②清末民初的李景星对《田单列传》的评论则更精妙绝伦,启人神智,他说:

> 《田单传》以"奇"字作骨,至赞语中始点明之。盖单之为人奇,破燕一节其事奇,太史公又好奇,遇此等奇人奇事,那能不出奇摹写!前路以傅铁笼事小作渲染,已是奇想。随即接入破燕,而以十分传奇之笔尽力叙之,写田单出奇制胜,妙在全从作用处着手。如"乃纵反间于燕宣言曰""田单因宣言曰""单又纵反间曰""令即墨富豪谓燕将曰"节次写来,见单之奇功,纯是以奇谋济之。……赞语曰:"兵以正合,以奇胜,善之者出奇无穷,奇正还相生,如环之无端。"连用三"奇"字将通篇之意醒出。"始如处女"四句,亦复奇语惊人。君王后奇女、王蠋奇士,不入传中,而附于赞后,若相应,若不相应。细绎之,却有神无迹,……合观通篇,出奇无穷,的为《史记》奇作。③

清人王治皥《史记榷参·读史总论》说:"太史公文虽变幻,却将一二字句作眼,领清题窾(款),客意旁入而不离其宗。"司马迁作《田单列传》正是这样,史家之笔恰似兵家之阵,方以为正,又复是奇;方以为奇,忽复是正。出入变化,不可纪极,然而用一"奇"字作骨,领清题窾(款),则虽千变万化,而为文法度总究一丝不乱,所以称为神品。

2. 字法句法,绝无一律

明清学者的评论,很注意《史记》文章在字句上的变化。他们认为,太史公行文走笔时,字法句法也是变化莫测的。太史公善用长句,也善用短句,更善于用长短错杂、变化多端的句法写人记事。有时他用若变若复的句法记事,读来别有一番情趣。如牛运震评论《聂政传》的句法说:"'政将为知己者用''严仲子知吾弟''士固为知己者死''老母今以天年终''今不幸而母以天年终'

---

① [明]凌稚隆辑校,[明]李光缙增补,于亦时整理:《史记评林》卷六五,天津古籍出版社,1998年版。
② [明]凌稚隆辑校,[明]李光缙增补,于亦时整理:《史记评林》卷六八,天津古籍出版社,1998年版。
③ [清]吴见思、[清]李景星著,陆永品点校整理:《史记论文 史记评议》,上海古籍出版社2008年版,第172页。

22

'亲既以天年下世',凡一意而三四见,不厌其复,每复一遍,更增一番趣致。此太史公用笔妙处,古来史家文字,以繁与复为长者,独太史公一人耳。"①这是非常高的评价。在《史记》中,这类例子比比皆是,论者大都有较好的评论。

《史记》文章的字法变化,也极为丰富多彩。譬如牛运震评论《廉颇蔺相如列传》中"完璧归赵"一节说:"一璧耳,变出'易璧''奉璧''完璧''授璧''得璧''求璧''取璧''持璧''破璧''送璧''归璧''留璧'字,虽非经意,却有多少生情处!"②正是"璧"字前面种种不同的动词的变化使用,把蔺相如在"完璧归赵"中的大智大勇表现得酣畅淋漓,慷慨激昂。可见,司马迁并非在作文字游戏,他笔下的文字变化,完全是为写好人事服务的。

又如《绛侯世家》记周勃的战功,则"曰破、曰下、曰取、曰袭取、曰定、曰得、曰灭、曰降、曰屠、曰斩";论周勃的战功,则"曰先登、曰却敌、曰殿、曰最、曰为多。"③一记一论,个中区别,通过不同的用字,分辨得一清二楚。司马迁不同一般的字法变化,由此可见一斑。总之,如吴见思所说:"《史记》一百三十篇,何尝一篇无法?大文大法,小文小法",④而且"笔法句法,绝无一律,"⑤这可作为本节的结论。

三、论清学者对《史记》论赞的研究

《史记》中的"太史公曰",写在文首的称之为序,置于文末的称之为赞,习惯统称论赞。这些论赞,就史论说,它是司马迁借以抒发己见的一节文字,通过它,可以了解司马迁对历史人事的爱憎感情,是非态度,是研究司马迁史学思想的最直接、最重要的材料;就文学而言,这些论赞是司马迁呕心沥血、惨淡经营的苦心力作,几乎字字珠玑,篇篇精美,是经久不衰、脍炙人口的古典散文佳品。所以,从唐宋刘知幾、郑樵、倪思以后,尤其是明清两代,《史记》论赞受到了空前未有的重视。明代的茅坤、唐顺之、杨慎、王维桢、项笃寿,清代的邵

---

① [清]牛运震撰,魏耕原、张亚玲整理点校:《史记评注》卷九,三秦出版社2011年版,第217页。
② [清]牛运震撰,魏耕原、张亚玲整理点校:《史记评注》卷八,三秦出版社2011年版,第204页。
③ [明]凌稚隆辑校,[明]李光缙增补,于亦时整理:《史记评林》卷五七,天津古籍出版社,1998年版。
④ [清]吴见思、[清]李景星著,陆永品点校整理:《史记论文 史记评议》,上海古籍出版社2008年版,第18页。
⑤ [清]吴见思、[清]李景星著,陆永品点校整理:《史记论文 史记评议》,上海古籍出版社2008年版,第11页。

清代的《史记》研究

晋涵、吴见思、牛运震、何焯、汪越、李晚芳、章学诚、李景星、方植之、林云铭、曾国藩等人,都在他们的著作和论文中对《史记》论赞作了许多评论,其中虽不乏讥刺之言,贬低之辞,但言之中肯,以颂扬为主的评论,却占着主要部分。除此之外,清代姚鼐的《古文辞类纂》、吴楚材和吴调候的《古文观止》、余自明的《古文释义》、李扶九的《古文笔法百篇》等古典文学通俗读本,也都纷纷选录《史记》论赞,加以评点,介绍给广大读者。一部廿四史,除《元史》外,各史均有论赞,可唯有《史记》论赞受到了历代文史学者的高度重视,《史记》论赞的文史价值,由此可见一斑。

明清学者对"太史公曰"这节文字,曾做过多方面的分析研究,取得了令人高兴的成绩。首先是排难解纷,为后人治《史记》解决了许多疑难问题。比如赵翼、顾炎武、王鸣盛诸人指出,《史记》个别论赞的文字曾被后人所乱,如《司马相如传赞》引了扬雄的话作赞,而扬雄是司马迁以后的人,司马迁怎么可能预引后人的话作赞呢?说明《史记》论赞有被后人窜入的地方,这个意见是对的。要学习和研究《史记》,须先辨明文字上的真伪,故赵氏等人的辨伪工作,是有价值的。到了清末民初,王国维则根据《五帝本纪》《封禅书》《魏世家》《孔子世家》《蒙恬列传》《淮阴侯列传》《太史公自序》凡十六篇"太史公曰"所记录的履痕所至情况,比较正确地排出了太史公"适长沙,观屈原所自沉渊"开始,到"过梁楚以归"的漫游路线,得出的结论是"史公足迹殆遍宇内,所未至者,朝鲜、河西、岭南诸初郡耳。"[1]壮游全国的社会实践,对司马迁的思想和他"疏荡颇有奇气"的文章风格的形成,具有非常重要的影响。王国维把司马迁的行踪路线排列了出来,对后人深入了解司马迁这段漫游的生活经历以及《史记》部分史料的来源,无疑是极有价值的。

百三十篇《史记》,几乎篇篇有"太史公曰",而唯独《汉兴以来将相名臣年表》缺序,原因何在?清人对此也做过深入探究,如吴见思发了这样一段高论,他说:"自古之待功臣者,每以汉高为口实,将如淮阴之钟室,布越之俎醢;相如萧何之谨饬,而上林一请,不免于下吏。噫!亦薄甚矣!故子孙习之,而申屠嘉不免于呕血,周亚夫不免于饿死。至孝武之世,丞相多至自杀,而将帅以坐法抵罪失侯者,往往而有。此史公年表之所作也。史公生于此时,目击心慨,未免言之过甚,故后人削之,而序论之所以阙乎?呜呼!孔子《春秋》皆口

---

[1] 王国维:《观堂集林·太史公行年考》卷一一,中华书局1959年版,第487页。

授,而定、哀之间多微辞,岂无故哉!"①这段宏论,揭露汉初政治上的弊病,一针见血;对年表缺序原因的推测,也不无道理。因为《史记》曾有过被目为谤书、贵如将相也不准阅读的遭遇,历史上对《史记》妄加删削者也大有人在,年表序太史公写好后,被后人削去的可能性也是存在的。吴评虽不能成为千古定论,但其新颖独到的识见,却仍使人耳目一新,启迪不少。

《史记》论赞每每写得言约意丰,有的甚至深奥难懂,非三思难有所得。所以明清学者研究《史记》论赞,很注意"好学深思",常能发现问题,获得"蓦然回首,那人却在灯火阑珊处"的成效。如今人周振甫先生的《文章例话》举了这样一个例子,说清人包世臣读《六国表序》《魏其武安侯列传赞》《始皇本纪赞》时,发生了许多疑问,但由于深入钻研,也就都一一冰释了。譬如包世臣在《书〈史记魏其武安传〉后》中说,这篇传后的"太史公曰"称"魏其之举以吴楚,武安之贵在日月之间",即魏其侯被选拔是因为他在平定吴楚七国叛乱时立了功,而武安侯的尊贵是由于与太后有亲戚关系。在这里已经有褒贬,即赞美魏其侯。太史公又说:"魏其诚不知时变,灌夫无术而不逊,两人相翼,乃成祸乱。武安负贵而好权,杯酒责望,陷彼两贤。"这里又指出,魏其侯触怒武安侯是因为不识时务,灌夫借酒骂座是由于不谦逊,武安侯只在杯酒之间就把两人害死。这里进一步揭露武安侯,同情魏其侯。那么为什么说"祸所从来矣"?原来司马迁认为武安侯的害人,是凭着太后的权势;太后同外戚结合,控制朝廷,就会发生这样的祸害。这样的祸害由来已久,所以说"祸所从来矣"。司马迁的注意力不局限于武安侯的害人,而是看得更远,看到太后和外戚结合的危害,这正是司马迁的深心卓识。包世臣看到这点,正在于他从这篇赞里发生疑问,进行探索得来的。②在明清学者中,像吴见思、包世臣这样对《史记》论赞作潜心研究,发现并解决了一些疑难问题,从而从更高的层次上把握了司马迁的文心奥秘的学者,是很多的。这也从一个侧面说明学者对"太史公曰"这节文字的十分重视。

司马迁思想深邃,眼光敏锐,其识力之高,并世莫及。他在"太史公曰"这节文字里曾发表了许多不同凡响的精辟议论,体现了一个伟大史学家的真知

---

① [清]吴见思、[清]李景星著,陆永品点校整理:《史记论文 史记评议》,上海古籍出版社2008年版,第20~21页。

② 关于包世臣这节文字,移用周振甫先生《文章例话》的分析,谨谢。参见周振甫《文章例话·阅读编·找问题》,江苏教育出版社2006年版,第35~38页。

灼见,这些都受到了明清学者的高度评价,一味叫好。邵晋涵评论《蒙恬列传赞》说:"轻百姓力易见也,阿意兴功难见也,深文定案,使贤者不能以才与功自解罪,此史家眼力高处。"①这是对太史公写史论人的识力予以推崇。郝敬则极力称道司马迁关于项羽之败和魏国之亡的论赞,他在《史记愚按》中说:"项羽之亡也,自谓灭亡,而子长非之;魏之亡也,说者谓不用信陵君,而子长归诸天。或曰论成败者以人事为本,亦未审于成败之实也。项羽之强,其实可以不亡,而暴戾不仁,于天何怨?魏处强大之间,国无险隘,四面皆仇敌,其实必亡也。"司马迁认为,项羽重武力而轻人力,失去了最广大的人民群众的支持,其失败是肯定的;又说魏处在强秦统一天下大势已成之际,毋庸说用信陵君,即便伊尹在世,也是无济于事的,这个分析颇合实际。所以在郝敬看来,司马迁看问题要比凡夫俗眼深刻得多,评价虽高,司马迁却是当之无愧的。

《史记》论赞,旨在褒贬百代,臧否人事,因此,就有一个如何处理史实和感情,对人事作实事求是的评价问题。司马迁感情充沛,言辞激越,行文走笔每每有一股激情在字里行间翻卷不息,很能打动读者的心灵。如他在《匈奴列传赞》中批评汉武帝对匈奴战争用非其人时说:"尧虽贤,兴事业不成,得禹而九州宁,且欲兴圣统,唯在择任将相哉!唯在择任将相哉!"一股愤懑不平之气,溢于言表,破胸而出。然而,司马迁又是一个很善于抑制自己感情的人,他非常注意恨不憎恶,爱不溢美,褒贬公允,不失分寸。对此,明清学者评价极高,赞颂特多。比如酷吏是可恨的,司马迁在《酷吏列传》中对酷吏的种种劣迹做了尽情揭露,对酷吏惨无人道的杀人罪行表达了无限愤慨。按行文常情,在结尾论赞中必然是再踏上一只脚,给予更加有力的批判和谴责,可司马迁在文末赞中却肯定"郅都伉直,引是非,争天下大体。张汤……国家赖其便,赵禹时据法守正",专取酷吏之长予以表彰。这个出人意料之外又在情理之中的评论,使清学者拍案称绝。董份、牛空山、李景星诸人纷纷发表评论,一致认为司马迁这样做,是不隐恶,不没善,褒贬互见,最为公允。如牛空山说:"赞语与列传意义各别。列传多深疾酷吏之词,满腹痛愤,赞语却摘酷吏之长以为节取。此褒贬之互见,而抑扬之并出者也。"②李景星也说:"赞语与传意义各别。传言

---

① [清]邵晋涵:《史记辑评·蒙恬列传》卷七,引自杨燕起、陈可青等编《历代名家评史记》,北京师范大学出版社1986年版,第632页。
② [清]牛运震撰,魏耕原、张亚玲整理点校:《史记评注》卷一一,三秦出版社2011年版,第328页。

酷吏之短,赞取酷吏之长,褒贬互见,最为公允。"①从这里可以知道,司马迁的史德是极为纯洁和高尚的,不由得人不钦佩之至!

在评论中明清学者还指出,"太史公曰"这节文字对读者阅读《史记》一书也很有帮助。如清人牛运震认为,司马迁的论赞常常把《史记》的做法和读法指示给人,所以对他的论赞须细心领会,不可轻易忽略过去。他评论《五帝本纪赞》说:此为"《史记》开端第一篇赞语,一部《史记》,作法要领略见于此。'余尝西至空桐,北过涿鹿,东渐于海,南浮江淮'云云,此自述其历览之博也;'顾弟弗深考,其所表见皆不虚,书缺有间矣,其轶乃时时见于他说',此自述其考据典籍之详且慎也;'好学深思,心知其意',此自道其读书独得之奇,与其作史之本,并示后学者以读《史记》之法也。'余并论次,择其言尤雅者',此又自评其帝纪之妙,不外一'雅'字,一部《史记》,皆当以此字领略之也。"②是赞或述调查访问行踪,或言考订史料态度,或道《史记》读法要领,或关《史记》文章之雅,总之作者的治史态度和《史记》一书的特点,均有交代,牛评能将这也一一阐发,的确很不简单。在有清一代,牛运震研究《史记》颇有成绩,他的《史记评注》一书,主论文法笔力,兼有史意的阐发,论赞的剖析,他书评论的优劣等,发人未发,见解独到,很有功力。牛氏对《史记》论赞的另一段著名评论,这里很有必要附带提及。他说:"太史公论赞或隐括全篇,或偏举一事,或考诸涉历所亲见,或证诸典记所参合,或于类传之中摘一人以例其余,或于正传之外摭轶事以补其漏,皆有深义远神,诚为千古绝笔。"③对《史记》论赞,曾有人认为只是正文的重复,狗尾续貂,无足称道;然而从牛评可知,这种论调是根本站不住脚的,《史记》论赞内容的丰富多彩,反而使后世那些真正只是重复正文的论赞相形见绌,无地自容。牛评细微精审,最中肯綮,可视为太史公的千古知音!

牛运震尔后,李景星也指出,司马迁的《太史公自序》对《史记》的做法和读法交代得异常清楚,应该认真拜读。他说:"自序非他,即史迁自作之列传也。无论一部《史记》,总括于此,即史迁一个人本末,亦备见于此。"又说:"史迁以此篇为教人读《史记》之法也。凡全部《史记》之大纲细目,莫不于是粲然

---

① [清]吴见思、[清]李景星著,陆永品点校整理:《史记论文 史记评议》,上海古籍出版社2008年版,第215页。
② [清]牛运震撰,魏耕原、张亚玲整理点校:《史记评注》卷一,三秦出版社2011年版,第6页。
③ [清]牛运震撰,魏耕原、张亚玲整理点校:《史记评注》卷一,三秦出版社2011年版,第6页。

明白。未读《史记》前,须将此篇熟读之。既读《史记》以后,尤须以此篇精参之。文辞高古庄重,精理微旨,更奥衍宏深,是史迁一生出格大文字。"①《太史公自序》交代了作者的出身、家学渊源、游踪及著作记载的时间、范围、字数、篇目、动机、目的、史料来源等情况,对于了解司马迁的生平和思想,对于了解《史记》一书的基本情况,帮助甚大。这确实是一篇教人读《史记》的序文。李景星能认识到这点,实属难能可贵;他的"未读《史记》前,须将此篇熟读之。既读《史记》以后,尤须以此篇精参之"②的建议,至今仍有参考价值。

司马迁写人,善于抓住人物的性格特征作精雕细刻的描写,而这种性格特征又常常用一个或几个字加以概括,并在论赞中表而出之,这其实是作者在间接地告诉读者读《史记》人物传记的方法。对此,敏感的明清学者早已心领神会,他们正是按照司马迁论赞中所提供的线索,去读《史记》的人物传记,并彻底地把握人物的性格特征的。这里仅以《陈丞相世家赞》和《田单列传赞》为例,略作说明。《陈丞相世家赞》云:

> 陈丞相平少时,本好黄帝、老子之术。方其割肉俎上之时,其意固已远矣。倾侧扰攘楚魏之间,卒归高帝。常出奇计,救纷纠之难,振国家之患。及吕后时,事多故矣,然平竟自脱,定宗庙,以荣名终,称贤相,岂不善始善终哉!非智谋孰能当此者乎?③

关于此赞,明人王鏊评道:"知谋二字,断尽陈平一生。"④清人林云铭则说:"智谋二字,一篇主脑。"又说:"智谋是陈曲逆一生得力,不特善于立功,且善于自全。……赞中'倾侧扰攘''纷纠','患难''多故'等字,极言其难下手处,能下手处,所以为智谋。"(《古文析义》)王鏊、林云铭从司马迁的赞中得到启发,知道"智谋"二字是陈平性格的核心,司马迁的《陈平世家》也正是围绕这两个字对陈平展开精心描绘的。再看《田单列传赞》:

---

① [清]吴见思、[清]李景星著,陆永品点校整理:《史记论文 史记评议》,上海古籍出版社2008年版,第225页。
② [清]吴见思、[清]李景星著,陆永品点校整理:《史记论文 史记评议》,上海古籍出版社2008年版,第225页。
③ [汉]司马迁:《史记》,中华书局1982年版。本书所引《史记》原文皆出自本版本。
④ [明]凌稚隆辑校,[明]李光缙增补,于亦时整理:《史记评林》卷五四,天津古籍出版社,1998年版。

> 太史公曰：兵以正合，以奇胜。善之者出奇无穷，奇正还相生，如环之无端。夫始如处女，适人开户；后如脱兔，适不及距，其田单之谓邪！

《田单列传》记载了田单巧用奇计，大破燕军于即墨，并乘势收复了齐国的全过程。李景星认为，赞中的"奇"字是一篇的筋骨和田单的性格灵魂。他说："《田单传》以'奇'字作骨，至赞语中始点明之。盖单之为人奇，破燕一节其事奇，太史公又好奇，遇此等奇人奇事，那能不出奇摹写！前路以傅铁笼事小作渲染，已是奇想。随即接入破燕，而以十分传奇之笔尽力叙之。"①田单这位奇人的智勇双全的性格，在战斗中得到了淋漓的表现，所以说，抓住"奇"字去理解《田单列传》的描写，走的是一条捷径。总之，《史记》部分论赞是引导读者阅读和理解《史记》文章的一位得力向导，万万忽略不得。

《史记》论赞所以赢得明清学者的高度重视、广泛兴趣，原因还在于这些论赞具有非常强烈的艺术感染力量。长期以来，明清学者都是把它作为一种精美可诵的散文小品来阅读和欣赏的。在《五帝本纪赞》《项羽本纪赞》《孔子世家赞》《萧相国世家赞》《留侯世家赞》《廉颇蔺相如传赞》《伍子胥传赞》《淮阴侯传赞》《李将军传赞》及《游侠列传序》《外戚世家序》《秦楚之际月表序》等大量名篇佳作中，他们同样获得了美妙无比的艺术享受。所以，明清学者对司马迁论赞所取得的艺术成就，向来评论很多，推崇很高。这里，我们先以《五帝本纪赞》为例，看看论者的无限颂扬之辞。

> 太史公曰：学者多称五帝，尚矣。然《尚书》独载尧以来；而百家言黄帝，其文不雅驯，荐绅先生难言之。孔子所传《宰予问五帝德》及《帝系姓》，儒者或不传。余尝西至空桐，北过涿鹿，东渐于海，南浮江淮矣，至长老皆各往往称黄帝、尧、舜之处，风教固殊焉，总之不离古文者近是。予观《春秋》《国语》，其发明《五帝德》《帝系姓》章矣，顾弟弗深考，其所表见皆不虚。《书》缺有间矣，其轶乃时时见于他说。非好学深思，心知其意，固难为浅见寡闻道也。余并论次，择其言尤雅者，故著为本纪书首。

这是《史记》开卷第一篇论赞，旨在阐明作者考订抉择史料的谨严态度，文章写

---

① [清]吴见思、[清]李景星著，陆永品点校整理：《史记论文　史记评议》，上海古籍出版社2008年版，第172页。

得"古质奥雅,文简意多,转折层曲,往复回环"①,历来深受学者的赞赏和好评。李晚芳评道,此赞"高唱而起,前叙后断,看其一到即止,一转即落,一接即上,章法、句法、字法无不入妙。"②牛运震说:"五帝纪赞妙在意多而文简,尤妙在意属而文断,用笔灵活处往往意到而笔不到,词了而意不了,叙中夹断,承中带转,正有吞吐离合、若断若续之妙。"③余自明则对此赞的艺术特色作了更加细致的分析,他说,《五帝本纪赞》"通体俱是发明所以作《五帝本纪》之意。首段以书之少有详有略,人之有言有不言,反复顿挫,次以游历得诸长者为证,再次以考之《春秋》《国语》及他说者为据,而总归之于'好学深思,心知其意'作收束。见非此则疑者,终不能信,惟此乃能信而择之也,故末段点明'择其言尤雅'作结。文仅二百余字,而转折之多,承接之妙,音节之古,结构之精,有难以悉举者,要在善读之士一一静会之。"④确实,这篇论赞采用提出问题、分析问题、总结问题的方法,紧扣中心论点,一层深似一层地展开论述,逻辑非常严密,复杂的思想表达得婉转而明晰。读这篇论赞,仿佛走进苏州园林,格局虽小,却峰回路转,迂回曲折。说它是《史记》论赞中的上乘作品,一点也不过分。

《史记》研究到了明清两代,论者特别注重对太史公笔法的探讨,认为司马迁写人叙事,一人一个样,一篇一个样,绝无千篇一律,重复雷同之弊。他写论赞亦复如此,笔法千变万化,不拘一格,把诸多论赞写得生动活泼,精彩异常,几令明清学者折服得五体投地。近人胡怀琛编辑《言文对照古文笔法百篇》时,认为《廉颇蔺相如传赞》《平原君传赞》等篇用的是"抑扬互用法",《陈丞相世家赞》用的是"逐层推论法",《伍子胥传赞》《留侯世家赞》用的是"跌宕取神法"。仅此几例,也足以说明《史记》论赞的写法是变化多端的。不过胡氏的归纳还嫌简括,远不及明清学者的某些评论显得细微精到。如余自明评论《酷吏列传》云:"通体以'法令者'二句作骨子,而先引孔老之言立案,继言秦法繁苛,继言汉初宽简,末以示人去取作结,就文解之,不过如此,其实传中所列十人,俱属汉臣,如何反咎秦而颂汉?盖缘于用意甚厚,而立言得体,故其有字句处,旨尚浅,而其无字句处,旨弥深也。若仅于字句间尽其旨,则失之远矣。"⑤

---

① [清]吴楚才、吴调侯编:《古文观止》卷五,浙江古籍出版社2010年版,第115页。
② [清]李晚芳:《李菉猗女史全集》,《读史管见》卷一,齐鲁书社2014年版。
③ [清]牛运震撰,魏耕原、张亚玲整理点校:《史记评注》卷一,三秦出版社2011年版,第6页。
④ [清]余诚编,吕营校注:《古文释义》,北京古籍出版社1998年版,第366页。
⑤ [清]余诚编,吕营校注:《古文释义》,北京古籍出版社1998年版,第368页。

这篇序，表面上是在批评秦的苛法严刑，颂扬汉初的法宽网疏，而骨子里却在影射当今——汉武帝时代的德衰法密，诚如《古文观止》编者所评："叹昔日汉德之盛，则今日汉德之衰，隐然自见于言外。"这也如吴挚甫《点勘史记》时指出的那样，是一种"语虽论秦，意乃指汉"的写法。《酷吏列传》记了十个酷吏，其中有九个是产生在汉武帝统治时期，而在史称"文景之治"的太平盛世，只有郅都一人，而且是一个被基本肯定的人物。司马迁这种别有用心的安排，也足以说明作者是寓微旨于文字之外的。余自明洞若观火，早已觉察到了这一点，所以他提出要透过文字表面才能深刻领会作者的创作意趣和表现手法，若就文字论文字，必然"失之远矣"。在《史记》中，用含蓄委婉的笔法写的论赞还可以举出许多。如李晚芳评论《高祖功臣年表序》说：此序"有无限伤今慕古之意，往复低徊，回环百折，词旨疏畅，而局度谨严。说古处，直捷，用快笔；说今处，含蓄吞吐，用婉笔，有言外不尽之言，味外不尽之味。读者细细领其旨趣，褒贬自见。"①李氏的论述，对后人深刻理解《史记》的思想内容和作者的艺术匠心，无疑是很有作用的。

在太史公一百几十篇论赞中，他的九篇表序曾被认为是写得最出色，最使人诵读不厌的美文。明人王维桢说："表序篇篇佳。"（《史记评林》引）这只是总的说明，对九篇表序，论者几乎篇篇均有评论，它为我们今天进一步开掘《史记》一书的文学价值，指示了门径。如吴楚材、吴调侯评论《秦楚之际月表序》说："前三段一正，后三段一反，而归功于汉。以四层咏叹，无限委蛇，如黄河之水，百折百回，究未尝著一实笔，使读者自得之。最为深妙。"②又评《高祖功臣侯年表序》说："通篇全以慨叹作致，而层层回互，步步照顾，节节顿挫。如龙之一体，鳞鬣爪甲而已，而其中多少屈伸变化，即龙亦有不能自知者。此所以为神物也。"③吴氏论文，喜用比喻点出司马迁善于反复咏叹，把几层意思层层深入地表现出来的运笔特点，所评要言不烦，妙语解颐，能益人神智。清代另一位学者方苞之则推《汉兴以来诸侯年表序》为表序之冠，说"汉兴以来许多事业得失利害及地形法制，一丝不乱，一尘不惊，如日星丽天，河岳奠地，但见元气造化，生成古今无匹。姚（鼐）评笔势雄远，有包举天下之概，诸序皆然，而此

---

① [清]李晚芳：《李菉猗女史全集》，《读史管见》卷一，齐鲁书社2014年版。
② [清]吴楚才、吴调侯编：《古文观止》卷五，浙江古籍出版社2010年版，第117页。
③ [清]吴楚才、吴调侯编：《古文观止》卷五，浙江古籍出版社2010年版，第118页。

清代的《史记》研究

尤雄远。"①司马迁那枝生花妙笔，常常能在尺幅之间展现出一幅气象万千的长江万里图；其文势之激昂奔放，又似江河汹涌，滚滚而来，莫之能挡。方氏能联系具体篇章进一步指出这个特点，亦十分可喜。

有清一代，对表序称颂最高的是自号萚猗女史的李晚芳。她认为司马迁"其识甚高，其学甚博，而其才又足以济之，故其文峻洁雄伟，自成一家"。② 所以她对《史记》特别爱好，学习研讨也特别勤奋，所发议论，往往不同寻常，比较新鲜。她说《三代世表序》寥寥短幅，不过百三十余字，但章法结构、立论措辞都十分讲究，是千古不灭之文。她对《六国年表序》的评论，则把此序一篇之中不同笔法的交替使用，指点得泾清渭浊，明明白白。她说："此篇序六国，前后皆论秦事，以六国并于秦也。从读秦纪开端，卸入六国——看其起伏串插之妙。及六国正面，仍不离秦，以为陪序——看其离合衔接之妙。归秦又提起重序——看其议论展拓之妙。仍归六国以纪事作结。篇法、局法、第法、句法，无不入妙。"③此等评论，并非誉美夸饰之词，因为司马迁写论赞，确实是花了相当大的气力的，辛勤的劳动能得到后人的完全首肯，实乃司马迁之大幸。

以上所述，还未能把明清学者对《史记》论赞艺术的评论都反映出来，论者的评论还有很多。诸如李扶九评论《孔子世家赞》说："赞孔子，不实道一句。前半以己工写，后半以人工写，乃避实击虚，全用托法也。"④吴楚材、吴调候评论《游侠列传序》说，一篇之中"凡六赞游侠，多少抑扬，多少往复。胸中荦落，笔底摅写，极文心之妙"⑤。牛空山则说《孟尝君列传》"赞语寥寥数笔，而讽刺含蓄，风神独远"。又说《黥布列传》"赞语倔强疏挺，若断若续，或用韵，或不用韵，另有一种风神"。⑥ 清人李景星有《史记评议》一书，该书对《史记》论赞发表了不少有见地的评论。李氏认为，他史赞语每就纪传所言重述一遍，殊少意味，《史记》诸赞往往补纪传之所不及，而且用笔奇崛，用意含蓄，或为一篇精华所聚，非经抉发，不易明确，所以他做了许多"抉发"工作。他说《吴太伯世家》赞语"笔意回翔，低徊不已。正如韩娥一歌，余音绕梁三日。"《封禅书》赞语却"长句纡旋，古劲绝伦"。《项羽本纪》赞语是"只从闲处著笔，又如风雨骤

---

① 姚鼐：《古文辞类纂》。
② ［清］李晚芳：《李萚猗女史全集》，《读史管见》卷一，齐鲁书社2014年版。
③ ［清］李晚芳：《李萚猗女史全集》，《读史管见》卷一，齐鲁书社2014年版。
④ ［清］李扶九选编，黄仁黼纂定：《古文笔法百篇》，岳麓书社1984年版，第255页。
⑤ ［清］吴楚才、吴调侯编：《古文观止》卷五，浙江古籍出版社2010年版，第132页。
⑥ ［清］牛运震撰，魏耕原、张亚玲整理点校：《史记评注》卷九，三秦出版社2011年版，第229页。

过,几点余霞遥接天际也。"又看得《滑稽列传》"赞语若雅若俗,若正若反,若有理,若无理,若有情,若无情,数句之中极嬉笑怒骂之致,真是神品!"①李氏治《史记》注意认真读书,所以他的评论下语中肯,能够深入了解司马迁创作三昧,实非一般浅尝辄止者的评论所能企及。

综上所述,可以得出这样的结论,无论从史从文说,司马迁的论赞都是《史记》正文的补充,是充满光彩的"豹尾",也是《史记》这部完整的艺术品的锦上添花之笔。它得到明清学者的刮目相看,于情于理,都是必然的。即使我们今天写作当代人物传记,它的丰富多彩的议论手法,也不妨可作借鉴。如能怀着亲切的面容,用先动传神的笔调在人物传记中添上几句精彩而又适当的评论,必然会使作品生色不少,读者也是会衷心欢迎的。

四、从金批《水浒传》看古代小说评点与《史记》评点的关系②

中国古代小说③与史传之间有着千丝万缕的关系,作为二十四正史之首的《史记》是史传文学的代表,也是中国古代小说的源头之一。由《史记》与小说衍生而来的评点作品因此关系匪浅。金圣叹是中国古代最具代表性的小说评点家之一,他所批点的《水浒传》也是后世流传最广的小说评点之一。谭帆先生指出,在小说评点史上,金批《水浒传》确立了中国古代小说评点的完整形态,开创了古代小说评点的新格局。④ 金批《水浒传》不仅是金圣叹小说评点的代表作品,也是古代小说评点的代表作品。金圣叹本人对《史记》的关注亦使其能够在《史记》评点史上占据一席之地。有鉴于此,我们可以通过比较金批《水浒传》与《史记》评点代表作在评点形态、评点内容与评点角度上的相似处来窥探《史记》评点与小说评点之间的关系。

《史记》评点与小说评点都萌兴于明代,又在明清两代走向兴盛。评点形态最直观地体现了明、清《史记》评点与小说评点之间的相似性。一方面,奠定

---

① [清]吴见思、[清]李景星著,陆永品点校整理:《史记论文 史记评议》,上海古籍出版社2008年版,第219页。

② 本节与虞芳芳合作。

③ 因明清两代小说评点主要就通俗小说而言,所以本文所提到的中国古代小说仅指中国古代通俗小说。

④ 详见谭帆《古代小说评点简论》,山西人民出版社2005年版,第42~43页。

清代的《史记》研究

史著"论赞"传统的《史记》可视为小说评点的源头之一。谭帆先生在《古代小说评点简论》中说:"史著之体例对小说评点的影响亦甚大。这种影响主要来自于史著的'论赞'。"①如《史记·屈原贾谊列传》篇中与篇尾关于屈原、贾谊的评论就是中国文学批评史上不可多得的精彩专论。小说评点回末总评的形式也直接来源于史著篇末论赞。另一方面,从《史记》评点与小说评点的最终形态看,两者也是趋向一致的。《史记》评点萌兴于明代早期,成熟于明代万历年间。明代早期《史记》评点作品中影响较大的是归有光(1507—1571)的《归震川评点史记》、茅坤的《史记抄》(万历三年,1575)和凌稚隆的《史记评林》(万历四年,1576)。三者在形态上皆有总评、眉批、旁批或夹批,《归评史记》与《史记抄》前还有例意(凡例),并带有随文圈点,《史记评林》书首有三篇序言,《史记抄》前还有一篇指导阅读的《附史记读法》。将这三部作品所呈现的评点形态结合在一起可以得到明、清《史记》评点的完整形态。万历四年(1576)后的《史记》评点作品就基本包含了"序""凡例""读法""总批""眉批""夹批""圈点"等多种评点形式。小说评点则萌兴于万历二十年(1592)左右,成熟于明末清初。万历十九年(1591)万卷楼本《三国志通俗演义》是目前发现的最早的万历年间小说评点作品,书中已经出现"论曰""补注""断论"等具有文学评论形式的评点。分别刊行于万历三十八年(1610)、三十九年(1611)的容与堂本《水浒传》与袁无涯本《水浒传》在评点形态上皆为开篇有序,正文部分有眉批、夹批与总批。二书实际上奠定了小说批评形态的基础。其后,直至明代崇祯十四年(1641)金圣叹批点的《贯华堂第五才子书水浒传》刊行,集"读法""眉批""夹批""总批"等方式于一体的综合性小说评点形态得以确立。此后,经过毛氏父子、张竹坡等人的努力,小说评点形态更加严整。②由此可见,虽然小说评点的起步比《史记》评点晚了近半个世纪,但在最终的批评形态上二者是趋于一致的。换而言之,自茅坤《史记抄》之后的,尤其是清代的《史记》评点之作③与明末清初以来的小说评点代表作④在评点形式上十分相近。

---

① 谭帆:《古代小说评点简论》,山西人民出版社2005年版,第22页。
② 关于中国古代小说评点渊源与流变,详见谭帆《古代小说评点简论》,山西人民出版社2005年版,第27~62页。
③ 类似于清代牛运震的《史记评注》、汤谐的《史记半解》、储欣的《史记选》等《史记》评点作品。
④ 指金圣叹《贯华堂第五才子书水浒传》(明崇祯十四年刊本)及其之后的通俗小说评点作品,如毛宗岗父子批点的《三国志演义》(清康熙十八年醉耕堂刊本),张竹坡评点的《第一奇书金瓶梅》(清康熙年间刊本)。

鉴于《史记》评点早于小说评点几十年，且两者所评对象在文本形式上较为接近，①因此，后者在评点形态，乃至内容上很可能对前者进行了借鉴。

从评点过程看，小说评点家往往在与《史记》的比照中，判断出小说的价值与特色。这种比照得以进行，一方面是因为《史记》与小说在写法上具有许多相通性，另一方面则有赖于前人对《史记》文学性的发掘。自唐代古文运动之后，在柳宗元与韩愈的提倡下，《史记》的文学价值，尤其是它在文章学上的价值受到学者的普遍关注。明代复古运动更是提倡为文当以《史记》为模范。小说评点兴起于《史记》评点方兴未艾之时，评点家自然乐于借助《史记》来抬高小说的地位。而在与《史记》的比较中，人们逐渐认识到优秀小说在叙事与文章写作上的价值。明嘉靖时的李开先就在《词谑·时调》中引述过这样一段话："《水浒传》委屈详尽，血脉贯通，《史记》而下，便是此书。且古来更无有一事而二十册者，倘以奸盗诈伪病之，不知序事之法，学史之妙者也。"②李开先认为《水浒传》在叙事上能够一脉贯通，繁而不乱，正得益于对《史记》的学习。金圣叹把《史记》与《水浒传》同时列为"五才子书"，他虽没有评点《史记》的专著，但在《水浒传》与《西厢记》的序言与随文评点中随处可见他对《史记》的精彩评语。其中他对《史记》与小说关系的评价尤为精妙。如他对比《史记》与《水浒传》提出《史记》是"以文运事"，《水浒传》是"因文生事"，因此后者能够"顺着笔性去，削高补低都由我"（《读第五才子书》）③。这就道出了史书实录的特点与小说虚构的性质。他还从写作目的的角度比较《史记》与《水浒传》。他认为"《史记》须是太史公一肚皮宿怨发挥出来，所以他于《游侠》《货殖传》特地着精神。乃至其余诸记传中，凡遇挥金杀人之事，他便啧啧赏叹不置。一部《史记》，只是'缓急人所时有'六个字，是他一生著书旨意。"（《读第五才子书法》）④而施耐庵没有"宿怨"可发，《水浒传》不过"是饱暖无事，又值心闲，不免伸纸弄笔，寻个题目，写出自家许多锦心绣口"（《读第五才子书法》）⑤。由此，《史记》往往表现出"是非颇谬于圣人"，而《水浒传》则"是非皆不谬于圣

---

① 二者同为叙事文学，《史记》对后世小说的创作产生的深远影响是毋庸置疑的。如《水浒传》就深受《史记》的影响，可参见俞樟华《论〈史记〉对〈水浒传〉的影响》，《浙江师范大学报（社会科学版）》1992年第1期，第17~27页。
② [明]李开先：《词谑》，《李开先全集》，上海古籍出版社2014年版，第1553页。
③ [明]施耐庵著，[清]金圣叹批评：《金圣叹批评本水浒传》，岳麓书社2006年版，第24~25页。
④ [明]施耐庵著，[清]金圣叹批评：《金圣叹批评本水浒传》，岳麓书社2006年版，第23页。
⑤ [明]施耐庵著，[清]金圣叹批评：《金圣叹批评本水浒传》，岳麓书社2006年版，第23页。

人"(《读第五才子书法》)。① 在金批《水浒传》的随文评点中关于《史记》的评价也俯拾皆是。这种评价有的是为了说明某种理论,并以此引出该种理论在《水浒传》中的体现。如在第二十八回"施恩重霸孟州道 武松醉打蒋门神"的总评中金圣叹以《史记》为例阐明了"事"与"文"的关系,说明历史要依靠"绝世奇文"才能流传下来,"绝世奇文"才"能使君相所为之事必寿于世,乃至百世千世以及万世,而犹歌咏不衰,起敬起爱者"②。由此可见写好文章是十分必要的。随后,他就《水浒传》此章展开评论,认为此章写得精彩不是因为所记之事引人入胜,而是因为此章写得跌宕起伏,一波三折。武松在该章醉打蒋门神的事迹只一行就能记录清楚,而施耐庵却洋洋洒洒撰出一篇长文,这是因为施耐庵的目的在于写出绝世好文。也有的对比评论是为了借《史记》来抬高小说的地位,凸显小说某方面的价值。如写鲁智深野猪林搭救林冲一段(第八回"柴进门招天下客,林冲棒打洪教头"),作者不正面写鲁智深,而是通过侧面烘托以显示情况之惊险,人物之神勇。金圣叹称赞这种"诡谲变化"的叙述之法,"实惟史迁有之,而《水浒传》乃独与之并驱也"③。《史记》的叙事成就在当时就有目共睹,这种"水涨船高"的评价方式无疑抬高了《水浒传》的地位。

从评点内容看,对文章技巧与叙事技法的评论是明代以来的《史记》评点与小说评点作品的两大内容。所谓文章技巧是指文章结构与法度方面的内容,体现在评点中就是指从文章学角度分析文本的行文布局和遣词造句。叙事技法则指叙事文学所具有的情节结构安排与人物形象塑造。二者是古代"文法"系统的两个方面,前者适用于几乎所有的古文类型,而后者主要存在于叙事文学当中。本节主要说明金批《水浒传》与《史记》评点在文章技巧评点方面的相通之处。

评点这一特殊的批评方式兴起于宋末,开始只用于读者随笔记录阅读感受,后受八股文兴盛的驱动,成为应对时文的重要手段,随即在明清时期繁荣兴盛。王守仁在重刊《文章轨范》的序言中揭示了科举对评点的推动:"宋谢枋得氏取古文之有资于场屋者,自汉迄宋凡六十有九篇,标揭其篇章句字之法,名之曰《文章轨范》。盖古文之奥不止于是,是独为举业者设耳。世之学者

---

① [明]施耐庵著,[清]金圣叹批评:《金圣叹批评本水浒传》,岳麓书社2006年版,第23页。
② [明]施耐庵著,[清]金圣叹批评:《金圣叹批评本水浒传》,岳麓书社2006年版,第621页。
③ [明]施耐庵著,[清]金圣叹批评:《金圣叹批评本水浒传》,岳麓书社2006年版,第189页。

传习已久。"①八股文法评点文章自然也就成了评点的重要内容。直至评点引入小说批评的万历年间,各类评点作品大都具备了应对科举的功能。《史记》一开始就以文章写作范文的姿态出现在文学评论中,其中的文章写法技巧是评点家关注的重点。明清《史记》评点者不少即为八股文高手,他们对八股文的创作心领神会,能在评点过程中指示为文关键,这使得他们的评点之作具有很强的实用性而受到备考诸生的欢迎。有的文人在编纂时正包含有帮助阅读者参加科举的意图。如茅坤在《刻〈史记抄〉引》中坦言《史记抄》是他罢官归家后,出于"以督训儿辈为文辞"②的目的而刊刻的。再如毕生致力于八股文经营的归有光,他的《归评史记》实则是他用作八股文的眼光对《史记》做出的评点作品,其中包含有他创作八股文的诸多心得。该书例意中对其"五色圈点"符号作了如下说明:

《史记》起头处来得勇猛者,圈缓些者点,然须见得不得不圈、不得不点处乃得。

黄圈点者人难晓,朱圈点者人易晓。

朱圈点处总是意句与叙事好处,黄圈点处总是气脉。

亦有转折处用黄圈而事乃联下去者。

墨掷是背理处,青掷是不好要紧处,朱掷是好要紧处,黄掷是一篇要紧处。③

"起头""意句""叙事""气脉""转折""背理处""不好要紧处""好要紧处""要紧处"都是粗略的八股文文法概念,随文圈点的作用也是在提示文章的做法。后世这种评点标准愈演愈烈,直至清代王又朴的《史记七篇读法》,作者已全然忽略读者主观阅读心得,而专意指导举子阅读与创作时文。

评点文章的做法也是小说评点的主要内容之一。刊行于万历三十九年(1611)袁无涯本《水浒传》是较早从文章学角度评点通俗小说的作品。谭帆先生指出:袁批《水浒》"借用八股文法总结归纳小说文法","其提出的诸如

---

① [宋]谢枋得编:《文章轨范》,中州古籍出版社1991年版,第3页。
② [汉]司马迁著,[明]茅坤编纂,王晓红整理:《史记抄》,商务印书馆2013年版,《刻史记抄引》。
③ 转引自王齐:《〈归评史记〉对〈史记〉的接受》,《文艺研究》2005年06期,第87~93页。

37

清代的《史记》研究

'叙事养题''逆法''离法'等,虽无甚价值,但可视其为小说评点史上文法总结之开端。"①金圣叹继承了前代《水浒传》的评点成果,对《水浒传》的字句章法也极为推崇。他认为《水浒传》文章,"字有字法,句有句法,章有章法,部有部法"②(《序三》),甚至直言《水浒传》文章之精严,堪称"文章之总持"(《序三》),认为读懂了《水浒传》的文章之法就能得到"读一切书之法也"③(《序三》),而用《水浒传》文章学的读法去读《史记》,也能发现《史记》"精严"的特点。在随文批点中,他也常常指出文章句法、字法妙绝之处。如在第十回中写林冲"讨些饭吃了",金圣叹指出"一讨字哭杀英雄"(夹批)④,指出了字法之妙。在句法上,金圣叹提出了"不完句法"说(详见第五回)。诸如此类,不胜枚举。鲁迅在《谈金圣叹》一文中指出金圣叹过于关注小说行文布局的批点,使得"原作的诚实之处,往往化为笑谈,布局行文,也都被硬拖到八股的做法上。这余荫,就使有一批人,堕入了对于《红楼梦》之类,总在寻求伏线,挑剔破绽的泥塘"⑤。鲁迅认为金圣叹以八股文做法为标准的批点方式不仅使其自身批点颇多牵强附会之处,对后世小说评点也产生了消极影响。胡适对此也有类似的看法,他在《水浒传考证》一文中严厉地批评道:"金圣叹用了当时'选家'评文的眼光来逐句批评水浒,……这种机械的文评正是八股选家的流毒,读了不但没有益处,并且养成一种八股式的文学观念,是很有害的。"⑥然而,随着世人对科举的日益重视,后世的评点作品无论是在随文批点上,还是在篇前读法指导上都越来越重视对文本行文布局与遣词造句的重视。且不说这种"以时文说古文"的评点方式是否合理,这种现象的普遍存在直接说明了在科举背景下,《史记》与优秀的小说都充当着写作范文的角色,而明清《史记》评点与小说评点是处于同一套文章评点标准之下的。

《史记》与《水浒传》同为叙事文学,它们丰富的叙事技法与高超的写人艺术总为人们津津乐道。对《史记》叙事成就的评价最早可追溯到杨雄,他称《史记》"善叙事理",唐代刘知幾在《史通·叙事》中也称《史记》符合史书"以

---

① 谭帆:《古代小说评点简论》,山西人民出版社2005年版,第33页。
② [明]施耐庵著,[清]金圣叹批评:《金圣叹批评本水浒传》,岳麓书社2006年版,第14页。
③ [明]施耐庵著,[清]金圣叹批评:《金圣叹批评本水浒传》,岳麓书社2006年版,第16页。
④ [明]施耐庵著,[清]金圣叹批评:《金圣叹批评本水浒传》,岳麓书社2006年版,第241页。
⑤ 鲁迅:《鲁迅全集》卷四,《南腔北调·谈金圣叹》,人民文学出版社2005年版,第542页。
⑥ 胡适:《胡适文存》集一,卷三,首都经济贸易大学出版社2013年版,第305~306页。

叙事为先"①的标准,明代王鏊则认为《史记》合传能做到"其间叙事合而离,离而复合,文最奇,而始末备"②,这些评论多着眼于《史记》的历史叙事成就。就文学叙事而言,归有光较早做出了一些评点。如他说:(《史记》叙事)"事迹错综处,太史公叙得来如大塘上打纤,千船万船不想妨碍。"评《封禅书》"跌荡如在峡中行而忽然跃起";评《高祖本纪》"旁支如江水直去";评《项羽本纪》"盘旋如水指漾洄"(《评点史记例意》)③。这些都是就《史记》谋篇布局所作的形象评价,但零星半点不成体系,缺乏严密的理论概括。金圣叹是第一个在小说评点中集中、系统总结小说叙事方法的评点家,他的"叙事十五法"对后世的小说与《史记》评点家都产生了深刻的影响。

金圣叹在《读第五才子书法》中说:"《水浒传》方法,都从《史记》出来,却有许多胜似《史记》处。若《史记》妙处,《水浒》已件件有。"④金氏认为《水浒传》在叙事技巧上继承甚至是超越了《史记》。他依据《水浒传》行文总结出"叙事十五法",其中的诸多概念来源甚广,有的是借用了中国传统绘画技法术语,如"大落墨法""背面敷粉法"等,有的则来自于生活,如"棉针泥刺法""草蛇灰线法""莺胶续弦法""獭尾法"等,有些则借鉴了前人评点古文的术语,如"插""合""纵"本是前人在评点古文时所用术语,这里被引申概括为"倒插法""夹叙法""欲合故纵法"。⑤ 这些借鉴于前人古文评点术语的概念,有些在《史记》评点中早已初见端倪。如归有光评点《田单列传》说:"此传如事书指,不复添设,而简淡之中笔端曲尽,自首讫尾,融结宛然,更不可分划。……史公此等见作传精神洋溢处,昔人云峰断云连是也。"⑥所谓"峰断云连"是指所叙之事看似无关,实则相互联系。金圣叹所谓"横云断山法"也同样用云与山的空间关系来解读所叙事件之间的联系,两者意义也有相似之处,皆包含有插叙、间、断的意思。由此可见,金圣叹对叙事文法的总结离不开前人的积累。《史

---

① 详见[唐]刘知幾著,[清]蒲起龙通释,王煦华整理《史通通释》卷六,上海古籍出版社2009年版,第152~153页。
② [明]王鏊《震泽长语》卷下,引自杨燕起、陈可青等编:《历代名家评史记》,北京师范大学出版社1986年版,第159页。
③ 转引自王齐《〈归评史记〉对〈史记〉的接受》,《文艺研究》2005年06期,第87~93页。
④ [明]施耐庵著,[清]金圣叹批评:《金圣叹批评本水浒传》,岳麓书社2006年版,第24页。
⑤ 详见[明]施耐庵著,[清]金圣叹批评《金圣叹批评本水浒传》,岳麓书社2006年版,第30~32页。
⑥ 转引自王齐《〈归评史记〉对〈史记〉的接受》,《文艺研究》2005年06期,第87~93页。

清代的《史记》研究

记》作为人们最喜欢评论的史书（仅明代《史记》评论之作就有八十余家），许多文法术语围绕它而产生，这些术语想必为金圣叹提供了很好的借鉴。

金圣叹对《水浒传》文法批评的方法与经验也为后代《史记》评点提供了借鉴。由于文人的偏见，小说在中国古代始终难登大雅之堂，小说评点因此也为古文家所不耻。但也有一些文人能够摈弃偏见，不拘一格，慧眼识珠，愿意自觉地借鉴小说评点的优秀成果以丰富自己的古文评点，清代王又朴即为其中一员。王又朴作为桐城派学者，直接师从方苞，堪称清代中期天津最有成就的散文家。他的古文批评能够深刻新颖，广受喜爱，除了得益于老师方苞的"义法"说之外，还在于他对金圣叹文学批评的自觉借鉴与学习。他在《史记七篇读法》中毫不避讳，大方承认自己对金圣叹的欣赏：

> 或又曰：子之尊信史公固已。然所为读法者，例取之金圣叹氏，以其说稗官野乘者，而以读正史毋乃猥甚，将所为尊信者何如欤？余曰：千古细心善读书人固未有如金氏者也，且世儒为前说所锢蔽已久，非详为说之，不能破其愚而解其惑，故特用其例。（《后序》）[1]

当时学者对金圣叹之流成见颇深，认为小说不可与正史平起平坐，而王又朴在反复阅读金圣叹的评点作品后能够发现金圣叹独到的古文阅读眼光与独特的批点方式，并依此对《项羽本纪》的文法作了系统详尽的讲解，这种具有概括性的揭示与总结在《史记》评点史上并不多见。如王氏在《项羽本纪》读法的最后，效仿金批《水浒传》的批点方式，从叙事结构、详略、节奏等角度总结出该篇所用的十八种叙事文法。[2] 有些文法术语甚至直接来自于金圣叹的"叙事十五法"，如"大落墨法"。有的虽然名称不同，但意思基本一致，如"极详处""极略处"正与"极省法""极不省法"相当。明清《史记》评点与小说评点家之间应当存在相互借鉴、相互学习的情况由此可见一斑。

叙事文的另一要素是人物，《史记》与《水浒传》作为优秀的叙事文，塑造了众多身份各异、性格丰富的人物形象。对写人艺术的关注就成了《史记》与

---

[1] ［汉］司马迁著，［清］王又朴编选，凌朝栋整理：《史记七篇读法》，商务印书馆2013年版，第59页。

[2] 详见［汉］司马迁著，［清］王又朴编选，凌朝栋整理：《史记七篇读法》，商务印书馆2013年版，第28～32页。

小说评点的重要内容。通过对比,我们不难发现《史记》评点家与小说评点家都善于从人物形象多样性的角度来总结、评判作品的写人艺术。

茅坤较早总结了《史记》的写人艺术,他认为司马迁刻画人物"摹画绝佳""详画以差""言人人殊""各得其解",譬如"善写生者春华秋卉,并中神理矣"。[①] 他还指出司马迁之所以能够塑造出各种典型形象,是因为他善于抓住人物特点,突出个性,从而使人物丰满逼真。如他说叔孙通传"小论中'希世'两字,一篇精神所注处"(《刘敬叔孙通传》夹批)[②],说平津侯传"摹写平津侯,暗以'曲学阿世'四字为精神"(《平津侯主父列传》眉批)[③]。他还从自己的阅读感受出发,指出司马迁写人能巧妙地将自己的思想情感融入其中,设身处地地站在人物的角度进行人物塑造,因而所塑造的人物多能扣人心弦,使人"读《游侠传》即欲轻生,读《屈原贾谊传》即欲流涕,读《庄周鲁仲连传》即欲遗世,读《李广传》即欲立斗,读《石建传》即欲俯躬,读《信陵平原君传》即欲好士"[④]。清代牛运震、程馀庆、王又朴等人则指出《史记》在人物安排上善于分清主宾关系,即能够突出主要人物,以宾衬主。

金圣叹对《水浒传》写人艺术的评论也十分精彩,许多地方与《史记》评点类似。如他说:"《水浒传》写一百八个人性格,真是一百八样。若别一部书,任他写一千个人,也只是一样,便只写两个人,也只是一样。"(《读第五才子书法》)[⑤]这一评价多少有些夸张,但确实指明了《水浒传》人物形象的丰富性,这一评价与茅坤的"言人人殊""各得其解"有相通之处。此外,茅坤等人对人物形象的丰富性的阐释还只停留在人物外部形象或其身份特征的差异上,金圣叹则更进一步地指出了人物内在的不同。这是他的高明之处,也是《水浒传》写人艺术的亮点所在。他说:"《水浒》所叙,叙一百八人,人有其性情,人有其气质,人有其形状,人有其声口。"(《序三》)[⑥]这句话具有很丰富的内涵,涉及了人物形象的四个方面:"性情"即指性格;"气质"指一个人由于其教育环境、

[①] [汉]司马迁著,[明]茅坤编撰,王晓红整理:《史记抄》,商务印书馆2013年版,《附读史记法》。
[②] [明]施耐庵著,[清]金圣叹批评:《金圣叹批评本水浒传》,岳麓书社2006年版,第413页。
[③] [明]施耐庵著,[清]金圣叹批评:《金圣叹批评本水浒传》,岳麓书社2006年版,第478页。
[④] [明]茅坤:《茅鹿门先生文集·与蔡白石太守论文书》卷一,见[明]茅坤著,张梦新、张大芝点校《茅坤集》第二册,浙江古籍出版社2012年版,第196页。
[⑤] [明]施耐庵著,[清]金圣叹批评:《金圣叹批评本水浒传》,岳麓书社2006年版,第25~26页。
[⑥] [明]施耐庵著,[清]金圣叹批评:《金圣叹批评本水浒传》,岳麓书社2006年版,第13页。

清代的《史记》研究

成长环境而养成的行为举止,从这种行为举止中透露出来的气质修养;"形状"多指外貌、衣着等肖像描写;"声口"则是指个性化的语言。正因《水浒传》能从内而外写出人物特点,因而使读者感到即便是同一种性格,也能显出同中之异来。如他在《第五才子书读法》中即指出:"《水浒传》只是写人粗卤处,便有许多写法。如鲁达粗卤是性急,史进粗卤是少年任气,李逵粗卤是蛮,武松粗卤是豪杰不受羁鞅,阮小七粗卤是悲愤无说处,焦挺粗卤是气质不好。"[1]由此可见,相比于《史记》评点,小说评点因评点对象具有虚构的特点——能在合理范围内随意塑造人物形象,夸大人物性格,能更为深入地挖掘人物形象特点,并对此做出系统、理论的总结。另外,金圣叹与茅坤一样,也擅长从读者阅读感受角度评点人物。如他评价鲁达:"写鲁达为人出力,一片热血喷出来,令人读之深愧虚生世上,不曾为人出力。"(第二回总评)[2]评论林冲梁山自述生平遭遇一节是"一字一哭,一哭一血,至今如闻其声"(第十回夹批)[3]。这些都是金氏自己的阅读感受,其中不仅有对作者的写作意图推测,也包含了读者主观的情感投射。总之,金批《水浒传》与《史记》评点作品对人物形象分析、评价的角度与态度基本上是一致的,即都从人物形象的多样性进行分析,都从读者的主观阅读感受,或者人物塑造效果角度进行评判。在评点的过程中又往往将主观情感融入评点之中。

综上所述,无论是在批评形态,还是在批评内容上,金批《水浒传》与《史记》评点作品之间存在着许多相似、相通的地方。由此也可以说中国古代小说评点与《史记》评点之间必然存在着诸多关联。而小说评点家与《史记》评点家之间肯定也存在着超越时空的继承、学习与借鉴。

五、论"《三国》叙事之佳,直与《史记》仿佛"[4]
——从毛宗岗评点《三国演义》谈起

《三国演义》是中国历史上第一部长篇章回体历史演义小说,其艺术成就是毋庸置疑的,在中国文学史上留下了光辉灿烂的一页。对于古代章回小说

---

[1] [明]施耐庵著,[清]金圣叹批评:《金圣叹批评本水浒传》,岳麓书社2006年版,第26页。
[2] [明]施耐庵著,[清]金圣叹批评:《金圣叹批评本水浒传》,岳麓书社2006年版,第57页。
[3] [明]施耐庵著,[清]金圣叹批评:《金圣叹批评本水浒传》,岳麓书社2006年版,第235页。
[4] 本节与倪晓莎合作。

的起源固然众说纷纭，但是其由讲史和讲史话本的基础上演化形成则是学术界的共识。而目前保存下来的一些史话本，像《三国志评话》《大宋宣和遗事》等在艺术技法上都相对比较粗糙。因此相对于史话本，章回小说与讲史有着更为密切的联系。石昌渝先生就曾指出："史传孕育了小说文体，小说自成一体后，在它的漫长的成长过程中仍然师从史传，从史传中吸取丰富的营养。研究中国小说如果不顾及它与史传的关系，那就不可能深得中国小说的壶奥。"①事实上关于古代小说与史传之间的渊源早在明代就有学者在进行孜孜不倦的探究。到了清代，毛宗岗更是在评点《三国演义》中对这一问题有了自己精辟的总结，他谈道"《三国》叙事之佳，直与《史记》仿佛，而其叙事之难则有倍难于《史记》者"②。显然在这里，毛宗岗清晰地提出了两个问题：其一，《三国演义》在叙事艺术上受到《史记》的影响，"直与《史记》仿佛"；其二，《三国演义》在具体学习《史记》叙事等技法的基础上，不断创新，自成一家，甚至超越了《史记》"各国分书，各人分载"等艺术，"其叙事之难则有倍难于《史记》"。在这里，我主要从毛宗岗评点三国谈起，论述《三国演义》在叙事艺术上对《史记》的继承与超越。

（一）叙事"直与《史记》仿佛"

毛宗岗在《三国演义》评点中经常喜欢把《三国演义》与《史记》进行对比，从而揭示《三国演义》在思想、艺术上的成就。在人物塑造上，在《三国演义》第十回评中，毛宗岗评到："曹操以荀彧为'吾之子房'，是隐然以高祖自待矣。何至加九锡而始知其有不臣之心乎？"③显然在这里毛宗岗清晰地看到了曹操这一形象与《史记》中高祖性格上的共性。又如第十四回，当曹操抚着许褚的背夸其真是自己的樊哙时，毛宗岗马上叹道："又隐然以高祖自待。"④其次，在情节安排上，毛宗岗同样经常将两者的事件进行对比，如第三十回回评中，他把"袁绍与曹操相拒于官渡，荀彧劝之勿归"与"项羽与高帝约割鸿沟以王，张良劝之勿归"的情节进行比较：

---

① 石昌渝：《中国小说源流论》，三联书店1994年版，第67页。
② ［明］罗贯中著，［清］毛纶、毛宗岗点评：《三国演义》，中华书局2009年版，第8页。
③ ［明］罗贯中著，［清］毛纶、毛宗岗点评：《三国演义》，中华书局2009年版，第50页。
④ ［明］罗贯中著，［清］毛纶、毛宗岗点评：《三国演义》，中华书局2009年版，第73页。

清代的《史记》研究

> 项羽与高帝约割鸿沟以王,而高帝欲归,若非张良劝之勿归,楚、汉之胜负,未可知也。今袁绍与曹操,相拒于官渡,而操以乏粮而欲归,若非荀彧劝之勿归,袁、曹之胜负,亦未可知也。读书至此,正是大关目处,如布棋者满盘局势,所争只在一着而已。①

显然在这里,从小说中的官渡之战联想到人人熟知的楚汉相争,毛宗岗精要地点出了刘邦与曹操胜利的秘诀——善于纳谏、胸怀广阔、极具战略眼光。

除此之外,在《三国演义》评点中,毛宗岗更是看到了《三国演义》在叙事上对《史记》有意识、无意识地继承与学习,他在《读三国志法》中就谈道:"《三国》叙事之佳,直与《史记》仿佛。"②之后在具体评点中他又反复谈到这一点,如"史迁笔法,往往如此","今观《三国演义》,不减左丘、司马之长","此等叙事,宜求之《左传》《史记》之中"等等。下面我主要就这一方面进行具体阐述。

1. 取其事之长者而备载焉

《三国》人物纷杂,线索繁多,叙述过程中往往不能同时并叙,同量分叙。为此,毛宗岗在评点中谈到"三面之事,不能并时同叙,故取其事之长者而备载焉,取其事之短者而简括焉。史迁笔法,往往如此。"③无疑,在这里,毛宗岗看到了《三国》采取了"故取其事之长者而备载焉,取其事之短者而简括焉"的叙述技法。而追其技法渊源,毛宗岗将目光投向了《史记》,所谓"史迁笔法,往往如此"。众所周知,《史记》不仅仅是一部人物传记,更是以人为本位记叙历史的传记,任何一个人物传记涉及的事件数量都相当多。因此如何安排情节的详略就成了《史记》留给我们的一大宝贵财富。以《淮阴侯列传》为例,文章主要是依据时间的先后顺序来记述韩信的一生,从清贫的布衣,到拜将封侯,南征北战,为刘邦建立天下立下赫赫战功,最终却因其功高盖主而被诛全族。为了使人物经历更加完整,司马迁列举了韩信的众多琐碎事件,如"一母饭信""少年辱信""羽不用信""滕公奇信""击楚""击魏"等等,但对于这些事件的处理,司马迁则遵守"取其事之短者而简括焉"的笔法,寥寥几笔,就将事件简单清晰地向读者加以说明。清人吴见思在《史记论文》中说道:韩信一传,"前半于追亡登坛详序之后,大如击楚、击魏、击赵代,奇如木罂渡军,只用略写、虚

---

① [明]罗贯中著,[清]毛纶、毛宗岗点评:《三国演义》,中华书局2009年版,第175页。
② [明]罗贯中著,[清]毛纶、毛宗岗点评:《三国演义》,中华书局2009年版,第8页。
③ [明]罗贯中著,[清]毛纶、毛宗岗点评:《三国演义》,中华书局2009年版,第161页。

写,至李左军井陉一说,方始详,正虚实相参、疏密互见之妙也。"①如"击楚、击魏"这一情节:"八月,汉王举兵东出陈仓,定三秦。汉二年,出关,收魏、河南,韩、殷王皆降。合齐、赵共击楚。四月,至彭城,汉兵败散而还。信复收兵与汉王会荥阳,复击破楚京、索之间,以故楚兵卒不能西。"司马迁极省笔墨,将几场战事用两三句话就一笔带过。再如"少年辱信"这一情节:

> 淮阴屠中少年有侮信者,曰:"若虽长大,好带刀剑,中情怯耳。"众辱之曰:"信能死,刺我;不能死,出我袴下。"于是信孰视之,俛出袴下,蒲伏。一市人皆笑信,以为怯。

一个"视"、一个"出"、一个"伏",动词精准简略,司马迁仅用六十个字,就简洁富有概括性地将这个故事生动形象地传递到读者面前,极富有画面感。又如"羽不用信"这个事件,"数以策干项羽,羽不用",简单一句话就轻描淡写地带过,毫无赘述之感。而对追亡登坛、井陉之战和武涉、蒯通之说这几件大事的描写,司马迁则丝毫不吝惜笔墨,大肆渲染、铺张。在"追亡登台"中,韩信登台拜将时的那番精彩议论就令读者耳目一新,司马迁在这里花费了近五百字左右的篇章来记述韩信的论断,着力刻画了一个才智过人、见解独到的韩信形象,令韩信瞬间深得人心。

在《三国演义》中,罗贯中在安排小说的情节上,为了避免连篇累牍、枯燥无味,有选择性地对人物事件进行详略选择。毛宗岗在二十八回中曾评曰:

> 刘、关、张三人两番聚散:一散于吕布之攻小沛,再散于曹操之攻徐州。而玄德则前投曹操,后投袁绍;关公则前在东海,后在许都;翼德则两次俱在芒砀山中。乃叙事者于前之散也,略关、张而独详玄德;于后之散也,则略翼德,稍详玄德,而独甚详关公。所以然者,三面之事,不能并时同叙,故取其事之长者而备载焉,取其事之短者而简括焉。史迁笔法,往往如此。②

刘备、关羽、张飞三兄弟在《三国演义》前半部分两次聚散,因此,为了向读者完

---

① [清]吴见思、[清]李景星著,陆永品点校整理:《史记论文 史记评议》,上海古籍出版社2008年版,第56页。
② [明]罗贯中著,[清]毛纶、毛宗岗点评:《三国演义》,中华书局2009年版,第161页。

整交代三兄弟的行踪,必须从三面分别进行,但三面的事情,又不可能同时进行叙述。即使分别叙述,倘若三处都详细叙述,笔墨篇章就过于累牍,小说的情节进度也会被一再拖累;倘若都草草叙述,则小说的趣味性、跌宕性也就无从显现。罗贯中则遵循了"其事之长者而备载焉,取其事之短者而简括焉"的原则,在前面的聚散中,着重详细地叙述了玄德投曹操之事,而对关羽、张飞的去向则基本上通过简单的补充陈述一笔带过;而在后面的聚散中,则是对关羽在许都的经历详细描述,而对张飞依旧几笔带过。这样的叙述,详略得当,情节紧凑、跌宕,使小说更具可读性。

事实上,我们再来深入分析司马迁和罗贯中这样安排情节的原因,除了毛宗岗所谈到的"故取其事之长者而备载焉,取其事之短者而简括焉"的原则之外,更有其内在的深层原因。在《淮阴侯列传》中,前半详写"追亡登坛"和"井陉之战"二事,主要是为了向读者塑造一个深谋远虑、运筹帷幄、用兵如神的神将,"井陉之战"中更是表达了司马迁对韩信军事才能的钦慕之情。后半详写武涉、蒯通劝韩信叛汉而韩不从的经过也暗含司马迁对韩信悲剧结局的一种惋惜之情。因此,我们可以看出司马迁在安排情节的详略过程中,除了事件本身的长、短外,很多时候与情节对人物主要性格塑造的权重有关,同时也暗含了作者的主观情感倾向。同样的,《三国演义》在描写刘、关、张三兄弟的聚散时,罗贯中前者详写玄德投曹操之事,为的是塑造一个在绝境中依旧有雄才伟略同时能屈能伸的刘备形象;而在后者详写关羽,则是为了着力塑造一个兄弟情深、武艺高强、侠肝义胆的关公形象。

2. 叙事之难,不难在聚处,而难在散处

毛宗岗特别欣赏《三国演义》中散点透视的技法,其在评点中谈到"叙事之难,不难在聚处,而难在散处"[1],同时他又将这种技法追溯于《史记》的叙述,"及见《三国》当阳长阪之文,不觉叹龙门之复生也"[2]。

众所周知,叙事之难不仅仅在于情节集中、场面恢宏、极尽渲染,同时更难于变幻点法,在散处加以点缀,画龙点睛,使情节参差有序、和谐统一。正如中国山水画,不仅仅需要用到"钩"(用毛笔在生宣纸上画线表现被画事物的轮廓形态,即用抽象的线条画法来塑造物象)的技法,更要用到点、染等技术,从

---

[1] [明]罗贯中著,[清]毛纶、毛宗岗点评:《三国演义》,中华书局2009年版,第244页。
[2] [明]罗贯中著,[清]毛纶、毛宗岗点评:《三国演义》,中华书局2009年版,第244页。

而使绘画层次分明,布局疏密有致,具有鲜明的整体感。这就强调了叙事的组织不仅仅要详略分明,同时空间布局更要有层次,有主次,有间隔,井然有序,即使于散处也不觉零散无章。《三国演义》第四十一回"刘玄德携民渡江,赵子龙单骑救主"中故事情节错综复杂、七断八续、散乱繁多,而详写的不能再继续补充内容,略写的更不能再加以省略,"庸笔至此,几于束手"。但作者罗贯中却采用变幻点法的叙述方法将这一难题迎刃而解。

> 将糜芳中箭,在玄德眼中叙出;简雍着枪,糜竺被缚,在赵云眼中叙出;二夫人弃车步行,在简雍口中叙出;简雍报信,在翼德口中叙出;甘夫人下落,则借军士口中详之;糜夫人及阿斗下落,则借百姓口中详之:历落参差,一笔不忙,一笔不漏。又有旁笔,写秋风,写秋夜,写旷野哭声,将数千兵及数万百姓无不点缀描画。①

这样一系列恢宏、复杂的事件描写,需要将各种情节通过散点的方法来进行逐一透视。不同于西方传统的焦点透视,中国传统绘画技术讲究散点透视,也称为动点透视,就是有多个透视"点",从多个角度表现事物特征,或从多个侧面刻画人物形象。如《清明上河图》,在一幅有限的图画中能表达许多主题,像一幅可以边走边看的长卷轴。这也好比现代社会中的摄影技术,利用摄影机的跟踪镜头,随目所至,步随景移。在《三国演义》四十一回中,罗贯中就是利用这种散点透视的技法将各个情节打成各种点,同时又通过不同的焦点将其共同纳入到小说的构图中,这也正是毛宗岗所说的"历落参差,一笔不忙,一笔不漏"。而追其这种技法的渊源,毛宗岗则是将目光投向了《史记》,他在评点中谈道:"予尝读《史记》,至项羽垓下一战,写项羽、写虞姬、写楚歌、写九里山、写八千子弟、写韩信调军、写众将十面埋伏、写乌江自刎,以为文章纪事之妙,莫有奇于此者;及见《三国》当阳长阪之文,不觉叹龙门之复生也。"②

在"垓下之战"中,司马迁有意无意地采用了中国传统绘画艺术中的"散点透视",多角度多层次地刻画了项羽这个传奇的悲剧人物。"虞兮虞兮"的千古悲歌塑造了一个有情有义的柔情丈夫;四面楚歌、九里山、八千子弟描绘了其气数将尽、英雄迟暮的悲情英雄;"田父绐曰"的生死机缘、愧对父老的知

---

① [明]罗贯中著,[清]毛纶、毛宗岗点评:《三国演义》,中华书局2009年版,第244页。
② [明]罗贯中著,[清]毛纶、毛宗岗点评:《三国演义》,中华书局2009年版,第244页。

清代的《史记》研究

耻良心、赠马赐头的临终义举更是仿佛一面面透视镜将项羽的性格暴露在读者的眼前,使整篇文字给人雄奇悲壮的美学境界,读之令人荡气回肠,欲罢不能。从这里,毛宗岗虽然没有直接说明,但我们可以得出这样一个观点:《三国演义》这种散点透视的技法在一定程度上与《史记》有着异曲同工之妙。

3. 必旁及他事而文乃曲

叙述最忌横铺直叙,毛宗岗在评点中谈到"每见左丘明叙一国,必旁及他国而事乃详。又见司马迁叙一事,必旁及他事而文乃曲。今观《三国演义》,不减左丘、司马之长"①。可见在毛宗岗的认知中,《三国》"必旁及他事而文乃曲"的笔法深受《史记》影响。

在叙述中,为了使情节曲折、生动,往往会在普通的叙事段落中添加或插入一些相关或其他的事件,给行文造成一种阻碍。西方理论家往往将这种手法称为"障碍",中国明清评点家则习惯用"间"。"间",《说文解字》释义:"间,隙也。隙者,壁际也。引申之,凡有两边有中者,皆谓之隙。隙谓之间,间者,门开则中为际。凡罅缝皆曰间。"②侧重空间的空隙、间隔。但从字形上看,"间"是一个半包围结构,由"门"和"日"组成,太阳要从门照进来,就必须要有空隙。由此可以得出,"间"指的是空间上的间隔和距离。这种"间"或"断"法究其原因可以归咎为以下两点:其一是情节过于冗长,容易使读者显得厌倦,因此使用间断抓住读者眼球,重新唤起其阅读新鲜感;其二是文章过于简短,如果草草收尾显得过于单薄,因此通过间隔来加以延宕、充实。毛宗岗在《三国演义》九十八回中谈道:"七擒孟获之文,妙在相连;六出祁山之文,妙在不相连。于一出祁山之后,二出祁山之前,忽有陆逊破魏之事以闻之,此间于数回之中者也。二出祁山之后,三出祁山之前,又有孙权称帝之事以间之,此即间于一回之内者也。每见左丘明叙一国,必旁及他国而事乃详。又见司马迁叙一事,必旁及他事而文乃曲。今观《三国演义》,不减左丘、司马之长。"③

《三国演义》第九十一回到一百〇五回写诸葛亮六出祁山攻魏,每次都旗开得胜,本可乘胜追击,一举破魏,但总是由于这些或那些的缘由使得功败垂成:第一次是马谡失街亭,第二次是粮尽退兵,第三次是孔明发病,第四次是孔

---

① [明]罗贯中著,[清]毛纶、毛宗岗点评:《三国演义》,中华书局2009年版,第586页。
② [汉]许慎撰,[清]段玉裁注:《说文解字》,上海古籍出版社影印经韵楼藏1998年版,第589页。
③ [明]罗贯中著,[清]毛纶、毛宗岗点评:《三国演义》,中华书局2009年版,第586页。

明被奸臣诬陷被迫退军,第五次是被谎言所骗撤兵,第六次是孔明屯兵五丈原病故——最终谱写了一曲"出师未捷身先死,长使英雄泪满襟"的英雄挽歌。而在这过程中,罗贯中则乘机叙述其他的事件,使《三国演义》谋篇布局紧凑、巧妙,小说情节张弛有度、扣人心弦。

毛宗岗高度评价了《三国演义》这种张弛有度的叙述技巧,同时他认为这里的"不相连",不仅是《三国演义》的叙事技法,同时还是《左传》《史记》的叙事方法。"每见左丘明叙一国,必旁及他国而事乃详。又见司马迁叙一事,必旁及他事而文乃曲。今观《三国演义》,不减左丘、司马之长。"以《史记》为例,司马迁在叙述中不仅仅运用了顺序的手法,更是综合运用了倒叙、插叙、正叙、侧叙、补叙等手法。如在《项羽本纪》中,"项梁乃以八千人渡江而西。闻陈婴已下东阳,使使欲与连和俱西",方在此时,司马迁立即插叙了陈婴的一段介绍:

> 陈婴者,故东阳令史,居县中,素信谨,称为长者。东阳少年杀其令,相聚数千人,欲置长,无适用,乃请陈婴。婴谢不能,遂强立婴为长,县中从者得二万人。少年欲立婴便为王,异军苍头特起。陈婴母谓婴曰:"自我为汝家妇,未尝闻汝先古之有贵者。今暴得大名,不祥。不如有所属,事成犹得封侯,事败易以亡,非世所指名也。"婴乃不敢为王。谓其军吏曰:"项氏世世将家,有名于楚。今欲举大事,将非其人,不可。我倚名族,亡秦必矣。"

这一段近二百字的插叙,丰富了陈婴这个人物形象,同时也使"以兵属梁项"变得顺理成章、水到渠成。从这里,我们也可以看出《三国演义》和《史记》在"不相连"上也有着惊人的相似点。

4. 叙事中忽断二语

此外毛宗岗还认为《三国》在夹叙夹议的叙述风格上也深受《史记》的影响,其在《三国演义》九十七回谈到"叙事中忽断二语,直是《史记》笔法"[1],从中我们也可以看出毛宗岗对这两者叙述技法在共同点上的进一步探索。

毋庸置疑,《史记》从本质上可以称为是一种散文叙事,它在讲述人物成长

---

[1] [明]罗贯中著,[清]毛纶、毛宗岗点评:《三国演义》,中华书局2009年版,第581页。

史、奋斗史的过程中绝非平铺直叙、食之无味，而是经常能够参差错落、恰到好处地掺杂作者直接或间接的抒情、议论，熔铸了作者鲜明的情感倾向。《史记》创立了序、论、赞等史论形式，既整齐又灵活，特别是"太史公曰"的独创，更是理论与情感的双重迸发。晚清刘鹗曾曰："《离骚》为屈大夫之哭泣，《庄子》为蒙叟之哭泣，《史记》为太史公之哭泣，草堂诗集为杜工部之哭泣，李后主以词哭，八大山人以画哭，王实甫寄哭泣于《西厢》，曹雪芹寄哭泣于《红楼梦》。"[1]刘鹗深刻地点出了《史记》在叙述中浓厚的情感态度，而这在很大程度上是通过作者夹叙夹议的笔法来实现的。显然毛宗岗很早就已经看到了《史记》这种笔法对《三国演义》创作的影响。《三国演义》第九十七回，蜀汉建兴六年秋九月，东吴派遣使者至书蜀中，希望蜀国共同征讨魏国，共商破曹事宜。在平铺直叙的过程中，罗贯中不甘寂寞，在后面立马跟上自己的论断，"一者显自己威风，二者通和会之好"。毛宗岗评论曰："叙事中忽断二语，直是《史记》笔法。"又如第五十四回，关云长华容道义释曹操，孔明由于军令状在先叱令武士将关羽推出斩首时，作者感叹"拼搏一死酬知己，致令千秋仰仗明"。虽然毛宗岗并未在每一处都加以评论，但在《三国演义》中这种例子还是随处可觅。

（二）叙事"有倍难于《史记》"者

《三国》与《史记》尽管有众多的相似之处，但毛宗岗却固执地认为《三国》叙事"有倍难于《史记》"，"分则文短而易工，合则文长而难好也"，这绝非对《史记》的一种贬低，而是对《三国》叙事艺术的一种极致追崇。众所周知，《史记》实现了中国古代文学叙事艺术的一种质的突破：在叙述结构上，《史记》由本纪、书、表、世家、列传五大体系贯穿构成，由古至今，展现了广阔的时代风貌，也暗含了中国固有的天道观；在叙述体例上，《史记》以人物为纲，以时间为纬，开创了纪传体通史的形式，塑造了一个个传神生动的人物形象。但是，正如毛宗岗谈到"分则文短而易工"，史书叙述有时间和空间之分，人物章节之间又是彼此独立，完全可以单独取出来加以赏析。相反，《三国演义》本质上属于历史性小说，它的叙事涉及三个政权，而各自从起步到壮大再到衰亡是一个连贯性的故事，一气呵成，各章之间没有一个地方是没有联系的。因此众多的人物关系、错综复杂的头绪、纷繁的事件交错就成为叙述者最大的瓶颈，正所谓

---

[1] ［清］刘鹗：《老残游记·自序》，人民文学出版社1982年版，第1页。

"分则文短而易工,合则文长而难好也",因此毛宗岗认为《三国演义》在叙述上远难于《史记》。

1. 总起总结、六起六结

毛宗岗提出《三国》之所以能将众多琐碎的人物、事件有机地构建在一个整体下首先得归功于其巧妙的结构,其曰:"《三国》一书,乃文章之最妙者","《三国》一书,总起总结之中,又有六起六结。"①尽管《史记》人物传记除了单传以外还有合传和类传,但其叙述结构在本质上并未有多大差异。我们先来看看单传的形式,据不完全统计,单传中绝大多数篇目都是以"几月几日,……"和"某某者,什么人也"开头,传记后则以"太史公曰"结尾,首尾呼应,连贯统一。而合传无非是将两个人物事迹通过"过桥"法和插叙的方法加以连接,其开头结尾也是如此,如管仲传和晏子传组成的《管晏列传》就是通过"后百余年而有晏子焉"进行"过桥"的,前后其实也完全可以当成两个故事来看待。类传看似纷繁复杂,实为同类相归,《刺客列传》就是简单地抓住"士为知己者死"这一灵魂将荆轲、聂政等一系列侠士编排在一个传记中,其开头也不外乎"某某者,什么人也"这个经典的套路。因此,我们可以看出在很多情况下,《史记》人物传记在叙述过程中都是按照固定套路的。

如果《三国演义》也同样按照《史记》的写法,那开头讲三国必定是按照吴怎么样,魏怎么样,蜀怎么样,然后再开始逐一叙述。可是只要稍加思索就会发现这种叙述显然不适合《三国》,吴国、魏国、蜀国存在于同一时代,如果各自加以叙述,很多背景、事件都难免会重复赘述,即使是运用《史记》中的"互见法"相互借鉴,也难逃故事被生硬分割的困窘。因此就一个开头的叙述如果简单模仿《史记》就会陷入进退维谷的僵局。但显然《三国演义》并非这样简单安排,毛宗岗在《读三国志书》中谈道:"《三国》一书,乃文章之最妙者。叙三国不自三国始也,三国必有所自始,则始之以汉帝。叙三国不自三国终也,三国必有所言终,则终之以晋国。"②《三国演义》谈论三国并非由三国写起,而是从汉末开始讲,为什么会出现三分天下的局势,这自然不是凭空使然。罗贯中把事情的缘起、发展娓娓道来,使读者的思路清晰、连贯。而谈到《三国演义》的结尾也是如此,罗贯中并未在叙述完三国各自的结局就草草收尾,而是以晋

---

① [明]罗贯中著,[清]毛纶、毛宗岗点评:《三国演义》,中华书局2009年版,第3页。
② [明]罗贯中著,[清]毛纶、毛宗岗点评:《三国演义》,中华书局2009年版,第2页。

清代的《史记》研究

国的统一与开头遥遥相对,实现了其"天下大势,分久必合,合久必分"的主题论述,可谓是匠心独具。尽管《史记》中也不乏这种"前后观照"的叙述手法,但正所谓"分则文短而易工,合则文长而难好也",独立的篇章中要实现人物、事件的首尾呼应毕竟还是容易的,甚至非常容易照搬模仿。但在《三国》中,由于时间的跨度,朝代的更替,人物的错综复杂,矛盾的此起彼伏,要完成最后的"首尾呼应"确实实属不易,而罗贯中则巧妙地利用了"天下大势,分久必合,合久必分"的思想主题将其贯穿于笔下。难怪毛宗岗在最后谈到"直应转首回起语,真一部如一句"①,显示了他对这种前后整体观照的倾慕。

此外,为进一步分析"《三国》一书,乃文章之最妙者",毛宗岗更是在此基础上进一步分析了《三国演义》内在结构的精妙之处,其曰:"《三国》一书,总起总结之中,又有六起六结。"②如果说"总起总结"是立足于小说的整体结构,那这里毛宗岗所谓的"六起六结"则是从局部着手。事实上,就结构而言,《三国演义》属于单体式小说,它同《西游记》等缀段式结构相区别,石昌渝先生曾经在《中国小说源流论》中谈到,单体式指的就是一部小说无论篇幅长短都只由一个故事组成,当然这里所谓的一个故事并非真的只有一个故事,而是在一个大的故事框架下,各种看似独立的小故事通过某种内在关系巧妙地连缀在一起,共同组成大故事的情节。虽然我们都知道单体式一般只适用于小说结构的一种分类,但实际上很多叙述文学都是共通的,就拿《史记》而言,你如果把它进行一个个切分,事实上每一个单篇都是一种单体式格式。但《三国演义》难就难在你不能将其切分,而是要把所有的内在情节、故事都囊括在一个大故事下,这就对其中的故事情节、内在逻辑提出了很高的要求。因此,在蜀国、吴国、魏国的兴衰这个大线索下,如何将桃园结义、三顾茅庐、火烧赤壁、白帝托孤、六出祁山等故事有机进行组合就成了《三国演义》最值得我们学习的地方。而在《三国演义》中,罗贯中很巧妙地运用了"六起六结"的构思,令人耳目一新:在叙述汉献帝是以董卓废少帝开始写起,以曹丕篡夺为结束;叙述西蜀,是以刘备成都称帝为始,以刘禅绵竹出降结束;叙述刘备、关羽、张飞三兄弟是以桃园三结义起始,由刘备白帝托孤终结;叙述诸葛亮是以三顾茅庐写起,自六出祁山结束;叙述魏国,是以曹丕称帝为开始,以司马篡位为结束;而

---

① [明]罗贯中著,[清]毛纶、毛宗岗点评:《三国演义》,中华书局2009年版,第720页。
② [明]罗贯中著,[清]毛纶、毛宗岗点评:《三国演义》,中华书局2009年版,第3页。

叙述东吴,则是以孙坚匿玺为始,由孙皓衔璧为终结。如此匠心独运,难怪毛宗岗叹曰:"联络交互于其间,或此方起而彼已结,或此未结而彼又起,读之不见其断续之迹,而按之则自有章法之可知也。"①可见这种此起彼伏、此终彼始的技法对《三国演义》整体叙事的巨大意义。

另外,我们在赞叹《三国演义》这种"总起总结""六起六结"结构的同时也必须认识到这绝非凭空偶然,可以随意搬用的。相反,小说这种结构的设置必须要和小说中各事件本身相协调。就拿"六起六结"来说,桃园结义、三顾茅庐、火烧赤壁、白帝托孤、六出祁山等事件看似独立、毫无关联,实则却前后照应,因果相循。我们取刘备三兄弟的事迹为例,三人于小说首篇就一见如故,桃园结义,盟誓曰:"不求同年同月同日生,只愿同年同月同日死。皇天后土,实鉴此心,背义忘恩,天人共戮。"毛宗岗在此评曰:"千古盟书,第一奇语。"②事实上这里已经为下文埋下了伏笔,暗示了三人命运之息息相关。至于后面关羽败走麦城,张飞惨遭毒手,实质都一步一步预示着刘备最后的命运,等到刘备猇亭战败,白帝托孤,三兄弟这一条线索方才写完。毛宗岗在《三国演义》第八十五回中批道:"自桃园至此,可谓一大结局矣。然先主之事自此终,孔明之事又将自此始也。"③白帝托孤一事又引来孔明的再度出山,而之后孔明魂断五丈原一事又引来姜维的重新崛起,可谓环环相扣,紧凑有趣。因此,《三国演义》之所以能实现结构的紧凑相衔,还在于各条线索内部、各条线索之间的交错相连。

2. 有横云断岭,横桥锁溪之妙

毛宗岗认为《三国演义》在很多情节上是从《史记》中借鉴的,如"曹操披衣跣足而迎许攸"是借鉴了"高帝踞床跣足而见英布"的情节;"袁绍与曹操相拒于官渡,荀彧劝之勿归"是借鉴了"项羽与高帝约割鸿沟以王,张良劝之勿归"的情节。这一点毋庸置疑,当代很多学者如赵清勇等都对此提出了自己的论证。但是同时他又认为《三国演义》在情节的安排上却远难于《史记》,其曰"《三国》一书,有横云断岭、横桥锁溪之妙","盖文之短者,不连叙则不贯串;文之长者,连叙则惧其累坠,故必叙别事以间之,而后文势乃错综尽变。后世

---

① [明]罗贯中著,[清]毛纶、毛宗岗点评:《三国演义》,中华书局2009年版,第3页。
② [明]罗贯中著,[清]毛纶、毛宗岗点评:《三国演义》,中华书局2009年版,第3页。
③ [明]罗贯中著,[清]毛纶、毛宗岗点评:《三国演义》,中华书局2009年版,第505页。

清代的《史记》研究

稗官家鲜能及此",可见对其推崇至极。众所周知,尽管《史记》也有顺序、插叙、补叙等变幻的叙述方法,但由于各自成篇,因此情节安排上相对比较简单、清晰。《三国演义》学习《史记》的各种叙述技法,但由于篇幅宏大,又一气呵成,如果在叙述上纯粹学习《史记》就会显得通顺有余而生动不足,沉闷而无趣。因此它在学习《史记》的基本上,更是形成了自己独特的叙述风格。毛宗岗在《读三国志法》中谈道:

> 《三国》一书,有横云断岭、横桥锁溪之妙。文有宜于连者,有宜于断者。如五关斩将,三顾草庐,七擒孟获,此文之妙于连者也。如三气周瑜,六出祁山,九伐中原,此文之妙于断者也。盖文之短者,不连叙则不贯串;文之长者,连叙则惧其累坠,故必叙别事以间之,而后文势乃错综尽变。后世稗官家鲜能及此。①

"横云断岭"是毛宗岗对小说艺术的一种形象概括,实则就是"间"或者"断",它并不像西方文学理论叙述的那样抽象,而是以空间的形象来设喻,非常直观易懂。周汝昌先生曾在《红楼艺术》中谈道:"至于横云断岭,则又是正说到热闹中间,读者急待下文时,即横空插入一个人,一句话,一声响,虽然上文截住了,——然而又不同于'异峰突起',人来了不一定压众,话来了不一定惊人,它起过'断岭'作用后,即收拾过去,大有'重作轻抹'的意味。"②

上文在谈论太史公笔法对《三国演义》的叙述影响中已经提及"断"或"间"的艺术魅力。而当我们再进一步来分析《三国演义》这种叙述艺术时,就会发现它其实远远甚于《史记》。在《史记》中,由于记叙的都是真实的历史事件,要求客观公正,不能因为主观原因而加以增删,因此"间"更多的是一种插叙手法的应用,即插叙另外一个人物事件加以"间"之,正如上文所举陈婴的例子。也由于这个原因,"间"在《史记》的实际运用中相对受到束缚,略显平淡。而在《三国演义》中,"间"所形成的曲折性、生动性则堪称后世之典范。上文中已谈及诸葛亮"六出祁山",那在此我们就以"诸葛亮舌战群儒,鲁子敬力排众议"为例。这一情节发生在《三国演义》第四十三回,诸葛亮前来东吴试图说服孙权共同抗曹,本应该直接与孙权谈议,但罗贯中在此则巧妙地运用了

---

① [明]罗贯中著,[清]毛纶、毛宗岗点评:《三国演义》,中华书局2009年版,第7页。
② 周汝昌:《红楼艺术》,北京人民文学出版社1995年版,第77页。

"间"的艺术：先是诸葛亮不被鲁肃引见于孙权，只在馆驿休息；又是孙权不肯马上召见诸葛亮，说是明日方见；再是明日先不见孙权，而是才压东吴各谋士；后又以曹操的百万雄师言激孙权，使其愤然大怒；最后因为鲁肃从中协调峰回路转，两者把酒言欢，可真谓是一波三折，生动曲折。难怪毛宗岗在四十三回回评中谈道："将欲通之，忽若阻之；将欲近之，忽若远之。令人惊疑不定，真是文章妙境。"①

此外，在《三国演义》中，"间"除了在技法上被运用的炉火纯青外，更是被超越了技法本身，前面已经谈到《史记》由于"客观性"的限制而显得比较狭隘，而《三国演义》则将"间"更加灵活地运用于情节的虚构上，如"三气周瑜""六出祁山""九伐中原"等等。由于小说使然，显然这些情节很多都和历史出入颇大，有些甚至无处考究。就拿"三气周瑜"为例，诸葛亮三气周公瑾的故事妇孺皆知，单从章节上来看，第一次出现在第五十一回，第二次出现在五十五回，第三次出现在五十六回。一个简单的"三气周瑜"就整整跨越了六个章节，如若纯粹叙述孔明气周瑜就显得过于累赘和繁琐。毛宗岗在《三国演义》五十六回回评中谈道："三气周瑜之文，妙在断续叙来。一气周瑜之后，则有张辽合肥之战、孔明汉上之攻、玄德南徐之攻以间之；二气周瑜之后，则又有曹操铜雀台之宴以间之。其间断续之处，或长或短，正以参差入妙。"②显然，在此"横云断岭"技巧的运用，使小说叙述更加灵活、自由，同时也使原本的虚构情节更加跌宕起伏，具有可读性。

3."宾中有主""主中有宾"之妙

在《读三国志法》中，毛宗岗谈到"《史记》各国分书，各人分载，于是有本纪、世家、列传之别。今《三国》则不然，殆合本纪、世家、列传而总成一篇。"③《史记》各人分载，《三国》各人物总成一篇，可见在这里毛宗岗认为《三国》除了在"结构安排""情节组合"上难于《史记》外，在"人物叙述"上更是又倍难于《史记》。

自然，《史记》的人物叙述手法历来为人称道。在《项羽本纪》中，项羽这个主要人物的形象塑造可谓是活灵活现、入木三分，从中我们也可以窥探出司

---

① ［明］罗贯中著，［清］毛纶、毛宗岗点评：《三国演义》，中华书局2009年版，第256页。
② ［明］罗贯中著，［清］毛纶、毛宗岗点评：《三国演义》，中华书局2009年版，第333页。
③ ［明］罗贯中著，［清］毛纶、毛宗岗点评：《三国演义》，中华书局2009年版，第8页。

清代的《史记》研究

马迁在人物叙述上的一些技法:第一,采用多维透视的方法表现人物性格;第二,通过重大的历史事件来展现人物的伟业;第三,利用尖锐的矛盾冲突来表现人物性格;第四,通过"互见法"来补充人物的完整性;第五,运用典型化的细节和个性化的语言来表现人物。尽管《史记》的人物塑造技法令人啧啧称道,但毛宗岗认为《史记》"个人分载",在单传中每一篇传记往往是着力塑造一个主要人物,其他人物则作为"宾"来衬托"主",所以"主""宾"之间一目了然,关系清晰明了。但在《三国演义》中,由于其人物关系错综复杂,因此各人物在塑造上不能简单地区分主宾,而是要将其置于具体的故事情境中进行分析。其在第七回回评中谈道:

> 孙权于此卷方才出名,乃出名而犹未出色,止写得孙策出色耳。然与刘、曹鼎立者,孙权也,是孙权为主,而孙坚、孙策皆客也。且因孙权而叙其父兄,则又以孙坚、孙策为主,而袁绍、公孙瓒又其客也。然公孙瓒文中忽有一刘备,突如其来,倏焉而往,而公孙瓒遂表备为平原相,则因刘备而叙及公孙瓒,因公孙瓒而叙及袁绍:是又以袁绍之战公孙为主,而孙坚之击刘表为客矣。何也? 分汉鼎者孙权,而继汉统者刘备也。以三国为主,则绍、瓒等皆其客;三国以刘备为主,则孙权又其客也。今此回之目曰"袁绍战公孙",而注意乃在刘备;曰"孙坚击刘表",而注意乃在孙权:宾中有主,主中又有宾,读《三国志》者不可以不辨。①

毛宗岗在评点中特别重视主宾之辨,同时他对《三国演义》主宾关系的处理更是赞不绝口。在第七回中,虽然主要叙述的是孙坚的逝世、孙策的出现,但就整个吴系而言,孙坚、孙策都为宾,尚未真正出场的孙权则为主。但是将孙权放置整个三国之争中,孙权、曹操又是宾,刘备方是主。因此《三国演义》主宾之辨颇为复杂,其人物塑造就是在这主宾角色不断互换中,随着时间、情节的发展层层推进,显得多而不乱,极具层次感。

事实上,毛宗岗谈到的关于《三国演义》叙述之妙还有很多,如"同树异枝、同枝异叶、同叶异花、同花异果之妙""星移斗转、雨覆风翻之妙"等等,在此就不再一一加以赘述。综观毛宗岗的思想,我们可以得出以下几点结论:其一,《三国演义》在叙事艺术上深受《史记》的影响,"直与《史记》仿佛",其在详

---

① [明]罗贯中著,[清]毛纶、毛宗岗点评:《三国演义》,中华书局2009年版,第34页。

略安排、散点透视、张弛有度、夹叙夹议等叙述艺术上都与《史记》有着惊人的相似处;其二,《三国演义》在具体学习《史记》叙事等技法的基础上,由于其篇幅宏大、前后连贯,"其叙事之难则有倍难于《史记》",因此不断创新,自成一家。在叙述结构上,《三国演义》突破了《史记》简单固定的模式套路,"叙三国不自三国起",整体上匠心独具,采取首尾照应的形式,遥遥相对,整体观照;局部则采用"六起六结"的形式,此起彼伏,此终彼始,使全文环环相扣,紧凑连贯。在情节叙述上,《三国演义》在学习《史记》的基础上,更是形成了自己独特的叙述风格,"有横云断岭,横桥锁溪之妙",使行文跌宕起伏,更具可读性。而在人物叙述上,《三国演义》由于人物关系错综复杂,"主中有宾""宾中有主",人物形象在这主宾角色不断互换中逐步推进。

毛宗岗的思想不仅体现了比较批评的文学观,同时也体现了他对《三国演义》叙述艺术的极度推崇。但是我们也不得不看到毛宗岗的文学观是建立在其小说评点家的基础上的,这也决定了他在把《三国演义》和《史记》进行比较时往往是站在《三国演义》小说家的立场上,但这绝非是对《史记》的一种贬低,而是为了评点《三国》艺术的需要。

六、论王又朴的《史记七篇读法》[①]

明清两代是中国古代文章评论大繁荣时期,产生了大量文评著作,其中不乏颇见系统性的理论之作、"辑"而不述的资料汇编式著作、随笔性质的"文话",以及随文评点的文章选集或评点专著。无论是上述何种著作,文章妙绝千古的《史记》都是文人借以阐释自家理论的重要参考书。尤其是以《史记》为评点对象的文章选集更是一经出现,便迅速风靡一时,受到时人的喜爱。现在可见的明清《史记》评点专著主要有明代杨慎的《史记题评》、茅坤的《史记抄》、凌稚隆的《史记评林》,清代牛运震的《史记评注》、汤谐的《史记半解》、储欣的《史记选》、吴见思的《史记论文》,还有由清末桐城派作家王拯编纂的,包括归有光、方苞及王拯本人的《史记》评点为一本的《归方评点史记合笔》等。王又朴(1681—1763)是桐城派鼻祖方苞的弟子,为矫正世人对《史记》"是非颇谬于圣人"的评价,从《史记》世家、列传中精选出《项羽本纪》《外戚世家》

[①] 本节与虞芳芳合作。

清代的《史记》研究

《萧相国世家》《曹相国世家》《淮阴侯列传》《李将军列传》《魏其武安侯列传》等七篇文法高妙,尤为世人误读的文章进行读法示范。他先针对各篇撰写独立于选文的读法文章,阐明文中所蕴含的儒家大道,接着通过随文圈点以在文本中明示其读法。这七篇读法与经过圈点的选文最后辑为一本,名曰《史记七篇读法》。该书与同时期的其他《史记》评点之作一样,都特别注意随文揭示文章章法,进而阐明史公之微旨,是为一般读者准备的开示古文门径之作。类似于《史记七篇读法》这种评点结合、指示古文阅读与文章写作的评点之作之所以能在明清兴盛不衰,既有其时代原因,也与文章学理论的发展密切相关。

(一)以古文说时文,以时文说古文

王水照先生在《历代文话·序》中指出,文评著作繁荣于明清,实则"受时文(八股)兴盛之刺激与驱动"。明清以八股取士,应举士子需要为其开示写作门径的指导性读物,因而"'以古文说时文'或'以时文说古文'成为一时风尚。"[①]《史记》在明清被视为文章典范,以《史记》精彩篇章作为底本,将作文之法细化到篇、章、句、字的《史记》评点之作,实为广大举子作文指南的不二之选。再者,明清各个重要的古文流派对《史记》皆推崇备至,如明代唐宋派主要人物皆好读、爱学《史记》:归有光一生评点《史记》数十次,对太史公文法做了深入研究,世传有《归震川评点本史记》;茅坤尤其欣赏《史记》之风神,颇能领会太史公字里行间涌动的强烈情感,著有《史记抄》。其他如唐顺之、王慎中也都有《史记》评点著作传世。而且明清《史记》评点者不少即为八股文高手,他们对八股文的创作心领神会,能在评点过程中指示为文关键,这使得他们的评点之作具有很强的实用性而受到备考诸生的欢迎。有的文人的编撰目的正包含有帮助阅读者参加科举的意图。如茅坤在《刻〈史记抄〉引》中表明《史记抄》是他罢官归家后,出于"以督训儿辈为文辞"[②]的目的而刊刻的,大家大族的族学、家学所培养的大多是将要通过科举走上仕途以光耀门楣的士子,这样看来茅坤该书应当是其家塾中文章做法,尤其是八股文做法的教科书。既然有这样广阔的市场需求,又有优秀的作者群体,《史记》评点之作能兴盛于当时就不足为奇了。王又朴是雍正元年(1723)进士,对八股文创作有切身的体会,

---

① 王水照编:《历代文话》第一册,复旦大学出版社2007年版,第4页。
② [汉]司马迁著,[明]茅坤编撰,王晓红整理:《史记抄》,商务印书馆2013年版。

他不仅自己擅长古文,还热心传授。他于康熙五十八年(1719)在天津发起三取书院,并于乾隆二十三年(1758)辞官回乡担任该院山长,延师授课。"三取"取"乡试、会试、殿试"三试皆取之意,三取书院是天津第一所培养科举人才的书院。《史记七篇读法》成书于乾隆十九年(1754)[第一卷《项羽本纪读法》作于乾隆二年(1737),其他六篇作于乾隆十九年(1754)],很有可能是他在书院中用以教授学生古文的教科书。此外,使王又朴名扬全国的是《圣谕广训衍》。在该书中,王又朴对康熙帝所编、用古文写作的《圣谕广训》①进行白话注解,生动直白,广受欢迎。除了《史记七篇读法》外,王又朴还撰写了《孟子读法》十五卷。可见他是很善于编写普及性读物的,《史记七篇读法》也具有一定的普及作用。

对比明清两代《史记》评论我们还能发现,清代古文家更加注意在阅读过程中阐发《史记》的深文微旨,尤其注意探寻《史记》的文章形式之美。相应的,评点者在对《史记》读法、文章写法的指导上具有更加明确的指示性。这与评点者所接受的理论指导关系密切。清代独占文坛的桐城派古文能绵延二百余年,成为一代古文正宗,一个根本性的原因就在于该派具有学习古文的独特的文论体系,即"义法"说。"义法"说首倡于桐城派奠基人方苞,后经过刘大櫆、姚鼐等人的充实、阐发与修正逐渐成为一套完整的古文理论体系。而"义法"说的产生、发展与《史记》有着密切的联系。对此,俞樟华先生已经在《桐城'义法'源于〈史记〉》②一文中做了详细阐释。方苞的"义法"说本就来自于对《史记》的解读。换而言之,方苞在解读《史记》时运用了他的"义法"说。但方苞对《史记》的"义法"解读一般都是具有启发性的简短语句。王又朴作为桐城派学者,直接师从方苞,堪称清代中期天津最有成就的散文家。《史记七篇读法》对《史记》的解读,就是对方苞的"义法"说进行的具体运用。王又朴在书中屡屡提到恩师阅读《史记》的体会,以及恩师对自己的指导。如在《萧相国世家读法》一文中,他直接引用方苞的话来补充自己的观点。③《曹相国世家读法》直接就是对方苞之意的推广,他说:"昔余在都初见望溪先生时,先

---

① 《圣谕广训》是雍正二年,雍正帝在康熙帝劝善诏书《圣谕》基础上编写的,用来告诉老百姓做人的道理和应遵守的规章制度的诏书。该文用文言文写作,百姓难以听懂、看懂。

② 俞樟华:《史记艺术论》,华文出版社2002年版,第354~365页。

③ 方苞原话为:"文中止举收图籍、举淮阴、守关中、荐曹参数事,而何之相业已复绝千古,其余则皆不足论耳!此史公见大处。"见[汉]司马迁著,[清]王又朴编选,凌朝栋整理《史记七篇读法》,商务印书馆2013年版,第77~78页。

生为言萧、曹二世家史公笔法。今萧相论已见文集,余亦推其意而广之。"①随后他又征引了方苞的原话作为本篇读法的提纲。再则,他在《项羽本纪读法》后序中说:"若他篇之佳,则先儒论之详矣,余又何庸喋喋为!"②其中的"先儒"必然包括方苞,而先儒对其他篇章的精彩阐发则多指方苞对《史记》的评点。《史记七篇读法》在某种程度上是对方苞评点《史记》的补充。那么,王又朴又是如何将"义法"说具体运用到解读《史记》文章之中,又是如何通过这种读法来指导应举士子阅读古文、创作文章的呢?

(二)会此意而推之,则无书不可读

王又朴在《项羽本纪读法》后序中说明了他编撰《史记七篇读法》的最终目的:"余说繁,而意在醒世之瞆瞆者,使能会此意而推之,则无书不可读,而岂惟《史记》?"③也就是说,本书是为了给不会读书的人提供一套适合于读任何古文的方法。他对文章的选择上就包含有这种目的。首先,他说的"书",应当是指具有完整结构的古文,因而不同于某些选家截取一篇文章中尤为精彩的片段,王又朴所收录的文章都是首尾完整的全篇。其次,历来《史记》选本收录文章的标准虽然不尽相同,但文人大都会根据《史记》的文章布局,即分别从本纪、表、书、世家、列传中选取若干篇目以保留《史记》原本的编撰体例。这种选法体现了对《史记》体例独特性的尊重。而王又朴却直接省去书、表,从最能体现为文之法的本纪、世家、列传中选择文章,这些文章自身具有相当的独立性,可进行单篇阅读。梁启超先生在《读史记法一》中按照不同研究目的将《史记》读法分为三种,其中的第三种即为"以研究文章技术为目的而读之"的读法,他认为以此为目的读《史记》"宜择其尤为杰出之十数篇精读之"④,随后他列出了平生最爱读的十篇《史记》文章。王又朴所选的七篇文章虽和梁启超的十篇不完全相同,但他们的目的却是一致的。为达到"无书不可读"的目的,王又朴在具体的读法指导上也煞费苦心。他有感于其师方苞论文"语特简妙"而使自己的真知灼见无法有效地传达,便例取"千古细心善读书"的金圣叹阅读

---

① [汉]司马迁著,[清]王又朴编选,凌朝栋整理:《史记七篇读法》,商务印书馆2013年版,第85页。本节所引《史记七篇读法》皆采用此版本。
② 《史记七篇读法》,第59页。
③ 《史记七篇读法》,第59~60页。
④ 梁启超:《梁启超全集·要籍解题及其读法》卷一六,第八册,北京出版社1999年版,第4635页。

"稗官野乘"①的方法,详细地阐发选文的"义法"。他从读书态度、读书技巧以及读书笔记等多个方面进行了读法指导。

第一,在阅读时"不可不预执己见,亦不可执前人之见以为己见"。方苞的"义法"说的内涵,概而言之就是他在《书〈货殖传〉后》里说的:"义即《易》之所谓'言有物'也,法即《易》之所谓'言有序'也。义以为经而法纬之,然后为成体之文。"②也就是说,文章是切实的内容与适合的表现形式与技巧的结合,形式与技巧的运用则要为表现切实的内容服务。王又朴所说的"义"具有明确的内涵。他坚信"文以载道"③,即文章是用来表现"道"的。他认为历来优秀的古文无不包含有崇"道"精神。"道"指的就是夫子之道,简而言之就是儒家的天地君亲、人伦道德。班固批评《史记》"重货殖而轻仁义,进游侠而轻道德",世人也多不以为忤,认为"史公能文而未知道"。但"道之显者为文","言之不文,无以行远",司马迁既然不崇道,那他的《史记》又是怎么做到"传后至于千百世,历久而弥新"的呢?基于这个矛盾,王又朴经年累月反复寻味《史记》,最后才得《史记》要领,进而"深悉其故"④,以确认班固之说为非。根据这一阅读体验,王又朴提出读书之前应该"不可不预执己见,亦不可执前人之见以为己见"⑤。后者指的是不能人云亦云,要多方对比先人意见,当众人意见不同时,则取圣人之见。这种说法和朱熹读书"虚心"说相似,朱熹认为"看文字须是虚心。莫先立己意,少刻多错了。……圣贤言语,当虚心看,不可先自立说去撑拄,便咽斜了。"如何虚心呢?就是要退一步思考,就是"不要自作意思,只虚此心将古人语言放前面,看他意思倒杀向何处去。如此玩心,方可得古人意,有长进处。"⑥朱熹要求读者不预执己见,要彻底去除成见,根据文字的意思,实事求是地理解古人的原意。王又朴虽也说去成见,但他去成见的态度是不彻底的。因为他还要求读者读书前"不可不预执己见"。这种"己见"虽包含有"带着疑问"读书的进步意义,但它更偏向于要以儒家理论解读古文的意

---

① 《史记七篇读法》,第59页。
② [清]方苞著,刘季高校点:《方苞集》卷二,上海古籍出版社1983年版,第58页。
③ 《史记七篇读法》,第3页。
④ 《史记七篇读法》,第3页。
⑤ 该说本专用于读《项羽本纪》,但因《项羽本纪读法》是王又朴为纠正班固之论而举的例子,这一态度实际上也适用于其他六篇。见《史记七篇读法》,第4页。
⑥ [明]朱熹著,[宋]黎靖德编,王星贤点校:《朱子语类》卷一一,中华书局1986年版,第179~180页。

思。他的"预执己见"的读法实则是朱熹所反对的"先自立了意后方观,尽率古人语言入做自家意思中来"①的读法。他要让读者相信好的古文一定是援经佐道的,相信"君子之为文,非徒以自娱悦而已,必将有关于天下之大,是非得失之故",君子作文的目的是为了"使后世之人,读吾书者莫不有所观感而以为鉴。"②因而他在指示读法时首先用儒家思想点明各篇所含的劝诫世人的人伦大道。如读《项羽本纪》,他认为本篇主旨是以项羽得失天下之始末的原因为后世圣帝明王做借鉴,使世人明白得失之道全在于民心,即"得天下有道,得其民,斯得天下矣。得其民有道,得其心,斯得民矣"③。《外戚世家》与《李将军列传》世人多认为司马迁是在言说天命,王又朴则说"君子不谓命",认为前文是为了通过说明夫妇、君臣之礼言说"人道之大伦"④,后者则是以李广诈坑降房之事表明李广有失大道因而不得封侯。《萧相国世家》论萧何因为崇尚俭德而在淮阴、黥布皆诛灭后独善其身,也是言道;《曹相国世家》《淮阴侯列传》《魏其武安侯列传》则从正反两面说明了"学道谦让"的重要性。他不仅在各篇中以儒道评价主要人物,揭示整篇文章的主旨,在揭示历史事件真相时也常常根据结果反过来寻找答案。如《项羽本纪》中记载了汉王的"分羹之言",刘邦因此常为人所诟病,王又朴则认为"世固未有不仁而得天下者也,亦未有不仁于其亲而仁于天下之人者也"⑤。在他看来,能执掌天下的人皆怀有仁者之心,刘邦既然能得到天下,那么他必然是常怀善心的仁者,不可能真的做出与项羽分羹食父的事情。由此王又朴又反复阅读相关文章,最后得出刘邦"分羹之言"其实是缓兵之计,是他为保证父亲安全想出的计谋,这个计谋最后成功了,而"汉之得策,即楚之所以失策"⑥,以汉王之得写项羽之失才是史公的"不言之旨"。他还在读法中屡屡发出"谁谓史公不知道乎"⑦的感慨,以时刻提醒读者读书一定要心细如尘,不可依样画葫芦,否则必然错失古人真意,为古人耻笑。

与其说王又朴提倡读者"去成见"以读书,不若说是规定读者以"宗经"

---

① [明]朱熹著,[宋]黎靖德编,王星贤点校:《朱子语类》卷一一,中华书局1986年版,第180页。
② 《史记七篇读法》,第3页。
③ 《史记七篇读法》,第5页。
④ 《史记七篇读法》,第64页。
⑤ 《史记七篇读法》,第19页。
⑥ 《史记七篇读法》,第21页。
⑦ 如《外戚世家读法》,第60页;《萧相国世家读法》,第78页;《淮阴侯列传读法》,第96页。

"明道"的思想去读书。可见,他在对古文之"义"的理解上甚至比方苞更加狭窄。而无论是选取这七篇尤为世人误读的文章作为读法指导的底本,还是这种带着己见读书的态度,都体现了他想要纠正士子"文心"的目的,这是为了科举考试而采取的"以古文说时文"的方法。这种专制的做法显然会导致读者错失《史记》丰富的内涵。那么如何在阅读过程中读出太史公的崇道思想呢?对此,王又朴提出了"一气读""分段细读"的读书技巧。

第二,在读的过程中"先当一气读,又当分段细读"。《项羽本纪读法》是王又朴最早撰写的《史记》读法文章,最能体现他的读法的特点。他在《项羽本纪读法》题词中先阐明了《项羽本纪》所含大旨,其后为详细说明本文文章技法,提出了"先当一气读,又当分段细读"的读书技巧。他说:

> 至其行文之妙,则先当一气读。不一气读,则不能悉其本末意义、脉络通贯,而旨趣不得而出也。然又须分段细读,不分读则不能得其顺逆、反正、隐显、断续、开合、呼应诸法,而旨趣亦有不得而贯通也。[1]

其一,文章要分次读,先着眼于大方面,再关注小方面;其二,无论是读大方面以求总体脉络,还是从小方面读出写作技巧,最终落脚点都在于读出文章旨趣。因而,我们可以说,王又朴其实是从读法的角度阐明"义"与"法"的关系,即通过掌握"法"来理解"义"。那么"一气读"与"分段细读"具体如何操作呢?"一气读"要求读者先对整篇古文浏览一遍,了解历史事件的来龙去脉,对主要历史人物的精神品貌了然于胸,从文章大结构中领会史公大义,不可偏执于人物某方面的品质而错失作者本意。如《李将军列传》写李广率兵作战以及与兵同甘苦时的材武、胆略、勇敢、宽仁、骁捷皆无人能敌,因而能"为士大夫所爱慕而矜惜之如此"[2],这是李广忠信的一面。但司马迁不惟如此,他还写李广诱敌杀降、报复霸陵卫的事情,以显示李广奸诈、气量小的一面。所谓"忠则不欺,信则不诈"[3],李广独于俘虏用欺诈,那么他到底不是真正的"身正令行"的人。司马迁在赞语中引孔子之言即是为了从反面说明李广因不忠不信而不得封侯的主旨。由此可见,如果不通读全文则无法全面了解李广的性格品质,从而无

---

[1] 《史记七篇读法》,第8页。
[2] 《史记七篇读法》,第116页。
[3] 《史记七篇读法》,第116页。

清代的《史记》研究

法得出文章大旨。再如王又朴说《项羽本纪》一文用了"大关锁法",文章"首以姓项氏起,末以赐姓刘氏结",展现了项氏的盛衰兴亡。但司马迁的用意不在于展示一姓一族之兴亡,而是要通过这种"大关锁法"以引发我们思考项氏的兴、衰原因,当我们带着这个问题再回头阅读全文,就会发现文中包含着"项氏不仁,所以失天下之心"[①]的大旨意。可见好的谋篇布局能够更加有效地传达文心,而"法"的选择是为了满足表达"义"的需要。另外,王又朴还注意到《史记》各篇"赞"揭示主旨的作用,而对"赞"的理解也要以阅读全篇为基础。

梁启超先生在《史记读法》中认为出于"研究古代史迹"而读书,则要用"观大略"的读法,即"将全篇一气呵成浏览一过,再用自己眼光寻出每个时代之关键点所在"[②]。王又朴的"一气读"与梁启超的"观大略"却是不一样的。首先,梁启超所观的当是一代之史,也就是说要将整本《史记》通读一遍;王又朴所读的仅限于一篇古文,一人生平之始末,前者眼光要大得多。其次,读的目的也不一样。梁启超是出于历史的目的,所带的是历史的眼光,王又朴则出于文章学习的目的,是文章学的眼光,因而王又朴才十分注重让读者寻找整篇文章的脉络、眼目、立柱。最后,梁启超要求读者用自己的眼光认识历史,王又朴则要求读者用"道"的眼光去看古文。两者的区别实则是基于阅读需求的不同,梁启超的读法是为了学习古文的全部精神,领略中国古代文化的博大精深,而王又朴则出于适应时文的需要。

王又朴在《项羽本纪读法》题词中指出,世人之所以难得司马迁真意以至于讥其是非谬于圣人,是因为司马迁为文"多恢弘谲诡之词,不肯显言正论,又时以他事闲文自掩其笔墨之迹,且文辞浩瀚,读之者目眩神骇,往往一篇不能尽"[③],这就是说《史记》变化莫测的文法和丰富的文章笔法阻碍了读者对文义的正确把握。的确,《史记》各篇文章不尽相同,太史公时而全篇只用正笔,时而于正笔中杂入反笔、曲笔,时而全用曲笔。有时在一篇之中也极尽变化之能事,如《项羽本纪》一文已经到了"段段变化、无法不备"的地步。章法、段法如此,句法、字法也是变化多端,令人难以捉摸。因此读者如果只对文章通读一遍,而不对行文进行反复寻味、条分缕析,不做到对其章法字句了然于心,则不

---

① 《史记七篇读法》,第28页。
② 梁启超:《梁启超全集·要籍解题及其读法》卷一六,第八册,北京出版社1999年版,第4634页。
③ 《史记七篇读法》,第3页。

可得其真谛。由此在"一气读"之后还要"分段细读",以了解文章"顺逆、反正、隐显、断续、开合、呼应"等笔法技巧,以拨开文辞的迷雾,寻求史公之真意。要"分段细读",在技术上首先就得对文章进行分段。如读《项羽本纪》,王又朴认为应当先分两大段读,"于'各就国'画住。上是写羽之得,下是写羽之失"①,这是以主要人物的人生起落作为分段标准。然后再在两大段中"分作六段读"。这六段分别是"首叙羽起事为一段,次叙巨鹿之战为一段,又次叙入关为一段,又次叙封王诸侯为一段,又次叙楚汉相持为一段,又次叙垓下亡羽为一段",②这是按照历史事件进展来分段。如此分段,使得每一段既互相联系,又能相对独立,便于解读。王又朴极赞这六段在叙事上"段段浓郁,段段变化,无法不备,无美不臻",是"天下之奇文也,大文也,神文也,至文也"③,因而分段之后,对于各段都要反复寻味、细细分析,要注意司马迁在每段中所用的文章之法。之后他就通过解读各段技法来阐明各段义理。如以楚汉相争一段为例,该段起自"汉王部五诸兵伐楚",结于"请今进兵止"。首先,从全段看,这段在历史时间上跨越四年("汉二年春"到"五年"楚灭亡),料想期间应有不少关于项羽的事,但"不关天下得失,史公故不录焉"④,也就是说本段所录之事皆是与项羽得天下与失天下相关的事情,即与该文主旨相关。这就体现了选材要为表达文义服务的"义法"关系。另外,该段以项羽怀疑范增与刘邦信任张良、陈平作为"大关目",以军粮为文"骨"。以这两点作为文章的眼、骨,是对整段的布局与脉络而言。全段将刘邦、项羽在用人方面做了对比,项羽不能用范增而刘邦能用陈平、张良,则项羽失人,刘邦得人;"粮食"是楚汉矛盾的焦点,汉军粮食短缺而请求和解,项羽不许,则项羽不仁,最后楚军又亡于缺粮,则粮食实为两军相争之关键。可见,文段的大关目与骨架结构也是为传达文心服务的。其次,再看段中叙述事件时所用的隐笔、闲笔、正笔等技法。如写汉王"分羹之言"的旨意在于言外⑤,则为隐笔。此处又插入侯公之封的闲笔,原文说侯公:"此天下辩士,所至倾国,故号为平国君。"⑥所谓闲笔是指在主要事件之中插入与本事貌似不相关的人事。归有光称这种在热闹文字中插

---

① 《史记七篇读法》,第8~9页。
② 《史记七篇读法》,第9页。
③ 《史记七篇读法》,第9页。
④ 《史记七篇读法》,第18页。
⑤ 此处言外之旨前文已作说明。
⑥ 《史记七篇读法》,第21页。

人的"闲字闲话"是"极有味"的。"有味者"在王又朴看来是"与前后大旨妙有关会"①的意思。他认为侯公以辩才封侯,且其封侯之事在"分羹"事件时写出,那么他能够封侯应该与"分羹"事件有关,这就隐含了汉王当时实际无"分羹"之意的言外之意。那么这一闲话确实是与文章大旨相关了。还有写滕公、纪信、周苛、外黄舍人叛楚,写项羽疑范增、听项伯、用龙且等人皆用正笔明明写出,表明项羽无一人,隐含着项羽失谋士之心的深意。各件事情之间还多用两两对照之法,如汉军之绝粮请和与楚军之食尽求和,表明楚之失与汉之得。在各小场景描写时还多用叠笔,如汉王推堕子女车下的场景。最后,在用字上还用了复笔手法,如文中屡写"项王怒"三字写其性格。如此等等,不一而足,皆说明了"法"以达"义"的"义法"关系。

除了《项羽本纪读法》外,王又朴在其他读法文章中虽未对读法进行如此详细的讲解,但也常常对文章进行分段再说明,如《萧相国世家》分三段读,《淮阴侯列传》分两大段读,《魏其武安侯列传》分为两段读。在"分段细读"后,王又朴对全文再作回顾,以解读文章所用的修辞。他在《项羽本纪读法》的最后举例指出该篇所用的艺术手法,其中包括大关锁法、段段关锁法、大落墨法、零星点次法、埋伏法、照应法;明写处、暗写处;极详处、极略处、上下相形处;急脉缓受法、缓脉急递法;语言中夹叙事者、叙事中间夹叙别事者、语未完而即接叙事者、以语言代叙事者;文字互救处。② 这些都是当时文章学术语,是写文章的士子都需掌握的写作技巧,王又朴不惜笔墨一一道出,不仅说明了他对《史记》高超的写作技法的钦佩,也说明了他撰写读法实是为了适应时文写作的需要。而除了"一气读""分段细读"、再读全文的读法外,王又朴在读文章时其实还运用了各篇参看的读法,如他认为《曹相国世家》须得与《淮阴侯列传》参看。但他对这种读法并未多加论述,这说明了他对《史记》全书的体例并不重视,他的目的只在于指导单篇古文的读法,进而使读者领会其写法。"一气读""分段细读"的读法在强调了阅读范围的同时,实际上也强调了阅读的次数。这与王又朴自身的阅读经验和所提倡的阅读态度是一致的。这种分篇、分段、再分段的读法指导与茅坤等人在选文之前撰写总的《史记》读法的做法不同。两者虽都强调读太史公之文须"息心静气,聚精会神,细细寻其条理

---

① 《史记七篇读法》,第21页。
② 《史记七篇读法》,第32页。

脉络"①,"须痛自理会,方能识得真景且太史公所擅"②,但茅坤的文章读法实则适合于所有选文,而且依然强调读者读书要自行领会。况且茅坤的读法着重强调的是选文的意义。王又朴则将读法具体到各篇各段,具体而详尽,是要带着读者读书。王又朴的读法又与李景星的《史记评议》,或吴见思的《史记论文》不同。李景星与吴见思重在论《史记》,著书以发表自己的阅读感受。他们的论是略有领会就随笔写下,论述的内容更加丰富,且较少涉及具体读法。王又朴也阐明自我感悟,但他的讲解往往是"法"与"义"结合着讲,他要求读者读出文章脉络筋骨,读出文法修辞,进而领会"法"与"义"的关系。

最后,为了便于读者理解,王又朴还通过随文圈点,来配合讲解文章章法,以明读法。随文圈点是一种从宋末开始发展起来的文学批评形式,指评点者对文本通过眉批、旁批、夹批等形式加入随文评语,还用不同符号,比如圈、点、抹、删等,在文本中留下阅读记号。《史记》的评点本也多有随文圈点。如归有光、方苞就是较早用彩色笔对《史记》进行过随文圈点的。评点者一般还会撰写读法凡例以说明各种符号的作用。如《归评史记》在例意中对"五色圈点"符号作了如下说明:

> 《史记》起头处来得勇猛者,圈缓些者点,然须见得不得不圈、不得不点处乃得。
>
> 黄圈点者人难晓,朱圈点者人易晓。
>
> 朱圈点处总是意句与叙事好处,黄圈点处总是气脉。
>
> 亦有转折处用黄圈而事乃联下去者。
>
> 墨掷是背理处,青掷是不好要紧处,朱掷是好要紧处,黄掷是一篇要紧处。③

"起头""意句""叙事""气脉""转折""背理处""不好要紧处""好要紧处""要紧处"都是粗略的文章章法概念,可见圈点的作用是在提示文章的做法,茅坤《史记抄》凡例对符号的说明也可为证。④ 清代时古代文章学发展成熟,文章学之体系更加完备,评点所用专业名词也更加规范。试看《史记七篇读法·凡

---

① 《史记七篇读法》,第4页。
② [汉]司马迁著,[明]茅坤编纂,王晓红整理:《史记抄·刻史记抄引》,商务印书馆2013年版。
③ 转引自王齐《〈归评史记〉对〈史记〉的接受》,《文艺研究》2005年06期,第87~93页。
④ [汉]司马迁著,[明]茅坤编纂,王晓红整理:《史记抄·凡例》,商务印书馆2013年版。

清代的《史记》研究

例》：

> 凡通篇主脑大关目,用双圆圈或大圈其字；
> 凡通篇立柱抒写处及通篇眼目,用双尖圈；
> 凡各段中主脑,用圆点；
> 凡文字大结构精采处,用单圆圈；
> 凡文字用意处,用单尖圈；
> 凡文字小波澜处,用斜点。[1]

对比归有光与王又朴的凡例,我们可以发现两者主要的不同体现在以下两点：其一,王又朴的在凡例中所用词语更加简练、专业、书面化,且用词指意明确,如"主脑大关目""立柱书写处""大结构精采处"是指文章结构,"通篇眼目"处、"各段主脑"处指全篇或整段点明主旨的地方。由此可见,他的圈点也是"法""义"并重的。而归评用词则偏向于口语化,且"一篇要紧""叙事好处"等用词指意较为模糊,在一定程度上王又朴的圈点其实是对归评中"叙事好处"的具体化。其二,归有光执着于文字语言的运用,更关注语言之妙,如他对开头写法的提示。而王又朴则更关注于文章结构,且在指点读法时更有层次,他先注明通篇的关目结构,再对各段进行指示,最后着眼于文字用意处,层次是从篇法到段法,再到句法、字法,由高到低排列的。这种分层指点的方法体现了他的随文圈点与他的读法文章配套的特点,即随文圈点与"一气读""分段细读"是相互配合的。王又朴的圈点又与其同时的汤谐（1661—1724）不同。汤谐的《史记半解》在选文中加入了大量的评语,评语与圈点是同时出现的。而《史记七篇读法》随文的评语不多,它的圈点与读法是相互分开又相互呼应的。评点与圈点同时出现则说明了评语所指示的读法只针对选文,读法的相对独立则使得每一篇的读法都既具有针对性又具有普适性。为更好地说明这一特色,下面就让我们来看一些例子。

"一气读"旨在得文章之大脉络与大旨趣,对此,王又朴在文中通过双圆圈或大圈其字标注出通篇主脑,即显示文章大旨趣处,如《外戚世家读法》中说本篇旨不在说天命,而在于说明阴阳之交,人伦大道。在文本中,王又朴就在"阴阳之变,万物之统也。可不慎与？人能弘道",以及"岂非命也哉？孔子罕称

---

[1] 《史记七篇读法》,第3页。

命,盖难言之也。非通幽明之变,恶能识乎性命哉"①两处点明弘道主旨与不言命之意的地方,以大圈标记作为对读法的呼应。他又用双尖圈符号标出通篇立柱抒写与眼目处,以显示文章谋篇布局处,说明文章大结构,提示事件的发展进程。如《项羽本纪读法》说项氏一族的盛衰兴废是该文的大关锁,因而文中凡写项氏子弟处他都用双尖圈标出,如"八千人""八千人渡江而西""凡六七万人""兵四十万""八百余人""百余人""乃有二十八骑""亡其两骑耳"等。他还认为项羽失败的最主要原因是项羽的残忍不得人心,换而言之,全篇的眼目就在于项羽之"不仁"。所谓眼目,就是说文章的大旨要通过这个"眼目"来认识。因而文中凡体现项羽残忍与不得人处,王又朴也一一用双尖圈标出。如"虽吴中子弟皆已惮籍矣""籍所击杀数十百人。一府中皆慴服,莫敢起""皆坑之""诸将皆慴服,莫敢枝梧"……"文字大结构精彩处"有时指文章某些语句在全篇结构中起总结全文,或在传主一生中起到的承上启下的作用。如《曹相国世家》中叙述曹参军功一段,即是全文前半段的总结,也是曹参前半生的总结,因此也要标记。

  与"分段细读"对应的就是对各段主脑、用意处、波澜处的标记,这种标记指示的就是段法、句法与字法。如《萧相国世家读法》将文本分为三大段,其中第一段写何之识,从开始到"何固请得毋行",此段中凡说明萧何眼光好的地方都是此段用意所在,因而王又朴都做了对应的标记。如"何数以吏事护高祖""常左右""何独以""秦御史欲入言征何,何固(请)""得毋(行)"。文字用意处是指某些人、某些事只是为了突出主要人物、事件,单看这些陪衬无法得出文章主旨。如《魏其武安侯列传读法》说:"其宾客之趋避炎凉,不过为文中之渲染,非正文也。"②也就是说写宾客是为了渲染魏其、武安、灌夫的形象,魏其、武安、灌夫本身的言行才与该文主旨相关。因此,凡是文中有关宾客行为的语句都用单尖圈标出,如"诸游士宾客争归魏其侯""天下士郡诸侯愈益附武安""士亦以此多之"等。"文字小波澜"处指对故事情节作曲折的描写,如《项羽本纪读法》说鸿门一段文字,"写得极紧簇、生动"③,人人都以为楚汉成败于此定局,但王又朴认为这段只是楚汉之争中的波澜而已,项羽的失败是由他不仁

---

① 《史记七篇读法》,第63页。
② 《史记七篇读法》,第130页。
③ 《史记七篇读法》,第14页。

的性格决定的,即使当时杀了沛公,他"亦必不能有天下"①。在文本中此段用斜点标记的文字也最多,如项伯夜驰沛公军一段都是波澜处。

从归有光对《史记》的圈点到王又朴对《史记》的圈点,表现出文人圈点古文的目的由帮助自己阅读到指示读法以助人阅读的变化。归有光圈点《史记》虽也出自学习八股文的章法,但重在自得,也就是说圈点是提示自己用的,而王又朴对圈点符号做清楚明白的介绍,是因为他的圈点是给应举士子看的,是指导他人用的,条理不清楚、用语不规范就不能保证意思的有效传达。这说明后来的《史记》评点选本越来越追求于满足士子应考需要。随文圈点的方法最能标明文章章法,将随文圈点与篇前读法相配合,则能更加具体、细致地说明读法,使读法指示更具有直观性、可操作性。

(三)只以义法论文,则得其一端而已

王又朴《史记七篇读法》用方苞的"义法"说来讲解古文文法,为应举士子开示作文门径,对当时士子的应举是有意义的。然而这种事无巨细、无微不至地讲解方式,使它最终成为一种狭隘的作文指导。在这种读书方法的指导下,人们难以领略《史记》博大精深的文学成就。就理论方面而言,方苞的"义法"说的内涵其实是比较狭隘的。他用以作为八旗子弟古文学习选本的《古文约选》只选录"义法之精可见"的古文,而对类似于"客难""解嘲""答宾戏""典引"等在主旨上有违儒家中正儒雅的文章则不予收录,对那些在文法上"汪洋自恣,不可绳以篇法",使学者"无从窥寻而妄摹其字句"的古文都不选录。②可见,他所崇尚的"义"的内容是狭隘的,而他所标榜的"法"也是有迹可循的修辞、布局之法。桐城三祖之一的姚鼐在《与陈硕士书》中即坦言:"望溪所得,在本朝诸贤为最深,而较之古人则浅。其阅太史公书,似精神不能包括其大处、远处、疏淡处及华丽非常处;只以'义法'论文,则得其一端而已。"③也就是说,用"义法"论文只能学习古文的外在形式,且是一些比较容易理解的文章章法,而对古文所包含的精神、思想则难以企及。王又朴对"义法"的运用基本是以方苞为尊的,他对"义法"的理解甚至比方苞更偏狭。方苞在《古文约选》

---

① 《史记七篇读法》,第15页。
② [清]方苞著,刘季高校点:《方苞集·集外文目录》卷四,上海古籍出版社1983年版,第612~616页。
③ [清]姚鼐著,卢坡校点:《惜抱轩尺牍》,安徽大学出版社2014年版,第78页。

中对于《史记》只录《太史公自序》,他在《古文约选序例》中说明了原因,"得其枝流而义法最精者,莫如《左传》《史记》,然各自成书,具有首尾,不可以分剺","《三传》《国语》《国策》《史记》为古文正宗,然皆自成一体;学者必熟复全书,而后能辨其门径,入其窔突。"①也就是说,他认为《史记》的"义法"必须通读全书才能得其全部。而王又朴则只录了其中的七篇,甚至没有保留《史记》五体的体例。可见,他的"义法"解读更是限于单篇古文的,他的"义"是儒道,而"法"更偏重于文章结构与修辞技巧,比之方苞似乎更狭隘。

以"义法"说为工具,解读文章的段落乃至字句是为了详细地说明读法。这种读法指示是为了指点八股文的做法。章学诚对这种明示读法而不给读者留有自得空间的评点之作颇为不满,他在《文史通义·文理》一文中说:

> 时文当知法度,古文亦知法度。时文法度显而易言,古文法度隐而难喻,能熟于古文,当自得之。执古文而示以法度,则文章变化,非一成之文所能限也。归震川氏取《史记》之文,五色标识,以示义法;今之通人,如闻其事必窃笑之,余不能为归氏解也。②

章学诚批评的是归有光,但王又朴对读法的指示比归有光更具体、明确,想来更为章氏所诟病。章学诚认为古文文法变化无穷,难以括尽,读者如果能够熟读古文自然能够对古文法度得心应手。用标记指示义法的做法,是舍去自得而去追求文章形式与古人形似,想要"以古人无穷之书,而拘于一时有限之心手"③,这样做只能得古文的皮毛,难以学到古文的精髓。但章学诚又说:这种评点法"为不知法度之人言,未尝不可资其领会;特不足据为传授之秘尔"④。也就是说,如果只是对文章法度略作提示,对初学者而言还是能从中得到一些启示的。但要是传授的意思太过明显,"以己之道施诸彼身",那就是不可取的了。遗憾的是,王又朴却怀有将自己的读法作为"万能读法"推而广之的意图,他想通过为读者提供阅读的范本,因而尤其详细地说明了自己的读法,由此必

---

① [清]方苞著,刘季高校点:《方苞集·集外文目录》卷四,上海古籍出版社1983年版,第613~614页。
② [清]章学诚著,罗炳良译注:《文史通义·文理》卷三,上册,中华书局2012年版,第413~414页。
③ [清]章学诚著,罗炳良译注:《文史通义·文理》卷三,上册,中华书局2012年版,第411页。
④ [清]章学诚著,罗炳良译注:《文史通义·文理》卷三,上册,中华书局2012年版,第414页。

清代的《史记》研究

然会限制读者的想象力,遏制读者的阅读欲望。

王又朴《史记七篇读法》是清代《史记》评点著作的代表。王又朴自觉继承了方苞倡导的"义法"说,将"义法"说具体运用到对古文的解读中,从读法的角度诠释了"法"以"义"为转移的原则,要求读者通过读出文章之"法"以理解文章之"义"。由于他对"义"与"法"的理解太过狭隘,因而他的读法最终只适应于八股作文的需要,而不能使读者领略古文真正的魅力,其缺陷是不言而喻的。

七、曾国藩论《史记》为文之法[①]

曾国藩自小浸淫《史记》,对其十分推崇,言《史记》为"不可不熟看之书"[②],并说"余于古文,志在效法此三人,并司马迁、韩愈五家"[③],还在读书时写下了许多对《史记》具体篇目的评点。曾国藩主要是从历史和文学两个角度去阅读《史记》的,从历史角度出发,曾国藩借鉴了其中修身、从政、治军、用人的方法。而从文学角度出发,他更多的是从《史记》的文章特点入手,关注《史记》的为文之法,从而为自己的读书治学为文提供借鉴。本节准备就后者进行一些研究。

(一)"俱含命字之意在言外"——紧扣主旨,量身选材

曾国藩认为太史公在取材成篇时,不仅常把身份地位相似、关系相近的人写在一起,而且注重使所选材料紧扣主旨,暗含命意,如对于《外戚世家》,曾国藩就评点道:"通篇注重命字。首段吕后,末指明天命,后薄后、窦后、王后、卫后,亦俱含命字之意在言外。"[④]《外戚世家》记述的是汉高祖至武帝五代汉皇的后妃,以正后为主,兼及妃嫔和后妃亲族,篇中的几位皇后都出身微贱,却通过不寻常的经历当上皇后,有的阴差阳错,有的事出偶然。一个微贱女子变成了天下最尊贵的妇人,令人不可思议,于是司马迁用了"命"字作解。"通篇以'命'字为骨,开首一序,即接连点出,以下步步限定,再不脱离。有明应处,如

---

① 本节与沈灵超合作。
② [清]曾国藩:《曾国藩全集·家书》,岳麓书社1986年版,第456页。
③ [清]曾国藩:《曾国藩全集·家书》,岳麓书社1986年版,第387页。
④ [清]曾国藩著,陈书良校点:《曾国藩读书录》,上海古籍出版社2012年版,第52页。

'此岂非天耶','非天命,孰能当之'等句是。有暗写处,如'吕太后以重亲,故与其生子万方,终无子'。"①曾国藩对于太史公"夏之兴也以涂山,而桀之放也以末喜。殷之兴也以有娍,纣之杀也嬖妲己。周之兴也以姜原及大任,而幽王之禽也淫于褒姒"这种把兴亡归因于女人的观点予以否定,并针对太史公"孔子罕称命,盖难言之也"(《殷本纪》)的观点,提出了"子长于当世艳称之功臣封爵者,皆不甚满意。常以不可知者,归之天命。……虽要归有良然者,然亦由子长褊衷,不能忘情于功名,故时时以命字置诸喉舌之间。若仲尼,则罕言命,且不答南宫适、羿、禹稷之问,兹其所以为大也"②的想法。虽然曾国藩不赞同《外戚世家》中太史公的观点,但他依然对其紧扣"命"字的写作方法予以肯定,感叹"俱含命字之意在言外"③。一个"命"字贯穿全篇,紧扣"命"字剪裁材料,组织篇章,使得文章紧凑连贯,骨节通灵,显出了章法的高妙。由此可见,曾国藩在评点《史记》时注重辩证看待,对于有异议的观点提出自己的想法,同时赞赏文章紧扣主旨选材的方法,对《史记》其他篇章亦多次提及,如对于《陈丞相世家》,他评道"阴谋奇计,是《陈平世家》着重处"④,对于《酷吏列传》则曰"通首以'法令滋章,盗贼多有'二语为主"⑤。

如果说《外戚世家》主要是选用多人的材料去暗合"命"之主旨,多人合传,主次相同,那么《伍子胥列传》则是以一人为主传,以众人去衬托主传者,从而体现文章主旨。故曾国藩如此点评:"子胥以报怨而成为烈丈夫。渔父之义、专诸之侠、申包胥之乞师、白公之报仇、石乞之甘烹,皆为烈字衬托出光芒。"⑥伍子胥头脑清楚,眼光尖锐,知应父之招必俱死而弃小义;中途乞讨,心志坚定,不忘仇恨;其忍辱负重,攻克郢都,没有找到昭王,竟"掘楚平王之墓,出其尸,鞭三百,然后已",疯狂复仇。伍子胥为吴王立下汗马功劳,受谗言被赐死前留下"必树吾墓上以梓,令可以为器,而抉吾眼悬吴东门之上,以观越寇之入灭吴也"(《伍子胥列传》)的遗言,激烈地表达了身遭诬害的愤慨和对吴王昏庸的憎恨。此等人物不可不谓之"烈"也。然而这些还不足,曾国藩更为

---

① [清]吴见思、[清]李景星著,陆永品点校整理:《史记论文　史记评议》,上海古籍出版社2008年版,第54页。
② [清]曾国藩著,陈书良校点:《曾国藩读书录》,上海古籍出版社2012年版,第58页。
③ [清]曾国藩著,陈书良校点:《曾国藩读书录》,上海古籍出版社2012年版,第52页。
④ [清]曾国藩著,陈书良校点:《曾国藩读书录》,上海古籍出版社2012年版,第53页。
⑤ [清]曾国藩著,陈书良校点:《曾国藩读书录》,上海古籍出版社2012年版,第62页。
⑥ [清]曾国藩著,陈书良校点:《曾国藩读书录》,上海古籍出版社2012年版,第54页。

赞叹的是这篇列传描写伍子胥之外,又涉及了渔夫、专诸、申包胥、白公胜、石乞等诸多人物,或言或行,寥寥几笔,形神俱备,俱为烈丈夫。他们的存在强化了文章所传达的主旨命意,"皆为烈字衬托出光芒"①,亦使得诸人之"烈"相互穿插,互为应和,使得文章节奏紧凑,主旨鲜明,让人赞叹。

除了以上两种情况之外,曾国藩还关注到《淮阴侯列传》这样只选取生平寥寥几事勾勒人物的篇章,这些篇章显示出太史公量身选材以体现主旨的为文特点。曾国藩赞叹太史公"举一纲而万目张"的方法,即抓住人物一生中的几件大事进行选材和情节安排,事件不多却将人物性格命运交代清楚,读之形象鲜明,主旨深刻。曾国藩评《淮阴侯列传》:"彭城败散,而后信收兵至荥阳,破楚京索之间。下魏破代,而后汉辄收信精兵。荥阳距楚,成皋围急,而后汉王至赵,驰入信壁。此三役,皆高祖有急,赖信得全。子长于此等处,颇为用意。"②韩信一生有许多事情,而太史公并不一一赘述,只在"高祖有急,赖信得全"的"三役"上"用意",事件不多,却让人印象深刻,韩信功劳之大一目了然,与后文韩信之死作对比,让人深发感慨。

由上观之,曾国藩对于紧扣主旨、量身选材的方法很是看重,他亦在自己的文章写作实践中予以运用。如在《葛寅轩先生家传》中,文章开始写葛寅轩少时的举止异于常人,再写其游学,又写十三岁时祭父,然后写他思念母亲归家而救母,母去世后服丧至诚,这些情节把葛寅轩一生行事的几件要事徐徐道来,特别是后面一部分更是突出了葛寅轩待母至孝。这篇文章层层递进,前面写葛寅轩少时举止、游学以及祭父几件事做了铺垫,后写待母至孝达到高潮,将他一生为人之"孝"表现得淋漓尽致,"孝"字分外凸显。太史公笔法的精髓,被曾国藩运用得非常娴熟。

(二)"借以自鸣其郁耳"——自鸣郁抑,情感喷涌

文学是人喜怒哀乐的载体,包含着人对生命意义的探索。曾国藩认为太史公亦是将其个体体悟及情感融入了《史记》之中,"余读《史记》亦'大抵率寓言也'。列传首伯夷,一以寓天道福善之不足据,一以寓不得依圣人以为师。非自著书,则将无所托以垂于不朽。次管、晏传,伤己不得鲍叔者为之知己,又

---

① [清]曾国藩著,陈书良校点:《曾国藩读书录》,上海古籍出版社2012年版,第54页。
② [清]曾国藩著,陈书良校点:《曾国藩读书录》,上海古籍出版社2012年版,第57页。

不得如晏子者为之荐达。此外如子胥之愤、屈原之枉,皆借以自鸣其郁耳。非以此为古来伟人计功薄也。"①曾国藩认为《史记》"大抵率寓言也"②,太史公传伯夷是为了表明自己写史记的初衷,传管仲、晏子,是感伤自己没有鲍叔这样的知己,没有晏子这样的人为自己荐达,传伍子胥、屈原,是借他们来表达自己的抑郁悲愤,并不是单单为了记载古人的功过是非。正因为太史公不只是为了记载史实,而是融入了情感,所以使得《史记》的文学性得到了大大提升。如《史记》中的大多数传世名篇都融入了太史公的情感,有悲愤,有抑郁,有讥讽,有感慕,亦有自喜。所以曾国藩认为这些篇章之所以动人心魄,篇章中的人物之所以令人难忘,是因为太史公把自己的情感注入了笔端,让读者与文中的人物以及文字背后的作者产生了共鸣。所以曾国藩评《陈涉世家》:"怀王入秦不返,天下之公愤,屈原之私愤,而太史公亦自引为己愤也"③;评《屈原贾生列传》:"余常谓子长引屈原为同调,故叙屈原事散见于各篇中。怀王入秦不返,战国天下之公愤,而子长若引为一人之私愤,既数数著之矣。此篇尤大声疾呼,低回欲绝"④;评《儒林列传》:"子长最不满于公孙弘,讽刺之屡矣。盖当时以经术致卿相者,独宏,子长既薄其学,又丑其行,故褊衷时时一发露也"⑤;评《季布栾布列传》:"状季布、季心、栾布诸人,具有瑰玮绝特之气,赞中仍自寓不轻于一死之意。子长跌宕自喜之概,时时一发露也"⑥。这些评论,都是切中肯綮的。

虽然曾国藩认同太史公对历史人物的感情受到其自身情感影响,但曾国藩却并不极端,比如评《绛侯周勃世家》为"太史公于不平事多借以发抒,以自鸣其郁抑。此于绛侯父子下狱事,却不代鸣怨苦,而以'足己不学,守节不逊'二语责条侯,故知子长自闻大道。或以谤书讥之,非也"⑦。以往的观点认为《绛侯周勃世家》亦是太史公自鸣其郁的"谤书",然而曾国藩却认为并非"代鸣怨苦",而是用"足己不学,守节不逊"责备绛侯,认为其下狱是有原因的,甚至是咎由自取的。由此观之,曾国藩评《史记》并非是人云亦云,而是理性的,

---

① [清]曾国藩著,陈书良校点:《曾国藩读书录》,上海古籍出版社2012年版,第54页。
② [清]曾国藩著,陈书良校点:《曾国藩读书录》,上海古籍出版社2012年版,第54页。
③ [清]曾国藩著,陈书良校点:《曾国藩读书录》,上海古籍出版社2012年版,第52页。
④ [清]曾国藩著,陈书良校点:《曾国藩读书录》,上海古籍出版社2012年版,第56页。
⑤ [清]曾国藩著,陈书良校点:《曾国藩读书录》,上海古籍出版社2012年版,第62页。
⑥ [清]曾国藩著,陈书良校点:《曾国藩读书录》,上海古籍出版社2012年版,第58页。
⑦ [清]曾国藩著,陈书良校点:《曾国藩读书录》,上海古籍出版社2012年版,第53页。

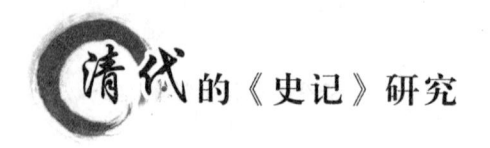

自有体悟的。

曾国藩自己的文章也有这样的特色,如《毕君殉难碑记》。这篇碑记中塑造了一个"骁勇冠浔军"的将领毕金科。曾国藩自身也是带兵之人,当他描写毕君败而发愤,愈战愈勇,甚至发誓"不捷,吾不复归舟矣"①,何尝不是曾国藩领兵上战场的誓言;当他描写毕君"中夜郁郁不自得"②,何尝不是曾国藩锁眉思计的情形。所以曾国藩在写《毕君殉难碑记》时,既有对同为沙场中人的毕君的敬重、哀痛和钦佩,又有其对自身和其他将士的激励和抚慰,所以整篇文章饱含感情,悲壮激烈,令人沸腾振奋,极富感染力。

(三)"行气为文章第一义"——文气承接,迈远骞举

"气势"一词古已有之,曹丕在《典论·论文》中提出"文以气为主",首创以"气"论文,从此后历朝历代对于"气势"的论述层出不穷。到晚清时期,文人们已十分注重文章的气势,比如林纾曾言:"文之雄健,全在气势。气不正,则读者索然;势不蓄,则读之亦易尽。故深于文者,必敛气而蓄势。"③而曾国藩亦非常重视阳刚之气,一方面是因为要力矫桐城派前期柔弱的文风,另一方面是由于当时时势艰难、国运黯淡,需要一种雄浑阳刚之气。所以曾国藩对"气势"的论述较多,如"行气为文章第一义"④,"余论古文,总须有倔强不驯之气,愈拗愈深之意"⑤,以及"古文之法,全在'气'字上用功夫,奇辞大句,须得瑰玮飞腾之气驱之以行,凡堆重处皆化为空虚,乃能为大篇,所谓气力有余于文之外也,否则气不能举其体矣"⑥。对于"文气",清人多把《史记》作为典范,曾国藩亦是如此:"自汉以来,为文者,莫善于司马迁。迁之文,其积句也皆奇,而义必相辅,气不孤伸,彼有偶焉者存焉。"⑦故其常读《史记》,常有感悟,如"夜温古义《史记》数首。古文吞吐断续之际,亦有欲落不落,欲行不行之妙"⑧。由

---

① [清]曾国藩:《曾国藩全集·诗文》,岳麓书社1986年版,第254页。
② [清]曾国藩:《曾国藩全集·诗文》,岳麓书社1986年版,第255页。
③ [清]林纾:《春觉斋论文·应知八则·气势》,王水照编《历代文话》第七册,复旦大学出版社2007年版,第6369页。
④ [清]曾国藩:《曾国藩全集·家书》,岳麓书社1986年版,第678页。
⑤ [清]曾国藩:《曾国藩全集·家书》,岳麓书社1986年版,第106页。
⑥ [清]曾国藩:《求阙斋日记类钞》,《续修四库全书》,上海古籍出版社2002年版,第855页。
⑦ [清]曾国藩:《曾国藩全集·诗文》,岳麓书社1986年版,第162页。
⑧ [清]曾国藩:《曾国藩全集·日记》,岳麓书社1985年版,第1024页。

于气是无形的,它深藏在文中的字里行间,很难直接把握,只能通过节奏、声调以及语句的反复和情感的变化来体会,所以曾国藩对于《史记》气势的论述,主要是从词句、段落、篇章等方面来评论。

在词句方面,如曾国藩评《今上本纪》则曰:"孝武纪篇中'于是'字凡二十二见,又有用'而'字者,又有用'其后'者,文气亦与'于是'相承接。"①这是其从字词的衔接连贯角度来探讨太史公行文的气势,气势虽然潜藏文中,但亦会通过关键性的或反复出现的字词表现出来。在段落方面,曾国藩曾言:"为文全在气盛,欲气盛,全在段落清。每段分束之际,似断不断,似咽非咽,似吞非吞,似吐非吐,古人无限妙境,难于领取。每段张起之际,似承非承,似提非提,似突非突,似纤非纤,古人无限妙用,亦难领取。"②例如在《刺客列传》中,各类传主依次循序写来,似断非断,并且以这些刺客的"杀身成仁,舍生取义"的精神主题相衔接,一股悲壮慷慨的气势自然而然灌注其中。在篇章方面,曾国藩曾评论《曹参世家》为"叙战功极多,而不伤繁冗。中有迈往之气,足以举之也"③,亦评《司马穰苴列传》为"末叙高国之灭、田齐之兴,文气迈远,独子长有此"④。这些评论点出了《史记》中的"迈往之气",激荡起伏,所向披靡。

曾国藩在《彭母曾孺人墓志铭》的开头就写出了一种迈往之气:"天道五十年一变,国之运数从之,惟家亦然。当其隆时,不劳而坐获,及其替也,忧危拮据,而无少补救,类非人所为者。昔我少时,乡里家给而人足,农有余粟,士世其业。富者好施与,亲戚存问,岁时馈遗服属。自余远游以来,每归故里,气象一变,田宅易主,生计各异,任恤之风日薄。呜呼,此岂一乡一邑之故哉?"⑤曾国藩在文中将家世之艰与时世之难紧密结合,行文长短句交错,情感起伏变化,蕴含慷慨悲壮之气。文学与时代紧密结合,曾国藩所倡导的雄壮阳刚之气正是当时时势艰难、国运黯淡之下所急需的振奋之气。

(四)"故知记事之文,宜讲剪裁之法"——详略得当,繁简相宜

曾国藩非常注重文章的剪裁,认为文章的详略、繁简和疏密应有一个适宜

---

① [清]曾国藩著,陈书良校点:《曾国藩读书录》,上海古籍出版社2012年版,第51页。
② [清]曾国藩:《求阙斋日记类钞》,《续修四库全书》,上海古籍出版社2002年版,第855页。
③ [清]曾国藩著,陈书良校点:《曾国藩读书录》,上海古籍出版社2012年版,第53页。
④ [清]曾国藩著,陈书良校点:《曾国藩读书录》,上海古籍出版社2012年版,第54页。
⑤ [清]曾国藩:《曾国藩全集·诗文》,岳麓书社1986年版,第141页。

的度,只有详略配合,疏密相间,才能使文章波澜起伏,活泼多姿。他曾说:"古文之道,谋篇布势是一段最大工夫,每一篇空处较多,实处较少,旁面较多,正面较少,精神注于眉宇、目光,不可周身皆眉,到处皆目也。线索要如蛛丝马迹,丝不可过粗,迹不可太密也。"①所以曾国藩对《史记》的详略艺术较为关注,对多个篇章进行了评点。

柳宗元曾言《史记》之"洁",即"参之太史以著其洁"。曾国藩继承了柳宗元的观点,如其在读《朝鲜列传》后道:"事绪繁多,叙次明晰,柳子厚所称太史之洁也。"②曾国藩不仅继承了柳宗元的观点,并将之进行了发挥,如论《萧相国世家》则曰:"萧相之功,只从猎狗及鄂君两段指点,其余却皆从没要紧处着笔。实事当有数十百案,概不铺写,文之所以高洁也。后人为之,当累数万言不能休矣。"③确实,《萧相国世家》是一篇详略处理十分精彩的文章。韩兆琦在《史记题评》中言:"萧何是刘邦的开国元勋,在刘邦的功臣中,萧何与刘邦交谊最早,关系最近,对于汉王朝的创立,贡献也是最大的人物之一。"④对于这样一个生平丰富、功绩卓著的人物,太史公却撇开具体的事件不写,而只是通过论功行赏和排位时群臣的议论来展现萧何的功绩,不但节省笔墨,而且切入角度巧妙,起到了良好的艺术效果。所以曾国藩高度赞扬了太史公为文之高洁,认为其仅从高祖猎狗的比喻以及鄂君的议论这些侧面描写中就写出了萧何的功劳,而没有洋洋洒洒详叙,使得文章简洁高效,故《萧相国世家》全文也不过二千三百多字。曾国藩还设想若其他人记叙这件事,不用数万字是写不完的,这无疑是对太史公之"洁"的钦佩与赞美。

如果说曾国藩对于《萧相国世家》的评述重在"略",那么对于《吴王濞列传》则侧重于"详"。曾国藩对于《吴王濞列传》的评述如是:"先叙太子争博,晁错削地,详致反之由。次叙吴诱胶西,胶西约五国,详约从之状。次叙下令国中,遗书诸侯,详声势之大。次叙晁错给诛,袁盎出使,详息兵之策。次叙条侯出师,邓都尉献谋,详破吴之计。次叙田禄伯奇道,桓将军疾西,详专智之失。六者皆详矣,独于吴军之败不详叙,但于周丘战胜之时闻吴王败走而已。

---

① [清]曾国藩:《求阙斋读书录》,《续修四库全书》,上海古籍出版社2002年版,第855页。
② [清]曾国藩著,陈书良校点:《曾国藩读书录》,上海古籍出版社2012年版,第61页。
③ [清]曾国藩著,陈书良校点:《曾国藩读书录》,上海古籍出版社2012年版,第52页。
④ 韩兆琦:《史记题评》,陕西人民教育出版社2000年版,第67页。

此亦可悟为文详略之法。"①在对《吴王濞列传》的评述中,曾国藩认为太史公详叙了"致反之由""约从之状""声势之大""息兵之策""破吴之计""专智之失"六个方面,清楚地交代了"七国之乱"的关键环节,独独于"吴军之败"不详叙,只说了在周丘战胜的时候听到吴王败走的消息,即太史公把事情的前因写得较为详细,而对其结果描写简略,使事情的前因后果一目了然。于是,因为之前六个方面的详细交代,所以自然而然可推出吴军之必败,所以不必多费笔墨。以上手法正是曾国藩所赞赏的文章详略之法。

对于这种方法,曾国藩非常赞赏,故多次提及,如对《穰侯列传》的评论:"首言穰侯、径阳、华阳、高陵之权侈,末言范雎夺四贵之势,皆简洁无枝辞。"②穰侯作为秦昭王的亲舅舅,他在为秦国东扩、吞并诸侯以及称帝立下了汗马功劳,按理说这些应该详写,可司马迁只是写他的权势怎样一步步升高,最后受人谗毁,被秦昭王罢免相位,同时也略写了径阳君、华阳君、高陵君几位的权力兴盛和转移,这些都体现了为文要详略得当、繁简相宜。

曾国藩自己写文章亦注重详略之法的运用,如在《满妹碑志》中写道:"满妹,吾父之第四女子也。吾父生子男女凡九人,妹班在末,家中人称之满妹,取盈数也。生而善谑,旁出捷钵。诸昆弟姊妹并坐,虽黠者不能相胜。然归于端静,笑罕至州。"③这里短短的几句话就把满妹调皮、可爱的形态生动逼真地展现出来了,"诸昆弟妹并坐,虽黠者不能相胜"④,其叙事之简洁确非一般,而其表现力丝毫不逊色于详尽的描写,可谓是详略得当。

(五)"不可一览而尽,又不可杂乱无纪"——先后有序,布局巧妙

曾国藩认为"古文之道,布局须有千岩万壑,重峦复嶂之观,不可一览而尽,又不可杂乱无纪"⑤,即文章要讲究布局,既要叙次分明,一丝不紊,又要注重先后,巧妙布局。

关于叙次分明,曾国藩主要讲究记叙时叙多人而有顺序,叙多事而有条理,不可杂乱无序。如《西南夷列传》记叙了西南地区许多小国家的地理位置、

---

① [清]曾国藩著,陈书良校点:《曾国藩读书录》,上海古籍出版社2012年版,第59页。
② [清]曾国藩著,陈书良校点:《曾国藩读书录》,上海古籍出版社2012年版,第55页。
③ [清]曾国藩:《曾国藩全集·诗文》,岳麓书社1986年版,第180页。
④ [清]曾国藩:《曾国藩全集·诗文》,岳麓书社1986年版,第180页。
⑤ [清]曾国藩:《求阙斋读书录》,《续修四库全书》,上海古籍出版社2002年版,第855页。

风俗民情以及归附汉朝的过程,头绪甚多,但结构安排却井然有序,故曾国藩评道:"通二方,置七郡,叙次先后,最为明晰。"① 又如《田儋列传》中描写的人物很多,但笔墨集中,重点突出,一丝不乱,所以曾国藩评道:"田氏王者八人,益以韩信,凡九人。叙次分明,一丝不紊,笔力极骞举也。"②

关于先后布局,曾国藩认为材料放置的先后顺序非常重要,恰当的先后位置,能使文章大大增色,特别是悬念的设置,如对《李将军列传》的评述:"初,广之从弟李蔡至,此乃将军所以不得侯者也。十余行中专叙广之数奇,已令人读之短气。此下接叙跟从卫青出击匈奴徙东道迷失道事,愈觉悲壮淋漓。若将从卫青出塞事叙于前,而以广之从弟李蔡一段议论叙于后,则无此沉雄矣。故知位置之先后、剪裁之繁简,为文家第一要义也。"③ 起初太史公写了文帝对李广的议论:"惜乎,子不遇时!如令子当高帝时,万户侯岂足道哉!"(《李将军列传》)这句话体现文帝对李广的高度评价,设下悬念,接下来太史公专叙李广之奇,而这些"奇"是紧紧围绕"射法"的,详叙射匈奴、射雕、射白马将军、射追骑、射猎南山、射石、射虎、射猛兽、射裨将,都是体现李广之能射善射,这些事实的堆叠使人眼前显出善射勇将的高大形象。而接下来就叙李广跟从卫青出击匈奴,于东道迷失,饮恨自尽,顿觉壮烈悲痛。这样先用极高的评价进行侧面描写,设置悬念,引人好奇,再不断写射法之数奇让人惊奇感叹,最后写令人遗憾的结局,让人扼腕叹息,同时顿悟到起先议论中已设下的伏笔,让人更觉悲痛遗憾。

对于《魏其武安侯列传》,曾国藩也看到了先后位置的重要性,"武安之势力盛时,虽以魏其之贵戚无功,而无如之何;灌夫之强力盛气,而无如之何;廷臣内史等心非之,而无如之何;主上不直之,而无如之何。子长深恶势利之足以移易是非,故叙之沉痛如此。前言灌夫,亦持武安阴事。后言夫系,遂不得告言武安阴事。至篇末乃出淮南遗金财事,此亦如画龙者将毕乃点睛之法。"④ 曾国藩认为太史公写武安、魏其、灌夫此三人纠结复杂的关系、相互激烈的争斗时,注重布局,并不平铺直叙,而是先写武安侯势大,再写灌夫握有武安侯的罪证,后写灌夫被囚而不能告发武安侯,局势瞬间颠倒,令人慨叹,而罪证直至

---

① [清]曾国藩著,陈书良校点:《曾国藩读书录》,上海古籍出版社2012年版,第61页。
② [清]曾国藩著,陈书良校点:《曾国藩读书录》,上海古籍出版社2012年版,第56页。
③ [清]曾国藩著,陈书良校点:《曾国藩读书录》,上海古籍出版社2012年版,第60页。
④ [清]曾国藩著,陈书良校点:《曾国藩读书录》,上海古籍出版社2012年版,第60页。

篇末才出现,乃淮南遗金财事,回首前文,顿时嗟叹,此确实是曾国藩所言的"画龙者将毕乃点睛之法"①。

曾国藩的《李忠武公神道碑铭》是其注重叙次先后、巧妙布局的体现之一。《李忠武公神道碑铭》开篇不同于一般的传记先介绍人物的个人生平,而是直接写在湘军中作战的李忠武公李续宾,从湘军史的角度写传主,赞扬李忠武公为使湘军"大之者公也"②。然后,在追叙湘军发展史的过程中,一边塑造英勇善战、有勇有谋的李续宾形象,另一边展示太平军将领的谋略勇毅,最后才在篇末点出他的个人情况,不可不谓之是"画龙者将毕乃点睛之法"③的运用。同时,文中涉及了多个地点、多处行军、多场战役,而曾国藩写来亦叙次分明,有条不紊。

(六)"不妄下一字也"——用词洁准,叠词复笔

曾国藩对于《史记》的用词十分推崇,曾言:"余于古文,志在效法此三人,并司马迁、韩愈五家。以此五家之文,精于小学训诂,不妄下一字也。"④由此看出,曾国藩对于训诂极为重视,认为小学训诂是文章的基础,"读书以训诂为本"⑤,"吾于训诂、词章二端颇尝尽心,看书若能通训诂,则于古人之故训大义、引伸假借渐渐开悟,而后人承讹袭误之习可改"⑥。在曾国藩看来,精湛的训诂知识可以阐明古人的注疏大义,能够体悟引申假借等诸多妙处,同时也能辨析后人文献讹误,在创作和鉴赏方面有其无法替代的基础性功用,可以"以精确之训诂,作古茂之文章"⑦,所以《求阙斋读书录》中大部分内容都包含训诂,而关于《史记》的亦有《三世世表》《律书》《历书》《平淮书》等多处。

曾国藩对于《史记》的推崇亦因为其"不妄下一字",用词准确,这其实也与训诂紧密联系。如曾国藩对《田单列传》的用词就有这样的评论:"'处女脱兔'四语,子长玩味极深。叙赵奢、李牧战功,亦暗含此四句在中,不独赞叹田

---

① [清]曾国藩著,陈书良校点:《曾国藩读书录》,上海古籍出版社2012年版,第60页。
② [清]曾国藩:《曾国藩全集·诗文》,岳麓书社1986年版,第311页。
③ [清]曾国藩著,陈书良校点:《曾国藩读书录》,上海古籍出版社2012年版,第60页。
④ [清]曾国藩:《曾国藩全集·家书》,岳麓书社1986年版,第798页。
⑤ [清]曾国藩:《曾国藩全集·家书》,岳麓书社1986年版,第653页。
⑥ [清]曾国藩:《曾国藩全集·家书》,岳麓书社1986年版,第537页。
⑦ [清]曾国藩:《曾国藩全集·家书》,岳麓书社1986年版,第853页。

单为然。"①对于田单的军事才能,太史公以"处女脱兔"四字来概括,不但准确传神地写出了田单打仗制胜的关键,简洁形象,极富表现力,还以此暗含赵奢、李牧的军事才能,区区四字即包罗三个军事人才,不可谓不简洁准确又传神。

另外,曾国藩还认为《史记》用词上的复笔艺术值得称道,本身用词简洁,同时又灵活穿插复笔,使简洁的文字充满了生气与活力,凸显出了鲜明的形象,蕴含着浓郁的情感。曾国藩评点《史记》的复笔主要是指叠词复笔。如其对《夏侯婴传》评论道:"《夏侯婴传》'太仆'字凡十三见,'奉车'字凡五见,'以兵车趣攻战疾'字凡四见。"②即在《夏侯婴传》中,"太仆"一词出现了十三次,"奉车"一词出现了五次,使得夏侯婴作为太仆奉车的形象更加深入人心。曾国藩也再次阐释了这种写法的妙处,曰:"婴自高祖初为沛公时,即为太仆常奉车。及至事孝惠、吕后、孝文,终身皆为太仆奉车也,故《史记》历历数之。……终高祖之世凡十一见。……其后又四见,合之凡十五见。……婴自始至终,固无日不为太仆,所有攻战之功,固无一不因奉车以从也。"③曾国藩认为,多次提及"太仆奉车",是因为婴从始至终为太仆,其功劳也是因奉车以从而来,所以对其进行复笔,婴的生平功劳都一目了然,非常清楚了。另如《魏公子列传》中,太史公为了充分表现他对魏公子的赞扬之意,频繁地使用"公子"一词达一百四十五次,使得魏公子的形象鲜明传神,字里行间的推崇之意呼之欲出,所以曾国藩感叹道:"'公子'二字,凡百四十五见,故尔顾盼生姿,跌宕自喜。"④清人汤谐亦言:"文二千五百余字,而公子凡一百四十余,见极尽慨慕之意。其神理处处酣畅,精采处处焕发,体势处处密栗,态味处处浓郁,机致处处飞舞,节奏处处铿锵。初读之,爱其诸美毕兼,领取无尽;读之既久,更如江心皓月,一片空明。"⑤所以,不得不令人感叹"《史记》之妙,妙在能复"⑥。

曾国藩自己的文章用词也非常精准形象,如《适朱氏妹墓志》中用"条分件布,咸有节文"⑦八字就写出了适朱氏妹的明慧贤能,用词简洁而精准;在

---

① [清]曾国藩著,陈书良校点:《曾国藩读书录》,上海古籍出版社2012年版,第56页。
② [清]曾国藩著,陈书良校点:《曾国藩读书录》,上海古籍出版社2012年版,第57页。
③ [清]曾国藩著,陈书良校点:《曾国藩读书录》,上海古籍出版社2012年版,第72页。
④ [清]曾国藩著,陈书良校点:《曾国藩读书录》,上海古籍出版社2012年版,第55页。
⑤ [汉]司马迁著,[清]汤谐编纂,韦爱萍整理:《史记半解》卷二,商务印书馆2013年版,第163~164页。
⑥ [清]牛运震撰,魏耕原、张亚玲整理点校:《史记评注》卷一,三秦出版社2011年版,第4页。
⑦ [清]曾国藩:《曾国藩全集·诗文》,岳麓书社1986年版,第179页。

《彭母曾孺人墓志铭》中用孝、爱、贤、勤四字定下了彭母曾孺人的形象,又以四个"未尝不"即"未尝不洁""未尝不豫""未尝不营虑""未尝不躬亲"①层层推进,不断渲染,使得彭母曾孺人的形象清晰可见,如在眼前。

综上所述,我们看到曾国藩对于《史记》为文之法的评点主要是从取材、详略、布局、用词、文气以及情感等方面来进行的,他的评点都较为客观中肯,亦时有独到的见解。从曾国藩的传记文写作实践中,我们也可以看到他确实从《史记》为文之法中汲取了营养,他的一些文章如《毕君殉难碑记》《葛寅轩先生家传》《彭母曾孺人墓志铭》《满妹碑志》等亦是传人佳作。曾国藩曾言:"自汉以来,为文者,莫善于司马迁。迁之文,其积句也皆奇,而义必相辅,气不孤伸,彼有偶焉者存焉。"②所以曾国藩对《史记》的推崇是无疑的,对其为文之法的评点和学习是曾国藩作为文人对自身的要求。同时,文学也与时代紧密相连,晚清时势艰难,国运黯淡,文坛颓丧,所以曾国藩对于《史记》等经典的学习也与其想要从经典中汲取营养振奋文坛文风是分不开的。

---

① [清]曾国藩:《曾国藩全集·诗文》,岳麓书社1986年版,第141页。
② [清]曾国藩:《曾国藩全集·诗文》,岳麓书社1986年版,第162页。

清代的《史记》研究

牛运震《史记评注》研究[①]

自《史记》问世以来,模仿者、校勘者、批评者、续写者代不乏人,两千年的《史记》研究,研究者众多,成果丰富,包罗万象,自成经纬。虽然褒贬皆有,但总体而言,还是明显的赞多于毁,且学者主要从史学、文学两个方面来对《史记》进行研究。简单地说,史学家莫不赞美其"实录"精神,与力图成为一名"良史"的追求;文学家研究史公的文风笔法,关注其文学表达的文情并茂,学习它刻画人物、描绘事件的方法。他们的共同之处在于都师承于《史记》,并企盼着能够与《史记》并驾齐驱。总而言之,《史记》在各个时期都受到人们的关注,只是在不同的时期,《史记》的研究侧重点不一、研究方法不一,对《史记》的评价也各有千秋罢了。单单就《史记》的文学研究来说,各朝各代不乏成就,甚至是成果斐然,并且随着时间的推移,对于《史记》文学方面的研究,研究范围越来越广,思想也越来越深刻。这里简略地梳理一下历代关于《史记》文学研究的基本成就。

西汉扬雄主要针对司马迁"是非颇谬于经"的思想倾向提出了批评,与此同时,又提出了"太史迁曰:实录"[②],这是关于"实录"说的最早记载,但是扬雄没有对"实录"做进一步的解释。他又提出了"子长多爱,爱奇也"[③]的"爱奇说",这是对《史记》取材和记载范围方面的质疑。扬雄也是最早提出"爱奇"说和"实录"说的学者,这种说法对后世影响颇大,在后世被不断赋予新的含义,成为两千年《史记》研究过程中对其做思想和写作手法方面阐释的一个重要方面。

东汉对《史记》的研究,最为系统全面的当属班氏父子,班氏父子在补写

[①] 本章由周昉执笔。
[②] [汉]扬雄撰,韩敬注:《法言注》,中华书局1992年版,第269页。
[③] [汉]扬雄撰,韩敬注:《法言注》,中华书局1992年版,第319页。

《史记后传》的过程中,对司马迁和《史记》做了不少的论述。他们对司马迁和《史记》既有充分的肯定,又不乏严肃的批评。总体而言应当还是比较客观公正的。就肯定的方面而言,班氏父子对司马迁的史学品质大加赞赏,以为《史记》"善序事理,辨而不华,质而不俚,其文直,其事核,不虚美,不隐恶,故谓之实录"[①]。对扬雄提出的"实录"说做了进一步的阐释,将"实录"的意义引到真实性——"不虚美,不隐恶"上来,同时提出传记文学的"文质相称"——要求文章在真实而不夸张、虚构的基础上,又不能枯燥乏味,失去趣味性、文学性。此外,班氏父子还对《史记》的素材来源、驾驭材料的能力等方面做了评价,指出"司马迁据《左氏》《国语》,采《世本》《战国策》,述楚汉春秋,接其后事,讫于天汉",认为《史记》"其言秦汉,详矣","涉猎者广博,贯穿经传,驰骋古今,上下数千载间,斯以勤矣"。班氏父子对于《史记》的批评和不满主要集中于《史记》的思想方面,认为司马迁没有同先秦圣人贤者的思想保持一致,即"是非颇缪于圣人"。用班固的原话具体地说来,便是"论大道则先黄老而后六经,序游侠则退处士而进奸雄,述货殖则崇势利而羞贫贱,此其弊也。"[②]这三点批评是由班彪提出,班固进一步整理而得出的。和司马迁思想、知识的百家兼收,敢于怀疑否定不一样,班氏父子对孔圣是绝对的尊重,这种分歧既有时代的因素,也与马班二人不同的教育背景、相异的经历、迥然的性格等因素有关。班氏父子这段评论对后世影响巨大,后世的"马班异同"研究,多涉及此说,学者们对此议论纷纷,各执一词,莫衷一是。这一点可算是班氏父子《史记》评论中最为后人所重视的部分。

东汉对于《史记》论述较多的,除班氏父子以外还有王充,虽然他在《论衡》中,直接涉及《史记》的论述不是很多,但涉及面却是相当广的,遍及思想、体例、篇章设立等各个方面。其《道虚》《对作》《自然》《谈天》《奇怪》《案书》等篇中皆有对"虚妄"的批评,可以视为是对《史记》神仙鬼怪和荒诞不经内容的论述,实则已触及《史记》文学批评的具体方面。在思想方面的论述,主要体现在他对司马迁天命观的批评。王充在《累害》《祸虚》中,以自己的祸福观对所谓的"天命"进行了驳斥,坚持祸福与个人命运、社会环境等多方面的因素有

---

① [汉]班固撰,[唐]颜师古注:《汉书·司马迁列传第三十二》卷六二,中华书局1962年版,第2738页。
② [汉]班固撰,[唐]颜师古注:《汉书·司马迁列传第三十二》卷六二,中华书局1962年版,第2737~2738页。

关,在当时那个盛行天人感应的时代,是颇为可贵的。就篇章体例方面而言,《答佞》《幸偶》以为传主的选择不应是以个人品格为要素,而是要看其在历史发展进程中所起的作用,他对司马迁选择的传主大多数是肯定的,但也有少数的批评,如《案书》中就有对以公孙龙、邹衍等人为传主的做法的否定。

魏晋南北朝时期是我国文学史上一个极为重要,也是史学与文学都相当繁荣的时期,史学开始从经学的附庸里分离出来,成为一个独立的分支。人们对于"文"与"史"的区别也有了较为明确的认识,官修史和私家修史蔚然成风,不仅让史书的数量大为增加,还在此基础上产生了丰硕的史学理论成果。在这样的时代背景下,人们在从史学角度对《史记》进行论述的同时,也更加注意到《史记》文学方面的特点。《史记》的文学性开始被一点点地挖掘,"艺术真实"这一理念的雏形在慢慢形成。这一时期,从文学角度来研究论述《史记》的最主要的成果见于刘勰《文心雕龙》与论家对"马班异同"的研究。刘勰在该书中发表了许多的《史记》评论,简论如下:

首先,刘勰认为文、史源于一体——"仲舒专儒,子长纯史,而丽缛成文,亦诗人之告哀焉"[1],他指出司马迁不仅是纯正的史家,而且是一位长于文辞的史家。也就是说,他认为《史记》能在遵循实录的前提下,做到叙事生动传神。他还赞成班彪的看法,将《史记》的艺术特点概括为"实录无隐之旨,博雅弘辩之才,爱奇反经之尤,条例躇落之失"[2]。但是刘勰也认为《史记》存在"文辞所被,夸饰恒存""饰穷其要,则心声锋起;夸过其理,则名实两乖"[3]的问题。换而言之,刘勰认为夸饰应当适当,传记中一些夸张离奇的描写有助于增强文章的气势,也可以使描绘的人物、记录的事件更加神奇而具有可读性。这种文笔是史家情之所至而慷慨激昂的表现。这种评论正是对前代"爱奇""实录"说的突破性认识。其次,刘勰还主张好的史书要文史结合,文质相称,应当做到"文以辨洁为能,不以繁缛为巧;事以明核为美,不以深隐为奇"[4],将叙事的简洁明了作为衡量史书的重要标准。最后,刘勰对于史书的体例方面也比较关注,对《史记》在这方面的优点和不足之处都有涉及。简而言之,《文心雕龙》是在前人的基础上,对《史记》各方面进行了进一步的阐述和丰富,对后世影响

---

[1] [梁]刘勰:《文心雕龙·才略第四十七》,上海古籍出版社2011年版,第96页。
[2] [梁]刘勰:《文心雕龙·史传第十六》,上海古籍出版社2011年版,第31页。
[3] [梁]刘勰:《文心雕龙·夸饰第三十七》,上海古籍出版社2011年版,第75页。
[4] [梁]刘勰:《文心雕龙·议对第二十四》,上海古籍出版社2011年版,第48页。

巨大。

这一时期对《史记》的文学研究,较为突出的除了刘勰之外还有张辅。随着史传作品的日益增多,西晋名家张辅首开以比较法研究史传之风,他将《史记》和《汉书》做了比较,《晋书》的《张辅传》中有论班固、司马迁一段,说:"迁之著述,辞约而事举,叙三千年事唯五十万言;班固叙二百年事乃八十万言,烦省不同,不如迁一也。良史述事,善足以奖劝,恶足以监诫,人道之常。中流小事,亦无取焉,而班皆书之,不如二也。毁贬晁错,伤忠臣之道,不如三也。迁既造创,固又因循,难易益不同矣。又迁为苏秦、张仪、范雎、蔡泽作传,逞辞流离,亦足以明其大才。故述辩士则辞藻华靡,叙实录则隐核名检,此所以迁称良史也。"①张辅从语言烦省、素材选择、传主褒贬三方面明确指出《史记》优于《汉书》之处,又从创造和因循难易不同两方面来证实司马迁的"良史"之实。张辅的这个比较,首开司马迁和班固、《史记》和《汉书》的比较研究。如果说张辅以文字多寡来论优劣虽不无道理,但终究失于偏颇,那么他所总结的"述辩士则辞藻华靡,叙实录则隐核名检",即不同的人说不同的话,不同的地方用不同的方式表达,却是相当精辟的。张辅的这种比较研究方式,虽然于当时响应者不多,却成为后世文学研究的重要方法之一,其"马班异同"的研究在后世甚至成为单独的一个分支发展起来,并取得了赫赫成果。

自汉而下,三国、两晋、南北朝,整个社会的主流倾向都是以辞藻华丽、喜用骈偶、讲究用典为尚,所以司马迁散行单句的"古文"并不受主流审美的青睐。但是随着唐朝统一全国,政局稳定,社会的经济和文化都有了长足的发展。唐朝君臣从休养生息中恢复过来,在马上得天下后,开始了下马治天下,他们开始重视对历史经验的总结,吸取前朝灭国的教训,并希望从中寻求治世良策。上行下效,"以史为鉴"的风气由庙堂蔓延至学林。朝廷开始组织进行大规模的史书编撰事业,史馆、史臣地位逐步上升,这样,《史记》《汉书》等史传作品已经不是少数几个人的推崇,而是在政府的引导受到了大众的重视。

除此之外,随着骈文日渐显示出其在表情达意上的弊端与艺术创作上的困境,唐朝古文家们开始改革散文,由此逐渐掀起了一场以复古面貌出现的"古文运动"。《史记》作为西汉散文的典范,成为唐朝古文家们的效法对象之一。他们从语言、文风等方面开始了对《史记》的文学价值进行了挖掘。《史

---

① [唐]房玄龄等撰:《晋书》,中华书局1974年版,第1640页。

清代的《史记》研究

记》文学研究迎来了它的第一个高峰期。其中,奠定《史记》在文学史上地位的最大功臣就是"古文运动"的领袖韩愈和柳宗元。韩愈和柳宗元为了反对盛行的骈文,创造新的古文风格,就大力提倡学习先秦两汉的散文,司马迁《史记》和班固《汉书》这样文史皆佳的作品就得到了他们的肯定,因而在学林中广受传播和学习。尤其是司马迁的《史记》,"在语言、文章风格等方面古文学家也向《史记》学习了很多东西……《史记》对唐代文学产生了巨大影响,而唐代文学家对《史记》的推崇和学习又进一步扩大了《史记》的影响,奠定了《史记》在文学史上的地位。"[1]韩愈尊崇司马迁,柳宗元在《答韦珩示韩愈相推以文墨事书》中说:"退之所敬者,司马迁、扬雄。"[2]柳宗元自己也重视学习司马迁,"吾虽少为文,不能自雕斫,引笔行墨,快意累累,意尽便止,亦何所师法"[3],认为写文章不要雕琢,不要说废话,叙事不要杂芜。这就和他评价《史记》的语言特点是"太史公甚峻洁"[4]相一致。这些风格特点使得《史记》的文章章法在时人心中成为优秀散文的杰出代表,成为文人争相模仿的对象。在韩、柳的影响和带动下,《史记》的文学特点研究在这一个时期得到了长足发展。韩愈、柳宗元等唐朝文人对于扩大《史记》的影响,确立《史记》在文学史上的地位起了重要的作用,他们也开启了宋人从文学角度全面评价《史记》之先河。这一时期,史学家对《史记》也很重视,特别是著名史学家刘知幾,他在《史通》中第一次对我国唐以前的史学做了全面而系统的论述。其中,对《史记》做了多方面的评论,诸如《史记》选择人物、史料的标准,论赞的得失,写作手法的高低,经世致用与否等等。简而言之,《史通》指出《史记》中包含了丰富的历史材料,批评了《史记》的诸多不足之处同时也肯定了《史记》对《汉书》及以后诸多史书写作的巨大影响,确立了《史记》为纪传体开山之作的历史地位。通观《史记》研究史,可知"《史记》在文学史上的不朽地位,是在唐朝

---

[1] 杨海峥:《汉唐〈史记〉研究论稿》,齐鲁书社2003年版,第131页。
[2] [唐]柳宗元,曹明纲标点:《柳宗元全集·答珩示韩愈相推以文墨事书》卷三四,上海古籍出版社1979年版,第280页。
[3] [唐]柳宗元,曹明纲标点:《柳宗元全集·复杜温夫书》卷三四,上海古籍出版社1979年版,第283页。
[4] [唐]柳宗元,曹明纲标点:《柳宗元全集·报袁君陈秀才避师名书》卷三四,上海古籍出版社1979年版,第280页。

奠定基础的。"①

有宋一代的《史记》文学研究，虽然是崇《汉书》甚于尊《史记》，但是从整体上来说，他们对唐朝古文家们的研究有所继承。在宋代，真正开始了将《史记》和《汉书》等史传作品当作文学作品来阅读和评价。单就《史记》来说，借着印刷术的发展得以大量刊刻、广泛传播。而欧阳修、王安石、曾巩、三苏、黄庭坚、吕祖谦等继承了唐朝古文运动的遗风，对其推崇备至。宋人唐庚论诗文曰："作文当学司马迁，作诗当学杜子美，二书亦须常读，所谓'何可一日无此君'也。"②黄庭坚以为"熟读司马子长、韩退之文章，凡作一文，皆须有宗有趣，终始关键，有开有阖"③，即从思想性和趣味性以及文章的结构角度来提倡对司马迁和韩愈文章的学习。吕祖谦指出："太史公之书法，岂拘儒曲士所能通其说乎？其指意之深远，寄兴之悠长，微而显，绝而续，正而变，文见于此而起义于彼，有若鱼龙之变化，不可得而踪迹者矣。读是书者，可不参考互观，以究其大指之所归乎！"④吕氏认为太史公行文"文见于此而起意在彼，若有鱼龙之变化"，莫测高深，若不深入理解就不能领会其写作深意，见解十分精到。

两宋时期也是"马班异同"问题研究的重要阶段，零散的论述颇为多见，如朱熹认为"太史公书疏爽，班固书密塞"⑤，黄履翁则说《史记》："措辞深，寄兴远，抑扬去取，自成一家，如天马骏足，步骤不凡，不肯少就于笼络。彼孟坚摹规仿矩，甘寄篱下，安敢望子长之风耶。"⑥即认为班固过于注重规矩，反倒不如司马迁之文不拘一格，英气勃勃。而倪思和刘辰翁的《班马异同评》是传记文学史上第一部系统地论述"班马异同"问题的专著。该书从语言入手，将《史记》和《汉书》两书记人记事基本相同的篇章做了详细的对比评论，在指出它们差异的基础上，分析其优劣。该书认为在很多细节上，班固之文长于记史，而司马迁之文美在文学。《班马异同评》虽说只是对《史记》和《汉书》的文字

---

① 俞樟华：《评明清学者论太史公叙事手法》，《浙江师范大学学报（哲学社会科学版）》1987年《1987年青年教师论文专辑》，第17～22页。
② [宋]强幼安述：《唐子西文录》，[清]何文焕辑《历代诗话》，中华书局1981年版，第443页。
③ [宋]黄庭坚撰，蒋方选编：《黄庭坚集》，凤凰出版社2007年版，第302页。
④ [元]马端临：《文献通考》卷一九一，下册，《经籍考·正史》卷一八，中华书局1986年版，第1621页。
⑤ [明]朱熹著，[宋]黎靖德编，王星贤点校：《朱子语类》卷一三四，中华书局1986年版，第3202页。
⑥ [宋]黄履翁：《古今源流至论·别集》卷五，见林駉《古今源流至论》，上海古籍出版社1992年版，第566页。

清代的《史记》研究

作简单的排列比较,但是它作为第一部班马异同研究专著,仍有其重要意义,其比较研究的方法,对后人用比较法研究马班也很有启发。

总而言之,在两宋文人的推动下,《史记》在文学史上的地位得到了很大的提高,宋人评论《史记》之风蔚为大观,其对或褒或贬、或就史论史、或就史评人、或讲文章、或说句法,皆自成一家。传世作品更是不可胜数。两宋之后,战乱连连。元朝蒙古铁骑统一了天下,他们在马上打天下,却不懂如何下马治天下。在这个少数民族治理中国的百年间,《史记》的文学理论研究几乎是停滞不前。但是由于《史记》的人物形象鲜活,事件情节记录生动,为后世的文学创作提供了很好的故事题材,《史记》在元朝的发展不是以研究的方式存在,而是以艺术传播的形式流行,这使对《史记》的接受趋于大众化。正是借助于元杂剧,《史记》的人物、事件才广为人知,《史记》自此以戏曲的形式进一步走向普通百姓。一部厚重的史书由此被走街串巷的艺人们带入了民间。那些本该随着时间的流逝,湮没在故纸堆中的帝王将相、贩夫走卒、游侠刺客也有幸在千百年后的世俗文化的渲染下家喻户晓。据傅惜华的《元代杂剧全目》统计,仅元一代,便有一百八十余种戏曲剧目的素材与《史记》相关。可以说,元代开创了以戏曲传播《史记》的新形式。自此以后的《史记》戏曲研究成为《史记》研究的重要内容。

明朝是《史记》文学方面研究的重要时期,明人的《史记》评点之作一开始就是将《史记》作为文学作品、文章范本来进行研究的。这一时期从文学艺术的角度对《史记》进行深入评论的代表人物有茅坤、归有光、唐顺之等。归有光一生评点《史记》达数十次之多,他的《归评史记》将评点与社会实际相结合,从八股文写作章法出发评点《史记》为文之法,具有较强的功利性。较之前人的评点,他的评点更加细致入微,更加符合时代的需求,也更加广泛地为世人所接受和推崇,甚至被奉为评点《史记》的圭臬。归有光对《史记》的叙事技巧和篇章结构方面也做了分析和肯定,以为"事迹错综处,太史公叙得来如大塘上打纤,千船万船不相妨碍"[1],是对司马迁善于叙事的肯定。另有茅坤,著有《史记抄》等,茅坤以为有些文人学习古文,"特借《史》《汉》之肤发以为工,而于斯人之神理或杳焉而未之及"[2],指出对《史记》的模仿和学习不应当是简单

---

[1] 转引自王齐《〈归评史记〉对〈史记〉的接受》,《文艺研究》2005 年第 6 期,第 87~93 页。
[2] [明]茅坤:《茅鹿门先生文集·与郁秀才书》卷五,[明]茅坤著,张梦新、张大芝点校:《茅坤集》第二册,浙江古籍出版社 2012 年版,第 285 页。

的文字模仿,更应当注重其神理脉络。相对于《汉书》而言,茅坤对《史记》的评价更高,认为《史记》是"千年绝调"①,而《汉书》"严密过之"②。此外,茅坤还认为《史记》作为传记著作而具有强烈的艺术感染力——"盖各得其物之情而肆于心故也,而固非区区句字之激射者"③。还认为司马迁善于刻画人物,其笔下的人物形象栩栩如生,鲜明生动。茅坤是较早涉及司马迁写人艺术,并对之进行分析的评论家,他的这一论述在当时乃至后世都很有影响。

清代的史传研究,可谓盛极一时。清朝的学者对前人所作的有关传记文学批评的各方面评述都重新做了审视和批评,大有集大成的势头。与此同时,他们也提出了不少新的观点、新的理论。这一时期出现了一大批传记理论研究专著,如钱大昕的《廿二史考异》、王鸣盛的《十七史商榷》、赵翼的《廿二史札记》等,都是考史、校史的名著,皆对《史记》及其而下的史传著作的得失优劣做了系统全面的总结批评。单就《史记》研究而言,也是成就斐然,文人之观点也可谓是百家争鸣、百花齐放。清代是《史记》研究历程里的鼎盛期,据俞樟华先生的《史记艺术论》不完全统计,清朝涉及《史记》研究的学者有三百人左右,如此数量不可谓不惊人。其中,关于《史记》文学方面的研究也颇为丰盛,如桐城派诸人的著作《史记评点》《归方评点史记合笔》等,吴见思的《史记论文》、王又朴的《史记七篇读法》、牛运震的《史记评注》、汤谐的《史记半解》、邱逢年的《史记阐要》等等。这些专著对《史记》的编撰体例、传主选择、人物描写、结构布局、叙事手法、语言艺术等方面都做了探讨,五花八门,无所不涉。

当今学术界对于《史记》的文学研究也颇为重视。但是早先多是针对《史记》本身的文学价值进行研究,对于《史记》研究之研究则相对较少。就对明清两代评点《史记》作品所做的研究而言,值得重视的有南京师范大学周录祥的博士学位论文《凌稚隆〈史记评林〉研究》、山东大学李淑燕的硕士学位论文《梁玉绳与〈史记志疑〉研究》、河南大学张富春对吴见思《史记论文》研究的硕士学位论文《〈史记论文〉研究》、广西大学赵国安对桐城派古文家王拯编撰的《归方评点史记合笔》的研究所作的硕士学位论文《〈归方评点史记合笔〉研

---

① [汉]司马迁著,[明]茅坤编纂,王晓红整理:《史记抄》,商务印书馆2013年版,《刻史记抄引》。

② [汉]司马迁著,[明]茅坤编纂,王晓红整理:《史记抄》,商务印书馆2013年版,《刻史记抄引》。

③ [明]茅坤:《茅鹿门先生文集·与蔡白石太守论文书》卷一,[明]茅坤著,张梦新、张大芝点校:《茅坤集》第二册,浙江古籍出版社2012年版,第196页。

清代的《史记》研究

究》等。总体而言,对《史记》评点著作的研究尚处于分散的、零琐的状况,其系统性、全面性是远远不够的。不仅没有一个大的、统一的全面的论述,而且很多优秀的《史记》评点著作尚未得到研究,比如尚未有专文或专著对牛运震的《史记评注》进行论述。牛氏的《史记评注》比较重视评点《史记》的文学性,长于对司马迁笔力文法辞章的研究,和吴见思的《史记论文》可以算得上是清朝《史记》文学艺术方面研究的"双璧"。但是目前对《史记评注》的研究却还是空白,仅有的几篇和牛运震相关的论文,如颜世菊的《牛运震和他的学术思想及出版业》,井东燕的《牛运震传略》《牛运震和他的〈诗志〉》等,都不是专门研究《史记评注》的。基于以上的研究情况,本章拟对牛运震的《史记评注》进行较为细致的研究。本章分为五个部分:

第一部分是绪论,简单梳理自汉朝以来,历代从文学角度对《史记》进行论述的代表人物和主要观点,引出牛运震的《史记评注》。

第二部分介绍牛运震的生平和主要著作。对其生平的研究主要借助于牛运震的年谱,对牛运震的家世、为官做一简单爬梳。对其著作的简述则主要是对现存牛运震的各类作品做简单说明。

第三部分对《史记评注》的艺术成就进行论述,主要从语言艺术、写人艺术、叙事艺术三个方面入手进行具体分析:语言艺术主要涉及牛氏对《史记》的长句和短句、"对句"、洁笔、复笔等研究;写人主要从牛氏对《史记》人物主宾关系、口语、心迹、心情、品性五个描写方面的总结进行研究;叙事则重点论述了牛氏所发现的《史记》中的问答法、叙中夹论和叙中夹断、追叙法、互见法、事中有事和传中附传法、呼应法和伏笔法、"自注"叙事法、言外有意和笔外有情、重"眼目"、衬托法十种。

第四部分对《史记评注》的其他内容进行分析,主要从牛氏评《史记》十表、评《史记》中的"太史公曰",以及《史记》与其他史书的比较研究为主要内容。

第五部分是结语,总结全章,对《史记评注》的价值和不足做了一个简单的总体评价。

一、《史记评注》的著者牛运震

(一)牛运震其人

牛运震(1706—1758),字阶平,自号真谷,山东滋阳人。有《空山堂文集》

传世,故世人尊称其为"空山先生"。牛运震的故乡是山东滋阳,即现在的兖州。兖州地处鲁西南平原,东接三孔,南望微山,西连梁山,北瞻泰山。素有"东文、西武、北岱、南湖"之说,滋阳因此自古就是"兵家必争之地,商贾云集之埠",有"九省通衢,齐鲁咽喉"之称。这里与孔子故里曲阜、孟子故里邹城相连,世风深受孔孟思想熏陶、儒家精华滋养,因而也是一个文人骚客群聚而居的地方。牛运震正是在这个孕育了无数名人文士的古城中接受教育,成长起来的。

牛氏世居滋阳,其家风醇谨敦厚,重德向学。据《牛运震年谱》的世系表记载,牛运震的八世祖牛黉,字志伦,号柏菴,诰封亚中大夫,为明朝鲁王府仪宾,仪宾即俗称的郡马,配邹平郡主长女——诰封的定陶县主朱氏,自此以后世居兖州,后世数代仕宦为官。七世祖牛东山,为牛黉次子,字鲁瞻,鲁王府引礼官,定居滋阳马青社,马青牛氏之称始于此。六世祖牛之革,字子固,号念柏,嘉靖朝廷试明经,为直隶赵州高邑县知县、敕授文林郎,诰封奉政大夫。五世祖牛象坤,字海涵,万历己卯举人,历任顺天良乡县、直隶河间县知县,刑部四川司主事,广东清吏司员外郎,山西按察司签事,辽东盘山驿监军道,诰授奉政大夫。高祖牛天铸,字范宇,廪贡生,候选州判。曾祖牛起宗,字振先,府试案首,据《牛氏大宗谱·列传》记载,其于顺治十二年,即 25 岁时参加府考取得"案首",不料受科场贿赂弊端所累,被贴上"病签",在场的牛起宗大呼冤枉,却因为府役皆受贿,群禀闹场者被乱棒打出。祖父牛洪范,字箕陈,岁贡生,考知州同,其下有四子,即牛运震的叔伯父辈。大伯父牛梦征,字应然,廪生;其父牛梦瑞,字思然,号松亭,雍正癸卯科拔贡,日照县教谕;叔父牛梦英,字卓然,号眉村,小有文名,雍正初被荐举为"贤良方正",后任河南息县知事,却因不适官场,辞官归乡,以栽花种竹自娱,善于丹青,清代《县志》称其"人得其片纸争宝之";另有其父幼弟牛梦硕,庠生,早卒。牛运震出生于这样一个人才辈出之家,生长在这么一个书香门第,这对他后来做人、为官、做学问都有良好影响。

据其父牛梦瑞为牛运震所做《行状》可知,牛运震少时不善言辞,语言蹇滞,大人以为"不慧",年龄稍大后,教之以句读,才发现他悟性奇高,读之则上口,过目而不忘,可谓"十龄能属文,强之读诗文,旋置去,惟爱经、史、古文,尤耽左、史、庄、骚、杜诗"[1],因此而备受祖父喜爱。师从邑人王夑以及无详细资

---

[1] 王云五主编,蒋致中编:《清牛空山先生运震年谱》,台北商务印书馆1978年版,第93页。

清代的《史记》研究

料记载的陈先生,康熙六十年,牛运震年十六时,便补博士弟子员,师从康熙丙戌进士彭维新。雍正十年,牛运震年二十七,赴京师游学——"游太学,祭酒孙大人有疑义,未审出何典,询同学皆不知,运对曰:'此出《左传》。'大人曰:'恐不的?勿强不知以为知。'运遂诵《左传》全文,孙大人折服,曰:'汝后生乃竟绩学乃尔耶!'"①这就是"京师诵《左传》",一时传为佳话,牛运震博学之名自此传遍天下,海内名流无不对其倾心有加。是年牛运震魁北闱,受知于清江夫子。雍正十一年,牛运震中癸丑榜进士,受知于南昌夫子。"两宫亲之如父子,饮食教诲,恩谊备周"②。雍正十三年,牛运震"考稽《三国志》《宋书》《魏书》《南北史》《唐书》《五代史》等,收罗逸籍,恢广诵览,博引旁达,错综其事,渐觉黑白开朗,《读史纠谬》之作,此其发轫也。"③是年清世宗崩,高宗御极,诏天下举博学鸿词,牛运震"省试十一次,书、经、诗、赋以及天文、地理、水道、兵法、诸子百家之文,皆条晰明畅,每呈文,(览者)即击节称快,谓:'鸿博无处其右者'。"④但于乾隆元年保和殿廷试时,牛运震却因为"赋长逾格,策多古字"⑤而落选,与博学鸿词科失之交臂。是年,牛运震的《金石经眼录》初成。

乾隆三年,牛运震年三十三,始任甘肃秦安县知县。秦安地处西部,地旷而瘠,民憨而贫,牛运震在任职期间,终日劳累,却依然以"简、俭、检"勉励自己,勤于吏治,兴利除弊:"清积囚""修筑道路、建筑桥梁""捐俸设陇川书院""清编保甲"、清除"秦安陋规""清理田赋""捐资开邑西陇水"折银输粮、"捐栽树株""劝捐社仓""设秦安学宫""劝民用耧斗播种""劝民种棉",⑥为百姓办了许多实事,是实干派的好官吏。乾隆六年始,牛运震年三十六,兼署徽县。期间一除徽县三蠹:"徽县有三蠹,与徽县俱立,一曰里书之纸贵费,一曰匦胥之钞税,一曰图差之脚粮。"二除僧税之烦碎者:"僧税烦碎,摧及毛丝,虽鬻饼,弹絮不遗,运为清覆一切,而蠲其苛末太甚者。"三"修杜工部祠""建吴将军庙"⑦。四绝虎患。乾隆七年,在治理两县之余,牛运震亦精诣于内业,他于此

---

① 王云五主编,蒋致中编:《清牛空山先生运震年谱》,台北商务印书馆1978年版,第93~94页。
② 王云五主编,蒋致中编:《清牛空山先生运震年谱》,台北商务印书馆1978年版,第94页。
③ 王云五主编,蒋致中编:《清牛空山先生运震年谱》,台北商务印书馆1978年版,第18页。
④ 王云五主编,蒋致中编:《清牛空山先生运震年谱》,台北商务印书馆1978年版,第20页。
⑤ 王云五主编,蒋致中编:《清牛空山先生运震年谱》,台北商务印书馆1978年版,第21页。
⑥ 王云五主编,蒋致中编:《清牛空山先生运震年谱》,台北商务印书馆1978年版,第27~48页。
⑦ 王云五主编,蒋致中编:《清牛空山先生运震年谱》,台北商务印书馆1978年版,第37~40页。

年"将锐心精诣于述作之事,《金石图》《三代遗书》《诗删》《文选》《二十一史纠谬》诸书皆略有头绪,粗立纲纪"①。乾隆八年,牛运震又兼摄两当县,至此,先生同时治理三县,于三县之中心大门镇,俗称小甘州的地方办公。牛运震在此地为宦七载,兢兢业业,与百姓晨夕相处,公秉执法,设肆讲学,一时间,秦徽百姓安居乐业,重农向学。乾隆十年,牛运震年四十,平调平番。居官平番时,牛运震亦诚心厚德,廉洁吏治,政绩赫赫:"禁除陋规——渠鸡渠杖""开修咸水河渠道""增修坛庙仪制"、捐粟赈灾、平"固原兵变"等等。② 期间,他又兼摄古浪、平谷两县,但因于此二地任职不久便卸事,故于此二地政绩并不显著。乾隆十三年,牛运震年四十三。牛运震因于乾隆十二年受万民衣一事,被弹劾罢职,离任之际,居然身无分文,经济窘迫,甚至无归家之盘缠,百姓夹道哭送。牛运震携眷赴兰州,主讲皋兰书院,从游者众,"时从游肄业者七十有四人。其第,则选贡诸生及应童子试;其籍,则东至空同,西极流沙,凡八府三州之人士,咸在焉;其年,则少者自成童以上,长者年疑其师也。"③他的甘棠之教,春风化雨,由此桃李满天下。

乾隆十五年,牛运震年四十五,辞教职东归,居家课农著述教子,远近从游受业者二十余人。乾隆十七年,评注《孟子》《尚书》;次年,纂注《论语》。乾隆十九年,牛运震年四十九,应晋省恒中丞之聘,主讲晋阳书院,评注《史记》。据其次子牛钧于《史记评注》识语中所云:"右《史记评注》十二卷,先君子设教晋阳时所著,而改定于少陵台畔者也。"④次年,应河东书院乔公、蒲州太守之邀,讲学河东书院。牛运震在《论语》纂注未毕时,从及门之请,讲贯之余随手著录,积岁成《论语随笔》十七卷,脱书甫稿,四方争传抄之。腊月别书院归家。乾隆二十一年至乾隆二十三年这一时间段,牛运震应本郡太守之聘,主讲少陵书院,经长子病卒之痛,自此谢去俗缘,深沉著书。评注《毛诗》、辑《归田诗草》、敲定《史记评注》。

牛运震有子二人,女三人。一女归礼部仪制司行人颜肇维之孙;一归内阁学士黄泰齐之仲子;另一所适不详。子孙皆能承其家风,亦有成于文业者,长

---

① 王云五主编,蒋致中编:《清牛空山先生运震年谱》,台北商务印书馆1978年版,第41页。
② 王云五主编,蒋致中编:《清牛空山先生运震年谱》,台北商务印书馆1978年版,第54~58页。
③ [清]牛运震:《空山堂文集·皋兰书院同学录序》卷三。
④ [清]牛运震撰,魏耕原、张亚玲整理点校:《史记评注·跋》卷一,三秦出版社2011年版。后文所引《史记评注》原文皆出自本版本。

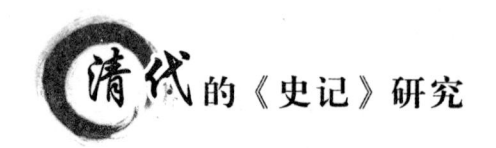

子牛衡负才早卒。次子名牛钧,字中野,廪生,有七子,曰:廉夫、潜夫、敏夫、敦夫、颖夫、蕴夫、庄夫。除牛蕴夫、牛敦夫,余皆庠生,而牛敦夫则以岁贡为昌邑训导。

(二)牛运震著述

牛运震一生著作颇丰,"古文、经传、史册、金石无不涉及"①。各种著述皆于归乡居家后定稿成书,主要有《读史纠谬》《金石图》《孟子论文》《尚书详注》《论语随笔》《史记评注》《诗志》《春秋传》《周易解》及《空山堂诗集》《空山堂文集》。在其生前仅有《金石图》刊刻问世,其余未刻者藏于家,由其子牛钧及其门人整理校勘后付梓。其中《尚书详注》至今没有刊刻,仅有两本手抄本。据牛氏后人所云,一本藏于牛君家,一本藏于亲友王姓人家,人多未见,少有人提及。著作中的《春秋传》《周易解》《金石图》收录于《四库全书》。对于牛运震的著作,嘉庆时的福建巡抚陈预的评价最高,以为"成书具在,卓然名家,既不为汉人穿凿之谈,亦不作宋代凿空之论。枕经葄史,要旨心得之言,抽秘骋妍,罔非德华之蕴。"②《四库全书总目》也称"其学博涉群书,于金石考据为最深,经义亦颇研究"③。

牛运震精于金石考证之学,其《金石图》两卷,是牛氏生前唯一刊刻问世之作,其中卷一被收入《四库全书·史部》。此书乃牛运震和褚峻苦心孤诣、涉猎群书、收揽四方之作。该书有图附于文旁,文为图解说,一图一解说,详细明其高低优劣,并对其假借、通用之字略作训释,考据性极强,石碑、岩刻、石碣、钟鼎等皆备,集学术、绘图、书法于一体,可谓图文并茂,乃金石史上一部难得之作。

牛氏评注诸子百家的著作有二:一为《论语随笔》二十卷(原书缺十、十八、二十卷,实有十七卷),是牛氏讲学河东时,"从及门之请,讲贯之余随手著录"④之作。该书旁征博引,将各家重要注解列于相关条下,比较其优劣高下后再抒发己见——"自抒心得,不欲攻驳前贤,亦不欲附会前贤,犹《易》之有九

---

① 井东燕:《牛运震传略》,兰州大学2007年硕士论文。
② 陈预:《牛空山全集序》,[清]牛运震撰,魏耕原、张亚玲整理点校:《史记评注》,三秦出版社2011年版,第378页。
③ [清]永瑢等:《四库全书总目·经·易类存目·空山易解》卷一〇,中华书局,1983年版,第82页。
④ 王云五主编,蒋致中编:《清牛空山先生运震年谱》,台北商务印书馆1978年版,第79页。

师,既不能废王弼;有周邵,即不能不读程、朱;九变复贯,万殊一归,道法之渊海,而咸磬之钟铎也。"(张寿《论语随笔·序》)二为《孟子论文》七卷,牛氏吸取前贤对《孟子》的研究成果,撇开著疏考证等传统研究手法,另辟蹊径,注重阐发《孟子》的文学性,就《孟子》的艺术特色,如写作技巧、文风、语气、炼字断句、文章结构等方面作赏析评点,颇多真知灼见。其评语简洁凝练,或长或短,不拘一格,却又恰如其分。《孟子论文》一书,将《孟子》的思想魅力挖掘得淋漓尽致,是《孟子》文学方面研究的佳作之一。

牛运震除了对诸子百家作品作了评注外,对先秦的其他典籍也有论述。他的《诗志》,就是对《诗经》所作的点评之作。牛运震在博取先人论诗精华的基础上,又不拘古泥昔,能做到文情并茂,观点新颖,引人入胜。陈预在《全集序》中亦称"其说诗,有解颐之妙"。该书对研究《诗经》文学性及艺术性有相当高的价值。此书成后,牛运震更欲仿陆氏、王氏之书,详为注疏、考核,别著《诗志》一编,但是此志生前未能完成。牛运震另有《春秋传》十二卷,被收入《四库全书》,是牛运震对《春秋》一书的解注。他不拘泥于《左传》《公羊传》《穀梁传》的三家注,既能取各家之长,又能明己之志,其文畅晓,其解详备,其逻辑严谨,其学识渊博令人称叹。《四库全书总目》评该书曰:"是编说《经》,不信三《传》,动相驳难,盖宋刘敞、孙复之流。由其记诵淹博,足以济其辨,故异论往往生焉。"①张寿于《春秋传序》中称牛运震有"平""博""简""远"之志。牛运震还有《周易解》九卷,和《金石经》《春秋传》同被收入《四库全书》,是牛运震对《周易》的论述。《周易》者,古代筮书,艰涩古奥,被称之为中国文化中的"经典中之经典,学问中之学问,哲学中之哲学",是玄之又玄的一门学问,牛运震解《周易》,陈预称其"其解易象,则能空众议也"②。

牛运震的史学评点著作有《读史纠谬》和《史记评注》两部。《史记评注》分十二卷,其中有本纪两卷、表一卷、书一卷、世家两卷、列传六卷,是牛运震在晚年时对司马迁《史记》所作的评注。该书主要从文学角度对《史记》的文笔、气势等加以点评,是一本真正意义上从文学角度评注《史记》的《史记》研究专著。如果说《史记评注》是专门针对《史记》书的评注,那么《读史纠谬》则是一

---

① [清]永瑢等:《四库全书总目·经·春秋类存目·空山堂春秋传》卷三一,中华书局1983年版,第259页。
② 陈预:《牛空山全集序》,[清]牛运震撰,魏耕原、张亚玲整理点校:《史记评注》,三秦出版社2011年版,第378页。

清代的《史记》研究

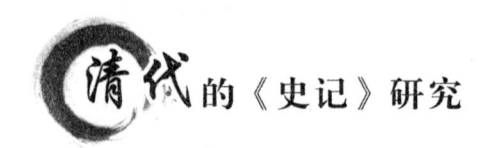

部纠史之谬的专著。该书针对"前四史"《晋书》《宋书》《南齐书》《梁书》《陈书》《南史》《魏书》《北齐书》《后周书》《隋唐五代史》等书中所存论列进行纠正。其书考究全面,脉络清晰可辨但零散而未成系统。其中蕴含着牛氏的史学观,如对史体、史法、史识以及史德方面之优劣的见解,虽有偏颇之处,然往往能一针见血,切中要害。全书文史兼顾,既重考证,又重议论,自成格调。

此外,牛运震还有诗集和文集各一本,名为《空山堂诗集》《空山堂文集》。《诗集》按牛氏创作经历分为《焚徐诗草》《金台诗草》《秦徽诗草》《允吾诗草》《金城诗草》《归田诗草》六卷,共辑各体诗三百五十多首。数量不多,却颇见精工。诗中复古思想明显,多拟古作品;对李杜、李贺、韩愈、苏轼等人大为推崇;重视字句提炼,手法灵活多样,诗风清新自然,意境悠远,偶有沉郁萧瑟之作;题材广博,咏古诗、田园诗、留别赠答诗、唱和诗、哀悼诗、抒情诗皆有涉及。《文集》分十二卷,其子牛钧整理并分《书》为两卷,《序》《寿序》《记》《传》《墓志》《墓表》《碑》《祭文》《辨》《宦稿》各为一卷。牛运震之文,尊秦汉重唐宋,以为司马迁、韩愈、柳宗元之文为高,其文敢于突破文体界限,长于应用,善于叙事,节奏感强,情真意切,具有文学性。牛运震最善游记,其游记多收于文集卷五。徐世昌编著的清诗总集《晚晴簃诗汇》中以为牛运震治古文"纤徐质实,得欧、曾之胜"①。

纵观牛运震一生,可见其为人真挚耿直,品行高洁,诚交天下有德有识之人;其为吏廉洁吏治,勤政爱民,重视民生,政绩赫赫,是难得的好官员;其治学勤奋严谨,涉猎广博,著作等身,显示了其本身高超的学识修养;其为师课士授业往往废寝忘食,一生桃李满天下。牛氏是难得的有学识有品德之士,清朝大学士孙玉庭的《牛真谷先生传》对其评价最高最全:"如先生者,于立德则可列'儒林';于立功则可称'循吏';于立言则可入'文苑'。假使得高位以行其所学,所就必更有大于此者,顾乃以一令终!"②诚哉!不过也!

二、评《史记》的艺术成就

《史记评注》长于对《史记》文学方面的研究,尤其注意对《史记》艺术成就

---

① 徐世昌:《晚晴簃诗汇》卷六十八,民国退耕堂刻本。
② 王云五主编,蒋致中编:《清牛空山先生运震年谱》,台北商务印书馆1978年版,第103页。

的评价。在本章中,笔者主要通过对《史记评注》中涉及写人艺术、语言艺术和叙事艺术三个大的方面的内容来做探讨,注重牛氏评注中关于文法辞章的研究。

(一)评《史记》的语言艺术

《史记》为中国传记文学鼻祖,传承千年不衰,自有其魅力所在,它极具特色的语言便是其中的重要原因之一。司马迁驾驭语言、组织语言的超强能力是众所公认的,他被誉之为语言大师也是名副其实的。对于司马迁《史记》的语言艺术,由古至今,多有论述,牛运震在《史记评注》中也多有涉及,其中不乏新见,现择其要者论之。

1. 评《史记》中的长句和短句——"长句有劲力""多用短句"

《史记》的语言,虽然以散句单行为主,但是有时也善于创造性地使用长句。在近现代的《史记》研究史中,长短句也是一个颇受关注的亮点,如李长之先生称:"司马迁是有魄力能够熔铸长句的人……这在中国的文字中是罕见的。"①可永雪先生在其所著《史记文学成就论稿》一书中,也有一些论述,他将语言和文学相结合,解构了《史记》的长句,重点分析了《史记》里长句的类型,叙述甚为详备。他们的观点,与牛运震《史记评注》的观点颇有异曲同工之妙,牛氏应该算是较早地认识到司马迁使用长句特点的人。长句,在中国古代原是一个诗学概念,一般指七言古诗。但到了诗学领域之外,如史学、散文等题材的著作中,长句是一个语言学概念,一般指的是形体长、词语的数量多,或是结构相对复杂的能表达完整意思的句子。若是在现代文学作品中,长句的字数可多达上百,还有很多的标点符号穿插其中,以表末尾停顿的句号、叹号、问号等的出现为长句结束的标志。但是《史记》作为一个没有标准句读的中国古代作品,其断句上存在一些模糊性。此处只讨论《史记评注》中关于"长句"于风格、写人、叙事上的论述,其中所举例子的断句或有不同解释,本章仅以牛运震评注中所涉及的长句为参考标准。短句,是相对于长句而言的,指的是在文章中能表达一个独立意思的简短句子,或一个字,或几个字,其特点是简短。《史记评注》中曾多次提及司马迁使用长句的妙处,它们代表了牛氏对长句作用的归纳。概括地说,牛氏评《史记》中的长句和短句,主要分以下四方面:

---

① 李长之:《司马迁之人格与风格》,天津人民出版社 2007 年版,第 207 页。

清代的《史记》研究

第一,赞长句之风格。司马迁在写《史记》时自言是"择其言尤雅者"(《五帝本纪·赞》),"雅驯"也便成为牛运震评价《史记》的一个重要标准,在其评点《史记》长句时也不例外。除了雅之外,牛氏认为《史记》中的长句风格各异,但皆有助于使《史记》的文本更加具有文学性。如《史记·平原君虞卿列传》的赞语:"平原君,翩翩浊世之佳公子也!"《史记评注》卷八曰:"长句雅甚!有逸韵。"对这个赞语中长句的看法,牛氏认为其特点是一个"雅"字,认为其雅甚而有韵味,值得回味再三,这就对长句总体的语言风格进行了评价。再如《史记·信陵君列传》中"秦数使反间,伪贺公子得立为魏王未也"一句,《评注》卷八赞其"长句纵而逸",认为长句的风格可以为飘逸而不受束缚。再如《史记·屈原贾生列传》感叹"濯淖汙泥之中"一段,节奏感强,读来抑扬顿挫,是古往今来传颂颇广的精言妙语,它对屈原的现状、才华,社会的主流背景及其造成的矛盾和激荡进行了交代,点明了屈原不和世俗同流合污的决心和魄力,以及众人皆醉我独醒的孤独与痛苦。对于这段话,《评注》卷九曰"长句咏叹,纡逸如游云舒卷空际",即认为长句可以咏叹,其妙处是使人读之如同天上游云般安逸自在。这样的评价是从《史记》语言的抒情风格入手的。《史记·韩长孺列传》中有"何梁王为人子之孝,为人臣之忠,而太后曾弗省也",牛运震在《评注》卷十中评其"逸宕而激切",认为长句之叙事风格为飘逸流宕。而《史记·樊郦滕灌列传》中的"孝惠帝及高后德婴之脱孝惠、鲁元于下邑之间也"一句,牛氏认为"此功关系国本,故殊著之,而长句宕逸,神味悠然"(《史记评注》卷九),就风格评曰"宕逸,神味悠然",可见牛氏认为长句可以使得文章风格悠然自得。以上的"雅""逸""纵""宕""激切""神味悠然"的评价,是《史记评注》对《史记》长句不同风格的阐发。

第二,论长句之写人。写史不同于一般文学作品,它对素材选择加工不允许虚构和混淆众多历史事件,只能是在历史事实的基础上进行概括,突显重点。但司马迁善于选材和善于表达,他笔下的人物有血有肉,生动形象,仿佛其人如我,我是传中人一般。有这样的效果,牛氏认为,长句的巧妙运用,起了重要的作用。如《史记·张释之冯唐列传》中有"虎圈啬夫从旁代尉对上所问禽兽簿甚悉,欲以观其能,口对响应无穷者"一句,《评注》曰:"长句联绵重复若不可了,如此乃尽啬夫情态。"这是说文帝问上林尉禽兽簿事,上林尉一问三不知,而啬夫越级代答,想要显示自己的才能,但是自古以来,"越级"在一般情况下,不是一个值得肯定和赞赏的行为,牛氏认为此长句联绵重复,使得一个简单的场面便得有趣,"从旁代尉"和"甚悉"使得善口辩、重心机的啬夫形象跃然纸上,其中还暗嵌了司马迁对"谍谍利口捷给"之徒的厌恶之情,此长句甚好。再如《史记·黥布列传》中"英布者,其先岂《春秋》所见楚灭英、六,皋陶之后哉",《评注》认为此长句是"有力,细思灭一字不得"。这一长句是对英布祖上的恩怨情仇的一个简单概括,其中包含的信息有英布出身、来历,少一字便少一分韵味,而叙事不完备。《史记》中传主数以千计,太史公在叙事时,常常会将传主的出生来路、生平经历捎带一笔,此长句其中所叙都为事实,不可或缺,是为"灭一字不得",牛氏评语恰如其分。由上述可见,牛氏评注对于长句用于写人的评注皆有理有据。

第三,评长句之叙事。司马迁叙事,善于统筹规划,合理安排事件,又能做到文字峻洁,不冗篇累幅。《史记》通篇刻画的人物众多,或有长篇记载,或零星出现,或一笔带过;叙述事件多样,同一事件涉及人物众多,形势复杂;所叙历史又往往刹那间风云色变,风向难辨;或将小事几件娓娓道来,或将诸多的人物事件合成一句话,变化多样,难寻常理而又往往写得恰如其分。如《史记·孟子荀卿列传》中"自驺衍与齐之稷下先生,如淳于髡、慎到、环渊、接子、田骈、驺奭之徒,各著书言治乱之事,以干世主,岂可胜道哉"一句,《史记评注》认为"按此收驺衍,挈起淳于髡、慎到诸人,长句振动,前后通灵,笔力甚大"。这一长句将淳于髡、慎到、环渊、接子、田骈、邹奭等稷下学士一起罗列,后有诸人的小传,是我们现代所说的总分结构,牛氏认为是前后通灵,笔力甚大,诚哉!再如《史记·吕不韦列传》中吕不韦说子楚时有一长句,曰:"则子毋几得与长子及诸子旦暮在前者争为太子矣",《评注》曰"长句折转有力",认为长句叙事时候有转折之功。政治斗争,历来都是史书书写的重点,皇位之争更是斗争中涉及人数最多、战况最激烈、手段最残忍、内幕最为扑朔迷离的,而参与到这场斗争中并占有一席之地的,都是不可小觑的角色。此长句中涉及人物有子楚、长子、诸子旦暮在前者,这是吕不韦对公子异人所处环境最简洁精辟的分析——长子既为名正言顺,诸子有得宠者或日日可见者也不乏继位可能,而异人两者皆非。将异人与其他两类占有优势的对手放在一起比较,优劣之势,高下立见。此时长句在叙述事件形势上的好处就显示出来了。此外《评注》还有在评《史记·扁鹊仓公列传》中"慎毋令我子孙知若学我方也"一句,认为这句也是长句,且"有劲力,古脉极曲折,意思却一语道明,此正简爽不可及处",这也是对长句于叙事作用的评点。再如《史记·樊郦滕灌列传》中"孝惠帝及

清代的《史记》研究

高后德婴之脱孝惠、鲁元于下邑之间也"句,上面重点论述"长句宕逸,神味悠然",而"此功关系国本,故殊著之"这一评语,则是对长句于叙事中作用的论述,以上两个长句叙事"有劲力""意思一语道明",因而用于"殊述之",是《史记评注》中对于长句有助于叙事的点评。

第四,释短句之功效。《史记》对短句的运用也可称为经典,诸如一字、两字或三字的短句,或单独使用,或三两连连,常为历代《史记》评论家所提及。其最重要的优点在于简洁准确,一般用于对琐碎之事的叙述,即"'其事愈碎,其言愈简'。也就是遇到事情琐细,情节曲折较多,叙事进度较快时"[1],或"用在紧张的场合"[2]。牛氏在《史记评注》卷三中对短句的好处也多次论及。如评《三代世表》时曰:"多用短句,妙在不秃涩,顿挫遒峭有情。"在卷九中评《屈原贾生列传》中所论"其文约,其辞微"几句,曰"短句叠调,节奏极佳,妙得《系辞》句法,又曰顿挫往复,错综有神"。总而言之,牛氏认为短句可以使得文风多变,或顿挫遒峭有情,或造出了抑扬顿挫的节奏感,妙处多多。放入具体语境中,短句的叠用,可以让读者如同身临其境。如《史记·高祖功臣侯者年表》中有"子孙骄溢,忘其先,淫嬖,至太初百年之间,见侯五,余皆坐法殒命亡国,秏矣",《史记评注》卷三曰:"此叙功臣子孙骄淫失侯,叠用短句,以志呜咽哽塞之神。"可见牛氏认为,短句可以显出"呜咽哽塞之神",是很好的抒情摹状之法。

总而言之,牛氏《史记评注》关注长句和短句,认为长句有自己的风格,有助于写人,有益于叙事;短句的存在,既有利于叙事生情,又能修饰节奏;长短句的合用则避免了句子的枯燥和视觉上的审美疲劳,营造出句子的参差错落感,使得文句写得生动活泼,人物栩栩如生,文章灵活多变,造成抑扬顿挫的节奏感,令人读之意趣盎然,荡气回肠。

2. 评《史记》中的"对句"——"对句双收有笔力"

在中国古代的文论或诗论中,很早就有对"对句"的评论,如刘勰《文心雕龙·丽辞篇》称"造化赋形,支体必双,神理为用,事不孤立。夫心生文辞,运裁百虑,高下相须,自然成对",认为"故丽辞之体,凡有四对:言对为易,事对为

---

[1] 可永雪:《说〈史记〉的长句》,《内蒙古师范大学学报》2002年第4期,第90~95页。
[2] 可永雪:《说〈史记〉的长句》,《内蒙古师范大学学报》2002年第4期,第90~95页。

难,反对为优,正对为劣"①;《文境秘府论》则将对句分成了二十九种。诸如此种评论都涉及了对句的评析,但他们较多的是对诗歌的各种"对句"进行赋名归类,且这些评价多零星出现,以现代的学术眼光来看,缺乏严密的逻辑性结构。牛运震在《史记评注》中较早地提出了"对句"之说,将"对句"这个概念从诗歌领域引入到古文领域。至于何谓文章中"对句",迄今为止,尚无系统的、统一的、确切的定义。中国古代文学中,"对句"在诗歌、骈文中比比皆是。然而文章,尤其是史传类作品中的"对句"界限不甚清楚,且论者不多。牛氏的《史记评注》认为,所谓"对句"于《史记》,不必像在诗歌、骈文中那样对字数、韵律、语法作严格的要求,不当指所谓的对偶句,而应当指的是有"对应""对照"关系的句子。我们在阅读时,常发现作者会以复线的方式来描述事件,可以察觉出文本中两种事物的对照或并列。而使这两者事物相连成对,或用来记录类似之事,描写相似结果,抒发同种感慨,达到同一目的,以加强表达效果,渲染氛围的句子就可以称为"对句"。"对句"可以是紧密连接在一起的两个句子,但也可以,并且更多的是不相邻,甚至相聚甚远的句子。简而言之,牛氏认为"对句"指的是有"对应""对照""呼应"作用的句子。《评注》中对这种"对句"关注颇多,用不同的例子说明了各种各样的"对句"的不同作用。

第一,对句在人物刻画中起作用。《史记》探究人事,以人为研究对象,记录了诸多历史人物的活动轨迹,刻画了诸多栩栩如生的人物:从帝王将相到贩夫走卒,从后宫佳丽到民间奇女,各色人群靡不具备,他们或叱咤风云,或工于计谋,或忠心为主,或誓死报国……贤与不肖皆俱,身份、特征各不相同,既有类似,亦不千篇一律。这就归功于司马迁卓越的记史手法和人物刻画手法。"对句"作为一种句法也是他刻画人物、表达人物情感的手法之一。这种手法令其笔下的人物从远古走来,鲜活生动地走近今人的世界。刻画人物,若以个体为单位而没有比较的话,就显得平淡无波,难分人之贤与不肖。相反,若将人与人放入一个圈子中加以对比,要比单独的叙述丰富曲折得多。在对比中更能显出传主之独特,也只有在世人之常态中,才能更见传主之超于常人。将两个相似的传主类似的行为放在一起比照,也能加强读者的感悟和体会。因此,在刻画人物时巧妙地运用"对句"手法,在把握形象、拿捏尺度时,能更加准确地表达出史家所预期的创作意旨,达到史家所想要的甚至更好的效果。牛

---

① [梁]刘勰:《文心雕龙·丽辞第三十五》,上海古籍出版社2011年版,第71页。

清代的《史记》研究

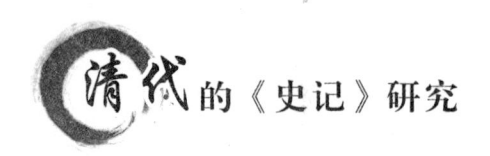

氏《史记评注》卷九在点评《刺客列传》时就点出了"对句"之于人物刻画中的应用:"'荆轲坐定',节奏闲雅,又与前'田光坐定'对应。"荆轲和田光都与燕太子丹有过面对面的接触,牛氏注意到《史记》记载中,这两个与燕太子丹有关的人物有相同的行为,就将它们单独拎出来并加以对应,在田光和荆轲找到了一个共同点,他们命运相似之处就此串联起来,这样就有利于表现作为一个有能力、有抱负的刺客的气度,使得两个完全不同的人物因为对应而在读者脑海中留下更为深刻的印象。再如《史记评注》卷八评《信陵君列传》说"'臣乃市井鼓刀屠者',与'嬴乃夷门抱关者'遥对。"前句的"臣"指的是朱亥,市井屠夫得到信陵君"亲数存之";后者的"嬴",即侯嬴,大梁夷门监,得到魏公子的"亲枉车骑"。朱亥和侯嬴社会地位相仿,都得到信陵君"礼贤下士"的待遇,两人以及这两句话之间的遥遥对照,进一步加强读者对信陵君礼贤下士品质的印象。

第二,对句在叙事摹状中起作用。牛运震在《史记评注》卷八里曾说:"对句双收有笔力。"这是对"对句"作用简洁的评价。对句之于《史记》的叙事写状起了诸多作用,它渲染了重大事件发生时的现场气氛,强调历史事件产生的结果,引出史家所要表达的重点,使行文畅达,张弛有致。首先是运用对句,双线双收,再现事件发生的背景氛围。后世史学认为,史家的职责在于真实客观地记录史实,使之流传后世。但司马迁,一个想要写成一部"究天人之际,通古今之变,成一家之言"巨著的史家,必然对自己有着更高的要求,《史记》不是枯燥无味的史书,它更可以被当成一部小说来读。太史公在叙事的时候往往不依据一条线索直线而下,他有时会有或明或暗的两条或多条线索,引导人们从多方面认识历史。牛氏评注以为《史记》中的"对句",双线双收,是生动再现事件背景、渲染现场氛围的方法之一。比如《史记·信陵君列传》中有"魏王怒公子之盗其兵符,矫杀晋鄙""赵孝成王德公子之矫夺晋鄙兵而存赵"的句子,《评注》卷八在《史记》这样的长篇文本中将其提取出来,对照比较,曰:"此是两边叙法双提成对仗,有格势。"此两句从魏王和赵孝成王两边的反映入手,有对照之意,所说都是魏公子盗兵符矫杀晋鄙之事,分开两处重复叙事,非赘言也,是有格势的表现。而《史记评注》卷八在评注《廉颇蔺相如列传》时则说"'秦亦不以城予赵,赵亦终不予秦璧'二语结完璧事,对句双收有笔力,颠倒句法好",也是将"完璧归赵"事件结果的叙述分别从秦国和赵国两处着眼,双起双收。总的说来,这两段评注,都是双线对当时历史背景的再现。前者是魏公子却秦救赵事件,言其对魏赵两国的影响各不相同,因而魏赵两方对信陵君的反映自然也不同,牛氏认为这样的双线写法,既成对仗,能使格局明朗化。后者言明"完璧归赵"事件中对峙双方的结果和收获。再如《史记评注》卷八评《廉颇蔺相如列传》称"秦王竟酒,终不能加胜于赵,赵亦盛设兵以待秦,秦不敢动"句是"又对句作收,与完璧一段收法遥应"。《史记》此句前文长篇大段写渑池会上,秦赵两国君臣斗智斗勇。赵王与秦王的针锋相对若按详略相间之说,其结果已经是毫无悬念的,可以简单带过的了,但司马迁不厌其烦、不厌其复,用对句再述说一遍渑池会的结局——双方谁也没吃亏,但谁也没有占到好处,牛氏认为这个对句收结秦赵双方渑池会紧张、针锋相对的现场氛围,让这个紧张的历史时刻牢牢地定格于青史,突显赵国以弱挡强、以小敌大的勇气和气魄,将现场气氛推进一步,达到最高潮。会上的你来我往,会终的平衡结局,是首尾呼应,映照有情的。由上可见,《评注》中注意到了运用对句的双线双收作用,认为它有助于再现事件发生的背景氛围。

其次是运用对句,固定格式,梳理历史发展的历程。关于《史记》,与其说它是一本史书,倒不如说它是一部史诗。因为它有许多类似于诗歌的重章复沓的特点,但是与诗歌的复沓不同的是,它很少将此用来抒情,而更多的是利用一个关键的眼目、固定的格式来协助叙事,帮助读者在阅读长篇传记时候想起前文的内容。可以说,它起着小标签的作用。牛氏《史记评注》注意到了这一点作用。如牛氏评注《周本纪》的时候,就多次点出"道"字。《史记》文本中多次以"王道"为眼目,其中被《评注》提及的便有"王道微缺""王道衰微""王道遂衰"等,牛氏认为"此等正与'周道初兴'遥对,有关键,有次第"。在这里,牛氏将《史记·周本纪》一篇中周氏王朝从初兴到衰微,一一罗列对应,指出眼目"道"字的复沓,使整篇文章有关键,有次第。再如牛氏评注《郦生陆贾列传》时曰"'孝惠帝时''吕太后时',并提作对,而叙事层次浅深有法"(《史记评注》卷九),将当政者放于段落之前,点明时间,如孝惠帝、吕太后,是名义上与实质上的执政者。两人用事的方法、手段各不相,且之间有千丝万缕无法言明的关系,将孝惠帝和吕太后在上下两段抬头处特别点出,牛氏认为是对历史发展过程的叙事"层次浅深有法"。这些"点"以对应、对照、对比的关系存在出现,自成固定格式,是文章叙事的眼目关键,有着梳理历史发展历程的作用。

第三,对句在谋篇布局中起的作用。《史记评注》认为司马迁善用对句,而对句的作用,也不仅仅是有助于叙事和写人,它之于谋篇布局,作用亦是非凡

清代的《史记》研究

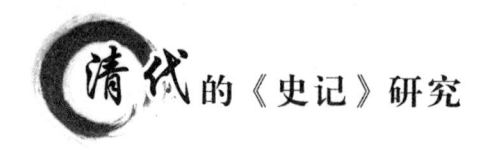

的。《史记·魏其武安侯列传》中有这么一段：

> 灌夫家居虽富，然失势，卿相侍中宾客益衰。及魏其侯失势，亦欲倚灌夫引绳批根生平慕之后弃之者。灌夫亦倚魏其而通列侯宗室为名高。两人相为引重，其游如父子然，相得欢甚，无厌，恨相知晚也。

这是对魏其侯和灌夫关系的一个直接剖析。二人互有所求，相互引重，得到了一个"其游如父子然"的必然结果，《评注》卷十针对"其游如父子然"这个句子说道："故用'父子'字，不伦！正与'跪起如子侄'句对照，此窦、灌得祸病根，不能为讳也。"在这里，牛氏认为"其游如父子然"和"跪起如子侄"是一组相互对照的句子，其于全文的作用也是对照的。宾客们前后不一的态度和二人得势与否的政治地位一一对应，是双线总结。又如评《史记·季布栾布列传》说"当是时，季心以勇，布以诺"，《评注》卷十认为"又收到季布，妙。季布、季心对举双收，宾主厘然"。牛氏认为双收季布、季心，是对上面的季布、季心事迹的总结，宾主清晰而分总结构明显，这是先分后总的"总"的叙事，是用于文后的一个总结，在文中，也有布局的作用。再如《史记·袁盎晁错列传》中的"上益庄，丞相益畏"只是一个句子，《评注》评云"对收劲"，即牛氏认为该句是对上面皇帝和丞相之间的言行的收束，亦创造了一个小型的分总结构。这个总收，用牛氏的话语来说，便是一个"劲"字，有力道。用于此处的"对句"，尤其是分总结构是对上面内容的概括，言简意赅，不仅没有给人以繁复多余之感，反而使行文得以简洁明了，也可算是其"峻洁"的手法之一。

综上所述，牛氏以为《史记》中的"对句"，对人物刻画、叙事写状和谋篇布局上皆有作用，可以使文章前后联系更加紧密，可以使文章在叙事上更有人情味，更加简洁。

3. 评《史记》中的洁笔——"峻洁有力"

张辅是最早将《史记》和《汉书》放在一起进行比较的，他认为："迁之著述，辞约而事举，叙三千年事唯五十万言；班固叙二百年事乃八十万言，烦省不同，不如迁一也。"① 这是从文字多寡的角度来对马班优劣异同进行评论，其说以文字的多寡来判定文章的好坏，失于偏颇，但是另一方面也点出了《史记》的

---

① [唐]房玄龄等：《晋书》，中华书局1974年版，第1640页。

另一个特点:"洁"——该简洁时候便要简洁。在张辅之后,柳宗元、茅坤、恽敬、曾国藩、梁启超等人,都对《史记》简洁的特点做过评论。而牛运震的《史记评注》也支持《史记》叙事简洁之说。所谓洁,有简洁、峻洁、简要、简约、简捷的意思。俞樟华先生在《〈史记〉峻洁论》①一文中赞成张辅提出的简洁之论,认为"洁"应当包含两方面的意思:一指《史记》篇幅小,反映的历史内容却很多;二指《史记》的叙事语言准确干练,没有废话。而牛运震《史记评注》关于"洁"和"简"的论述,则倾向于第二层意思,即叙事上的准确简练。《评注》中的论"洁",又分宏观论"洁"和细处论"洁"两种点评类型。

(1)宏观论"洁"。所谓宏观论"洁",意思是从全书或其中某一篇为对象来评说"洁"的作用、意义。它不针对小的行文单位,而偏重于对文章的主要风格和印象做议论。在《史记评注》中,主要是以《史记》某篇传记的全篇风格或合传、类传中某个传主传记为研究对象来论"洁"的。首先是从全篇角度来论《史记》文字之洁的。如在牛氏评《五帝本纪》为"太史公极洁文字。"(《史记评注》卷一)即是牛氏对《五帝本纪》简洁这个特点的总体风格的论说。在评注《殷本纪》的时候,称其为"简而畅、质而腴者"。牛氏认为《殷本纪》的简洁风格加上叙事上的畅明,使得文章质朴却又不贫瘠,反而更加丰腴。《史记评注》卷七评注《伯夷列传》时说:"传文简古,正以不掺入稗野杂记为高。"认为《史记·伯夷列传》简洁古朴,究其原因,主要是因为没有旁收一些稗野杂记,取材内容上做到纯正单一,风格上一脉相承。再如《史记评注》卷三评注《惠景间侯者年表》中的"追修高祖时遗功臣,及从代来,吴楚之劳,诸侯子弟若肺腑,外国归义封者",认为"此著惠景间侯者有此五等也,义既简括,句法极古劲",是对年表全文的总括句子。《史记评注》卷七评《张仪列传》时,称"陈轸传亦自修洁",是牛氏对《陈轸传》整体风格的一个概括。同卷评注《樗里子甘茂列传》则曰"《樗甘传》,最简直修洁之文",牛氏称其风格为"简直修洁"。其次,是从某一合传型篇章中择取其中某一传主的某一特点,或某一文章,或某一说辞为评论对象,来评说"洁"的风格。如在评注《秦本纪》时说"纪申侯、孝王语,古质简峭有致",《史记》中记载了申侯和孝王的话语,牛氏评两人的话语风格为质古、简峭,其中"简峭"的"简",便有简洁的意思。同卷评注《苏秦列传》中苏秦游说秦惠王的说辞说:"《国策》叙苏秦说秦惠王,词句繁沓,《史记》

---

① 俞樟华:《史记峻洁论》,《浙江社会科学》1994年第6期,第86~90页。

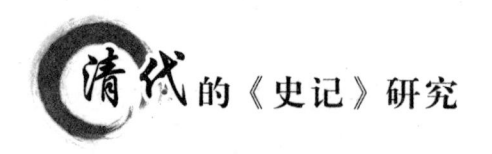

删裁从简。盖苏秦不得志于秦,故说秦无取乎繁也。此文家裁剪有斟酌处。"牛氏认为《史记》删减《国策》语,达到了简洁的要求。而对"苏秦不得志于秦"的原因提炼,是史公善于裁剪、善于斟酌的体现。至于对"说燕"一段则评曰:"说燕无甚反复纡折,而词甚简明,以燕弱小国,仰吹嘘于赵,易以说辞下也。"评论带及语言风格。再如对于《史记·张耳陈余列传》中张、陈说陈涉的说辞,其中分对答和复说两小段,是张、陈二人对当今政局时事的分析,《评注》卷九评曰:"峻洁有力,掉尾俊脱。"就是对这段说辞,张、陈二人话语的风格和作用的点评。这些都是对大段文字的简洁与否的点评。

(2)细处论"洁"。所谓的细处论"洁",意思是以某一篇中的某一小段或某一句话,来讨论如何做到"洁"以及"洁"的作用。较之宏观论"洁"来说,从细处论"洁"则多举以具体的例子。在《史记评注》中,主要是以《史记》传记中的某一小段叙事和某一句话为研究对象的。首先,是以由"某某至于某某一段"格式的小段落,来分析其中"洁"的特点。这一点,和上面宏观论"洁"中的第二点没有明显的界线,其细微的差别在于,上面是对传主文章说辞的论述,而此处的例子,切入点更小,故事性更强,时间跨越度更大。如《史记·孝文本纪》中有"皇帝曰"一段,其说如下:

吕产自置为相国,吕禄为上将军,擅矫遣灌将军婴将兵击齐,欲代刘氏,婴留荥阳弗击,与诸侯合谋以诛吕氏。吕产欲为不善,丞相陈平与太尉周勃谋夺吕产等军。朱虚侯刘章首先捕吕产等。太尉身率襄平侯通持节承诏入北军。典客刘揭身夺赵王吕禄印。

这是汉文帝对诸位主要诛吕功臣功业的罗列,对于这段话,《史记评注》卷二评曰:"此段文极简质,括诛诸吕事并诸臣功次井井。"即对诸功臣的事迹叙来井井有条,却又无一遗漏,言辞质朴,叙事简备,是牛氏眼中的《史记》简洁处。再有《史记·穰侯列传》说:"自惠王、武王时任职用事,武王卒,诸弟争立,唯魏冉力为能立昭王。昭王即位,以冉为将军,卫咸阳。诛季君之乱,而逐武王后出之魏,昭王诸兄弟不善者皆灭之,威振秦国。昭王少,宣太后自治,任魏冉为政。"这是对穰侯以外戚而执掌秦国政权过程的解说,《史记评注》卷七评曰:"此段括叙魏冉拥立专擅情事,极得要领,简劲有笔力。"即对这个过程的评价为"简""劲""有笔力",其中的这个"简",便是对其语言风格特点"洁"的评价。再如《史记·白起王翦列传》中有"始皇十一年,翦将攻赵阏与,破之,拔九城。十八年,翦将攻赵。岁余,遂拔赵,赵王降,尽定赵地为郡。明年,燕使荆轲为贼于秦,秦王使王翦攻燕。燕王喜走辽东,翦遂定燕蓟而还。秦使翦子王贲击荆,荆兵败。还击魏,魏王降,遂定魏地"一段,《史记评注》卷七曰:"叙翦定赵、魏,破燕师,皆用略笔,正为后文详叙灭荆地,然文特简而有制。"牛氏对司马迁叙述王翦及其子灭赵、燕、楚、魏的过程,评价是"简"和"有制",这个"简"便是以具体事例为证,指的便是叙事语言的简洁。牛氏在评注段落叙事的时候,其评语"峻洁有力""文极简质""简劲有笔力""特简而有制",都认为简洁有利于文章的笔力的增强、风格的质古。其次,是评论某一句子的"洁"。评注的对象是一句话,如《史记·周本纪》中"三十九年,战于千亩,王师败绩于姜氏之戎"一句,《史记评注》卷一曰:"按此突点'战于千亩',下云'败绩于姜氏之戎',则知其与姜戎战也,此古文纪事简妙法。"认为是古文纪事的简妙之法。而评注"平王之时,周室衰微,诸侯强并弱,齐、楚、秦、晋始大,政由方伯"一句时,则评曰:"按此下入东迁以后春秋时事,数句提掇大纲,最为简要。"牛氏认为提掇大纲使得文章简要。评注"富辰谏曰:'凡我周之东徙,晋、郑焉依。子颓之乱,又郑之由定,今以小怨弃之!'""富辰谏曰:'平、桓、庄、惠皆受郑劳,王弃亲亲翟,不可从。'"二句曰:"按此二句,谏括约《左传》最简妙。"同卷评注《孝景本纪》的赞语曰:"赞语单就七国事立论,'以诸侯太盛,而错为之不以渐也',词简约而意深厚。"其作用是使文章简约却能够意义深长,余韵袅袅。评注《孙子吴起列传》中"而田忌一不胜而再胜"一句曰"此句明白简捷"。卷七评注《穰侯列传》中"讥穰侯之伐齐,乃越三晋以攻齐也"一句曰:"此处简约得妙,较《范雎传》详略得宜。"同卷评注《白起王翦列传》中"沉其卒二万人于河中"一句曰:"只一语括尽用兵情事,笔法简严如此。"牛氏指出这些例句的叙事语言特点是:"简妙""简要""简约""简捷""简严",其意思相同,便是一个"洁"字。

简而言之,牛氏在《史记评注》中,对《史记》的简洁语言风格做了大小总细皆有的评论,并且主要是以叙事的风格为主的论述,虽然没有太大的新意,但是就叙事上来说,还算全面。

4.评《史记》中的复笔——"《史记》之妙,妙在能复"

前文说过,张辅认为司马迁写《史记》"叙三千年事,唯五十万言"[①],因此

---

① [唐]房玄龄等:《晋书》,中华书局1974年版,第1640页。

认为司马迁的文章有"峻洁"的特点,从而对其加以充分肯定。但是一篇文章的好坏,并不能单单以字数的多寡来论,纵观《史记》全书中的语言,重复之笔、重叠之文不在少数,恰恰也是它的艺术特色之一。对此,牛运震在《史记评注》卷一中评《五帝本纪》曰:"他史之妙,妙在能简;《史记》之妙,妙在能复。盖他史只是书事,而《史记》兼能写情。情与事并,故极往复缠绵、长言不厌之致。不知者以为冗繁,则非也,一部《史记》佳处正在此。"在牛氏之前,宋代的洪迈、陆游,明代的陈仁锡都对此有所提及,至于牛氏以后,近代的李景星和当代的钱钟书等对前人关于"复"的理论做了进一步阐释和肯定。

《史记评注》大量地论述《史记》的"能复",即我们所说的复笔,何谓复笔?俞樟华、邱江宁在《论〈史记〉的复笔》中,对"复笔"有一个定义:"所谓复笔,就是指反复使用完全重复或者基本相似的语句来描写同一个事情、同一个人物、同一种表情、同一个动作,从而加强表达的效果、抒情的成分和感染的力量。这种重复,有时是一个字,有时是一句话,有时是一段话。在形式上,有时是连续重复,有时是间隔重复,有时还有隔篇重复,不加留意,有时还不易察觉。"[1]牛氏在《评注》中,对《史记》中单词、短句和内容上的"重复"做了大量评注。按照牛氏的评论,以下分字词短句的"复"、内容情节的"复"和总论"复"三部分加以论述。其中,字词句的"复",所"复"字眼一样或基本一样,没有太大区别;内容情节的"复",在表达方式上可以形式不一,但是含义存在"复述"现象;总论复,就是将《评注》中"复"的理论做了归纳总结。

(1)"复"词和短句。《史记》中的诸多"复笔","在形式上,有时是连续重复,有时是间隔重复,有时还有隔篇重复"[2]。在《史记评注》中,牛氏更多的是对后两者的评注。但是本章划分的重复形式,与俞樟华、邱江宁所说的间隔重复和隔篇重复又不完全一样。在本章中,间隔重复,我们称之为"隔复";另一种,我们指的不是不同篇章之间的重复,而是同一篇文章中不相连相靠、不在同一个段落中的间隔较远的复述,本章称为"隔段重复",也称之为"遥复"。"隔复"和"遥复"在没有标准句读的古文中,没有十分规范的界限划分,只是相对而言,前者的相隔距离要小,而后者的相隔距离比较大。首先来看"隔复"。所谓"隔复",指的是字词句在小范围上的重复,就是前后句之间或一个

---

[1] 俞樟华、邱江宁:《论〈史记〉的复笔》,《汉中师范学院学报》1999年第3期,第30~36页。
[2] 俞樟华、邱江宁:《论〈史记〉的复笔》,《汉中师范学院学报》1999年第3期,第30~36页。

段落内的重复应用。牛氏列举了很多这类的"复"。如对《史记·周本纪》"明年"这个词的叠复,《评注》卷一曰:"'明年,伐犬戎',以下凡六用'明年',自只见其庄,未觉其复。"可见牛氏认为这样的重复,不仅不显其累赘,反而有其庄重之气。对《史记·平原君虞卿列传》"先生不能,先生留"中叠用"先生"二字,《史记评注》卷八曰:"叠复,口角得固拒之神。"即牛氏认为这样的重复,使得人物语言生动,更加能够显示出平原君当时的口气神情,使之口角如生。而《史记·信陵君列传》中屡点"平原君"和"公子",尤其是在"平原君门下闻之,半去平原君归公子,天下士复往归公子,公子倾平原君客"这一句,《史记评注》卷八曰:"四句中有三'平原君',三'公子',往复不厌,如有津津不置之神溢出笔舌。"牛氏认为这样的复说使人读之有神,阅而不厌,文章因此短而有神。对《史记·刺客列传》中连用"莫知",《评注》卷九以为:"购问莫知谁子""久之莫知也","两'莫知'颠倒顿挫极灵显,不厌其复。"读来显得顿挫灵活。再如《史记·郦生陆贾列传》中,牛氏颇为留意"深念"二字,在《评注》卷九中指出:"'常燕居深念''而陈丞相方深念''陆生曰:何念之深也?'屡用'深念'字,不厌其复,而往复回绕有情。"这样写,回绕往复,感情油然而生。又在卷十中评《万石张叔列传》中的"长者"一词曰:"'其人长者''专以诚长者处官,官属以为长者',连用'长者'字叠呼紧应,不厌其复。"牛氏认为这些词语不厌其烦的"复"起了呼应作用。有关句子叠复使用的评论,如评《张释之冯唐列传》中结袜一段:"'顾谓张廷尉:为我结袜''独奈何廷辱张廷尉,使跪结袜''自度终无益于张廷尉。张廷尉方今天下名臣,吾故聊辱廷尉,使跪结袜','张廷尉'屡呼叠唤,妙;三用'结袜'字,故为重复而实有变换。凡此皆太史公独擅之长、得意之笔。"(《史记评注》卷十)指出在这一段中,"张廷尉"和"结袜",非单一重复,其复中有变化是交叉着复述的。再如在同卷评《万石张叔列传》时曰:"'终无所言''然亦无所毁''不敢受也''终无所受',叠复句作章法,形容有味。"表明"不接受"意思的几个句子"形容有味"。评《田叔列传》曰:"'发中府钱,使相偿之''王自夺之,使相偿之''相毋与偿之''于是王乃尽偿之',数句中有四'偿之'字,叠出见奇,复而有味。"和"偿"相关的三个不同主语的句子叠用,其效果真是"奇"而"有味"。

其次来看"遥复"。所谓"遥复",指的是字词句在大范围或较大范围内,即段落与段落之间或篇章与篇章之间的叠用。牛氏评注中的"遥复"多指较大范围内的,同一篇文章内比"隔复"的距离稍远的重复。如在卷一中评《周本

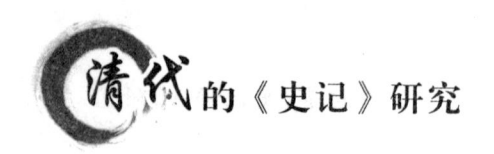

纪》，对周氏王朝气势的评论："'伯阳甫曰："周将亡矣。"'周太史伯阳读史记曰：'周亡矣。'太史伯阳曰：'祸成矣，无可奈何!'按：此三段顿挫慨叹，复述遥答，回旋飞动，文情极妙。"同一个意思，深浅层次不同，由浅至深依次散于各段，牛氏称之为"复述遥答"格式，其作用是"回旋飞动"，能够使文情妙极。再如卷二评《吕后本纪》的"不得入"："'太尉欲入北军，不得入。'再言'不得入'，只觉提掇点应有情，不嫌其复。"隔几段，两次说"不得入"军营，不是单调的重复，而是提掇有情。又卷三评《秦楚之际月表》曰："'受命若斯之亟''一统若斯之难'，遥应作法，不嫌句调之复。"再评《韩信卢绾列传》曰："此段妙在重叠往复，'里中嘉两家亲相爱'云云，本可省却，定要复说一遍，叠'相爱'字、'同日'字，情致便婉笃十分。"评《樊郦滕灌列传》曰："'徐行面雍树'云云，至'卒得脱'；'婴固徐行'云云，至'卒得脱'。两'徐行'、两'卒得脱'，故作叠复，应照见精神。"（《史记评注》卷九）以上两处例子都是一次用两个词的复述，是词的错综复述，为相互应照。

（2）"复"内容。除了字词句的"复"以外，牛氏对于《史记》在内容——情节、情感上的复述也极为关注。牛氏以为，复，不只是语句的完全重复或者基本相似，而是指主要内容、情节的再次述说。我们先看牛氏评《史记》重复相同的情节。《史记·周本纪》曰："当幽王三年，王之后宫见而爱之，生子伯服，竟废申后及太子，以褒姒为后，伯服为太子。"对这一段话，牛氏在《评注》卷一中评论曰："此段重提复叙，以起下文，《史记》往往如此，不知者必以为衍文矣。"重提幽王欲立伯服为太子，不知者以为是衍文，但实际上并非衍文，而"往往如此"一词，可见牛氏以为这类复叙是《史记》中经常使用的方法。再如《史记·春申君列传》中"遂生子男，立为太子，以李园女弟为王后""李园既入其女弟，立为王后，子为太子""而李园女弟初幸春申君有身而入之王所生子者遂立"，一个王后和太子真实身份一而再，再而三被提及，牛氏《史记评注》卷八中说："此一事而三叙，不厌其复，而各段俱有颠倒变换，分寸归重不同。此惟太史公善用此笔也。"这里反复强调王后的出身，王子的真实身份，意思相同，而颠倒复叙，分寸便不同，牛氏认为是太史公善用笔处。又评《廉颇蔺相如列传》曰："'相如度秦王特以诈佯为予赵城，实不可得'，'相如度秦王虽斋，决负约不偿'，重叠言之不嫌复，只觉其厚。"牛氏认为此处重复使用，更觉其厚重。再看牛氏对《史记》重复相同的情感内容的评论。牛氏注意到《史记·信陵君列传》中的"欲以观公子，公子执辔愈恭""微察公子，公子颜色愈和""侯生视公子色终不变"三句的相似连接,在《评注》卷八中评曰:"三叠摹写,不厌其复,只觉其浓厚,笔底绸缪不尽。"认为这些都是叙述魏公子礼贤下士,受人漠视时依旧能够不骄不躁、不生气、不决然而去的谦虚精神,因此,三个句子虽然不同,但句意相同,牛氏以为是三叠复叙,文章更厚重,感情更近一层,意味更浓厚,意义更是无穷。同卷又评《乐毅列传》曰:"'臣窃不自知'云云,此与前文复见,不换一字,妙!两两关锁,正以叠复而得古厚。"牛氏认为于前文不改一字,妙极。卷九评《屈原贾生列传》曰:"'虽放流'云云至'一篇之中三致志焉',忽转入骚,妙!此段往复重叠,缠绵柔厚,极情尽致矣!"此叙屈原爱国思国之情,牛氏认为此情往复,缠绵柔厚,情意到达极致。

(3)概论"复"。除了具体内容文字的"复"外,牛氏还对"复"的好处做了总括评论。如《管晏列传》的"连引成语",《史记评注》卷七曰:"不嫌其复,由其笔端句调有变化。"在这里,牛氏认为"复",并非是简单的重复,而是可以让句调富有变化的手段。同卷又评《伍子胥列传》曰:"凡二千言,而首尾贯串,中间针线次第俱出,委屈琐屑不嫌其冗回,环往反复不厌其复,此《史记》长篇文字之妙也。"牛氏认为《史记》的字里行间多重复述说,其中的一些回环往复,不是冗长,反而正是《史记》文字的妙处所在。评《苏秦列传》中"说楚"一段曰:"说楚只衡不如从,一意而反复曲折言之,波澜横生,锋芒甚利。"牛氏以为反复之处可以使得文章横生波澜,初露锋芒,说的是"复"的作用。卷九评《刺客列传》曰:"古来史家文字以紧与复为长者,独太史公一人耳。"牛氏认为司马迁之"复笔",乃其独家之长。以上这些,都是牛运震在《史记评注》中提出的对"复"这一手笔的理论概述,赏识之意溢于言表。

总而言之,牛氏认为司马迁在《史记》中大量使用了复笔,但复笔的使用不但没有影响《史记》文章的简练,反而对文章的写人叙事、表情达意产生了巨大的好处。

5. 其他

《史记评注》除了从长句、"对句""洁笔""复笔"几方面来评论《史记》的语言特点外,还对《史记》中的"虚字",及高雅的语言风格作了许多评论。

第一,对"虚字"的评论。这里的虚字,指的是没有完整的词汇意义,但有语法意义或功能意义的词。在现代汉语中,虚词包括副词、介词、连词、助词、叹词、象声词,但是在古汉语中,常用虚词划分不细,且数量相对较少,较常用的有"而、何、乎、乃、其、且、若、所、为、焉、也、以、因、于、与、则、者、之"等,其作用是用以构成文句,工整文意。牛氏《史记评注》中对于虚字的论述,分细评虚字和概论虚字两个方面。先说细评虚字。如卷一评《五帝本纪》曰:"《史记》长于用虚字,如叙黄帝征伐之事一段,屡用而自、于是、然后等字顿挫,句贯连断得宜,此太史公用虚字之妙也。"牛氏首先肯定司马迁善于使用虚字,并通过黄帝征战蚩尤一段中的虚字,来说明虚字的作用是使得文章读来抑扬顿挫,句子连贯恰到好处。再如《周本纪》对"之"字的使用,也很受牛氏的欣赏。牛氏将《史记·周本纪》中"弃之隘巷""徙置之林中""迁之而弃渠中冰上""覆荐之""遂收养长之"这几个短句中的"之"字联系在一起加以评论曰:"屡用'之'字,句法摇曳作致。"此处,牛氏看到了"之"在句法上的作用,以为几个"之"使得文章摇曳有致。《史记·周本纪》又说:"昔自夏后氏之衰也,有二神龙止于夏帝庭而言曰:'余,褒之二君。'夏帝卜杀之与去之与止之,莫吉。卜请其漦而藏之,乃吉。于是布币而策告之,龙亡而漦在,椟而去之。夏亡,传此器殷。殷亡,又传此器周。比三代,莫敢发。至厉王之末,发而观之。漦流于庭,不可除。厉王使妇人裸而噪之。漦化为玄鼋,以入王后宫。后宫之童妾既龀而遭之,既笄而孕,无夫而生子,惧而弃之。宣王之时童女谣曰:'檿弧箕服,实亡周国。'于是宣王闻之,有夫妇卖是器者,宣王使执而戮之。逃于道,而见向者后宫童妾所弃妖子出于路者,闻其夜啼,哀而收之,夫妇遂亡,奔於褒。褒人有罪,请入童妾所弃女子者于王以赎罪。弃女子出于褒,是为褒姒。"这段文字叙褒姒来历生平,传奇色彩十足,《史记评注》卷一曰:"此段叙事甚奇,屡用'之'字,摇曳摆宕,极有别趣。"牛氏认为在这段叙事中,司马迁多次使用了"之"字,让文章摇曳生姿,有趣至极。在《史记评注》中,牛运震还对《史记》使用虚字的情况做了宏观评论。如《吕后本纪》载,吕后欲分封诸吕云云,《史记评注》卷二曰:"此数段中曰欲侯诸吕,欲王吕氏,曰乃先封先立,曰乃封,亦在用数虚字揣写人情。"又评《孝文本纪》曰"'有不便,辄弛以利民','以示敦朴,为天下先','欲为省,毋烦民','恶烦苦百姓','专务以德化民',凡此皆不徒实叙其事,而虚摩括写其意,所以为盛德之形容也,尤妙在善用数虚字,意思极深永,《汉书》则削去'欲为省,毋烦民',并削数虚字,遂少神色。"《评注》卷七评《春申君列传》曰:"此节本《国策》所有,太史公只增数虚字,便别有吞吐,此文在《国策》本妙,置之《春申传》中,更觉异样精神,此史笔大关键处,非从以牵合见长也。"又卷九评《屈原贾生列传》曰:"看他叙事处,只用数虚字斡旋,便觉原委分明,情致生动。"评《淮阴侯列传》曰:"井陉之战,淮阴侯得意兵法,亦太史公出力摹写处,妙在先不说明,诚轻骑、令裨将传飧,故作疑人之笔。'诸将皆莫信,详应曰:诺。''赵军望见而大笑',故作勒顿,正以见其神妙不测也。叙赵击信、耳,信、耳走水上军,赵夺汉鼓旗,汉入赵壁,拔赵帜,立汉帜,乍开乍合,似错似整,战形、文法俱极奇变。'赵军已不胜'云云至'赵将虽斩之,不能禁也',又妙在一气贯下,中用数虚字,跌顿折落,矫健震动,极其精神,遂成一篇绝妙战阵文字。"卷十评《刘敬叔孙通列传》曰:"此虚字转折,如意叙次中精神活脱,非太史公不能有此笔墨。"评《袁盎晁错列传》曰:"叙淮南迁蜀一段极纡长,屡用虚字转折,措置有力。"评《田叔列传》曰:"'王自夺之,使相偿之'云云,连用虚字转折,数句直如一句,句法缭绕而轻健。"这些都是牛氏对《史记》中使用虚字情况及其作用的论述,见解精辟独到,能给读史者以启迪。

　　第二,对"雅驯"的评注。《史记》之语言,牛氏以"雅驯"评之。《史记评注》评《史记》言语之"雅",可以分为材料选取的"雅"、文字表达的"雅",以及对整体风格的"雅"三个方面。首先,《史记评注》认为《史记》以"雅驯"为取材标准之一。如牛氏评《五帝本纪》曰:"三皇荒远无考,太史公作《史记》断自黄帝,述《五帝本纪》,正以《大戴礼》有《五帝德篇》,又帝王世系皆叙自黄帝以下,其言信而有征也。《百家》言黄帝,犹病其不雅驯,而必择其雅者,论次为书首,况于三皇之荒远难稽乎,故知司马贞之补作《三皇本纪》,妄也。""《大戴礼》'乘龙而至四海,北至于幽陵,南至于交趾'云云,《史记》削去'乘龙而至四海'一句,得毋犹嫌其不雅驯耶?"前者是对《史记·五帝本纪》中上至五帝始,对《百家》中不够雅驯的地方进行摘择情况的点论;后者是对《史记》削去《大戴礼》中句子的原因的分析,认为也是出于雅驯的考虑,可见牛氏对于司马迁取材的重"雅"标准的关注。其次,所谓"雅驯",是指文字表达上的"雅驯"。如《吴王濞列传》中"或不沐洗十余年"一句,选自孝景帝三年吴王濞遗诸侯书,"不沐洗十余年"本指行皆不雅至极,但是在此处,"不沐洗"指的是"心有所怀,志不在洗沐也",是对怨恨心绪的一种表达方式,用于此种文境语境之中,的确如《评注》卷十中所说"深怨语却说来极雅驯"。再次,《史记评注》还从宏观上来总论《史记》之雅。如《五帝本纪》是《史记》开篇之作,牛氏评注曰:"自评其帝纪之妙,不外一'雅'字,一部《史记》皆尝以此字领略之也。"认为不仅《五帝本纪》可以用一"雅"字概括,而且整部《史记》也可以用一个"雅"字来衡评,这是很高的评价。

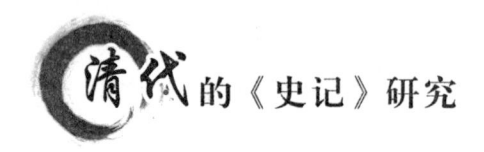

（二）评《史记》的写人艺术

《史记》不像其他史书那样干枯无味，而具有十分明显的文学性，其中重要的原因之一就是太史公注重对人物的刻画塑造。在司马迁笔下，从帝王将相到贩夫走卒，从后宫佳丽到民间奇女，从忠诚良将到小人狂生，各色人群靡不具备，大小传主们或叱咤风云，或工于计谋，或忠心为主，或誓死报国……能做到这样贤与不肖皆书，美与恶者两俱，智与愚者共存，且人物风貌各不相同，即有类似，亦不千篇一律，要归功于史公卓越的写人技巧。李少雍先生在《司马迁传记文学论稿》中称："司马迁对文学的贡献，根本在于他最早为人'立传'，对人的一生作具体细微、生动形象的记述，从而自觉或不自觉地把文学描写的基本对象——'人'鲜明地突现出来。"[1]而韩兆琦先生也在他的《史记评论赏析》中称《史记》是"写人文学的始祖"[2]。《史记》成书以后，历代研究评论者对于《史记》人物点评是研究《史记》的重要内容之一。尤其是到了宋朝，对历史人物的点评新见迭出，颇有翻案之意，为今人关注。明清以来的《史记》人物点评，则偏向于对写人艺术手法的分析，提出了诸如"言人人殊""各得其解"等别具一格的理论总结。牛运震《史记评注》对于司马迁写人艺术的点评，在继承前人成就的基础上又有新的发展和深入。以下从四个方面加以评介。

1. 评《史记》写人之主宾

《史记》的人物传记，形式上有单传，有合传，有类传；描写传主的事迹或详载，或略载：详者全传只有少数几位传主，传主生平主要事迹和功绩乃至祖宗基业和子孙成才都有记录；略者则零散见于大传传主事迹之中，言辞稍多的可多至一段话，少则只一句话。然而，所作描述不论多寡，皆有深意。这些略写的小人物，在很多时候，甚至称不上是传主，他们是作为与大传主有关联的面目出现的。这些主要人物和次要人物的关系可谓为主宾关系。司马迁在记录事件的时候，十分注意宾主之分，主是主，宾是宾，既不让主过分抑宾，也不会让宾压主。牛运震显然注意到了《史记》的这一特点，他在《史记评注》中就多次提及主宾问题，认为《史记》能做到"宾主厘然""借客形主"。所谓"宾主厘然"，即主是主，宾是宾，两者泾渭分明；所谓"借客形主"，就是以绿叶扶红花

---

[1] 李少雍：《司马迁传记文学论稿》，重庆出版社1987年版，第79页。
[2] 韩兆琦：《史记评论赏析》，内蒙古人民出版社1985年版，第90页。

之意,从旁衬托,从侧面描写人物之性情、生平。

(1)"主宾厘然""宾主分明"。世间的万事万物都是相互联系的,但是这种联系往往是以对立统一的矛盾状态存在的,人不能将事物从世界中单个隔离出来,自成一个世界。换而言之,人们要认识一个事物,必须要将这个事物放到一个整体中去,而这个整体中必然存在其他的许多事物,事物的本质将会在和其他事物的比较中显示出来。对《史记》中人物的认识,也是同样的道理。牛运震就认识到了将主要人物与其他人物对比看待以明其特点的重要性。就作者角度而言,就是要将相互对立或相互关联的人物放在一起,从而凸显主要人物,使主宾的关系一目了然。对于主宾关系,牛氏评注中使用最多的评语是"主宾厘然"和"宾主分明"。《吕后本纪》有"吕后为人刚毅,佐高祖定天下,所诛大臣多吕后力"句,牛氏在《评注》卷二中,评此句曰:"此特提吕后为人,宾主分明,极有手法。'刚毅'二字是残害诸刘之本。"吕氏之性格刚毅果决,在刘氏定天下过程中出过大力,有辅佐之功,但是此传的传主为吕后,牛氏点明吕氏为主,高祖为辅,置吕氏于高祖前,这样才"宾主分明",在牛氏看来,是极有手法的。《史记评注》在叙述主宾关系的评论中,又分为两类:对于具体某个句子或段落的主宾关系的评论和从全篇人物安排上主宾关系的评论。

首先是以句子为例来说"主宾厘然"的。在《史记·樗里子甘茂列传》中有"秦卒相向寿,而甘茂竟不得复入秦,卒于魏"一句,《评注》卷七曰:"结向寿、甘茂,宾主厘然。"厘然者,清楚,分明也。此句写于《甘茂传》末,甘茂和向寿的事迹很多是交错在一起的,这一句是对向寿和甘茂两个人生平记载的收结。而对于甘茂的描述更多,包括了甘茂的后半生甚至卒地,可见此传中甘茂为主,向寿为辅,就是牛氏所说的"宾主厘然"了。再如《史记·穰侯列传》中有"宣太后有二弟:其异父长弟曰穰侯,姓魏氏,名冉;同父弟曰芈戎,为华阳君。而昭王同母弟曰高陵君、泾阳君。而魏冉最贤"一段,这段话中点出的穰侯和华阳君、高陵君、泾阳君,都是拥护昭王的中坚力量,而这些人中,能力最强、为昭王出力最多的,是穰侯魏冉。句中"而魏冉最贤",便点明了主次。牛氏在《评注》卷七中评论此句是"收转有力,宾主厘然",可以说是恰如其分。类似的评论再如同卷评《孟子荀卿列传》中"其前驺忌,以鼓琴赶威王,因及国政,封为成侯而受相印,先孟子"和"其此驺衍,后孟子"两句曰:"驺忌、驺衍皆孟子陪客,而驺忌又以陪驺衍者也,'先孟子''后孟子'勾画分明。"卷九中评《郦生陆贾列传》"皆陆生、平原君之力也"一句时曰:"陆生、平原君双收,有宾

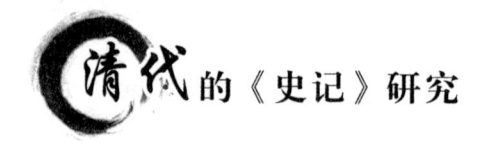

主,有眼目。"

其次,是以段落为例来评论人物主次的。《史记·屈原贾生列传》所叙从"屈平既绌"至"以其弟子兰为令尹",期间事件颇多:先是点出当时屈平已经被罢黜左徒之职。秦国派张仪使诈,惹怒怀王,使得楚出兵伐秦,魏、齐落井下石,楚国大困。次年秦楚议和,楚王得张仪后又复释张仪,之后后悔不已。再后诸侯共击楚,大破之。秦昭王欲会楚怀王,屈平止之,怀王听子兰言而不听屈平劝,终于客死秦而归葬。由此怀王长子顷襄王得立而弟子兰为令尹。叙次中,清晰可见屈平为主,他人为宾,楚国为主,秦、魏、齐、赵为佐。而这般繁琐的事件,在他纪中已经记载,此处只略微一提,可谓互见。从宾主角度看,此传传主为屈原,此类琐事不必一一再叙,《评注》卷九中说:"此一切事迹已载《楚世家》及《张仪传》,此篇看他用笔简劲处,又确是于《屈平传》中带叙,秦、楚事宾主厘然。"类似评价还有许多,如卷十评《李将军列传》曰:"屡点数十骑、三人、百骑、数千骑、十余骑,客主多少之形宛然,正叙次中精神眼目。"

再次,是从全篇人物安排来论主宾关系的。此种评注没有以具体的某一句原文来作为例子,而是从宏观入手,是概说,是总论。如《评注》卷七评《孟子荀卿列传》曰:"此传以孟子、荀卿为主,而以孟子引端于前,荀卿收结于后,中间驺衍、淳于髡等诸子,经纬联贯,宾主厘然,分合尽致,极错综变化之妙,《史记》最奇格文字。"指出《史记·孟子荀卿列传》以孟子、荀卿为传主,是孟子和荀卿的合传,两者之间夹杂驺衍、淳于髡等诸子的小传,所以说以驺衍、淳于髡等诸子为宾。主者详,宾者略,主宾清晰分明,交错互叙,文章妙不可言。《评注》同卷又曰:"太史公序列诸子,以孟子、荀卿标题,篇中论叙盖以孟、荀为主,而孟子尤主中主也。"这是将前所说的"主"孟子和荀卿再分出个主次来,以为孟子是主中主,重中重。牛氏说:"篇中自孟荀而外征援商君、吴起、孙子、田忌及邹衍、慎到诸人,而序其述作,加以际评,盖战国从纵智谋之士、儒墨刑名之家,几于罗列无遗矣!盖借孟荀作正主,而列引旁序以上下一代人物也。正与《庄子天下篇》、韩子《十二子论》命意相似。"亦点出此传以孟、荀为主,列引旁序以上下一代人物为辅的特点。卷八评《廉颇蔺相如列传》曰:"《廉颇传》全用编年法,似以赵事联合四人,首廉颇,次蔺相如,次廉蔺合叙,次赵奢,次又入廉颇,次李牧,中间小穿插处尤错综尽致,而宾主先后厘然分明,赵氏之胜败兴亡节目次第,亦即与四人传中见之,正见四人与赵为存亡也,贤才关系国家,固征史识,亦赖有史笔传之哉。"认为此传中主要传主有廉、蔺、赵、李四人,其出场次序是先廉颇,接着蔺相如,然后是廉颇和蔺相如合叙,再叙赵奢,接着说廉颇,最后是李牧。有先有后,有主有次,宾主清晰。又如卷九评《李斯列传》曰:"凡秦兴亡并赵高始末具在,似为秦外纪,而并为赵高立传者,然首尾关目仍以李斯为主,无划剔之迹,而宾主厘然,此所以为大手笔也。"同卷评《蒙恬列传》曰:"蒙氏兄弟俱有功于秦而弗良死,此传以蒙恬、蒙毅合传,而以蒙恬为主,蒙骜、蒙武则又及恬之先世,错综叙之甚奇。"又评《田儋列传》曰:"儋弟荣,荣弟横,传以此三人为主,儋子市、荣子广,别有诸田:田假、田角、田间及田都、田安,并于儋、荣、横三人中带叙之,其争立相贼杀事迹纷乱如丝,太史公详次指画,瞭若列图,简净明白,不得不服其笔法之精。"评《刺客列传》的脉络曰:"点高渐离、田光,为后文伏案;鲁句践后文亦有照应,狗屠为高渐离陪客,盖聂亦为鲁句践作陪客也,看他点次参差,线脉贯串,痕迹都化处。"在《史记评注》中,类似这样从大处来说主宾关系的评论尚有很多。

(2)提出"借客形主"法。"借客形主"法,也是用以区分主宾要次的手法之一,但是这种手法和上面简单的一刀切似的论述主宾不一样,它不是简单地论述谁是主、谁是客,而是将主和宾的关系做更进一步的解释:以主对应红花,以宾对应绿叶,主宾关系就是绿叶扶红花之势,让客从旁衬托主,从侧面描写主要人物的性情、生平。在牛氏的《史记评注》中,有明确提出"借客形主"说法的,比如对《史记·管晏列传》"天下不多管仲之贤而多鲍叔能知人也"一句,《评注》卷七评曰:"此借客形主法。"管仲的荣华富贵、权利金钱,都离不开鲍叔之恩,而鲍叔这个《管晏列传》中的小传主,是宾,是次,而管仲为主,这里借说鲍叔之贤能,便是鲍叔这枝绿叶对于管仲这朵红花的陪衬,是为"借客形主"法。《史记·李将军列传》曰:"初,广之从弟李蔡与广俱事孝文帝。景帝时,蔡积功劳至二千石。孝武帝时,至代相。以元朔五年为轻车将军,从大将军击右贤王,有功中率,封为乐安侯。元狩二年中,代公孙弘为丞相。"《史记评注》卷十曰:"此段借客形主,引李蔡之始末侥幸至列侯三公,正极意形容李将军之不幸也,却又带出一李蔡传。"这是对比法,通过李广从弟的连连高升,更加凸显了李广难封,让李广坎坷的仕途、不幸的人生,在对比中更显坎坷和不幸,正是"借客形主"法的最好表现。《史记·李将军列传》又曰:"于是广以上郡太守为未央卫尉,而程不识亦为长乐卫尉。程不识故与李广俱以边太守将军屯。及出击胡,而广行无部伍行陈,就善水草屯,舍止,人人自便,不击刀斗以自卫,莫府省约文书籍事,然亦远斥候,未尝遇害。程不识正部曲行伍营陈,

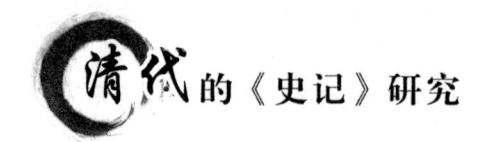

击刁斗,士吏治军簿至明,军不得休息,然亦未尝遇害。不识曰:'李广军极简易,然虏卒犯之,无以禁也;而其士卒亦佚乐,咸乐为之死。我军虽烦扰,然虏亦不得犯我。'是时汉边郡李广、程不识皆为名将,然匈奴畏李广之略,士卒亦多乐从李广而苦程不识。程不识孝景时以数直谏为太中大夫。为人廉,谨於文法。"对于这一段话,《史记评注》曰:"此段借程不识与李广宾主相形,以见广之将略。"此评论甚为准确。李广和程不识俱为当世名将,两者具有可比性,而此传名为"李将军列传",传主是李将军,程不识为绿叶。通过程不识领兵风格的介绍,更加突显了李广的雄才大略和与众不同之处。借程不识之严,形李广之简;借士兵苦从程不识而乐从李广写李广之得人,真真是借客形主。类似的还有不少,如《史记·万石张叔列传》曰:"郎中令王臧以文学获罪。皇太后以为儒者文多质少,今万石君家不言而躬行,乃以长子建为郎中令,少子庆为内史。"牛氏在《评注》卷九中评曰:"借客形主,生波有致。"《史记·张丞相列传》曰:"以平阳侯曹窋为御史大夫。"评曰:"曹窋不在类传数内,而叙御史大夫官第必及之,此中叙次乃有主客相陪之妙。"

以上是对具体句子和段落中主客关系的评注,除此以外,还有不以具体话语为例子的点评,即我们所说的概论。如《史记·韩长孺列传》曰:"太史公曰:余与壶遂定律历,观韩长孺之义,壶遂之深中隐厚。世之言梁多长者,不虚哉!壶遂官至詹事,天子方倚以为汉相,会遂卒。不然,壶遂之内廉行脩,斯鞠躬君子也。"就表面来看,壶遂和韩长孺并没有多大的关联,但是在《韩长孺列传》的末尾中,却不论韩长孺其人或与其紧密相关的人或事,而是提及了壶遂,并做深入分析。韩长孺和壶遂的共同之处在于,皇帝都想要立他们为相,他们却都在阴差阳错间与相位失之交臂,似乎命运在冥冥之中的一种捉弄,在这里,司马迁提及和韩长孺官运有相似之处的壶遂,也是一种"借客形主"。正如《史记评注》卷十中点评的:"赞语借客形主,意境萧疏闲异。"在牛氏评注中,还一并列举了其他人的观点,如"陈仁锡曰,太史公赞韩长孺,而言壶遂不得相;赞汲郑而言翟公书门,皆借客形主法也。"可见这个说法得到了诸多人的认同。

2. 评《史记》写人之言语

"写人之言语"指的就是《史记》中所记的传主的话语。从某种角度来说,从话语中可以看出人物的部分性格特征。在《史记》中,通过传中人物自己的话来表现人物的性格特点是司马迁塑造人物的重要手法之一。一样是说话,文人有文人之口气,武夫有武夫之表达;同一个人,在生气有生气时的话,在开心有开心时的言;甚至于同一个意思也会有不同的表达方式。司马迁最善于模仿各类人说话,他笔下的传主的话语皆具个人特色。此外,《史记》中传主的话还有其他的作用,比如借人之口说别人之事。牛氏认为《史记》语言描写往往做到"口吻如生",且常在叙事上起到作用。

（1）说话的个人特色。人物的语言,本来就是人物的性格的一部分,人的说话口气以及用词习惯,和个人成长环境、生活经历以及说话时的语境都有关系。在绝大部分时候,人的教养、才识、身份和说话地点决定了人物的语言特点。《史记》在塑造人物的过程中就非常注重对传主的话语特色进行描写。牛氏在评注《史记》的时候,也注意到了这一点,他的《史记评注》多次提及《史记》的"口角""口吻"能符合人物特点。首先是和说话人的身份习惯相符。如《评注》卷九对此多有赞叹。《史记·鲁仲连邹阳列传》中平原君说过"今其人在是,胜也何敢言事"一语,平原君是一国公子身份,既是富贵中人,又碍于公子身份,需要在诸多大事上避嫌。此时,他作为东道主接待客将军新垣衍,因新垣衍为客、为将军的双重身份而使平原君表现出客气、谦虚又不欲与强争的态度。牛氏评曰:"口角顿挫如生。"《史记·吕不韦列传》记载了吕不韦说的一句千古"名言":"此奇货可居。"吕不韦虽然后来贵为强秦之相,但是这改变不了他的商贾出身。商人历来是最为重利的,尤其是一个杰出的商人,在他眼中,什么都可以与买卖联系起来,王侯子孙也可以明码标价,只是价格比其他俗物高而已。此语就点明了吕不韦作为一介商人,眼中处处是生钱方法的特性,所以牛氏评曰"真贾人口吻"。正是什么人说什么话,可见《史记》写人非常符合人物身份。又有《史记·刺客列传》中盖聂曰:"固去也,吾曩者目摄之。"牛氏评曰:"复一句,口角如生。"《史记·李斯列传》李斯在和赵高论谋反的时候说"斯其犹人哉,安足为谋",此言将李斯谨慎、贪婪和虚伪都表现了出来。牛氏评曰:"笔端活妙,口吻如生。"《史记·张耳陈余列传》蒯通说范阳令"窃闻公之将死"云云,牛氏评曰:"活脱战国策士口吻。"蒯通说服范阳令的说辞和手法,的确类似于战国时期的策士,牛氏的评价准确无比。《史记·魏豹彭越列传》中,泽间少年强请彭越为长,约旦日出会,后期者斩,结果后期者众多,彭越要动干戈,斩最后一人,众人笑劝道:"何至是?请后不敢。"不守约定之后还能"笑"着说,可见这一帮乡民,纪律意识不强,不知军法如山,牛氏评曰:"写出草泽人眼孔口角。"评价着实准确。《史记·郦生陆贾列传》陆贾的

清代的《史记》研究

一段说辞,牛氏认为"最为情实恳到而能得大体,非徒以口舌见长,如战国纵横短长家言也,太史公推演其说妙得口吻神态"。对"吾不起中国,故王此"等语,牛氏评曰:"写尉他意服矣,而词犹倔强,口角拗折有力。"《史记·张释之冯唐列传》中张释之责问县人为何冲撞圣驾,对方答曰:"县人来,闻跸,匿桥下。久之,以为行已过,即出,见乘舆车骑,即走耳。"县人者,乡下人也,平民百姓见此情境,其回答朴实而带着惊慌是情理之中的事。《史记评注》卷十曰:"宛然犯跸人一段口供,活态活笔。"司马迁写谁说话就像谁说话,真的是口吻毕肖,牛氏的评价也很是准确生动。

其次是与说话时的情境相符。人是群居性的种族,有着相当复杂的社会关系和情感习惯,比如同一个人,在与亲朋好友相处时,说话一般是轻松随便的;与陌生人面对面时,说话一般是戒备谨慎、小心翼翼;面对面接受长者的训导,答话语气一般是尊重敬畏的;在面对仇人时,说话一般是咬牙切齿。俗话说,到什么山上唱什么歌,这是有道理的。司马迁写人物时,能够比较好地把握这个特点。如《史记·秦本纪》中"吾媵臣百里傒在焉,请以五羖羊皮赎之"一句,《史记评注》卷一对"吾媵臣"三字特别点出,评曰:"三字口吻如生。"当时秦穆公想要从楚人那里赎回百里傒,又害怕楚人生疑而不肯放回,故让使者特点明百里傒的媵臣身份,媵臣的身份低下,不受重视,要回一个媵臣与要回一个重要人物的代价是绝对不一样的,这么说,是为了让百里傒能顺利到秦国,是当时环境所需要。又如在《史记·平原君虞卿列传》中写有毛遂自荐,却被平原君拒绝一段,平原君说"先生不能,先生留"一句,牛氏以为是"叠复,口角得固拒之神"(《史记评注》卷八)。平原君因毛遂三年无所作为,认定毛遂无用,非常坚决地反对携带毛遂往赵求救,两"先生"连用,表面客气,骨子里拒绝的态度却很坚定。《史记·范雎蔡泽列传》中"范叔固无恙乎?""范叔有说于秦耶?""范叔一寒如此哉!"《史记评注》卷八评这几句话曰:"三段写故人乍见,又惭颜相对,情态口吻逼肖。"《史记·魏其武安侯列传》中叙武安怒魏其语,牛氏认为"一句一断,写口急气咽如生"(《史记评注》卷十),写出了着急时的语气态度。"武安曰:'天下幸而安乐无事,蚡得为肺腑,所好音乐狗马田宅。蚡所爱倡优巧匠之属,不如魏其、灌夫日夜招聚天下豪桀壮士与论议,腹诽而心谤,不仰视天而俯画地,辟倪两宫间,幸天下有变,而欲有大功。臣乃不知魏其等所为'"一段,《史记评注》卷十评道:"叙武安语,妙在一气赶出,拉杂重沓,极似忿争不择口吻。"武安于朝廷上被魏其揭短,大怒,怒中言语,一气呵出,愤愤不平之态可以想见,牛氏之评切中肯綮。《史记·李将军列传》中李广说自己是"故李将军",而霸陵尉却曰:"今将军尚不得夜行,何乃故也!"牛氏认为"'今将军'犹言现任将军也",意谓现任将军都不能夜行,更何况故将军呢?从中确实可以想见李广之遭遇。牛氏认为霸陵尉的话,"画出小人口吻,令人刺耳酸心"。

(2)借他人之口来评介某人。中国古代素来有"左史记言,右史记事"之说,但是当时社会并没有如今日这样既有录音设备,又有速记方法,史官记载帝王将相的长篇大论,哪能一字不落,所以著作中的那些语言,多和实际有差别,名为"记言",实际上是经过加工整理的史官"代言"和"拟言"。《史记》一百三十篇叙三千年事,三千年间多少英雄故事,多少风流人物。而史书篇幅何其有限,所以司马迁就采用这种"代言"和"拟言"的方式,在记叙历史事件和历史人物时,常常通过传中人之口带出他人,借人之口说别人之事。《史记评注》认为"《史记》中往往用此法"。如《史记评注》卷七评论《管晏列传》"管仲曰"时说:"借管仲口中叙鲍叔事迹,《史记》中往往用此法。"司马迁通过管仲的回忆,带出了鲍叔的事迹,等于是为鲍叔作了小传,牛氏认为这是司马迁写人常常用的一种方法。再如同卷对《史记·孙子吴起列传》的相关评价,《史记》写"鲁人或恶吴起曰"云云,本是鲁国人对吴起的毁谤之语,但是却把吴起的早期经历展示给了读者:如吴起为人猜忍,少时的游仕不顺,被乡党嘲笑以后,怒杀三十余人,继而和母亲诀别,发誓后外逃,事曾子。期间母亲去世,却始终不归家,是为古人之大不孝,因而受到曾子的鄙视。其后吴起到鲁国学兵法,并事鲁国国君,国君疑而不用,吴起遂杀妻求将。……这段出自鲁人之口的话,交代了吴起早年的生活经历,写法别致,故牛氏评曰:"此借鲁人口中叙起平生为人,亦一法。"《史记·伍子胥列传》中"刚戾忍詢"四字是伍奢对儿子伍子胥的评语,也是司马迁对伍子胥性格的一个概括。牛氏认为"四字合来,意思甚妙,伍员为人从其父口中带出,亦一法"(《史记评注》卷七)。《史记·廉颇蔺相如列传》中"其人勇士,有智谋,宜可使"一句,是宦者令缪贤在向赵惠文王推荐蔺相如时对蔺相如的一个总体评价,也说出了蔺相如的主要特点,牛氏认为"就缪贤口中括相如生平,语亦敦重简峭"。此外还有"始妾事其父时"云云,是赵括之母在陈述反对赵括为将理由时说的,可以看作是赵奢的小传,牛氏评曰:"赵奢事又于括母口中叙出,亦一法。"(《史记评注》卷八)《史记·田单列传》中"齐亡大夫闻之,曰:'王蠋,布衣也,义不北面于燕,况在位食

123

禄者乎!'"所谓盖棺定论,对王蠋的评价则借齐亡大夫之口说出,又是一种写法,牛氏评曰:"按此借齐亡大夫口中赞王蠋之贤,又缴合立襄王事,与田单传中相应,用意其妙。"(《史记评注》卷九)此外还有如《史记·张释之冯唐列传》中"王生老人曰:'吾袜解',顾谓张廷尉:'为我结袜!'释之跪而结之。既已,人或谓王生曰:'独奈何廷辱张廷尉,使跪结袜?'王生曰:'吾老且贱,自度终无益于张廷尉。张廷尉方今天下名臣,吾故聊辱廷尉,使跪结袜,欲以重之。'"这一段,是借王生老人叙出张释之为其结袜的过程。不直接叙事,而借人之口讲故事,既让文章变得生动有趣,又丰富了张释之的形象,一举两得,牛氏认为"从王生口中突说袜解甚奇,若叙王生袜解于前,便减趣"(《史记评注》卷九),这个评价还是比较客观准确的。

3. 评《史记》善写人心迹

司马迁写人之所以成功,这与他善于揣摩传中人的心境不无关系。司马迁写人,既善于摹写传中人的话语,又善于揣摩传中人物的心理。对于传主或悲或喜、或犹豫或怨望的情绪,及其或阴暗或阳光、或胸怀大志、或满足于眼前小利的特色都有考察。历史人物的心思差别,司马迁能一一描摹,并描绘得恰如其分。牛运震在《史记评注》中,也注意到了司马迁杰出的心理描写才能,并对此多有评论。

首先是对单独一个句子所蕴含着的人物心迹的评论。《史记·吕太后本纪》写吕氏弟子在吕后死后的心理活动道:"吕禄、吕产欲发乱关中,内惮绛侯、朱虚等,外畏齐、楚兵,又恐灌婴畔之,欲待灌婴兵与齐合而发,犹豫未决。"对于这句话,《史记评注》卷二的评语是:"此又承前文'诸吕用事擅权,欲为乱',详言之,前后有次第相生之妙。欲发内惮、外畏、又恐、欲待等句,写二吕心曲,匆乱如画。"司马迁用寥寥数语,就将诸吕想要作乱,又害怕阻挠,犹豫不决的心态准确无比地刻画了出来。《史记·张仪列传》写道:"苏秦已说赵王而得相约从亲,然恐秦之攻诸侯,败约后负,念莫可使用于秦者。"又说:"张仪之来也,自以为故人,求益,反见辱,怒,念诸侯莫可事,独秦能苦赵。"它们之间并没有层层递进的关系,但牛氏《史记评注》卷十将这两句放在一起观看,认为"二段写仪、秦二人心事委曲都尽"。《史记·淮阴侯列传》"韩信犹豫"云云数语,《史记评注》卷九认为"揣摩斟酌得淮阴心事,以淮阴忠汉则诚非忠汉矣,然足以明淮阴不反也"。《史记·郦生陆贾列传》"陆生自度不能争之"云云,在《史记评注》卷九中牛氏认为"写出陆生深心作用,又为后文陈丞相作陪引,掩映甚妙",如此等等,不一而足。

　　其次是将分散的句子挑选出来,集中到一起来论述人物心路历程的评论。如司马迁在《吕后本纪》中写吕后想要逐步夺取刘氏政权的心理,不是一次性的轩然揭露,而是渐次展开,娓娓道来:先写封侯的追求,再写封王的想法。从荫及其父,到后来的广封吕氏子弟,吕后的野心越来越大,司马迁逐一写来,吕后的心迹也就暴露无遗。牛氏将《吕后本纪》中"乃追尊骊侯父为悼武王,欲以王诸吕为渐","太后欲侯诸吕,乃先封高祖之功臣郎中令","太后欲王吕氏,先立孝惠后宫子强为淮阳王"等语归纳起来,认为"此数段委屈层折,写得吕后心事如见,如《项羽纪》写羽欲自立为王,先王诸侯将相一段笔法"(《史记评注》卷二)。又如《史记·淮阴侯列传》写出了韩信被杀前的心理历程:从刚开始的自以为无罪,不甚害怕,等时间久了以后,由害怕变为绝望,认为此生终矣,其恐惧度加深,最后至于绝望。《史记评注》卷九认为其中"信欲发兵反,自度无罪,欲谒上,恐见禽""信由此日怨望,居常鞅鞅,羞与绛、灌等列"两句"写淮阴心曲入微,以为此实录也"。

　　最后是通过对一大段文字的剖析,揭示其中所隐含的深意,从而透视人物内心的评论。如《史记·苏秦列传》楚王回答苏秦说辞:

　　　　寡人之国西与秦接境,秦有举巴蜀并汉中之心。秦,虎狼之国,不可亲也。而韩、魏迫于秦患,不可与深谋,与深谋恐反人以入于秦,故谋未发而国已危矣。寡人自料以楚当秦,不见胜也;内与群臣谋,不足恃也。寡人卧不安席,食不甘味,心摇摇然如悬旌而无所终薄。今主君欲一天下,收诸侯,存危国,寡人谨奉社稷以从。

楚王的说辞不是泛泛之谈,而是有感而发,是他对当今楚国形势的分析。他认为楚国的处境十分糟糕,他在一时之间却又无力扭转,因而内心感到异常的焦虑不安。牛氏《史记评注》卷七评曰:"说出深心苦衷。"《史记·白起王翦列传》王翦在出军时向秦王请求美田宅园无数,出军时,又派使者请求增加赏赐,有人提出不满:"或曰:'将军之乞贷,亦已甚矣。'王翦曰:'不然。夫秦王怚而不信人。今空秦国甲士而专委于我,我不多请田宅为子孙业以自坚,顾令秦王坐而疑我邪?'"这段话是王翦对于秦始皇心理的揣摩,《史记评注》卷七评曰:"按此王翦未必果有此言,安有翦之深情隐衷,而肯自白之者,独不畏秦王更生疑耶? 此殆假设寓言以写王翦心迹耳,即此可悟文家笔法。"牛运震认为这段

125

话是史家的拟言,未必真是王翦所说,其中含有两层深意,首先是司马迁对于王翦多要封赏的想法的揣摩,其次是借王翦之口,揣摩帝王的心理。

4. 关于喜、怒、哀、乐等心情的评论

司马迁写人物,还注意写出人物的喜怒哀乐等感情。而牛运震在评《史记》时,对司马迁用一些形容词或动词来表现人物心情的写法也非常注意,作了许多评论。

评喜。如《史记·韩长孺列传》中"太后喜曰:'为言之帝。'"窦太后偏爱幼子梁王,梁王僭于天子,太后知皇帝不喜,亦怒而不见梁使,韩安国为梁王辩解,并说服大长公主为其传话于太后,太后听了以后,让他把这个话说给皇帝听。令太后欢喜的重点在于韩安国的说辞。《史记评注》卷十注意到了这一点,说:"句自古重,且得太后欣喜神吻,班氏改作'为帝言之'便索然矣,句法亦软。"班固的"为帝言之",重点在于皇帝,而非这句"言"。牛运震《史记评注》认识到,太后喜的原因是"言"而不是"帝",于是特意评论太后的这种欢喜之情。

评怒。《史记·吕后本纪》中"婴大怒,曰:'若为将而弃军,吕氏今无处矣。'乃悉出珠玉宝器散堂下,曰:'毋为他人守也。'"吕太后临终前已经为吕氏一族做了准备,但是在她死后不久,刘氏君臣想要诛诸吕,而吕禄轻信郦寄,轻易就交出了兵权。吕后的姐妹吕婴却是相当有见识,对于吕禄的这个决定相当的恼火,当场大怒,将所有财宝仍在地上,感到吕氏一族前途堪忧。《史记评注》卷二从这个"怒"中看出吕婴的政治敏锐性,评曰:"写吕婴亦奇妇人,雄爽在目。"又如《史记·吕不韦列传》中,吕不韦对于异人调戏赵姬,大为恼火,"吕不韦怒,念业已破家为子楚,欲以钓奇",但是因为早期投入已经过大,已经不能从中抽身,而忍怒钓奇。对于这个后来传说纷纭的情节,牛氏在《评注》卷九中认为司马迁已经"写出不韦阴险肺肠,狡猾情形"。《史记·平原君虞卿列传》中有两"客何为者也"、两"楚国之众也"、两"吾君在前,叱者何也"之语,牛氏在《评注》卷八中评曰:"多用连叠之句,怒气急喉,勃勃不可遏止。"《史记·刺客列传》中"燕、秦不两立",牛氏认为"怒深语,促然此一语,已危痛之极"。《史记·张耳陈余列传》中"吾王屠王也"一句,牛氏《评注》卷九评曰:"只一句已足写怒气勃勃。"

评哀。《史记·屈原贾生列传》开篇说:"屈原者,名平,楚之同姓也。"其中对于"楚之同姓也"一句,牛氏《评注》卷九就认为"开端著明楚之同姓,便见屈原有与国存亡之义,一部《离骚》哀怨至性,俱从此出。"屈原对于楚国的热爱,不仅仅因为他是楚国人,还因为他与楚同姓,也就说,他出身于楚国贵族之家。一个贵族对于国家的感情自然比平民百姓更加深厚,对于亡国的感触也会更加深。加上屈原自身的文人素养,使得他的哀怨达到了极致。牛氏评其悲哀,始于其"楚之同姓",可谓精确之至。《史记·蒙恬列传》中"使臣得死情实",牛氏在《评注》卷九中评曰:"四字哀感千古,韩淮阴、岳武穆安得情实死哉?"《史记·傅靳蒯成列传》中"绌以寿终",《评注》卷十评曰:"言绌之无功者以寿终,哀功臣之不得以寿终也,赞语'此有伤心者'正指此意。"

评恨。《史记·伍子胥列传》中,平王因为听信费无忌,想要杀害太子建,伍子胥之父为太子进言,使得伍家父子二人被害,独伍子胥逃出。伍子胥从阖闾,杀回楚国,"乃掘楚平王墓,鞭之三百,然后已",其中的"然后已"三字,牛氏认为"写出痛恨之神"(《史记评注》卷七)。中国人都认同"死者为大"的观点,但是伍子胥却因为杀父害兄之仇无法报,就做出了惊世骇俗的鞭尸之举动。牛氏认为这三个字,写得伍子胥的复仇痛快至极。《史记·魏其武安侯列传》写魏其侯、武安侯和灌夫三人之间的恩恩怨怨,《史记评注》卷十说:"窦、灌以功进,田蚡以宠骄。蚡以杯酒衅隙,倾杀两贤,太史公极为痛愤。"牛运震认为,司马迁在记叙武安侯时,用了诸如"武安日益横""貌侵,生贵甚""武安由此滋骄"之类的贬语,"极意贬刺轻薄,而未以一语回旋,收结曰:'使武安侯在者,族矣',切齿扼腕,正以为其深恶痛恨之隐,笔法文情奇绝高绝。"对"使武安侯在者,族矣"一句,《评注》曰:"语特冷隽,恨声不绝,以此语结田、窦,曲直判然矣,昔人以为如此作史,真老狱吏手,良然。"这是牛氏对于传记著者,即司马迁心情的论述。

评怯。司马迁认为,不管是帝王将相还是贩夫走卒,他们都是有七情六欲的凡人,强者有弱的时候,柔者有坚的时候,这才是真实的人性。《史记·刺客列传》的《荆轲传》前有两小段轶事,其一是荆轲游过榆次时,与盖聂论剑,"盖聂怒而目之。荆轲出,人或言复召荆卿。盖聂曰:'曩者吾与论剑有不称者,吾目之;试往,是宜去,不敢留。'使使往之主人,荆卿则已驾而去榆次矣。使者还报,盖聂曰:'固去也,吾曩者目摄之!'"这是写荆轲的害怕;其二是:"荆轲游于邯郸,鲁句践与荆轲博,争道,鲁句践怒而叱之,荆轲嘿而逃去,遂不复会。"对这两处的描写,牛氏《史记评注》卷九曰:"叙荆轲之怯,正写其智深勇沉处,茅坤曰:'与韩信、蔺相如同。'"荆轲是我国历史上最著名的刺客之一,就他敢

清代的《史记》研究

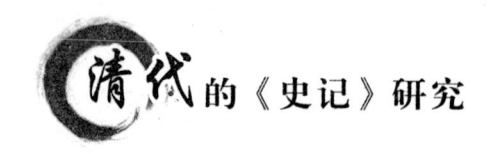

于刺杀秦始皇,就说明他不是一胆小怕事的人。但是《史记》却偏偏选择了一个与他的主流印象相反的情节,来使得这个形象显得更加生活化、真实化。

评不忍。《史记·平原君虞卿列传》赞语曰:"虞卿料事揣情,为赵画策,何其工也!及不忍魏齐,卒困于大梁,庸夫且知其不可,况贤人乎?然虞卿非穷愁,亦不能著书以自见于后世云。"虞卿才干卓越,做事周全,是难得的佐君之才,但是他处事又过于仁慈,"不忍魏齐"就与强秦对抗,是为不智,《史记评注》卷八认为"'不忍'字写出虞卿救魏齐苦衷,下字最有分寸"。这个不忍,既有司马迁对虞卿性格的看法,又有牛氏对虞卿性格的认识。牛氏在《评注》卷九中又评《淮阴侯列传》曰:"《淮阴侯传》,详载武涉、蒯通之言,殆微文以志痛也,方信据全齐军,锋震楚汉,不忍乡利倍义,乃谋畔于天下既集之后乎?信之过独在请假王,与约分地而后会兵垓下,然秦失其鹿欲逐而得之者多矣,蒯通教信以反罪尚可释,况定齐而求自王,灭楚而利得地,乃不可末灭乎?故以通之语终焉。"

评不平。《史记》是司马迁的发愤之作,后世诸多的点评家往往能注意到司马迁在著作中透露出来的不平之气,而因此联想到司马迁的遭遇。在《史记评注》中,牛运震就特别关注司马迁心中的悲愤和抑郁,如对《史记·屈原贾生列传》中"人君无愚智贤不肖,莫不欲求忠以自为,举贤以自佐,然亡国破家相随属,而圣君治国累世而不见者,其所谓忠者不忠,而所谓贤者不贤也"一段,《史记评注》卷九认为:"此段又宕开肆畅言之,太史公无非自鸣不平,触其痛隐,故往复缭绕乃尔。"对《史记·韩长孺列传》"新幸壮将军卫青"一句,《史记评注》卷十曰:"特借卫青等相形太史公胸中不平,殊甚。"司马迁在描写历史人物时,经常毫不掩饰地表达自己鲜明的爱憎感情。牛运震在《史记评注》中对司马迁的这种做法也多有关注。如在《评注》卷十中评论《魏其武安侯列传》曰:"太史公与窦、田、灌夫同时,二人权势盛衰,恩怨相倾,太史公身亲目睹其事,故言之真至痛快,而尤多激烈不平之气。"其中描写武安侯外貌的"武安者,貌侵,生贵甚"一句,牛氏认为"口吻嘲笑,极轻薄,太史公不平武安殊甚。"同卷又评《李将军列传》曰:"总为数奇不遇,余文低徊凄感,此又一篇之主宰,而太史公操笔谋篇时所为激昂不平者也。"牛运震对"而文帝曰"一句中的"而"字的评价是"一勒转,写出文帝一段惋惜低徊之意,便令人扼腕不平"。"蔡为人在下中"这一段将李广和他的从弟李蔡之间截然不同的命运进行了对比,牛运震对这一段的评价是:"着意洗发较量,此正太史公胸中不平处。"最后

《史记评注》总结说:"太史公作《李广传》,一腔悲愤不平之意已洩露殆尽,正借李广生平写自己胸臆也,陵乃附传,势不得不从略。"牛运震对司马迁写李广的心理是充分理解的。

评不满。司马迁以笔记美,以笔伐恶,并不是只书自己所爱者。《史记》中所记载的人物,有司马迁敬佩的,有司马迁喜爱的,也有司马迁不满的,更有司马迁厌恶的。《史记评注》对于司马迁没有明显表示出来的不满之情甚为敏感,多有评论。如他发现《孙子吴起列传》中孙子的著作被忽略不计,评曰:"太史公评《司马法》曰'闳廓深渊',至于《孙子》十三篇,则略而不论,殆于其诈谋术数之道有所不满也。"(《史记评注》卷七)对于战国四公子,司马迁最喜爱的是魏公子,而对平原君、春申春、孟尝君都有一定程度的不满,牛氏能够比较准确地体会司马迁的写史心意,在《评注》卷八中,其曰:"三公子好客喜士,名重诸侯。信陵、平原俱以宾客之力存社稷,孟尝以一冯驩市义,身重于齐,虽鸡鸣狗盗之雄,亦资其能,以脱强秦。太史公于各传中形容摹画可谓工矣,独于春申,只将其招致宾客一点,并记其上客'蹑珠履以见赵使'而已,何其言之略也!盖春申好客于诸君中,徒为豪举,名高有一朱英而不能用,固为太史公所不满也。"还有对《万石张叔列传》中的"然自初官以至丞相,终无可言"一句,牛氏认为"此正绾醇谨处,太史公殆有不满之词"(《史记评注》卷十),说得也非常符合司马迁的原意。

评慕。司马迁爱憎分明,其笔下人物也是各有特点,说及传中"慕"这种思想和情绪,指的是司马迁对传中人物的敬慕之情,也可以说是读者对司马迁或者传中人物的敬慕之情。牛运震在评论《史记》时,论及最多的便是司马迁对自己笔下人物的景慕,如对《魏公子列传》中"魏昭王少子,而魏安釐王异母弟也"一句,《史记评注》卷八曰:"点次便郑重,似含景慕。"又评论《乐毅列传》曰:"《乐毅传》详其先世及其后代,盖太史公深慕乐将军之为人。"在卷九中评论《鲁仲连邹阳列传》曰:"鲁仲连轻世肆志,邹阳一书有磊落倜傥之气,太史公皆深慕其为人,故并传。"卷九评论《屈原贾生列传》曰:"屈原称字贤之也,贾生称生哀,其年少不遇而死也。只一标题。爱慕之雅。悲愤之情俱出。"这些评论,都能传达出司马迁的本意。

5.评《史记》写人之品性

一样米养百样人,各人有各人的缘由,一个人的品性决定了他在人生路上的选择,也决定了他的命运,于是有了各色人群。司马迁写历史人物,还很重

视写出人物的不同品性。而牛氏在评论《史记》时,对于《史记》中人物的品格、功业也做了很多评论。

(1)评君主侯王。史书多记帝王将相,而帝王又是重中之重。《史记》虽然也写了许多非官方的人物,但是他记载最多的还是君王和将相。牛运震在对《史记》的点评中,也认为司马迁非常善于刻画君王。如司马迁在《五帝本纪》中写大禹:"禹伤先人父鲧功之不成受诛,乃劳身焦思,居外十三年,过家门不敢入。薄衣食,致孝于鬼神。卑宫室,致费于沟淢。陆行乘车,水行乘船,泥行乘橇,山行乘檋。左准绳,右规矩,载四时,以开九州,通九道,陂九泽,度九山。令益予众庶稻,可种卑湿。命后稷予众庶难得之食。食少,调有余相给,以均诸侯。禹乃行相地宜所有以贡,及山川之便利。"这是对大禹治水故事的描述。大禹之父鲧治水不成被诛,大禹因而战战兢兢,过家门而不入,减衣少食,他治水的过程相当艰苦。对于司马迁的这段描述,《史记评注》卷一曰:"按此数语写出圣人忠孝至性,笃厚可泣。"在《孝文本纪》中,诸大臣想要迎立代王为汉帝,司马迁有对代王"寡人固已为王矣,又何王"和"果如公言"的描写,牛氏在《评注》卷二中认为史公"写代王真性情,雅度如生"。在《史记·商君列传》中,商君请见秦孝公,不受待见,等到商鞅说孝公以霸道,"公与语,不自知其膝之前于席也。语数日不厌"。《史记评注》卷七曰:"一语写出英主精神。"牛氏认为秦孝公能够听商鞅之言,便是明主。在《史记·白起王翦列传》中,秦始皇不用王翦,而派李信率二十万兵伐楚,结果秦军败走,始皇大怒,自请王翦出山,王翦推辞,于是"始皇谢曰:'已矣,将军勿复言!'"颇有后悔之意,牛氏在《评注》卷七中认为"此句极得神吻,亦见英主气色"。一个皇帝能认识到自己的错误,并勇于承认,敢于改正,的确是英主。在《史记·张耳陈余列传》中,贯高等人想要谋杀高祖,事败,贯高接受审讯,受酷刑而不复言,高祖认为是壮士,曰:"壮士,谁知者,以私问之。"《史记评注》卷九曰:"语亦壮甚,真主气概。"唯有真天子,才有这等胸怀,原谅甚至敬佩想要刺杀自己的人。在《史记·郦生陆贾列传》中,有骑士曰:"沛公不好儒,诸客冠儒冠来者,沛公辄解其冠,溲溺其中。与人言,常大骂。未可以儒生说也。"为人君者,须有礼有节,但是骑士口中的高祖,行为粗鲁不堪。牛氏却以为,司马迁如此写来,正是"借骑士语写高祖慢易处,恣肆尽致,正见英主真率本色"(《史记评注》卷九)。也就是说,牛氏以高祖对自己本性的不加掩饰,视为本性,是率性,认为这样写才真实。高祖厌恶《诗》《书》,但是陆生劝说高祖曰:天下马上打后应下马治天下,文武并用才能长久。像夫差、智伯一味重武使得亡国。如果秦国得天下后行仁义,哪里会有陛下得到天下的机会。……听到陆生的说辞,高祖虽然不悦,但还是将陆生的话听进去了,"高帝不怿而有惭色",牛氏认为高祖能在不高兴的时候听进谏言,是圣主,这段话"写出圣主大资性"(《史记评注》卷二)。从牛氏的评论中,我们可以看出两点:一是牛运震对于《史记》中的帝王形象比较关注;二是牛运震评论的大多是帝王优秀的一面,而对昏聩的君主则避而不谈。

（2）评奇人名士。牛运震对于《史记》所描写的奇人名士也颇感兴趣,对他们的品性进行专门评论。如《史记·郦生陆贾列传》是郦生和陆贾两位名士的合传,二人最大的相似之处是善于口辩,然而性格脾气却不同。《史记评注》卷九曰:"郦生、陆贾俱以说辨胜。郦生传'县中皆谓之狂生',陆贾传'名为有口辩士',皆一篇精神眼目所系也,郦生倔强倨肆,陆贾风流俶傥,其性情意态一一画出。"牛氏认为郦生倔强倨肆,陆贾风流俶傥;一个是放荡不羁,一个是温文尔雅。可见牛氏评论眼光之精到。《史记·鲁仲连邹阳列传》开篇便有司马迁对于鲁仲连性格特点的论述:"好奇伟俶傥之画策,而不肯仕宦任职,好持高节。"接下来的描写,都是围绕鲁仲连的这个性格展开,如鲁仲连主张不帝秦、写《遗燕将书》,作用胜过田单雄兵,并且功成而不居。《史记评注》卷九认为此传开头的三句话:"写出鲁连品格,一篇纲领。"再如《史记·田叔列传》中有"叔刻廉自喜,喜游诸公"一语,牛氏评曰:"写出田叔品格风流。"(《史记评注》卷十)

(三)评《史记》的叙事艺术

《史记》是中国叙事文学的里程碑。在中国叙事史上,司马迁首先改变了先秦以来以事为主的叙事角度,第一次把写人放在中心地位,以人带事。这就为后代叙事文学的发展,尤其是为小说、戏曲这类叙事文学的发展奠定了基础。同时,司马迁还创立了许多叙事方法,成了后世叙事文学学习的典范。宋代真德秀《文章正宗》指出:"按叙事起于古史官,其体有二:有纪一代之始终者,《书》之《尧典》《舜典》与《春秋》之经是也,后世本纪似之;有纪一事之始终者,《禹贡·武成》《金滕》《顾命》是也,后世志记之属似之。又有纪一人之始终,则先秦盖未之有,而昉于汉司马氏,后之碑志事状之属似之,今于书之诸篇与史之纪传,皆不复录,独取《左氏》《史》《汉》叙事之尤可喜者,与后世记序传

清代的《史记》研究

志之典则简严者,以为作文之式。若夫有志于史笔者,自当深求《春秋》大义,而参之以迁、固诸书,非此所能该也。"①在该书卷十七叙事中,他列举了司马迁的叙事笔法中可作为人们学习作文榜样的写法,其中有:太史公叙秦孝公变法、叙秦并天下后事、叙秦焚书、叙秦起阿房宫、叙项羽救钜鹿、叙刘项会鸿门、叙项羽分王诸将相、叙刘项战垓下、叙平勃诛诸吕、叙迎立代王、叙灾异、叙七国反、叙武帝求神仙、叙武帝兴利;②卷十八叙事又有:叙赵武灵王立少子何、叙公子无忌救赵、叙毛遂定纵、叙范雎见秦王、叙荆轲刺秦王、叙武帝策三王、叙武帝时酷吏、叙武帝通西域、叙窦灌田盼之争;③卷十九叙事又有:叙汉王筑坛拜信、叙韩信破赵、叙留侯致四皓、叙周勃战功、叙樊哙战功、叙郦商战功、叙灌婴战功、叙叔孙通制礼仪、叙李陵与匈奴战、叙卫青与匈奴战、司马子长自叙等。④将《史记》中叙事比较精彩的片段都罗列了出来,使人学有目标。台湾学者赖明德在所著《司马迁之学术思想》一书中,将司马迁的叙事类分为先叙后议例、先议后叙例、议叙兼用例、插入叙事例、补充叙事例、侧重叙事例、倒叙叙事例、历程叙事例、分类叙事例、陪衬叙事例、藉言叙事例、省文叙事例、蝉联叙事例、伏笔叙事例、呼应叙事例、互见叙事例、对照叙事例、设喻叙事例、层叠叙事例等。⑤可见太史公叙事笔法的丰富多彩。近代学者梁启超非常提倡学习司马迁的叙事笔法,他认为:"鸟瞰法的最好模范,莫如《史记·货殖列传》。从'汉兴,海内为一'起,到'燕代田畜而事蚕'止,这几大段讲的是当时经济社会状况,物的方面把各地主要都市所在,与物产的区画,交通的脉络;人的方面,把各地历史的关系,人民性质遗传上的好处坏处,习惯怎样养成,职业怎样分布,都说到了。他全篇大略分为六部:(一)关中(陕西)当时帝都,把陇(甘肃)、蜀(四川)附入。(二)三河(河南),把种代赵中山(山西及直隶之一部)附入,又附论郑卫(河南)。(三)燕(直隶),把辽东附入。(四)齐鲁(山东)。(五)梁宋(山东及河南间)。(六)三楚,西楚指江淮上游一带(湖北及河南、四川之各一部);东楚指江淮下游一带(江苏、安徽,附浙江);南楚指东南大部分(安徽、江西、湖南、广西、广东)。他分类不见得十分正确,所论亦互有详略,加

---

① [明]叶盛撰:《水东日记》卷二八,清康熙刻本。
② [宋]真德秀编:《文章正宗》卷一七,清文渊阁《四库全书》本。
③ [宋]真德秀编:《文章正宗》卷一八,清文渊阁《四库全书》本。
④ [宋]真德秀编:《文章正宗》卷一九,清文渊阁《四库全书》本。
⑤ 赖明德:《司马迁之学术思想》,台北出版社1983年第2版。

以太史公一派固有的文体很有些缭纠，象不容易理出头绪，但能把各地的特点说出，各地相互的关系处处保联络，确是极有价值的一篇大文。"①在《中国历史研究法》中他又说："作史如作画，必先设构背景；读史如读画，最要注察背景。旧史中能写出背景者，则《史记·货殖列传》实其最好模范。此篇可分为四大段：篇首'老子曰至治之极'起至'而况匹夫编户之民乎'止，为第一段，略论经济原则及其道德之关系。自'昔者越王勾践困于会稽'起至'岂非以富耶'止，为第二段，记汉以前货殖之人。自'汉兴海内为一'起至'令后世得以观择焉'止，说明当时经济社会状况。自'蜀卓氏之先'起至篇末，记当时货殖之人。即以文章结构论，已与其他列传截然不同。其全篇宗旨，盖以经济事项，在人类生活中含有绝大意义，一切政教，皆以此为基础，其见解颇近于近世唯物史观之一派。在我国古代已为特别。其最精要之处，尤在第三段。彼将全国分为若干个之经济区域，每区域寻出其地理上之特色，举示其特殊物产及特殊交通状况，以规定该区域经济上之物的基件。每区域述其历史上之经过，说明其住民特殊性习之由来，以规定该区域经济上之心的基件。吾侪读此，虽生当二千年后，而于当时之经济社会，已得有颇明了之印象。其妙处乃在以全力写背景，而传中所列举之货殖家十数人，不过借作说明此背景之例证而已。此种叙述法，以旧史家眼光观之，可谓奇特。各史列传，更无一篇敢蹈袭此法。其表志之记事，虽间或类此，然求其能如本篇之描出活社会状况者，则竟无有也。吾侪今日治史，但能将本篇所用之方法扩大之，以应用于各方面，其殆庶几矣。"②

牛运震极为推崇《史记》的叙事成就，对司马迁的叙事才华大加赞赏，用了诸如"妙""甚妙""绝伦""神味""绝调""高格"等带有明显称赞和崇仰性质的字眼来点评《史记》的叙事成就。在评《魏其武安侯列传》时，牛氏曰："邓以赞曰，人事都无定法，意到即及，然却中情事。愚按太史公叙事，层次结构实有匠心，惨淡处非意到即及，随手为之者特出之无迹耳。"（《史记评注》卷十）这是从宏观上对《史记》叙事成就的把握。至于对具体篇章段落叙事成就的评论就更多了，如《评注》卷一评《殷本纪》曰："此叙事中有咏叹，妙。"评《周本纪》曰：

---

① 梁启超：《梁启超全集·中国历史研究法·作文教学法》卷一四，第七册，北京出版社1999年版，第4078页。

② 梁启超：《梁启超全集·中国历史研究·史迹之论次》卷一四，第七册，北京出版社1999年版，第4139页。

清代的《史记》研究

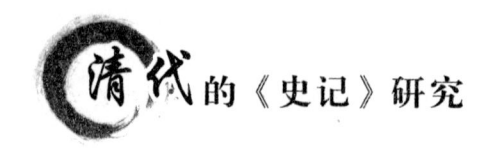

"点次书序以叙事迹,有删有润,笔法古雅绝伦。""叙事甚奇,屡用'之'字,摇曳摆宕,极有别趣。"卷三评《建元以来王子侯者年表》曰:"正文叙事只一制诏,另提太史公曰略赞数语便住,寥寥冷冷,真创格绝调也。"卷七评《伯夷列传》曰:"笔意游衍顿挫,含蓄若与本意全不相属,甚妙。""《伯夷传》初起极萧淡,后篇乃极淋漓悲愤,其段落似不相属,而脉理正可寻味,是其用笔疏古处,此高格文字也。"评《管晏列传》曰:"晏子列传初段用虚语叙事,后只载赎越石父、荐御两事,格调超绝。"卷九评《吕不韦列传》曰:"《吕不韦传》全为丑秦而作也,叙事不厌琐曲,形容尽致。"评《刺客列传》曰:"愈详暇愈紧凑,叙事中之大开大合也。"评《李斯列传》云:"叙事分两股,笔法新脱,变调奇格。"评《蒙恬列传》云:"《蒙恬传》叙事谨严有法。"评《魏豹彭越列传》曰:"叙事自有致。"评《郦生陆贾列传》曰:"叙事层次浅深有法。"卷十评《袁盎晁错列传》曰:"太史公叙事全在此等处用意见,笔力虽文极纤长,事极烦碎,总成一片结构也。"评《万石张叔列传》曰:"顿挫好,叙事中有顿挫,神味便佳。"评《魏其武安侯列传》曰:"笔法文情奇绝、高绝。"牛运震《史记评注》的这些评论,既有针对全篇格调的,也有就某段某句的赞扬,聚少成多,虽没有自成系统,亦已形成了一定的基调。

《史记》乃千古美文、奇文,自成"一家之言",其叙事或平铺直叙、或错综互见;既有直叙又有插叙,也有倒叙;或直白易懂,或含蓄复杂;有同篇的前后呼应,有篇章间的互见;有单人单传,有两人合传,有多人类传。司马公运用了多种手法,极尽文章之妙,终于使《史记》百三十篇,各有韵味,无有雷同,合而成书,分而成文,实为千古难得之作。对于《史记》的叙事手法,牛氏之前也颇多研究。对前人已发之观点,牛氏或详而论之,或捡其一发之;对前人未明者,牛氏评注则先提取概括,继而举例以论证之。以下择其要点简述之:

1. 问答法

所谓问答法,指的是通过人物一问一答式的对话来表情达意。这个对话,既可以是二人对话,也可以是多人会话。它们不仅仅是人物自顾自各抒己见,而是一人提出问题后,另一人就此问题进行回答,即人物之间的对话。牛运震将《史记》人物之间的这种往来对话,称之为问答。问答法叙事既可以展示对话双方的身份、神态、性格、内心世界以及时代背景等,也可以用来回忆往事、解析疑惑、再现场景。牛运震结合《史记》具体篇章的具体内容,对它们做了进一步的阐发,着笔重点在于对话之于叙事的作用和效果。

首先,《史记评注》概论问答法可以代替叙事。《刺客列传》荆轲传中有燕太子丹问太傅鞠武的一段对话,先写鞠武对时政的分析,引得太子丹的注意,接着是写太子丹的请教,鞠武随即请求思考的时间。对于当时时政的分析,不是司马迁直接叙事,而是借太子丹请教的机会,通过鞠武之口加以解释。对于这一段对话,《史记评注》卷九中提及了明代唐顺之的看法。唐顺之认为,"全以问答代叙事,良然"。牛氏对此没有异议,并认为问答法有可代叙事之功用。再如评论《韩长孺列传》时,牛运震说:"太史公不为壶遂立传,然观韩长孺传赞语及自序篇中与壶遂问答语,则壶遂之为人本末具见矣,此即太史公所为壶遂传也。"(《史记评注》卷十)将《韩长孺列传》的赞语和《太史公自序》中与壶遂的问答放在一起,便合成了一篇壶遂传,可见问答法使得壶遂本末具见,代替了直接描绘记录,也是塑造人物、记录历史的手法之一。

其次,《史记评注》注意到了用问答叙事的妙处之一,就是叙事和断语同时兼备。如《史记·白起王翦列传》中有这样的对话:"或曰:'王离,秦之名将也。今将强秦之兵,攻新造之赵,举之必矣。'客曰:'不然。夫为将三世者必败。必败者何也?必其所杀伐多矣,其后受其不祥。今王离已三世将矣。'"司马迁借人与客的问答对话,论述了王翦、王贲、王离祖孙三辈为将、杀戮过多的往事,做出其必然不能得到善报的论断。《史记评注》卷七认为司马迁没有平白直叙,而是创造了"或"和"客"两人的问答:"收结王氏三世,而著将兵者后世之报,特以'或曰''客曰'设为问答,以发明之叙事兼断语,而不见论断之迹,笔法妙绝。"牛运震认为这种"或曰"和"客曰"的问答方式,使得这段内容既是叙事,又兼有判断的意思。而断语的痕迹却又被对话巧妙地隐藏了起来,此处叙事之妙,妙在既完备情节,又抒司马迁之看法,并解释了王离之败的原因。

第三,《史记评注》认为用问答叙事的妙处之二,是有助于在叙事中再现历史场景。如《平原君虞卿列传》曰:

> 毛遂按剑历阶而上,谓平原君曰:"从之利害,两言而决耳。今日出而言从,日中不决,何也?"
>
> 楚王谓平原君曰:"客何为者也?"
>
> 平原君曰:"是胜之舍人也。"
>
> 楚王叱曰:"胡不下!吾乃与而君言,汝何为者也!"

清代的《史记》研究

> 毛遂按剑而前曰:"王之所以叱遂者……"

平原君与楚合纵,日中不决,于是毛遂挺身而出,其话中含义是要求楚王快刀斩乱麻,迅速做决定。《史记评注》卷八对毛遂、平原君和楚王之间的对话是这样评价的:"'谓平原君曰''楚王谓平原君曰''平原君曰''楚王叱曰''毛遂按剑而前曰',连写三人问答,便似有无数人纷纷争论之状,此用笔之妙也。"牛运震认为这三个人的甲对乙说、丙对乙说、乙回答丙、丙呵斥甲、甲回答丙,其对话错综复杂,如果是直接叙事,很有可能会使得文章写得如同市集般吵吵嚷嚷,而运用问答法,借毛遂、平原君和楚王三人之口,既使得文章叙事有理有情,又让读者有身临当时嘈杂场景之感。此处的对话问答之于叙事,既带出了事件,更让历史时刻在读者眼中生动再现。

第四,《史记评注》认为用问答法叙事的好处,还可以让文章生色不少,抬高文境。如《史记·淮阴侯列传》中,有一段萧何与刘邦关于萧何夜追韩信的问答对话,刘邦怒萧何逃跑,萧何解释并推荐韩信。对于这段对话,《史记评注》卷九曰:"叙高帝与萧何问答,紧慢断续,历落曲折,清快活脱,如新出口,遂极摹神写声之胜。"即认为这个问答对话在叙述史实之余,还使得文章节奏感变强,极摹神写声之胜。也就是说,问答法使得文章变得生动活脱,使人物口角如生。对于《刘敬叔孙通列传》刘敬论冒顿单于一段,刘敬劝说高祖以嫡长公主和亲及其能带来的好处,《史记评注》卷十曰:"以问答生波澜,亦文字之自然勒顿。"即这段话借问答对话,引出和亲的好处,使得文章既不累赘,又有顿挫。问答法可使文章"自然勒顿"。同卷又评《袁盎晁错列传》曰:"'安陵富人有谓盎曰'云云,此段无端设为问答,文境甚高。"此处袁盎与富人就雒阳剧孟展开的问答,牛氏认为此处"无端"的问答不显突兀,而使文境"甚高"。

2. 叙中夹论,叙中夹断

《史记》寓论断于叙事,但是也不排除夹叙夹议或叙议结合的写法。对于这个问题,牛氏之前就有诸多看法,褒贬不一,诋之者认为:"议论未了,忽出叙事,叙事未了,又出议论,不伦不类,后世决不如此作文"[①];美之者认为《史记》叙论结合,是司马迁之能,"夫金锡不和不成器,事词不会不成文"[②]。如顾炎

---

① [明]王鏊:《震泽长语》卷下,引自杨燕起、陈可青等编《历代名家评史记》,北京师范大学出版社1986年版,第159页。

② [清]黄宗羲:《明文海》卷一百五十二,清涵芬楼钞本。

武《日知录》卷二十六曰:"古人作史,有不待论断而于叙事之中即见其指者,惟太史公能之。"①后人便依此概括出《史记》有"寓论断于叙事"的特点。白寿彝先生在他的《司马迁寓论断于序事》②一文中,阐述了可以在史实的叙述中把自己的论点表达出来的特殊形式。牛氏对此也多有阐释。

首先,《史记评注》从宏观上总结《史记》"叙中夹论、叙中夹断"的表现手法。在卷一中评论《五帝本纪》时,牛运震曰:"《五帝纪·赞》妙在意多而文简,尤妙在意属而文断,用笔灵活处往往意到而笔不到,词了而意不了,叙中夹断,承中带转,正有吞吐离合,若断若续之妙。"这是对《史记》叙中夹断手法作用的总体概括,牛氏认为在这个赞语中,不只是简单的叙事,而是在叙事中加上论断,可使文章有"意属而文断""意到而笔不到,词了而意不了"的作用,并达到"吞吐离合,若断若续之妙"的效果。又评《伯夷传》曰:"陈仁锡以为似论不似传,按篇中明明有'其传曰'三字,则中间自成传体,前后散文似序似赞,叙中带断,而传体自在也,谓之传之变格,则可以为似论体者,失之。"除了叙中夹论,牛氏对叙中带断也是持肯定态度的。

其次,牛氏还对《史记》一些精彩的叙事句子进行评论。如《五帝本纪》曰:"授舜,则天下得其利而丹朱病;授丹朱,则天下病而丹朱得其利。尧曰:终不以天下之病而利一人,而卒授舜以天下。"牛氏认为:"此段叙事中夹议论,极离奇疏宕之致,一篇醇正文字,而以奇肆终之,是笔法变化处。"在《季布栾布列传》中,有季布和曹丘生轶事一则,对于他们之间关系的转变,文中有"季布名所以益闻者,曹丘扬之也"一句,《史记评注》卷十曰:"叙中夹一断语,极疏劲,非太史公无此笔。"先是点明此句是叙中夹断,接着才来证明叙论结合对文风之影响,从而得出的结论是"非太史公无此笔",从中可见牛运震对司马迁叙事笔法之推崇。

3. 追叙法

所谓追叙法,指的是叙事的时候,不按照时间先后顺序叙事,而是打破时间顺序,在需要的时候以回忆或解释的方式将此前发生的事情一一再现。简单地说,就是对往事的追述和回忆。在《史记》中,也不乏这种记录方式。牛运

---

① [清]顾炎武著,[清]黄汝成集释,栾保群、吕宗力校点:《日知录集释·史记序事中寓论断》卷二六,花山文艺出版社1990年版,第1114页。
② 白寿彝:《司马迁寓论断于序事》,《史学史研究》1980年第1期,第2~11页。

清代的《史记》研究

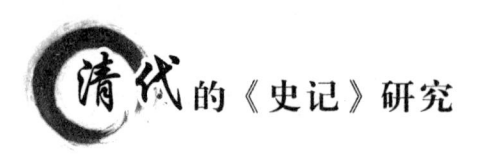

震在评论《史记》时对这种手法也相当关注。在《史记评注》中,他多次对某个句子或段落甚至全文中的追叙手法进行认证,有时还对追叙法的作用进行阐发。如在《评注》卷十中评《吴王濞列传》曰:"《吴王传》只叙吴楚七国反一事,而首尾贯串,分合有法,顺叙、追叙错综尽致,《史记》长篇最佳文字。"牛运震认为,《吴王濞列传》之所以被认为是最佳的长篇文字,在于它虽然只叙吴楚等七国谋反的事情,但是贵在首尾贯穿,前后能够相互呼应,该分叙就分叙,该合叙就合叙,中间多数时候按时间顺序来顺叙,偶用追叙法忆往昔岁月,这是从全篇文章的角度来说的。《史记评注》在点明《吴王濞列传》使用了追叙法之后,又开始关注追叙法的作用。如评《吴王濞列传》曰:"一篇多用遥接、追叙之法,如'七国之发也''吴王之初发也''初,吴王之度淮''吴王之弃其军亡也''三王之围齐临菑也',提掇处,眼目分明。"认为《吴王濞列传》中顺序、追叙错综,事件连接上多用遥接法,使得文章"首尾贯串、分合有法"。总的说来,牛运震认为在《吴王濞列传》中的追叙法是可取的。追叙法和其他叙事手法的使用,使得文章眼目分明,将错综复杂之事娓娓道来,条理清晰。《吴王濞列传》是使用追叙法较多的篇章,牛运震还对其中一些使用于情节细节上的追叙手法进行了分析。如"初,吴王之度淮"到"亡走闽越"一段,是回忆吴王谋反时与梁孝王、条侯对抗的战事。《评注》对此评曰:"此段遥接条侯坚壁昌邑,正叙条侯破吴,用兵详悉,亦追叙也。""吴王之初发也"到"疽发背死"一段,是叙述吴王谋反过程中,对谋反初期事情的回顾,《评注》曰:"此又追叙吴王起兵事,事繁绪多,不得不两边叙,亦不得不用追叙也,看他叙次错综,而头绪极分明处。"类似的评注还出现在卷九评注《樊郦滕灌列传》的文字中,对于"先黥布反时"一段,牛运震先引唐顺之观点,"先叙战功而别事击之后,不以年月次也,则文体整洁",接着阐明自己的看法:"此段在击燕以前,系追叙法,却用'先黥布反时''其后卢绾反',勾勒,极分明。"《史记评注》以为追叙法还有助于理清文章的脉络和思路。此外,《史记评注》还关注追叙法的其他作用。比如说,追叙的作用在于强调和突显,让追叙的事件或人物成为文章关键眼目。牛氏在同卷评《张丞相列传》曰:"张苍丞相也,其初为御史大夫,前乎苍为御史大夫者,周苛、周昌、赵尧、任敖、曹窋也;后乎苍为丞相者,申屠嘉也。传以张苍为主,以丞相、御史大夫为眼目线索,开首叙仓出身,至为御史大夫,却追溯先为御史大夫者,叙周昌并及周苛,次赵尧,次任敖,又带入曹窋,仍收转张苍,此以御史大夫为联络者也;中间叙苍为丞相,因连及后之为丞相者,已结张苍,因叙申屠嘉并附及陶青、刘舍、许昌、薛泽等辈,此以丞相为联络者也。条次分明,穿插变化,合数人为一传,而如一人传者,此又传之变例也。"从上述例子可以看出,《史记评注》对于《史记》追叙手法还是比较看重的,评价也很高。

4. 互见法

互见法是司马迁最先创造和使用的一种叙史方式。这是一种将传中人物的生平事迹,或传中记载的历史事件的来龙去脉,分散于数篇之中,参差互见,相互解释,互为补充的表现手法。近人靳德俊先生在他的《史记释例》中称之为"互文相足"①。他将"互见"解释为"一事所系数人,一人有关数事,若为详载,则繁复不堪,详此略彼,群彼略此"②。概括地说,就是本传不载或简而言之的事件,在他传中有所记载或详细言之。宋代苏洵是最早认识到司马迁使用了"互见法"的学者。他认为《史记》"本传晦之,而他传发之"的做法,就是"互见法"③。苏洵虽然没有明确提出"互见法"的概念,但却也已经揭示了互见法的本质。自此以后,研究《史记》的"互见法"就成为一个重要课题。牛运震《史记评注》对"互见法"也有自己的评价。《史记评注》认为《史记》"互见法"表现在三个方面,即同一篇章内的前后互见,或是叙事内容上的前后互见,或是感情色彩上的褒贬互见。

首先是叙事内容上的前后互见。如对《秦本纪》的"恶来革"和"恶来",《史记评注》卷一认为是"一人两名,或名字互称,则于前后互见之,《左传》中往往用此法"。对于一个人的两个名字,牛运震认为一个是名,一个是字,前后参差,更有助于传主个人资料的完善。牛运震在《评注》卷八中又评《乐毅列传》曰:"《乐毅传》一篇生色处,祇在报惠王一书,乐毅事迹始末书中悉及之,作传又不得不正叙,看太史公叙乐毅伐齐及代将走赵,与书中详略互见处。"乐毅作《报燕王书》,书中申明自己的志向,其中便有不少自己生平的介绍,与该书之外的乐毅事迹参差观看,牛运震认为两者是"详略互见",不仅使传记生色,而且其他重要事件又没有遗漏。又在《评注》卷十中评《张释之冯唐列传》曰:"文帝问李齐,唐对以廉颇、李牧;及承帝问又言李牧、李齐而不及廉颇;上'说而搏髀',又言廉颇、李牧而不及李齐,正以参差错互见笔法自然处。"

---

① 靳德峻:《史记释例》,商务印书馆1933年版,第13页。
② 靳德峻《史记释例》,商务印书馆1933年版,第14页。
③ 详见[宋]苏洵著,曾枣庄等笺注:《嘉祐集笺注·史论下》卷九,上海古籍出版社1993年版,第232~233页。

清代的《史记》研究

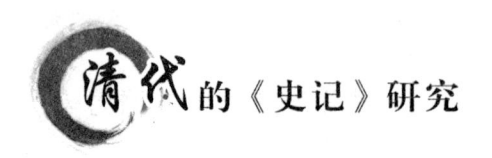

其次是感情色彩上的褒贬互见。如《苏秦列传》中"太史公曰:苏秦兄弟三人,皆游说诸侯以显名,其术长于权变。而苏秦被反间以死,天下共笑之,讳学其术。然世言苏秦多异,异时事有类之者皆附之苏秦。夫苏秦起闾阎,连六国从亲,此其智有过人者。吾故列其行事,次其时序,毋令独蒙恶声焉。"牛氏在《评注》卷十中认为司马迁的这段赞语:"褒贬互见,最为持平之论。"苏秦是战国时期著名的纵横家,对他的评价,褒贬不一,甚至有不少诬蔑不实之词,司马迁没有迎合当时的风气,也对苏秦横加指责,而是客观公正地评价了苏秦的历史作用,所以得到了牛运震的高度评价。在同卷评《刘敬叔孙通列传》赞语"叔孙通希世度务,制礼进退,与时变化,卒为汉家儒宗"曰:"括评叔孙,褒讽互见,正自不没其实,前人以为溢美者失之。"牛运震认为司马迁对叔孙通的评价是褒贬互见,具有真实性,而前代研究者认为司马迁是"溢美者",那就误解司马迁的本意了。

《史记评注》认为,《史记》"互见法"另一种表现形式,是不同篇章之间的内容互见,这既有助于以最少的篇幅来叙复杂的事,又有助于统一文章格调。比如一个特大的事件,往往涉及众多的人,矛盾双方代表的立场又不一样,而互见法在此时的功效,便是将一件复杂的历史事件分割开来,叙述在不同的篇章里。《史记评注》卷十在评论《吴王濞列传》时曰:"《晁错传》《袁盎传》《条侯传》与《吴王传》事迹互见,然《吴王传》乃其总会贯串处。"历史上以吴王濞为首的七国之乱,涉及诸侯国之多、朝臣之广,如果想要在一处说出,则千头万绪,难以下笔。司马迁将七国之乱的始末分散于《吴王濞列传》《袁盎晁错列传》《绛侯周勃世家》等文中交叉叙事,一时之间,这个复杂的历史事件便一步步地清晰而有条理了。一篇好的文章前后文风应当一致,司马迁的许多传记,都做到了这一点。如牛氏在《评注》卷九中评《郦生陆贾列传》则曰:"陆生为辟阳侯致平原君,此其好奇用智之谬也,此事若载陆生本传,便与陆生他事不类,而文字一减色矣,故特于《平原君传》附见之,亦史家安顿位置之一法也。"牛运震认为,把与正传风格不协调的内容写到其他篇中,是保证正传风格一致的最好办法。

5. 事中有事,传中附传法

《史记》虽是鸿篇巨制,但也不能为历史人物一一立传,是故司马迁选择的都是重要的传主,描写的都是重大历史事件,而将一些与重要传主相关的小传主附于其后,或穿插其中,是为附传。附传能将其他的非主流事件,分散到各篇中,以事连事以便节省《史记》的篇幅。牛运震的《史记评注》也注意到了这个现象,他称之为"事中有事""传中附传"。在《史记》中,这种"事中有事"和"传中附传"的情况往往是同时存在的,只是在叙述重大复杂历史事件的时候,多会偏重于"事中有事",而从全传角度来看的,一般着意于"传中附传"。这种传中有传,包括传主之后附带一个传主,前后两者之间是附属和包含的关系。牛运震在《史记评注》中,也只是简单地点出《史记》中这种附属关系的存在,说明附传与合传的区别。如《评注》卷七评《张仪列传》曰:"《犀首传》末遥接张仪卒魏作结,绾合有情,亦附传体。"这是点明犀首传附在张仪传之后,是作为张仪传的附传存在的。再如《苏秦列传》,实际上的传主是苏秦、苏代、苏厉三兄弟,但是牛运震称苏代和苏厉传是苏秦传的附传,而不是三人的合传,《评注》卷十说:"苏秦之事已毕,乃点出苏代、苏厉,此附传体也。若干篇首即点秦、代、厉,便似三苏传矣。"之所以这么认为,是由于他注意到文章开头的时候只点出了苏秦,没有提及苏代和苏厉。由此可见,在牛运震的观念中,附传和合传的区别,不在于字数的多寡、人物的重要程度,而在于有没有很好地遵循"总——分"或者"分——总"的文章结构。如果是合传,就应该在文前或文后总提一笔,倘若没有这样做,便是附传。牛运震的这个观点,有失偏颇。再如《李将军列传》将李陵传附于李广传之后,而没有写成李氏祖孙的合传,《评注》卷十对此这样解释:"杨慎曰,太史公以陵被祸,至陵传忽忽如此,正亦得体。按太史公作《李广传》,一腔悲愤不平之意已泄露殆尽,正借李广生平写自己胸臆也,陵乃附传,势不得不从略。"说的也有一定的道理。

牛运震在《史记评注》中,还指出《史记》附传之妙,妙在衔接得当,没有缀合之处。如卷七评《孙子吴起列传》曰:"'孙膑以此名显天下,世传其兵法',结法好,正与孙武'以《兵法》见吴王'相应。此系附传,却无缀合之迹。"牛运震认为一个好的附传,在与正传衔接之处,一定不能有过分造作的痕迹,而应该是自然的过渡衔接。牛运震在评论《五帝本纪》时又曰:"记舜崩、葬舜事,备悉无遗矣,篇末附掇三大段,……点次结构妙在有意无意之间,而'帝禹为夏后'云云,连及三代氏姓,已为夏、殷、周三本纪根地,又似不专意收结五帝者,此大手笔经营,错综浑妙无痕迹处。"(《史记评注》卷一)牛运震认为,衔接最妙的是妙在有意无意之间,并以此作为评价附传优劣的标准之一。

牛运震在《史记评注》中,还赞扬《史记》中这种附带关系对于叙事的好处。首先是事中叙事、传中附传,使得文章能离能合,即文章拆开来则为小的

单传,合起来则是一个大篇。如《评注》卷八评《范雎蔡泽列传》中"范雎相秦二年"云云至"出平原君,归赵","按此叙秦王为范雎报魏齐一事,而委折详悉,数十百言为一段,乃收转范雎,此史家能离能合之妙也!凡纪载,能事中叙事,传中附传,乃见笔力大处。"其次是附传手法使得《史记》的篇章构造不至于处处紧张,无法回旋,能让文章从全文乃至全书的布局上来看,笔有余闲。如他在《评注》卷九中评《黥布列传》曰:"上折随何一段,此自纪何事,与黥布无涉,然非载之《黥布传》,则几无安置处,看他正传中附他事,笔有余闲处。"此外,这种从属关系之于全书的谋篇布局,也是大有好处的。如《评注》同卷评《田儋列传》曰:"'蒯通者,善为长短说'云云,张、陈传、淮阴侯传载蒯通说辞、筹策甚详,此又带叙蒯通出处、著述,而通之为人,本末悉见,便不必更作蒯通传矣。太史公附传之法如此,此所以上下千古不用人人立传,而人物事迹悉括无遗者也,人都不知。"牛运震看到了《史记》的这种布局,有助于司马迁用更少的篇幅写更多的人和更多的事情。再如同卷说《魏豹彭越列传》的"豹不足立传也,魏咎、周市不可不传,二人因豹而见,故为豹传而二人附之",这也是牛运震提到的事例。

6. 呼应法、伏笔法

所谓呼应法,指的是在同一篇章中,前面的内容与后面的内容能够相互呼应,互有关联;所谓伏笔法,指的是前文的内容为后文的发展埋下线索,或是上文对下文的暗示。伏笔应当是含蓄隐性的。在牛氏对《史记》的评论中,有很多这方面的内容,这里分呼应法和伏笔法两种来分析。

(1)呼应法。《史记评注》所说的呼应法,多指显性的呼应,也就是说,一篇传记之中的一个或几个传主的活动,因几个字句的重复使用而得到呼应,这是利用相同的名词实现呼应;也有同一个传主在不同时期的类似活动中常做出相似的举动,多表现为相同动词或动作之间的呼应;最后是相似笔法和语气词之间的呼应。

首先是相同名词的呼应。牛运震在《评注》卷八中评《信陵君列传》曰:"'公子欲见两人',此下连用数'两人','毛公、薛公两人往见公子',此处两人本可省,必用两人者,正与前文数两人相呼应也。"这里的"两人",只是点明呼应的存在,而没有深入挖掘到此处呼应的作用。而对于《史记·樊郦滕灌列传》"常从,沛公击章邯军濮阳"和"复常从,从攻城阳"两句,牛运震则注意将这两句联系到一起评论:"两'常从'作呼应,前后遂灵动,亦搏结不散漫。"

(《史记评注》卷九)这里已将呼应法的研究深入了一步,认为它的作用有二:一是使文章的文风灵动;二是使文章的结构紧凑不散漫。在《评注》卷十中,他评论《万石张叔列传》时,牛氏认为此传"以此称为长者"和"不好立名称,称为长者"中的"称为长者"这个词组使用颇好,其曰:"二语故作呼应,褒贬分寸俱见,盖不疑非不求名,正钓名之至者,此赞语所谓微巧也。"所谓"长者",其实是沽名钓誉之徒,司马迁写史微言深意,被牛氏一语中的。

其次是同一传主在不同时期的相似活动的呼应。最典型的是《史记评注》对《李斯列传》李斯五次感叹所做的归纳和评价:第一叹是"于是李斯乃叹曰:人之贤不肖譬如鼠矣"云云,牛氏评曰:"此其未得志而叹不得富贵也。"第二叹是"李斯喟然而叹曰:嗟乎!"云云,牛氏评曰:"此其志得意满而叹其物极将衰也。"第三叹是"斯乃仰天而叹,垂泪太息曰"云云,牛氏评曰:"此为听高而叹,亦以遭乱世不能舍富贵也。"第四叹是"李斯拘执束缚,居囹圄中,仰天而叹曰:嗟乎,悲夫!"牛氏评曰:"此为失势被囚而叹,而富贵不能长保矣。"第五叹是"顾谓其中子曰:吾欲与若"云云,牛氏评曰:"此其临刑之叹也,而斯遂夷族矣。"《史记评注》对这五叹中每一叹所代表的不同意思都进行了解剖深析,从中可见李斯政治上的遭遇变化和心路历程的不同变化。在一对一的评论之后,《史记评注》卷九又对这"五叹"做了一个总评:"五叹遥作呼应,层次关目了了分明,而筋节警策,遂使长篇累幅,不觉其懈,此太史公之妙于用法也。"这个评论由点到面,层层深入:从点出呼应法,到揭示呼应法的作用,再到使用呼应法之于本文的结果,最后论及司马迁长于使用呼应法,步步深入,层层推进,是对呼应法最仔细的评论。

最后,牛氏还论及司马迁相同笔法、相似语气之间产生的呼应。如《史记·刺客列传》《聂政传》有"聂政曰:嗟乎!"和"乃于邑曰:其是吾弟欤?嗟乎!"两句相同的是感叹词"嗟乎",前者是聂政自己在聂母死后,除服以后的感叹,后者是聂政之姐听到有贼不知姓名者被露尸之后发出的感慨,其笔法相类,语气相似,《史记评注》卷九曰:"以前后一样笔法,遥作呼应。"这类呼应,在《史记》中比比皆是,牛氏大都做了揭示。

(2)伏笔。伏笔,其实就是侧重于内容上的呼应,但是它是隐而不显的,是司马迁描写人物事迹和叙述历史事件常用的手法,也是牛运震《史记评注》非常关注、经常评论的内容。首先,牛氏注意的是《史记》内容前后互为承接的伏笔。如《史记·周本纪》开头有"周后稷,名弃"一句,叙事极为平常,仅交代名

字而已,丝毫不出彩,但是其后对后稷儿时遭遇的叙述,才知道"弃"的含义。《史记评注》卷一曰:"篇首'名弃'二字,似无紧要,却预为下文伏笔,妙。"点出了这句看似简单不紧要的话,却起到了为后文故事的展开埋下了伏笔的作用。对于这类伏笔,牛运震的评价颇为简单,就用一个"妙"字概括,没有具体展开分析,不过牛运震对此类伏笔手法的赞赏之情,还是能让人心领神会的。

其次,牛氏注意到《史记》的伏笔具有前后对比的作用。如《史记·魏公子列传》中的"魏王畏公子之贤能,不敢任公子以国政"一句,评曰:"此亦为后文伏笔。"(《史记评注》卷八)魏公子是个有才干的人,他敢于突破常规,窃符救赵,可见其不同凡响。正因为他才干出众,所以才受到魏王的猜忌,从而不得任国政,怀才不遇,最后郁郁而终。司马迁对魏公子事迹的描写,前后的确有对比的意味。再如《史记·袁盎晁错列传》中的"当是时,太子善错计策"云云,是太子对于晁错的看重,一般说来,被储君重视必然是前程似锦。但是晁错的遭遇却正好相反,他最终就是死在皇帝近臣的身份之上。因此,《史记评注》卷十曰:"伏笔有眼。"又如《史记·魏其武安侯列传》写武安侯对魏其侯"往来侍酒,跪起如子侄",《史记评注》同卷曰:"伏笔妙,特着'如子侄'字,正写武安卑乞不堪。"武安侯未发迹时,逢迎魏其侯,跪起如子侄,无耻之极。后来魏其侯失势,武安侯贵为丞相,小人得志,反过来欺负魏其侯,直至将魏其侯弄死。同为一人,前后的行为判若两人,前后的对比也十分显著。其实文章一开始就已经千里伏脉了。

7. "自注"叙事法

自己给自己的文章作注,司马迁应该是个开创者。司马迁在《史记》中,遇到有些需要解释的内容,就随文做了注解,如《史记·项羽本纪》写鸿门宴的座次曰:"项王、项伯东向坐。亚父南向坐。亚父者,范增也。沛公北向坐,张良西向侍。"这里的"亚父者,范增也",就是对"亚父"的注解。牛运震在《史记评注》中,对司马迁的自注也较为关注,并对《史记》自注的不同情况做了精辟的评论。

我们先看牛氏在《评注》卷七中对《老庄申韩列传》的评论:"'莫知其所终',此句已写得最超远。'犹龙'二字隐隐在内,以下连用或曰或言,另起波澜,辨难问答,说得老子踪迹离奇恍惚,正'莫知其所终'注脚也,此太史公善用虚笔处。"这是随文注解的一种。接着,在《评注》同卷中,牛运震又评曰:"《庄子传》云'其要本归于老子之言';《申不害传》云'申子之学本于黄老';《韩非传》云'其归本于黄老'。此为赞语,'皆原于道德之意',预伏注脚也,亦见合传中脉理贯串处。"在这里,注脚其实就是归纳总结。对于《史记·田叔列传》中的"陉城今在中山国"一句,《史记评注》十曰:"传末忽注一笔,环绕篇首,此正太史公之弄笔出奇,无所不可处,陈仁锡乃以为后人训。"这类注解的句子,看似无关紧要,但是牛运震认为其作用不小,甚至许多是司马迁写文之妙处所在。再如《史记·扁鹊仓公列传》中的"潏者,去衣而汗晞也"一句和《史记·李将军列传》中的"大军不知广所之,故弗从"一句,牛氏评注分别为"随手注解,笔有余态","注明一笔,妙,此笔力有余处"(《史记评注》卷十)。可见,牛运震认为这类漫不经心似的随手注解并不像表面看来那样可有可无,而是司马迁别有用心之笔。

此外,还有所谓复注,指的是对已经初步注解过的事物再次注解。如《史记·周本纪》中已经用"长子""弟叔""少帝"点明哀王是定王长子,且哀王、思王、考王三者之间乃兄弟关系,即已经对四者关系进行过一次注解,接着文章又提及"此三王皆定王之子",牛氏认为这是第二次注解,故《史记评注》卷一曰:"此复注一笔,明晰有法。"

还有所谓侧注,指的是不从正面注解,而从侧面加以注解。如在《评注》卷十中,牛氏评《田叔列传》曰:"'唯贯高就系','唯孟舒田叔等十余人'云云,'贯高事明白,赵王……乃进言田叔等十余人','叔为汉中守十余年',次第出落,脱卸侧注有法。"又评《魏其武安侯列传》曰:"'魏其、武安俱好儒术'云云,'魏其、武安由此以侯家居',此段双叙二人宾客之盛,及二人失势家居也;'武安虽不任职'云云至'武安日益横',此段侧注武安,以见魏其衰而武安盛也,以上二段文字大关键转卸处。"又评《李将军列传》曰:"前二层叙程、李兵法,及载不识之言,俱用平写,后一层收结处侧注李广,既不失兵法正理,又特著李广将略,此谓有法有神。"所有这些评论,都是很有见地的。

8. 言外有意,笔外有情

宋人程颐称《史记》"微情妙旨寄之文字蹊径之外"[1],元人盛如梓在《庶斋老学丛谈》中称"《史记》之文,其意深远"[2]。《史记》文字向来含蓄,含蓄有含蓄的诸多妙处。历代研究者,对于《史记》这种不直白、让人读了以后要再三回

---

[1] [清]方以智:《文章薪火》,清昭代丛书本。
[2] [元]盛如梓:《庶斋老学丛谈》卷中之上,清知不足斋丛书本。

清代的《史记》研究

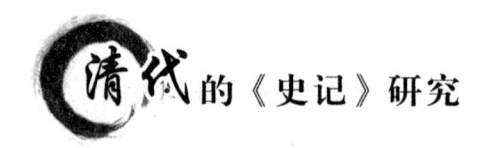

味才能体会个中深意的特点,很是赞赏,《史记评注》也不例外。牛运震在《评注》卷一中以《五帝本纪》为例,开宗明义提出了《史记》含蓄的特点,认为其文"意多而文简,尤妙在意属而文断,用笔灵活处往往意到而笔不到,词了而意不了,叙中夹断,承中带转,正有吞吐离合,若断若续之妙"。这段话,说的虽是《五帝本纪》的赞,但是实际上是适用于《史记》全书。其中的意多而文简、意属而文断、意到而笔不到、词了而意不了,都指出了《史记》行文含蓄的特点。牛氏对于含蓄的看法,主要侧重于它表情达意时婉转波澜的特点。在牛运震看来,《史记》之所以多被称妙,在于叙事表达上有诸多言外之意、笔外之情,即文本已完结,却余韵袅袅,惹人深思。

　　牛运震《史记评注》不仅在宏观上对《史记》的言外之意、笔外有情做了论述,而且还以具体的句子段落为例,对此进行了深入细致的分析。如《史记·高祖功臣侯者年表》曰:"居今之世,志古之道,所以自镜也,未必尽同。帝王者各殊礼而异务,要以成功为统纪,岂可绲乎?观所以得尊宠及所以废辱,亦当世得失之林也,何必旧闻?"对此,《史记评注》卷三曰:"按此三叠文法,遥与'异哉所闻'作应,盖故为诡辞隐语以志痛,而讽刺之旨含蓄,言外意象萧疏,笔端缥缈,斯为《史记》神境。"再如对《史记·伯夷列传》中关于"伯夷、叔齐虽贤,得夫子而名益彰"的论述,《史记评注》卷七曰:"收到伯夷,意外高奇,且醒出本传题目,又与前篇文义相应,却以不经意出之,更妙。"对《史记·穰侯列传》中"白起者,穰侯之所任举也"一句,《史记评注》卷七曰:"重提一笔,句中有眼,笔外有情。"对《史记·屈原贾生列传》中"及孝文崩,孝武皇帝立"云云一段,《史记评注》卷九曰:"无限惋惜在此一段,而语意若不相干,妙甚!此言外有音,句外有味也。"在同卷中,对《史记·张耳陈余列传》中"又闻诸将为陈王徇地,多以谗毁得罪诛,怨陈王不用其策,不以为将而以为校尉"的描写,牛氏曰:"四句中有三意,《史记》最长于此笔。"对《史记·刘敬叔孙通列传》中"汉王方蒙矢石争天下,诸生宁能斗乎?故先言斩将搴旗之士。诸生且待我,我不忘矣"这几句话,《史记评注》卷十曰:"语致殊疏宕,意到而笔不必到。"这些具体的句子,牛运震认为都有笔外之情,有些描述看似与文本无关,其实内涵无限丰富,读来令人回味无穷。牛运震的点评,对启迪读者准确领会司马迁的写史之意,应该很有作用。

　　9. 重"眼目"

　　所谓"眼目",即文章点睛和关键之处。"眼目"之于文章,就如同眼睛之于人的脸部一样,最为重要,是评判文章灵动与否的关键之处。写文章要抓"眼目",读文章也要抓"眼目"。牛运震在《史记评注》中将《史记》文章的"眼目"逐一揭示出来,为读《史记》者提供了便利。牛氏的眼目论,几乎每传皆有。下面按牛氏评论的内容,各举几例:

(1)以字为眼目。在牛运震的评注中,很多传记及情节的眼目就是一个字。如评《史记·外戚世家》时,牛运震就仅仅抓住了一个"命"字,曰"按一'命'字,通篇眼目"(《史记评注》卷六)。认为领会"命"字,是理解和领会《外戚世家》写作要旨的关键。再如《史记·樊郦滕灌列传》有"受梁相国""以梁相国将""迁为右丞相""以右丞相别定上谷"云云,牛氏评曰:"每用蝉联而下,此等处不避重叠,正其班班见眼目处,此纪事之老法亦活态也。"(《史记评注》卷九)

(2)以事物或事件为眼目。牛运震在《史记评注》中,几乎对《史记》每篇都点出眼目,甚至对于其中的某一历史事件或段落,也找出了眼目。如卷二评《吕后本纪》曰:"'吕氏''刘氏'一篇眼目,故屡屡提掇,点逗生情。"《吕后本纪》重点写刘氏家族和吕氏家族之间你死我活的斗争,所以抓住"吕氏""刘氏"这两个词,的确是把握这篇传记中心思想的关键。再如《史记·廉颇蔺相如列传》中的"完璧归赵"事件,这个事件的起因、经过、高潮、结果都与和氏璧息息相关,所以《史记评注》卷八曰:"以璧耳,变出易璧、奉璧、完璧、授璧、得璧、求璧、取璧、持璧、破璧、送璧、归璧、留璧,字虽非经意,却有多少生情处。"除了以字和事物为眼目外,牛运震的评注还认为司马迁有以事件为眼目的篇目,比如《史记·魏公子列传》,《史记评注》卷八从文中截取了几个句子,如"遂救邯郸,存赵""公子独与客留赵""赵孝成王德公子之矫夺晋鄙兵而存赵""公子竟留赵""公子留赵""公子留赵十年不归""秦闻公子在赵"等,然后评曰:"按'存赵''留赵'连出之,勾勒呼应,眼目极分明。"牛运震这类以事物或事件作为文章眼目的点评,和以某一个字为文章眼目的点评,共同点是都点出了该文的眼目是什么,但是不一样的是,后者还提出了这些眼目在文章中的作用。

(3)以某种情感、性格、特点为眼目。《史记评注》还注意到,《史记》有些篇章中,贯穿全文的眼目是传主的爱憎、喜好或性格。如在评《伍子胥列传》时牛运震云:"《伍子胥传》以赞中'怨毒'二字为主,篇中屡屡点次报仇雪怨诸事,是一篇极阴惨文字。"(《史记评注》卷七)牛运震认为,伍子胥在一生中,执

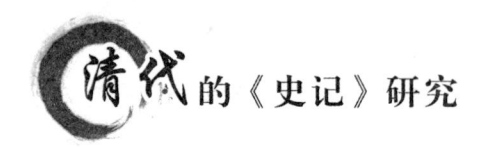

著于报仇雪耻,背楚亲吴,鞭尸国君,他的作为和封建正统思想相悖,究其原因,就是"怨毒"二字。复仇带来的怨恨是支撑伍子胥一生的支柱,也是这篇《伍子胥传》的眼目和支柱。类似的点评,在《史记评注》中尚有许多,如评卷十《魏其武安列传》曰:"'喜宾客',开端便点出,眼目分明。"又评《李将军列传》曰:"一篇精神,在射法一事。"又卷七评《白起王翦列传》曰:"起、翦以善兵合传。《白起传》云'善用兵,事秦昭王';《王翦传》云'少好兵,事秦始皇'。此其一篇之眼目也,正其两传自相联络处。"这是牛运震对白起和王翦两人合传缘由的解释,认为"善兵"是贯穿全文的中心思想。又卷九评《张耳陈余列传》曰:"张耳、陈余以腹心之交凶终隙末,此不得不为合传者也。传以两人之交情始末为精神眼目,或合叙,或单叙,错综见奇,传后附张敖、贯高事,尤淋漓出色。"同卷又评《吕不韦列传》开头"吕不韦者,阳翟大贾人也"一句曰:"开端'大贾人'三字,一篇之纲。不韦一生全是贾贩作用,……太史公处处点逗,眼目分明,意思贯串,亦奇传也。"吕不韦是商人出身,他的行为、说话、处事都带有商人的重利气息,牛运震认为"大贾人"是此传的眼目,是恰如其分的。

10. 衬托法

衬托,是用类似或是反面的、有差别的事物当作陪衬,目的是为了突出主要的事物。衬托可以分为正衬和反衬两种。在《史记评注》中,对《史记》中的这两种衬托方法都有评论。

(1)正衬。所谓正衬,是指用类似的事物来衬托所描绘的事物。又可以分为以人、事衬传主和以情、景衬事件两类。首先,以人、事衬传主。如《史记·仲尼弟子列传》中有:"孔子之所严事:于周则老子;于卫,蘧伯玉;于齐,晏平仲;于楚,老莱子;于郑,子产;于鲁,孟公绰。数称臧文仲、柳下惠、铜鞮伯华、介山子然,孔子皆后之,不并世。"这里所列举的都是孔子"严事"的人,而本传写的是孔子弟子,弟子和严事的人,是完全不同的两个概念,对于这与本传似乎不相关的记录,《史记评注》卷七是这样解释的:"此借孔子友事数人作陪衬,妙有波澜,不然则枯寂无色矣。"认为这些人是作陪衬的,这个陪衬的作用是让文章波澜起伏,不至于过分枯燥。再如《史记·魏公子列传》,司马迁为了写好魏公子,同时写了魏公子身边的侯嬴、朱亥等门客,通过这些门客的言行描写来映衬魏公子礼贤下士风度气胸,来凸显魏公子窃符救赵的功绩,所以牛运震评曰:"太史公出力写一魏公子,善于旁处衬托,虚处描摹,复处萦绕,情致有余而光景如生,真佳传也。"(《史记评注》卷八)也是讲陪衬之于塑造人物形象的好处。

其次，是以情、景衬事件。《史记·魏公子列传》曰："当是时，魏将相宗室宾客满堂，待公子举酒。市人皆观公子执辔，从骑皆窃骂侯生"云云，说的是魏公子大摆宴席，亲自驾车到夷门迎接侯嬴，而侯嬴故意刁难魏公子，魏公子的态度反而越来越谦逊的故事。《史记评注》卷八曰："极力张皇掀动，有景有色，此善用衬托法也。"满堂客人的等待，满街市人的观看，众多随从的窃骂，以及侯生故意为难魏公子的心理，都是司马迁用来陪衬魏公子恭敬态度，显示出魏公子礼贤下士诚心的材料。司马迁写得生动，牛运震点评也很到位。再如《史记·郦生陆贾列传》中，陆贾为高祖著秦所以失天下、汉所以得天下的原因，陆贾写了十二篇，"每奏一篇，高帝未尝不称善，左右呼万岁，号其书曰'新语'。"对此，牛运震引述杨慎的观点曰："'左右呼万岁'，信其回心乡道也，今人岂复有此？"牛运震则更加关注的是这一句话对于叙事的作用，《史记评注》卷九曰："'左右呼万岁'，太史公极力形容语，亦是加倍衬托法，极得意轩畅之笔。"这样理解，应该更加符合司马迁的原意吧！

（2）反衬。所谓反衬，是指用相反或相异的事物来衬托所描绘的事物。《史记评注》所评论的反衬，主要是指司马迁通过描写两人，或几人不同或相反的行为，来陪衬其中某一人的特点。如《史记·外戚世家》载，汉景帝之姐大长公主刘嫖有女儿，也就是后来众所周知的陈阿娇，刘嫖想让陈阿娇嫁到皇室，相中了宠妃栗姬的儿子，但是栗姬回绝了长公主，长公主刘嫖因此改弦易张，打算把女儿嫁给王夫人的儿子刘彻，王夫人同意了刘嫖的提议。《史记评注》卷六将王夫人的行为和栗姬的拒绝联系到一起，认为传中"长公主欲予王夫人，王夫人许之"这句话，"句意似未明显，第上蒙'长公主嫖有女，欲予栗姬子为妃'，后文又有'初，上为太子时，娶长公主女为妃'，陪映互见，固知其为欲予王夫人子武帝为妃也，此亦纪事省笔法。"栗姬和王夫人相反的决定，造成为了栗姬的失败和王夫人的最后胜利。这种用此人反衬彼人而突出此人某一方面的特点或性格的做法，是司马迁写人常用的手法。如《史记·李将军列传》用程不识治军严谨来衬托李广治军简易，用李蔡无才而封侯来衬托李广才气无双却不仅不能封侯，而且还被迫自杀的不幸，如此等等皆体现了司马迁非常懂得用衬托法写人叙事的才能。

清代的《史记》研究

三、评《史记》的其他内容

《史记评注》侧重于对《史记》文学方面的研究和评论，特别是对于《史记》的写人艺术、语言艺术和叙事艺术做了重点点评，在《史记》文学研究史上具有重大的学术价值。不过《史记评注》的内容还是比较庞杂、细碎的，它所涉及的内容，除了文学艺术以外，还有许多其他方面的内容。其中有些评论颇具个性。下面择取《史记评注》对《史记》十表的评论、对"太史公曰"评论、对《史记》与其他史书的比较评论，加以重点评述。

（一）评《史记》十表

《史记》中的"十表"，是司马迁用来记载历史人事，表达"通古今之变"思想的一种重要形式。表前有一段作者议论的文字，称之为"序"，或者说是一篇简洁的史论。读《史记》者，一般喜欢先看本纪、列传而忽视十表，正如刘知幾在《史通》中所说："用使读者莫不先看本纪，越至世家，表在乎其间，缄而不视，语其无用，可胜道哉！"[①]对"表"的忽视，是一种普遍现象，但这并不代表《史记》十表是可有可无的，恰恰相反，《史记》十表的历史意义和史学价值都是很大的，历代那些明智的学者都能充分认识到这一点，如唐代的史学家刘知幾在他的《史通·杂说》中称："观太史公之创表也，于帝王则叙其子孙，于公侯则纪其年月，列行萦纡以相属，编字戢舂而相排。虽燕、越万里，而于径寸之内犬牙可接；虽昭穆九代，而于方尺之中雁行有叙。使读者阅文便睹，举目可详，此其所以为快也。"[②]到了清朝，对《史记》十表的研究有了长足进展。学者们不仅对十表的评论增多，而且出现了汪越《读〈史记〉十表》这样专门研究十表的著作。汪越对《史记》十表有个总体评价，其曰："按表者，纪目编年，聚而为绘图指掌，经纬纵横，有伦有脊；其书法谨严，几于《春秋》，大义数千，炳若日星矣。至所不言，尤寓褒讥，未易测识。后人欲穿凿立论，复所未安。诚会本

[①] [唐]刘知幾著，[清]蒲起龙通释，王煦华整理：《史通通释》卷三，上海古籍出版社2009年版，第49页。

[②] [唐]刘知幾，[清]蒲起龙通释，王煦华整理：《史通通释》卷一六，上海古籍出版社2009年版，第437页。

纪、世家、列传,穷厥事理,当自得之也。"①牛运震的《史记评注》在继承前贤今哲研究《史记》十表成就的基础上,对十表的作用和价值又做了新的探索,提出了一些很有见地的观点。

1. 从宏观入手,对十表进行整体论述

牛运震《史记评注》对于十表的论述,虽然篇幅不长,却多有新论。首先,他概述了史表的功用和价值,然后对十表序和十表进行了点评。在《史记评注》第三卷评论《汉兴以来将相名臣年表》时,牛运震从宏观上对十表功用作了总结,其曰:

> 史之有年表,犹《地理志》之有图经,族谱之有世系也。昔人推之,以为史家之本源冠冕,盖事繁变众,则年月必不能详;世积人多,则传载必不能备。年表者,所以较年月于列眉,画事迹于指掌,而补纪传书志之所不及也。况年表既立,则列传可省。如高祖功臣百有余人,有《功臣侯年表》则一百余人之功绩、履历、官爵、封邑、传国、失侯详悉具备,检图可得也。建元以来侯者七十二国亦同此论。若无年表,则高祖功臣侯者百有余人,宁当为百有余传乎?建元以来侯者七十二国,宁当一一悉为传乎?此《史记》之有年表,其命意不可及,而其立法为不可议也。后世如南北诸史,本纪则失之繁细,列传则伤于冗杂,虽缘纪叙不善,亦概由于年表不立之故,而刘知几《史通》以为史家列表徒滋烦费,得不为益,失不为损,考其立说,不亦诬乎?②

在这段话中,牛运震提出了自己对十表的看法,指出史表之于史书,就如同《地理志》要有图经,族谱要有世系,是必不可少的,这是确定十表存在的必要性。接着指出十表有提纲挈领的功用,尤其是它在包涵内容的容量上所起的作用,远非纪传史书志可以媲。同时,《史记》十表详年月,备传载,使史书的内容详而不乱,多而不冗。概而言之,其价值在于"年表既立,则列传可省",其作用在于"补纪传书志之所不及也",其成效在于"较年月于列眉,画事迹于指掌"。牛运震还分别以《高祖功臣侯者年表》和《建元以来侯者年表》为例来说明表

---

① [清]汪越:《读史记十表·提要》,清文渊阁《四库全书》本。
② [清]牛运震撰,魏耕原、张亚玲整理点校:《史记评注》卷三,三秦出版社2011年版。本小节中,牛运震对《史记》十表的评论出处皆与此条同。

清代的《史记》研究

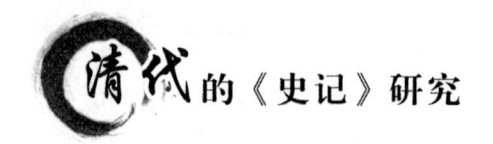

的价值。他认为这两个表可以将高祖功臣百有余人、建元以来侯者七十二国之功绩、履历、官爵、封邑、传国、失侯等等事迹一网罗列,不必"一一悉为传",从全书角度而言,省却了为这些人各自立传的繁琐,避免了史书的冗长,又不会遗漏重要之人。这种以少量的篇幅就能让人物的生平事迹清晰可见、一目了然的做法,的确是其他形式无法替代的。牛运震从正面论述了十表之功效之后,又以《南史》《北史》为例,从反面论述了史书没有立表的缺陷。他认为《南史》《北史》的不足虽有其自身"纪叙不善"的原因,但也与不立年表有关,因为缺少表的罗列使得"本纪则失之繁细,列传则伤于冗杂"。牛运震通过正反对比,更加证明史书年表之不可或缺。

牛运震认为年表有节省篇幅、查漏补缺的作用。在这个基础之上,他在评论《汉兴以来将相名臣年表》时又提出了关于年表应当具备什么特点的问题。他认为年表也不是想怎么做就能怎么做的,想怎么写就能怎么写的。立表在表达和取材上应当把握适当原则,以简要明晰为贵,不可繁芜。表之所以为表,便不当与纪传一概而论,其曰:

> 《汉书》之有《古今人表》,《唐书》之有《宰相世系表》,《宋史》之有《宗室表》,此又别分门类,过为烦芜,而表其所不必表者,殆非太史公立表之意也,《史通》所讥其谓此欤?

牛运震在评论《汉兴以来将相名臣年表》时做了上述论述。他的着眼点在于批评立表的"烦芜"。牛氏以为,表贵在简洁,就不能杂乱;贵在容量大,但不是什么都可以被收入。这个观点是牛氏提出的关于史表取材的标准和记事原则。在这里,牛运震认为史书立表的用意非常好,但在实际操作过程中,要做到分而不乱、多而不杂就比较困难,而司马迁就是因为把握好了"简"和不"表其所不必表者"两个原则,使记录简洁不繁芜。即表中所记是必须记载的,而那些可有可无的甚至是没有用处的材料,就必不收入其中,体现了太史公的"十表"的实际使用价值。并且牛氏还以《汉书》的《古今人表》、《唐书》中的《宰相世系表》和《宋史》中的《宗室表》为反例,以其分门别类过细,选材过多而显得繁芜,进一步说明了《史记》十表的可贵之处。

牛运震在评论《汉兴以来将相名臣年表》时,又对《史记》十表做了一个总体的评价,其曰:"《史记》十表诚不易作,期间横行直属正书,旁注此中极费苦心,真有井眬绳贯之妙。文章之间架结构经纬纵横,即于此可自得之,殆所谓无言之文乎。"他引用"无言之文"的说法,并对此说法进一步做了阐发。首先是他对"十表"的大加赞美,认为十表不容易做,点出司马迁做十表之难——"横行直属正书,旁注此中极费苦心"。他又赞美十表有"井眲绳贯之妙"。表以无华美之辞,而以间架结构"经纬纵横"取胜,无多序事之字而脉络清晰可见,牛氏赞曰"殆所谓无言之文乎",这是牛氏对十表的总体评价。

2. 从单篇着眼,对各表进行细致评注

牛运震不仅从宏观上对《史记》的十表进行了分析和评价,还从细节上对《史记》十表的各个方面进行了论述,或分析表的写作原因,或讨论表名的由来,或评论表的内容、风格、结构等。

(1) 评论全篇。《史记》的十表的主体内容是人事,至于司马迁的叙述、议论文字是很少的,但寥寥数语却字字珠玑,清代著名的《古文观止》甚至将其中的《秦楚之际月表序》和《高祖功臣侯年表序》篇作为古代散文的精品加以评价。牛运震在《史记评注》评论十表,既深入研究表格中的内容,更重视司马迁的叙述、议论文字。首先他评论十表详今而略古的原则。在十表中,对于愈久远的历史,记载愈是简单,而对于"近代"——近司马迁所生活的年代,记录越是详细,甚至可以细致到月份。牛运震在评论《三代世表》时,就指出了司马迁的这个特点:

> 《三代世表》著世而不著年,纪远者从略,志要也。

《三代世表》是记载夏、商、周三代世系及周封诸侯的,起自黄帝,讫于共和,但是三皇五帝的事迹荒芜难考,事迹久远,资料又少,传言在流传过程中常常被神化,可信度不高。司马迁写史为求可信,知之为知之,不知为不知,因而在表中详今而略古。三代之事可信者不多,故以百年为界线,远而无考者略之,所以有"纪远者从略"之说。这也是牛氏评《史记》著表原则的内容。

其次是解释十表之名的由来。仔细研读《史记》的十表,会发现很多表名和表中所记实际内容不相符。后世对于这些也有不少论述,或以为是误笔,或以为有衍文,猜测颇多。牛运震以《十二诸侯年表》为例,做了一番论述:

> 表内本十三诸侯篇名,言十二者,殊秦而言之也。十二国皆世家,独秦本纪,故殊之,而称十二诸侯。《索隐》以为贱夷狄,不数吴。夫吴,《史记》于世家首举之,何为于年表独贱之耶?

清代的《史记》研究

当表名与内容不符时,就要解释表名之由来。《十二诸侯年表》内涉及十三诸侯,篇名却称十二,为什么呢?牛运震做出解释:十三诸侯中,秦与其他十二诸侯不可一概而论,秦入本纪,而十二诸侯只是世家而已,是君与臣的区别。此外,牛运震还提出《史记索隐》在十三诸侯中不排秦而排吴的解释是错误的,而造成这种错误的原因,是误以为《史记》轻视吴国为夷狄。牛运震认为司马迁还是比较看重吴国的,证据是《史记》世家以吴开篇,乃尊吴之举。既然尊重吴国那就不可能在年表中做轻视吴国之举。这个纠正是有道理的。

在十表中,有九个表的表名是"年表",即以年来纪事,唯独秦楚之际一篇以月来纪事,为何此处要以月纪事,牛运震在评《秦楚之际月表》时,对这种特殊情况也做了解释:

> 月表者,秦楚之际事繁变众,故详著之也。

他认为月表记录的时代背景,是秦末的众豪杰逐鹿中原之事,尤其是秦楚之际的重大事件,以"五年之间,号令三嬗"来说明政权更迭之频繁以体现秦末多事之秋的特点。换而言之,秦末可记当记之事颇多,如果不是按月来记载,可能不够详细,很多大事件会被当成小事件记录,而小事件或许就会被史书遗漏。为了避免这种失误,所以此表当详,故做成月表。

再次是指出通过十表可以了解世事变化。十表为表格形式,主要内容以简单字句点出,表中所记侧重处不同,多以侧重点为标目,叙带其他。文中没有长篇文字,内容包含的信息量却颇大。牛运震在评论《六国年表》时曰:

> 战国七雄,独秦最强,六国皆为秦所并,又六国时事多见于《秦纪》,故年表总论以《秦纪》发端,以《秦纪》收结,中间以秦取天下为主,而以六国事夹说带叙。归于权变诈谋,以为俗变议卑,亦有可采。殆有痛于中,而为是不得已之论,然而世变化睹矣。
>
> 表内列七雄表目,言六国者殊秦也,附卫于魏,附郑于韩,附中山于赵,鲁蔡附楚,宋附齐者,地相近,事相连,又郑为韩所灭,中山为赵所灭,楚灭鲁蔡,齐灭宋也。

《史记评注》认为《六国年表》接《十二诸侯年表》之后,"起周元王,表六国时事,迄二世,凡二百七十年,著诸所闻兴坏之端"。说是"六国",实际尚有天下周、秦、卫、郑、中山、鲁、蔡、宋等国,不是仅为魏、韩、赵、楚、燕、齐六国。牛运震解释原因,六国事以秦纪年,以"秦最强,六国皆为秦所并"之故,而其他国家则根据国家兴衰之间的关系以相互附属的表述形式出现。此外,这样的附属关系还因为"地相近,事相连"的地域国情,因此,国与国兴衰相连,地域相接,故择期要者以明之,而内容多出"名"甚多。

最后是评论十表的文章风格。牛运震对《史记》十表序非常欣赏,尤其对"十表"序的风格的评价,其中不乏溢美之词:

> 月表雄骏奇伟,顿挫处犹古,可诵。(《史记评注·秦楚之际月表》)
> 短序最高古远神,别趣。(《史记评注·建元以来王子侯者年表》)
> 总序论本干枝叶形势强弱,而归本于仁义,意思最明白易见,而体格特肃重古厚,指次封国、山河、疆域,以及剖分削夺后,形势如画,是大手笔。(《史记评注·汉兴以来诸侯年表》)

秦楚表乃为月表,牛氏读之以为其有"雄骏奇伟顿挫处犹古""可诵",即赞美其抑扬顿挫、雄峻奇伟,读来朗朗上口,似诗似文,妙不可言。牛氏认为《建元以来王子侯者表》虽然是短序,却是有"别趣",即别有一番趣味。至于汉兴以来的诸侯表,牛氏评其为"肃重古厚""形势如画",赞其"是大手笔"。牛氏对于《史记》十表,不仅在内容设计上多加赞美,在风格上也是连连夸赞,可见对其年表风格之关注。

此外,牛运震在《史记评注》中,对十表序的篇章结构也多有论述,认为它们或立法精妙,或离合有致,或叙言独特,究其原因,是司马迁下笔之前已经胸有成竹了。如曰:

> 月表立法最精妙,楚汉等八国又分为二十国,此处列布正难,乃见太史公胸中笔下具有经纬。(《史记评注·秦楚之际月表》)
> 总论闵功臣侯之陨废,而悲汉法之严而少恩,一篇之中三致意焉,吞吐离合,极萧瑟淡宕之妙。(《史记评注·高祖功臣侯年表》)
> 总论讥武帝之勤远略黩武功也,分作两层,前叙后论,不露一毫贬词,而顿挫咏叹,感慨绝远。(《史记评注·建元以来侯者年表》)

牛氏认为《秦楚之际月表》,不拘一格,立意最是精妙。按月纪事,分八国为二

清代的《史记》研究

十国,内容详杂而难以列布,但是在司马迁笔下各国各事却井然有序,可见司马迁对于结构之安排胸中自有经纬。牛运震又认为《高祖功臣侯者年表序》是哀怜高祖之功臣的不幸遭遇,表现出兔死狗烹之意,又有怨汉法严而寡恩之意。赞其"一篇之中三致意焉,吞吐离合,极萧瑟淡宕之妙",即对其结构转折离合而形成的萧宕之风感慨万分。至于《建元以来侯者年表》,虽然表面上没有"一毫贬词",但是讥讽汉武帝好穷兵黩武之意,已经隐含在字里行间了。

(2)点释字句。牛运震《史记评注》对于十表的评论,不仅有总体评价,而且还深入细化到具体的字句。有些地方对某一个字的作用和特点做了评注,对某一个句子做了注释或评点。首先是评点表中的字词。《史记》十表序中的一些字,或多次出现,或用得奇特,或点逗主旨,或微言大义。牛运震在《史记评注》中对这些特殊的字词用意都做了阐释和评价。如评论《三代世表》曰:"总序悉从'世'字生情,寥寥数行中,乃具数层转折。"为"世表"而不为"年表",原因与《秦楚之际月表》称月表不称年表类似,即可记之事太少,以年记事,怕表格太长空格太多。

再如,司马迁好奇,不仅选材奇、句法奇,其字法亦奇。时人不常用的字词,司马迁敢于用之,还能用得让人不觉得突兀,反而觉得恰如其分。时人用了却平常无奇的字词到了司马迁笔下,读来也常常令人觉得更为新颖、古典或朴素。总之司马迁用字与众不同,常起到令人耳目一新的效果。牛运震在评论十表时,也注意到了十表中的奇字。在评论《六国年表》时,称"'耳食'字,新奇。"在评论《汉兴以来诸侯年表》时曰:"'臣迁谨记高祖以来'至末,特用'臣迁'字,以著庄谨,收法最古。"这里,牛运震指出,司马迁使用一些平常的字词,却能表达出不平常的意义,如"耳食";或是平常人常用,但司马迁用了以后却更显新颖别致的,如"臣迁",牛运震认为用此两字便显得非常庄重和谨严。

其次是解释十表的句子。牛运震对《史记》句子的评论,占了其书评论的大半篇幅,可见其对句子的重视程度之高。正因为这样,他对十表序句子的评论,内容也很丰富。如有对十表句子风格的评论。《史记评注》选取十表的句子,有长句,有短句,牛氏认为这些句子或顿挫,或飘逸,或冷淡,或深远,或古劲,或简括,风格不一,各有趣味。如评《三代世表》曰:"多用短句。"而短句的好处是使行文"顿挫、遒峭、有情"。又对《十二诸侯年表》中"为有所刺讥褒讳

156

挹损之文辞不可以书见也"一句,评曰:"长句逸甚。"这是对长短句的句子风格的评点。又对《汉兴以来诸侯年表》中"天子观于上古,然后加惠"一句,评曰:"此句另笔高提,有体势,有精神。"对该篇序中"非德不纯,形势弱也"和"何者?天下初定,骨肉同姓少,故广强庶孽,以镇抚海内,用承卫天子也",评曰:"此顿挫处,醇厚、古雅、穆然,见《尚书》《国语》之遗。"对《惠景间侯者年表》中"追修高祖时遗功臣,及从代来,吴楚之劳,诸侯子弟若肺腑,外国归义封者"一句,评曰:"此著惠景间侯者有此五等也,义既简括,句法极古劲。"对"咸表始终,当世仁义成功之著者也"一句,评曰:"收结犹紧,古厚却又萧散自得,更不见有摆宕之迹,所以为妙。"对"有以也夫"一句,评曰:"入手冷淡而深远。"通过对这些具体句子的剖析,可显示司马迁风格各异句法:或是有精神,或是有体势,或是醇厚、古雅、穆然,或是古劲,或是萧散,或是冷淡。对司马迁的风格多变,牛运震体会得很全面、很深入。

牛运震还注意探讨《史记》十表某些句子在文章结构上所起的作用。如对《秦楚之际月表》中"受命若斯之亟""一统若斯之难"两句,评曰:"遥应作法,不嫌句调之复。"这是对句子在结构上起到呼应作用的揭示。还认为结构上的呼应可以使得文章基调不再单一,灵活多变。再如对《十二诸侯年表》中"纣为象箸而箕子唏。周道缺,诗人本之衽席,《关雎》作。仁义陵迟,《鹿鸣》刺焉",评曰:"此三段,文法几三变。"牛运震认为这段话在内容上可分三层意思,而风格也随着内容而"三变"。对《秦楚之际月表》中"初作难,发于陈涉;虐戾灭秦,自项氏;拨乱诛暴,平定海内,卒践帝祚,成于汉家",评曰:"用倒句法,古劲。"牛运震认为此句为倒句,即"揭竿而起的,首先是陈涉;用残暴手段灭秦的,是项氏;最终平定海内的,是汉家。"其表达方式与一般叙事不同,令人读来更觉古劲有力。

细节决定成败,我们不可以忽略对细节的关注,就像对《史记》的评注一样,不仅要重大处,从大局来整体论述《史记》的文学性,还要多关注细节,即关注段落、句子、字词。大小详略都兼顾的研究,才是详细完备的好评注。牛运震的《史记评注》做到了这一点。

(二)评《史记》"太史公曰"

刘知幾《史通·论赞》曰:"《春秋左氏传》每有发论,假君子以称之,二传

清代的《史记》研究

云公羊子、穀梁子,《史记》云太史公。"①《史记》每篇末尾的"太史公曰",是司马迁在《左传》"君子曰"的基础上发展起来的史学批评形式,后代因之相沿成习。一部二十六史,只有《元史》篇末没有评论,其他史传除了在名称上略有变化外,全部都有史家的评论。诚如刘知幾在《史通·论赞》中所说:"既而班固曰赞,荀悦曰论,《东观》曰序,谢承曰诠,陈寿曰评,王隐曰议,何法盛曰述,扬雄曰撰,刘昺曰奏,袁宏、裴子野自显姓名,皇甫谧、葛洪列其所号。史官所撰,通称史臣。其名万殊,其义一揆。必取便于时者,则总归论赞焉。"②自刘知幾以后,一般将《史记》列于纪传篇前的"太史公曰"称"序",篇末的"太史公曰"称"赞",后世便习惯称之为"序赞"或是"论赞"。

司马迁的"太史公曰",是他直接发表评论的重要形式,因而内容异常丰富。其中或考证古史,或叙游历所得,或评论人事,皆自成"一家之言"。在语言艺术上,"太史公曰"言辞精练,旨义深微,议论宏阔,笔势纵横。论赞之于正文,又如画龙之点睛之笔,它往往被后人视为《史记》的精髓和血气,因此受到历代读者和评点家的关注、激赏和沿用。"太史公曰"不仅是后世史学的模范,甚至也影响到了史学领域之外的小说、散文。如苏轼常于文后称"苏子曰""东城居士曰"来发表议论,蒲松龄的《聊斋志异》在篇末模仿史书论赞而作"异史氏曰"。历代对"太史公曰"的研究都比较重视,尤其在清代,邵晋涵、吴见思、何悼、汪越、李晚芳、章学诚、方植之、林云铭、曾国藩等人都在他们的论著中对《史记》论赞作过评论。只不过这些评论都比较零散,尚未形成完整的体系。而牛运震的《史记评注》在吸收前人评论的基础上,对"太史公曰"做了更加深入细致的研究。他几乎对每条"太史公曰"都做了评论,其中既有概括性的论述,也有具体的分析,其评论见解之独到深刻,在有清一代可谓首屈一指。牛氏对"太史公曰"最为有名、最值得一提、最具概括性的评论,是他在《评注》卷一中对《五帝本纪·赞》的评论:

> 太史公论赞或隐括全篇,或偏举一事,或考诸涉历所亲见,或证诸典记所参合,或于类传之中摘一人以例其余,或于正传之外摭轶事以补其

---

① [唐]刘知幾著,[清]蒲起龙通释,王煦华整理:《史通通释》卷四,上海古籍出版社2009年版,第75页。
② [唐]刘知幾著,[清]蒲起龙通释,王煦华整理:《史通通释》卷四,上海古籍出版社2009年版,第75页。

漏,皆有深义远神,诚为千古绝笔,司马贞《索隐》讥其颇取偏,引以为首末,不具褒贬,未称别作一百三十篇述赞,缀于简末,其不知史法与文体殊甚,真所谓爝火于日月浸灌于时雨者也。

这是牛氏关于《史记》论赞的概括和总结。它先将《史记》论赞中的内容做了分类,比如说,内容上可以是对本传正文的概括,也可以是对文中所说的某一件事发表看法;论赞材料的来源,可以是司马迁历年来的游历所得,也可以是他从史书典籍中得到的知识;论赞的表现手法,可以是选择一个重点加以论述,也可以是只提轶事,以补前文。牛运震认为,《史记》中的论赞,不是随意之论,而是有深远意义和丰富内涵的,其中展示的,不单纯是文字技巧,还有作者的思想深度和洞察力、鉴别力。所以他给赞语以高度评价,认为是"千古绝笔"。与此同时,牛运震还对司马贞的观点进行批驳,认为司马贞没有注意到文体和史法的差异,看不到"太史公曰"的作用。牛运震对《史记·五帝本纪赞》的评论,可以看作是他对"太史公曰"的总论,他对《史记》其他一百二十九篇的"太史公曰"的评论,都是围绕这个总论而展开的。下面逐一加以分析:

1. 隐括全篇

牛运震《史记评注》认为"太史公曰"有"隐括全篇"之意,就是说"太史公曰"于全书或本传有指导意义、总结作用、概括性能。比如他在评论《五帝本纪赞》中又曰:

《五帝本纪·赞》,《史记》开端第一篇赞语,一部《史记》作法要领略见于此。……"好学深思,心知其意",此自道其读书独得之奇,与其作史之本,并示后世者以读《史记》之法也。"余并论次,择其言尤雅者",此又自评其帝纪之妙,不外一"雅"字,一部《史记》,皆尝以此字领略之也。

《五帝本纪》为《史记》开篇之作,它的赞语也是《史记》的首篇赞语。牛运震评此篇赞语,也从全局出发。他指出,司马迁在此赞中指出了读《史记》的方法乃是"好学深思,心知其意",又提出《史记》全书妙在一个"雅"字。这样的评论,不仅对读《五帝本纪》有指导意义,而且对读《史记》全书,以及认识《史记》全书的妙处都有启示意义。简而言之,牛运震认为《史记》的开篇赞语,具有隐括全书的作用。当然,不是《史记》所有的赞语都有囊括全书的包含力的,一般的赞语都是针对《史记》本篇而言的。所以牛运震在《史记评注》中,更多的是对

清代的《史记》研究

每篇赞语特点的分析。如曰:

> 赞语一半收战功,一半收相业,遂于世家表里隐映,续断相生云。(《史记评注·曹相国世家》卷五)

> 眼目点逗,不一而足,篇末又借陈平口中结出"阴谋"二字,而于赞语总收之,曰"非智谋孰能当此者乎"。章法贯串,总是一篇文字。(《史记评注·陈丞相世家》卷六)

> 赞语妙! 能隐括全传多少事迹。(《史记评注·李斯列传》卷九)

> 赞语"商君,其天资刻薄人也",断语辣甚!"刻薄"二字将商君一生说尽。(《史记评注·商君列传》卷七)

牛运震认为,《曹相国世家》的赞语,恰如其分地评价了曹参之功:曹参身经七十系战,立有大功,但其军功毕竟不能和韩信相比,只因韩信遭忌被杀,他的功劳才排到了前头。司马迁对此发出了不平的感叹,并在赞语中揭示了真相,谓"曹相国参攻城野战之功所以能多若此者,以与淮阴侯俱。及信已灭,而列侯成功,唯独参擅其名"。曹参继承萧何的政策,延续了汉初无为而治的政治,使汉初生产得到迅速的恢复,老百姓得以安乐,故司马迁又给予了高度的评价,"参为汉相国,清静极言合道。然百姓离秦之酷后,参与休息无为,故天下俱称其美矣。"牛运震认为司马迁这个赞语对曹参的一生的战功和相业给予了精简概括。再如《陈丞相世家》写陈平六出奇计,帮刘邦打天下和安天下,是刘邦智囊团中仅次于张良的高级谋臣。特别是后来在诛吕安刘中立了大功,因而最终能以荣名终。牛运震认为传末赞语中的"非智谋孰能当此者乎",便是对传主一生的定论。至于《李斯列传》的赞语,原文是这样的:"太史公曰:李斯以闾阎历诸侯,入事秦,因以瑕衅,以辅始皇,卒成帝业,斯为三公,可谓尊用矣。斯知六艺之归,不务明政以补主上之缺,持爵禄之重,阿顺苟合,严威酷刑,听高邪说,废嫡立庶。诸侯已畔,斯乃欲谏争,不亦末乎! 人皆以斯极忠而被五刑死,察其本,乃与俗议之异。不然,斯之功且与周、召列矣!"这篇赞语,既肯定了李斯辅助秦始皇一统天下的历史功绩,也指出了他"不务明政以补主上之缺"的不足,特别批评了他不能坚持正义,反而听信赵高邪说,废嫡立庶,等到天下大乱才提出谏争的做法。司马迁认为,李斯如果后来不是犯下如此大的罪过,那么他的历史功绩简直可以与周公、召公相提并论了。这篇赞语包含了几层意思,所以牛运震说它"隐括全传多少事迹",这是完全准确的。对于《商君列传》的赞语，牛运震认为其中"商君其天资刻薄人也"是对商鞅性格的一个定位，是对传主生平作为的判断，"刻薄"二字便是对于传主品性的最后确定，是对传主性格的总结。总之，《史记评注》认为以上几篇"太史公曰"，分别是对曹参、陈平、李斯、商鞅一生事迹、生平性格的概括，大有囊括全文内容、总结传主个性的作用。

2. 偏举一事

牛运震《史记评注》所谓的"偏举一事"，指的是《史记》赞语中的内容有时是专门针对一人一事而发的，不具备总结概括的意思。如评《田单列传赞》曰："赞语亦单指火牛一事。"《田单列传》全文所包含的内容并非只有田单用火牛阵大破燕军一事，但是传末赞语偏偏只重提这件事，原因可能很多，但是牛运震没有在这个原因问题上纠结，只是简单地点出了这种论赞的重点所在。在评《孟子荀卿列传》和《吕不韦列传》赞语时，牛运震不仅指出它们偏于一件事情的特点，还指出这样做的好处。其曰：

按此篇置赞语于传首，别格，缘传以孟子开端，而赞语只论梁惠问利国一事，自应列赞于首作引起也，意致萧疏，含蕴无穷。(《史记评注·孟子荀卿列传》卷七)

赞语详嫪毐作乱败灭事，以补传所未及，末用一语，收转吕子，冷曲有神。(《史记评注·吕不韦列传》卷九)

牛运震指出《孟子荀卿列传》中，篇目便显示了传主有二，但是放在篇首的"太史公曰"中，没有对二人事迹都加以提点概括，反而是就孟子的事迹之一——论梁惠王问国利一事，作为引子，引出下文，这也是为偏举一事。牛运震认为，这里的"偏举一事"，表现了司马迁写史的别具一格。至于《吕不韦列传》的赞语不直言吕不韦生平轶事或身后事，却以嫪毐作乱而祸及吕氏来作为对吕不韦结局的概括，短短赞语，既是嫪毐小传，又收转吕氏，牛运震认为这个赞语有补充正文作用。

3. 考诸涉历所亲见

《史记》中的一部分"太史公曰"，是用来交代传记材料来源的，而这些传记材料，大多是经司马迁之亲历、亲见、亲考证而得来，具有很强的真实性，这就是牛运震所谓的"考诸涉历所亲见"的内容。他在《史记评注》中将这些赞

清代的《史记》研究

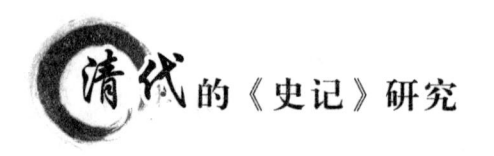

语做了肯定,这里罗列数条,以见一斑:

"余尝西至空峒,北过涿鹿,东渐于海,南浮江淮"云云,此自述共历览之博也。(《史记评注·五帝本纪》卷一)

"至见其图,状貌如一妇人好女",带点得留侯状貌出。(《史记评注·留侯世家》卷六)

赞语"余从巡祭天地诸神名山川而封禅焉",括尽郊社坛祠封禅等事;"入寿宫侍祠神语",括尽神君穷鬼等事……(《史记评注·封禅书》卷四)

上述赞语的共同特点,就是所说的内容都是司马迁外出游历的见闻。如《五帝本纪》赞语所谓"西至空峒,北过涿鹿,东渐于海,南浮江淮",所列举之地都是司马迁游历途径之地,牛运震特此点出,证明司马迁历览广博。而《留侯世家赞》所谓留侯"状貌如一妇人好女",言之凿凿,是司马迁亲见留侯画像以后才得出的判定,牛运震认为这句赞语间接写出了留侯的状貌。至于《封禅书》赞语所记的祭天地诸神、名山川,是司马迁随从汉武帝封禅时所亲身经历到的事情,牛运震认为这些记录是有充分依据的。

4. 证诸典记所参合

司马迁写史的态度非常严谨,不仅注意广泛地搜集材料,而且注意言必有据,若有疑问,则加以考证甄别,绝不凭空杜撰,乱说一气。他的这种写史态度,在"太史公曰"有所交代,这就是《史记评注》所谓的"证诸典记所参合"。我们看两段赞语:

"顾弟弗深考,其所表见皆不虚,《书》缺有间矣,其轶乃时时见于他说",此自述其考据典籍之详且慎也。(《史记评注·五帝本纪》卷一)

赞语"余以颂次契之事,自成汤以来,采于《诗》《书》",按:此自著其作《殷本纪》采据原本,以见其言之典而有征也。(《史记评注·殷本纪》卷一)

司马迁在《五帝本纪赞》中指出,五帝的事迹,因为年代久远,很多事情在《尚书》中的记载不是很全面,甚至有遗失。自己写《五帝本纪》,对材料是经过深入考证的,有些材料尽管在《尚书》中没有,但是在其他著作中还是可以挖掘出来。牛运震认为,司马迁的赞语,表达了他写《史记》对材料择取和考证的详细和谨慎。而《殷本纪》的赞语,则交代了《殷本纪》的素材来自经典名著《诗经》和《尚书》。牛运震因此认为《史记》的传记材料都是有出处,有依据的。简言之,牛运震通过评论《史记》赞语,得出了《史记》的史料来源是十分可靠的结论。

5. 于类传之中摘一人以例其余

《史记评注》所谓《史记》论赞"于类传之中摘一人以例其余",指的是《史记》合传或类传当中,传主凡几,但是赞语中没有罗列所有的传主,只是挑选其中一个具有代表性的传主来进行议论。评论这个具有代表性的人或物可以附带点评其他传主。如评《廉颇蔺相如列传》赞语曰:"传以廉、蔺标目,赞语则以相如为主,而廉颇带及之。"《廉颇蔺相如列传》是廉颇与蔺相如之合传,其文中还穿插着赵奢、赵括、李牧等武将的事迹,名为合传,实际乃赵国武将之类传。牛运震指出,在这个名为合传、实为类传的传记中,赞语没有提到所有人,甚至于篇名上所标的廉颇和蔺相如两个人,也是以相如为主做结,带及廉颇,可见在司马迁心目中,蔺相如之大智大勇更值得赞赏。蔺相如那种"知死必勇"的精神,对司马迁自己发愤著书是一种激励。

6. 于正传之外摭轶事以补其漏

《史记评注》所谓《史记》论赞"于正传之外摭轶事以补其漏",指的是从叙事手法上来讲,赞语中所提及的人或物或事,是正文中没有提及过的事情,是对正文的一种补充。这类既别有深意,又能查漏补缺。如曰:

赞语言信营高敞地葬母,又附信一微时事。(《史记评注·淮阴侯列传》卷九)

赞语亦自修洁道古,"政不出房户,天下晏然"数语,政见尔时宇内宁谧,无事可纪,略以著不载他事之意,非徒以此颂美孝惠高后也。(《史记评注·吕后本纪》卷二)

太史公不为壶遂立传,然观韩长孺传赞语及自序篇中与壶遂问答语,则壶遂之为人本末具见矣,此即太史公所为壶遂传也。(《史记评注·韩长孺列传》卷十)

韩信少时家贫,当他母亲去世时,他却想谋划一块高而宽敞的风水宝地作为母亲的坟地。此事在《淮阴侯列传》的正文中没有记载,在赞语中专门提及此事,一方面可以补充韩信微时的逸事,另一方面也可证明韩信自布衣时便有远大志向。牛运震的评论,只见前者,没有看到后者,有些遗憾。在评论《吕后本纪》和《韩长孺列传》赞语时,他认识到这类以补充逸事为主的赞语的价值。但是他认为《吕后本纪》赞语所谓的"政不出房户,天下晏然",不是对吕后颂歌,恐怕也不符合司马迁之本意。至于《韩长孺列传》赞语不提韩长孺,反而说及壶遂,司马迁的确是别有用意。牛运震认为这个赞语和《太史公自序》中与壶遂相关的内容合在一起,可以凑成一篇壶遂传,大致符合司马迁的用意。

7. 其他

牛运震《史记评注》对《史记》赞语的评论,涉及面之广难以全部概括。除上述之外,比如说,他对《史记》赞语风格的论述,对司马迁褒贬人物的赞语的评论都有评介,值得再作论述。

首先看他对《史记》赞语风格的评论。牛运震认为,司马迁笔下的赞语,风格不一。它们或疏宕萧瑟,或高古质邃,或穆然敦古,或明白疏畅,或疏宕不群,如此等等,不一而足,试举几条:

《五帝本纪·赞》,以疏宕萧瑟之笔,兼高古质邃之体,疏宕萧瑟自是太史公本色,高古质邃则《五帝纪·赞》独胜,太史公出格文字也。(《史记评注·五帝本纪》卷一)

赞语辨居洛事,而穆然敦古,无辩驳之迹。(《史记评注·周本纪》卷一)

赞语吞吐往复,只以虚冷之笔传其企仰之神。(《史记评注·魏公子列传》卷八)

赞语明白疏畅,而顿挫仍古。(《史记评注·张耳陈余列传》卷九)

赞语凡数折,疏宕不群。(《史记评注·季布栾布列传》卷十)

赞语简质,亦自抑扬有神。(《史记评注·张丞相列传》卷九)

其次对司马迁褒贬人物的赞语的评论。司马迁对自己笔下的历史人物,或爱或憎,态度鲜明,褒贬直截了当。这在《史记》赞语中表现得尤其明显。牛运震《史记评注》对这类"太史公曰"也很关注,请看下面的评语:

赞语褒贬互见,最为持平之论。(《史记评注·苏秦列传》卷七)

赞语"平原君,翩翩浊世之佳公子也",长句雅甚,有逸韵。(《史记评

注·平原君虞卿列传》卷八)

赞语述"春申君故城、宫室盛矣哉",便含讽刺,视适大梁求问所谓夷门如何?(《史记评注·春申君列传》卷八)

赞语立意较然,"不欺其志",便不以市井侠少目刺客矣。(《史记评注·刺客列传》卷九)

"其少时数称慕魏公子",传于陈豨微时略,赞语却补其少时为人。(《史记评注·韩信卢绾列传》卷九)

司马迁《苏秦列传》赞语对苏秦的评价客观全面,所以牛运震认为这个赞语褒贬公允,是"持平之论"。《平原君虞卿列传》谓平原君是"翩翩浊世佳公子",这是司马迁对平原君的赞美,而牛运震认为这个赞美的句子甚雅,"有逸韵",这是对司马迁优美文笔的赞美。至于《春申君列传》《刺客列传》《韩信卢绾列传》的赞语,在牛运震看来,都传达了司马迁的褒贬之意。

第三是对《史记》赞语表达手法和层次结构的评论。如卷一曰:"《五帝纪·赞》妙在意多而文简,尤妙在意属而文断,用笔灵活处往往意到而笔不到,词了而意不了,叙中夹断,承中带转,正有吞吐离合、若断若续之妙。吴澄硬分为九节,此章句训诂之见,不足以测太史公之文也。"卷七评《伍子胥列传》"赞语凡四折,跌顿紧凑而悲壮",评《管晏列传》"赞语先总后分,极抑扬曲折之致"。牛运震认为,这些赞语言简意深,又层层变化,步步顿挫,使得《史记》文章或跌顿紧凑,或抑扬曲折,显得多姿多彩。

综上所述,牛运震《史记评注》对于《史记》赞语的评论,不仅数量多,内容广,而且已经自成体系,是有系统的理论。

(三)评《史记》与其他史书

《史记》在历代研究中,常常被拿来与其他书籍进行比较研究。学者或是研究其承接关系,或是比较其异同。往前追溯,有《史记》与先秦各类书籍的继承、比较研究;向后展望,有《史记》与后世各朝史书的关系研究、比较研究,其中最常见的当属是《史记》与《汉书》的异同研究,学界称之为"马班异同"。从更广阔的范围看,还有《史记》和后世散文、小说、戏曲的比较研究。以上这些,都可以视为是属于《史记》比较研究的范畴。在牛运震《史记评注》中,对于《史记》与其他史书的比较评论也有很多,只是不见长篇大论,多为零散评价,

清代的《史记》研究

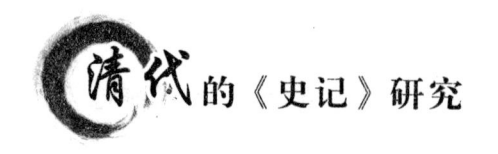

其中评论比较集中的是关于《史记》与《左传》《战国策》《汉书》的比较论述。

1. 评《史记》与《左传》

《史记》成书于西汉，是司马迁耗尽心血之作，其史料来源有四个方面：一是司马迁游历和随驾时的所见所闻；二是司马谈留下的资料；三是汉代以前的各种古书；四是司马氏为史官时所能接触到的档案。其中，先秦人物传记的材料主要来自于先秦古书，这些古书包括《尚书》《诗经》《左传》《战国策》《国语》，以及诸子百家的作品等。对于部分史料的来源，司马迁在《史记》有关篇章中都有说明，如《五帝本纪》中说的《春秋》《国语》，《三代世表》中说的《牒记》《五帝系谍》《尚书》，《十二诸侯年表》中说的《春秋历谱牒》，《六国年表》中说的《秦记》，《管晏列传》中说的《牧民》《山高》《乘马》《轻重》《九府》及《晏子春秋》，《司马穰苴列传》中说的《司马兵法》，《屈原贾生列传》中说的《离骚》《天问》《招魂》《哀郢》等等，这些都表明了司马迁作史时广泛阅读并利用了当时所能得到的各种书籍。牛运震在《史记评注》中，对司马迁利用古代典籍来写史的情况也做了认真评论。

牛运震《史记评注》比较关注《史记》和《左传》之间的差异及联系，尤其是对两书在内容与锻字炼句上的差异，以及史料承接等方面的问题。首先，牛氏认为《史记》很多材料取之于《左传》，但有删润、修改。如曰：

> 删润《左传》处无迹，而有法则。(《史记评注·五帝本纪》卷一)
>
> "君子闻之，皆为垂涕曰"云云，"君子曰，秦缪公广地益国"云云，按此二处善约《左氏》语，较原文更有顿挫。(《史记评注·秦本纪》卷一)

牛运震认为，《史记》对《左传》在内容上的引用，都是有删减的。有的删润得天衣无缝，让人看不出什么痕迹，如《五帝本纪》。《左传》文学价值很高，许多片段写得很精彩。对于这些精彩的文字，司马迁在《史记》中有时就直接采用，有时则稍做修改。牛运震认为经司马迁修改的地方，文章比《左传》更妙，更有特色。其曰：

> 凡太史公采用《左传》处，能剪裁《左氏》而又脱出《左氏》间架，所以为妙。(《史记评注·秦本纪》卷一)
>
> "庸知我国人不有以我情告郑者乎？"按此长句脱换《左氏》，极有笔力。(《史记评注·秦本纪》卷一)

"光之身,子之身也",较《左传》添数字,更明透。(《史记评注·刺客列传》卷九)

"使专诸置匕首鱼炙之腹中而进之",较《左氏》语详而妙。(《史记评注·刺客列传》卷九)

周代年久事繁旧,古文多有故,本纪不得不详,篇首自后稷以迄成、康,叙周家世德兴王,皆约《诗》《书》之旨,融会成文,而质古笃厚,则太史公独出手法也。共和以来春秋战国之间,多用《国语》《左传》《战国策》之文,或备录其全,或节采其要,错综安顿有法,而典雅奇肆,复各极其妙。(《史记评注·周本纪》卷一)

"当是时,昭王已立三十六年"云云至"欲以广其陶封",按此先叙秦之强盛及太后穰侯等擅权用事,为下文范雎上书根绪,此善作伏案处,左氏、太史公最长此法。(《史记评注·范雎蔡泽列传》卷八)

叙卢绾与高祖同里、同日生、俱学书、相爱,与《左传》"华弱乐辔少相狎,长相优",笔法同。(《史记评注·韩信卢绾列传》卷九)

牛运震在这里所举的例子,至少说明了《史记》对《左传》借鉴的四种情况:一是基本史料采自《左传》,但是经过司马迁的重新裁剪,已经脱离了《左传》的原有框架,以一种全新的面貌展示给读者,如《秦本纪》;二是对引自《左传》文字,司马迁添加了一些字词,这样在表达上就比《左传》更明透,更详细,因此也更妙,如《刺客列传》;三是对采自《国语》《左传》《战国策》之文,司马迁或加以融会贯通,重新组织,或备录其全,或节采其要,但在章法笔法上都有新调整变化,所以比原文要更典雅奇肆,各极其妙,如《周本纪》;四是司马迁对《左传》叙事笔法的直接继承,如《范雎蔡泽列传》和《韩信卢绾列传》。总之,牛氏对司马迁改《左传》的文章,是持肯定态度的。

2. 评《史记》与《战国策》

司马迁《史记》在记载战国历史人物时,其主要材料取自于《战国策》。就人物事迹来说,《史记》所载与《战国策》相关的有九十余事。牛运震《史记评注》对《史记》与《战国策》的关系做了比较研究,其评论的重点,是两书的内容差异、锻字炼句的优劣和史料承接上的关系。首先,牛运震认为《史记》许多内容是直接取自《战国策》的,或者全文照录,或者略有删润。如:

清代的《史记》研究

"西周武公之共太子死,有五庶子"云云,按:此下摘录《战国策》十余条,简明疏快,皆关周事得失者。(《史记评注·周本纪》卷一)

《张仪传》摭录《国策》之文。(《史记评注·张仪列传》卷七)

范雎传说辩议论,雄博宏衍,皆《国策》原文也,其写范雎恩怨报复,烟波千重,曲折贯串,联合无痕,此则太史公独出手法者也。(《史记评注·范雎蔡泽列传》卷八)

《史记》摹写荆轲刺秦王一段,极酣肆生动,《国策》亦全载此文,窃意此太史公之文,非《国策》之文也。《国策》他处记叙文字,不见有此等笔法,况太史公自称得之公孙季功等所口道,则非《国策》之旧文,决矣!方望溪苞以为后人以《史记》文串入《国策》,当是也。(《史记评注·刺客列传》卷九)

牛运震经过认真比勘,指出《周本纪》摘录《战国策》的内容有十余条,而《张仪列传》和《范雎蔡泽列传》中范雎的说辩之词都是《战国策》原文。不过司马迁把它们融合到《史记》以后做了修改,使之或简明疏快,或曲折贯串。总之可以说做到了联合无迹。这里还有一个特例,甚至是一桩悬案,就是《战国策》中"荆轲刺秦王"的内容与《史记·刺客列传》中《荆轲传》所描写的荆轲刺秦王,其文字几乎是完全一样的,是司马迁全部抄录《战国策》的,还是刘向整理《战国策》时照抄《史记》的,历来有不同说法。清代方苞在《书刺客传后》曰:"余少读《燕策·荆轲刺秦王》篇,怪其序事类太史公,秦以前无此,乃见《刺客传赞》,乃知果太史公文也。彼自称得之公孙季功、董生所口道,则非《国策》之旧文决矣。盖荆轲之事虽奇,而于《策》则疏,意《国策》本无是文,或以《史记》之文入焉,而削高渐离后事,以事在六国既亡后耳。《楚世家》载弋者说顷襄王,真战国之文也,而《国策》无之。盖古书遭秦火,杂出于汉世,其本文散轶与非其所有而误入焉者多矣,不独是篇为然也。"[1]而牛运震显然是同意方苞的观点的。但是同时代的吴见思则认为此事尚存在疑问,不能断然做出决定,其在《史记论文》中曰:"据史公云,'荆轲之事,亲得之公孙季功、董生。'而此文反若从《战国策》中改出,何也?岂《国策》既缺,而刘向之徒,摭史公之文,以附益之与?请以俟博雅君子。"

---

[1] [清]方苞著,刘季高校点:《方苞集》卷二,上海古籍出版社1983年版,第55页。

司马迁《史记》对于《战国策》的继承，除了实录原文之外，也有对摘自《国策》的内容加以扩写的。牛运震认为司马迁的这种增补写法，能够使情节更加生动，人物更加栩栩如生。如卷九评《吕不韦列传》"叙谋立子楚，详于《国策》，亦较《国策》情节细贴"，又评《刺客列传》"写政姐荣自赴韩市，列政之名，而死其旁一段，较《国策》特详，血性淋漓，神采尤重，胜《国策》十倍，真太史公得意之文也"。对于《刺客列传》中对聂政报仇以后，为避免牵连其姊聂荣而自毁容貌，其姐又为了让聂政扬名而主动出面认弟的精彩描写，方苞也认为《史记》的描写要比《战国策》出色，其曰："太史公裁割更易《尚书》《左传》，或辞意不完，而于《国策》，有远过本文者。其序聂政事曰：其姊闻之，'乃于邑曰，是吾弟与？嗟乎，严仲子知吾弟！'盖韩、卫悬隔，政又自刑以绝踪，其姊非闻而骇，且疑无缘，遂如韩市也，既见政尸而列其名，亚为严仲子死，则他无可言者矣，故曰'乃大呼天者三，卒于邑悲哀而死政之旁'，其本文一切不具，乃曰，美哉！气矜之隆可以过贲育、高成荆矣。世有乍见所亲皮面抉眼屠肠而从容赞美如途人者乎！观太史公所增损，乃知本文之疏且拙也。"① 牛运震和方苞的意见是完全一致的。其实，《史记》引用《战国策》之文，经过司马迁润色以后，又超越《战国策》的地方是很多的，我们再引几条牛运震的评论：

《苏秦传》摭用《国策》，而略加删润，全胜旧文。（《史记评注·苏秦列传》卷七）

《国策》载苏代往来燕齐游说多端，《史记》独摘其说燕王及遗燕王二书，可谓得其要领，亦以附传体从略也。（《史记评注·苏秦列传》卷七）

《国策》叙苏秦说秦惠王，词句繁沓。《史记》删裁从简，盖苏秦不得志于秦故，说秦无取乎繁也，此文家裁剪有斟酌处。（《史记评注·苏秦列传》卷七）

《国策》载田单事尚有数条，太史公一切删去，叙完破燕复齐，封为安平君便住，识解极高，细思此后夹杂他事，便不成局格。（《史记评注·田单列传》卷九）

牛运震认为，尽管《史记》中的许多文字是从《战国策》那里采集来的，但是经过司马迁的妙手点缀以后，文章的风格面貌已经发生了质的变化，总之比《战

---

① [清]方苞著，刘季高校点：《方苞集》卷二，上海古籍出版社1983年版，第54~55页。

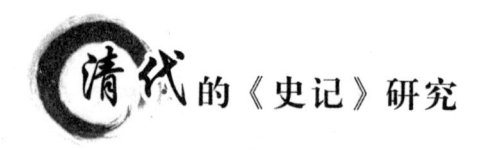

国策》增色,而没有减色。这话虽然有溢美之嫌,但大致还是可以接受的。牛运震在评论中还意识到,《史记》有些描写是《战国策》所没有的,如曰:

"而齐赵之深仇"云云至"而反媾于王也",较《国策》添此一段,语意更条畅,笔法之灵快,亦极似《国策》甚矣,太史公之善肖前人也。(《史记评注·平原君虞卿列传》卷八)

"魏以小国请其祸,而王以大国辞其福",此二语亦《国策》所无,添出更觉精神透露。(《史记评注·平原君虞卿列传》卷八)

"天下莫强于秦、楚"云云,开端数语便将一篇大意说透,明白直捷而擒纵有势,此《国策》本所无也,殆太史公于流传别本得之。(《史记评注·春申君列传》卷八)

"夫人之立功"云云至"名在僇辱而身全者,下也",此段《国策》原文所无,添出甚条畅。(《史记评注·范雎蔡泽列传》卷八)

今本《战国策》是司马迁之后的刘向整理成书的,在刘向之前,记载战国历史的著作应该很多,也很杂,有的是司马迁见过的,有的可能是他没有见过的,司马迁在写史时,有的交代了史料来源,有的没有交代,有些人、事,后人无法知道他们的史料依据在哪里。就像上述牛运震所举的例子,都是《战国策》所没有记载的,那么司马迁是从哪里采来的呢?不甚清楚,牛运震也没有在这个问题上多加纠缠,反而觉得司马迁这些补充,都是好的,毫无例外都做了赞扬、肯定。

其次,牛运震认为,司马迁《史记》和《战国策》的用字造句,存在一定的差异,即便是对同一件事情的表达,也略有差异,而且韵味不同。如曰:

《国策》"奉阳君妒大王不得任事";《史记》改作"妒君而不任事",不曰"妒士"而曰"妒君",舌锋可畏。(《史记评注·苏秦列传》卷七)

"且无庸有事于民也",较《国策》"请无庸有为也",似为醒豁。(《史记评注·苏秦列传》)

《国策》"请屏左右曰言,所以异阴阳而已矣",《史记》改作"请别黑白,所以异阴阳而已矣",较原文亦自明畅。(《史记评注·苏秦列传》卷七)

虞卿论媾秦、论割六城、论合从,《国策》之文层折叠转,固已灵妙极

矣,太史公无以复加,故备录之,只增润数字句,更觉明畅而劲快耳。(《史记评注·平原君虞卿列传》卷八)

"王又以其力之所不能取以送之","送"字较《国策》"资"字更醒透。(《史记评注·平原君虞卿列传》卷八)

"呜呼!梁之比于秦若仆耶",此一顿跌,乃中间吃紧得力处,《国策》原文本作"然,梁之比于秦若仆耶",《史记》改作"呜呼"字,拦头一喝,如闻其声。(《史记评注·鲁仲连邹衍列传》卷九)

"豫让曰:既已委质"云云,较《国策》删去"笑而应之"字亦佳。(《史记评注·刺客列传》卷九)

"于是襄子大义之",暗应"彼义人也"句,较《国策》添一"大"字,好!(《史记评注·刺客列传》卷九)

在这里,牛运震将《史记》具体的句子与《战国策》作比较,从而区别其中的差异,评价其中的优劣。从总体上说,牛运震认为司马迁对《战国策》语言的细微改动,使《史记》的语言比《战国策》更加锋利,所表现的思想更加豁达,叙事也更加明畅。

再次,牛运震认为《史记》在引用《战国策》材料时,在叙事顺序上对《战国策》的材料有调整,但这种调整,其效果比《战国策》要更好一些。我们引述几条:

《国策》记苏秦伏读《阴符》,期年,揣摩在说秦不行之后,《史记》叙在说秦之前,而篇首只以"出游数岁,大困而归",虚叙作缘引,盖传闻异辞,不妨互见。(《史记评注·苏秦列传》)

《国策》载秦索六城,在长平战后;《史记》载索六城在邯郸围解后。《国策》载六城之议,与虞卿争论者只一楼缓;《史记》载赵郝之议,割六城于先,又缀楼缓"公父文伯母"之喻于后。事迹之前后无可考第,以文势论之,则《史记》层折较多,波澜更奇耳。(《史记评注·平原君虞卿列传》卷八)

"其友识之曰"云云至"其友为泣曰",添此一段,有情态,《国策》"有其妻不识曰"云云,《史记》略之,而详于其友,此见太史公意思手法之高。(《史记评注·刺客列传》卷九)

171

清代的《史记》研究

牛运震对《史记》大概有一种偏好,以至于爱屋及乌,凡是司马迁的言行,没有不说好的。从上述几例,就可以看出牛氏对《史记》的一味推崇。

3. 评"班马异同"

司马迁的《史记》是中国历史上第一部纪传体通史,班固的《汉书》是中国历史上第一部纪传体断代史,两书的体例有前后继承关系,而且《汉书》中有近六十篇的内容是从《史记》那里直接移植过来的(当然班固在其中作了一些删改增补,但基本内容是没有大变化的)。这样一来,司马迁与班固,《史记》与《汉书》,就有了比较的基础。在《史记》研究史上,"马班异同"的话题是晋朝张辅最早提出来的,他的《班马优劣论》是第一篇研究班马异同的专题文章,从此以后,"班马异同"研究就成为一个长盛不衰的课题,得到历代学者的关注和研究。如唐代的刘知幾、司马贞、张守节,宋代的苏洵、郑樵、朱熹、王若虚,明代的茅坤、胡应麟,清代的顾炎武、钱谦益、全祖望、徐乾学、沈德潜、王鸣盛、梁玉绳等,都对这个问题发表过意见。他们或扬班抑马,或扬马抑班,各家见仁见智,莫衷一是。牛运震《史记评注》对马班优劣异同的评论,既有对前人成果的继承,又有自己独到的观点。其中最为精彩的评论,却在他另外一部读史名著——《读史纠谬》之中,这里一并加以论述。我们先看牛运震对《汉书·叙传》和《史记·太史公自序》的比较评论。其曰:

> 班掾甚攻司马氏,而《叙传》则极力摹效《自序》,于今读之,其风流隽秀,致有余妍。然质不称华,逸不及庄,求其朴古典醇之气,如太史公之高文绝调,殆靡然萧索矣。《史记》纪传诸小序,或如赞,或如铭,或散行如笺记,古雅绝伦。班氏《汉书》叙目,虽复整炼有典则,然不及《史记》诸序远矣。诸序目(叙目)袭用经传成语,多有迂而不切,支而无伦之弊。①

这段话出自《读史纠谬》,他代表了牛运震在"马班优劣"问题上的基本立场。在《史记评注》中,牛运震将这个观点具体到各篇之中,其扬马抑班的色彩非常浓厚。这里择其要着,评介如下:

第一,论《史记》与《汉书》的体例。如《评注》卷二评《史记·吕后本纪》曰:

---

① [清]牛运震:《读史纠谬》,齐鲁书社1989年版,第120~121页。

依班氏分为惠帝、吕后二纪……凡帝纪必编年,另行特提,以重其体。吕纪则压行连叙,与他纪异,是未当成其为编年之体也。吕后者,高皇后也,依义例当称高后本纪,今没其高后而斥称其姓,若以著其王吕鉏刘之罪,不与其为高后也。然则吕后之为本纪,殆以世代事迹之序,属有不得不然者。而太史公之深文微意,正有予夺隐显之妙乎?此则知吕后本不可附于惠纪,而又岂得以奖盗讥之耳?

吕后没有皇帝称号,但是手中掌握着实际大权,《史记》和《汉书》都认为吕后可独自为纪,其差别在于《汉书》认为吕后和惠帝要分开来,各自单独为一纪,而《史记》则附惠帝于吕后纪之后。牛运震指出了《史记》和《汉书》写《吕后本纪》的差异,认为《史记》重实际掌权者,而不太在意什么名分,因此将孝惠帝的传记附在《吕后本纪》之后;《汉书》想要名义和事实兼顾,因此将有名无实的孝惠帝和实际上的掌权者吕后,分别作了本纪。牛运震认为司马迁的这种篇目安排,既有助于人们认识历史上的皇帝,还能隐性地表达出历史真实。再如评《汉兴以来将相名臣年表》时,牛运震提出了评论史表优劣的基本原则,《评注》卷三曰:

《汉书》之有《古今人表》,《唐书》之有《宰相世系表》,《宋史》之有《宗室表》,此又别分门类,过为繁芜,而表其所不必表者,殆非太史公立表之意也,《史通》所讥其谓此欤?

史表的创作,极耗时间和精力,评论一个表的好坏,要从总体上把握:一要面面俱到,尽可能详细具体地反映历史人事;二要理清思路,分门别类,减少重复率;三要简明扼要,不书其不必书者。牛氏认为《史记》十表的可贵,是因为它具备了以上三方面的条件。在这段评论中,他将《史记》与《汉书》《唐书》《宋史》中的表联系起来分析,以后者的分门别类重复叙述来衬托《史记》十表之精,以后者的过分求全来衬托《史记》之简。总之,《史记》十表在设置编排上,要比后代史书更完善一些。

第二,论马、班在遣词造句方面的差异。这类比较评论,在《史记评注》中非常多,且看下面的评论:

"或以为便,或曰不便",二语乱得妙,写庸人纷纷聚议如画,《汉书》

清代的《史记》研究

削去"或以为便"一句,便少神。(《史记评注·吕后本纪》卷二)

"方今内有朱虚、东牟之亲,外畏吴、楚、淮南、琅琊、齐、代之。方今高帝子独淮南王与大王",两"方今"极肖口吻,得指画陈说之神,《汉书》削其一,遂减色。

"王者不受私",语极明快,《汉书》作"王者无私",失之。"至代邸而议之",从容得体,口吻亦如人妙。(《史记评注·孝文本纪》卷二)

"足下右投则汉王胜,左投则项王胜"二语,有景有势,似《国策》中语,《汉书》削去,失之。(《史记评注·淮阴侯列传》卷九)

"乃使中大夫应高誂胶西王","誂"字字法奇,刘辰翁曰:"誂"字佳,《汉书》改作口说,则下"无文书,口报"字赘矣。(《史记评注·扁鹊仓公列传》卷十)

"为言之帝",句自古重,且得太后欣喜神吻,班氏改作"为帝言之"便索然矣,句法亦软。(《史记评注·韩长孺列传》卷十)

《汉书》在抄录《史记》的文章时,在字词句方面,常常做一些删除、改动或补充、调整,班固这样做,是无可厚非的,但是这样做的效果如何,后人是可以有自己的评价的。总体看来,批评的声音要多于肯定的声音,如朱熹曰:"班固作《汉书》,不合要添改《史记》字,行文有不识当时意思处,如七国之反,《史记》所载甚疏略,却都是汉道理,班固所载虽详,便却不见此意思。吕东莱甚不取班固。"[1]徐乾学曰:"司马迁《项羽本纪》载起兵时及鸿门事,千载以下,历历如见,班固多从裁省,似少脱略矣。《高祖本纪》亦然,垓下之战,'孔将军居左,费将军居右'诸语,勃勃气色,而班固删之。如此类甚多,此班之不逮马者,一也。"[2]沈德潜曰:"《高帝本纪》中记垓下之战,《史记》:'淮阴侯将三十万自当之,孔将军居左,费将军居右,皇帝在后,绛侯柴将军居皇帝后,项羽之卒十万,淮阴侯先合,不利,却。孔将军费将军纵,楚兵不利,淮阴侯乘之,大败垓下。'诸语中阵法战法,皆有生气,而《汉书》删之,此班之不及马也。《汉书·项羽传》,全录《史记》原文,而于起兵及鸿门垓下数段,节省减色,此班之不及马

---

[1] [明]朱熹著,[宋]黎靖德编,王星贤点校:《朱子语类》卷一三四,中华书局1986年版,第3202页。
[2] [清]徐乾学:《憺园文集·班马异同辨》卷一五,清康熙刻冠山堂印本。

也。"①类似评论,尚可举出许多,它有力地说明,班固对《史记》文章的改动,总体上是不成功的,历代学者对班固的批评和不满,也是情有可原的。以上《史记评注》列举的例子,也正可以佐证这一点。同时也说明牛运震的观点是有所继承的。然而牛运震在评论中很少提及《汉书》超越《史记》之处,让人稍稍感到有失偏颇。

第三,论马、班在记事方面的差异。俗话说,一千个读者有一千个哈姆雷特。同样的人事,在不同的人眼里,认识不同,描写也会不同。所以,即使《史记》和《汉书》所记载的历史有很大一部分是相同的,因为司马迁和班固的认识不同,故选择的素材就不同,记事的手法也不同。牛运震《史记评注》注意到了《史记》和《汉书》这种不同的情况,并做了比较深入的评析。首先是《史记》和《汉书》选材不同之比较。如评《评注》卷二评《史记·吕后本纪》曰:

> 或谓《汉书·高后纪》所载高后八年之中,妖祥水旱、选举贬夺及一时行政布令事迹,颇有《史记》多不之载,亦一疏漏,似有见第。纪事之法,贵识大旨,得要领,俾览者了然知其注意所存,不欲旁及他端,以滋烦杂也。如《吕后本纪》一篇,大旨只在吕后王诸吕危刘氏,以及大臣诛吕安刘之事。故于吕后之封立诸吕残灭诸王,皆再三详言之。至如他事,如《汉书》所载……之事或见于他传,或略而不载,正以著其作吕纪本意,不欲以他事与王吕危刘之事相杂也。

牛运震指出,《史记》和《汉书》对吕后传记的材料处理有所不同,《汉书》中对吕后执政八年之间的诸如灾异、官员升免和一些政令都记载了,乍一看似乎是有见地的,但实际上却让文章显得杂乱不堪,文章风格不一,叙事不得要领。《史记·吕后本纪》虽然没有记载这些庞杂的事件,但是也不是没有提及,而是用了互见法来表现,因为司马迁写《吕后本纪》的重点,是凸显吕后王诸吕和刘氏与大臣的诛诸吕。牛运震认为司马迁的这种写法,是集中了主要的精力写主要的事情,可以让文章简单明了又不杂乱混淆,写史的主旨能够得到充分的体现。

《史记》和《汉书》同记一事件,但是它们在文章中的位置不同,效果也有

---

① [清]沈德潜:《归愚文续·史汉异同得失辨》卷三,引自杨燕起、陈可青等编《历代名家评史记》,北京师范大学出版社1986年版,第632页。

清代的《史记》研究

差异。如《评注》卷二评《史记·孝文本纪》曰:"此段接于'后六年'之下,'后七年''帝崩'之前,正太史公善于安顿,脱出蹊格处,他手定将此段置于帝崩遗诏之后矣,《汉书》用此段作赞语,亦无情致。"又曰:"篇末录景帝一诏,总括孝文帝所行德政,切实不浮,群臣议'功莫大于高皇帝,德莫大于孝文皇帝'二语,精确正大,穆然高古,此一篇绝大收结,太史公真实笔力也,班氏移此段于《孝景帝纪》中,以为此景帝事,可谓知作史而不知为文者矣。"牛运震认为,事件的次序安排上看,司马迁比班固要更胜一筹。比如将景帝对于文帝德政事迹的诏书,若是放在《孝景本纪》中,只是平平常常的一道诏书,既不能体现景帝的文采,于叙事也没有多大用处,但是将它放在文帝传末,便是后代帝王对前代帝王功业的肯定,此诏书便起到了画龙点睛的作用,所以牛运震认为司马迁比之班固更善于写文章。

综上所述,牛运震认为《史记》和《汉书》的关系相当紧密,《汉书》对《史记》多有继承,但是也多有改动。《汉书》不如《史记》的地方,主要在文学方面。这样的认识,大致也是符合两书实际的。牛运震对《史记》和《汉书》比较评论的内容异常丰富,这里限于篇幅,就不再展开讨论了。

有清一代,《史记》研究的成果颇多,如王仁俊辑的《史记轶文》、汪继培和孙同元合著的《史记阙篇补篇考》、方苞的《史记注补正》和《史记评语》、杭世骏的《史记考证》、梁玉绳的《史记志疑》、王念孙的《读史记杂志》、吴见思的《史记论文》、牛运震的《史记评注》、尚镕的《史记辨证》、王筠的《史记校》、丁晏的《史记毛本正误》、朱锦绶的《读史记日记》、李慈铭的《史记札记》、张锡瑜的《史表功比说》、孙星衍的《史记天官书补正》、刘文淇的《项羽都江都考》、林春溥的《孔门师弟年表》和《孟子列传纂·孟子时事年表》、王元启的《史记证讹》等等,仅专著一项,就已大大超越前代。不过清朝考据之风兴盛,朴学几乎已经占领整个学术界,在这样的情况下,研究者一般都从考据入手对《史记》进行研究,清代《史记》研究的主要成果也都集中在这方面。而从文学艺术方面对《史记》进行研究评论的,主要是桐城派学者。但成就最大的则是吴见思的《史记论文》和牛运震的《史记评注》。牛氏《史记评注》除了有少量的考据校正之外,其主要篇幅都是评论《史记》艺术成就的。牛氏从《史记》的字词评到句子,从句子评到段落,再评及全文全书,有细有粗,由点及面。从不同的角度对《史记》的艺术成就进行了全面系统的剖析,这在有清一代的《史记》研究中,是颇为突出的。

首先，牛运震在写《史记评注》时，虽然没有完全摆脱清朝学术界热衷于朴学的影响，但是他能够突破社会的主流倾向，另辟角度，从文学角度来研究《史记》，这在有清一代还是有其特点的。张玉树在给《史记评注》所作序中曰："其于述作之指、提挈、收截、伏应之法、言之详矣，而史文之繁悉者，尤三致意焉。"[1]他点出了《史记评注》中的主要内容，虽然概括得不是很全面，但点出了《史记评注》与其他评论著作的不同之处。其次，牛运震的《史记评注》具有严谨和实事求是的特点。他在评论《史记》时，提出了很多的看法和观点，但是对于一些不是自己最新提出的看法和观点，都能实事求是地说明它的出处，不掠人之美。从中可见牛运震做学问的态度非常的认真。再次，牛运震《史记评注》能坚持自己的学术观点，对经典不迷信，不盲从，如果经典有错误、有缺失，他也会加以质疑、辩驳，提出自己的见解。比如牛运震在评论《史记》时，曾多次涉及《史记索隐》和《史记正义》等书对《史记》的解释，对其中一些牛运震认为有问题的解释，他也大胆地提出了质疑，并加以纠正。

总的说来，《史记评注》作为一部研究《史记》文学艺术成就为主的著作，其取得的成就是很高的，它对后人也有深远影响。近代李景星的《史记评议》就是在继承吴见思的《史记论文》和牛运震的《史记评注》基础上写成的又一部以研究《史记》艺术成就为主的专著。同时我们也要明确，虽然《史记评注》在《史记》的文学研究上取得了不小的成就，但是它也有诸多不足之处，其中最明显的就是：由于牛运震对司马迁过分崇拜，对《史记》过分推崇，因而往往只看到《史记》好的方面，而对《史记》可能不如他书的地方，却一概忽略不论，完全没有注意到《史记》中也存在的一些缺点。在《史记评注》中，"非史公不能"之类的夸赞之词屡见不鲜。这样，《史记评注》的评论就显得不够全面和客观。当然，这些缺点是瑕不掩瑜的，也许是笔者对《史记评注》的要求过高了吧！

---

[1] [清]张玉树：《史记评注·史记评注序》，[清]牛运震撰，魏耕原、张亚玲整理点校：《史记评注》，三秦出版社2011年版，第19页。

清代的《史记》研究

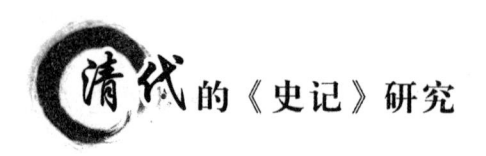

程馀庆《史记集说》研究[①]

《史记》自问世以来就广受学者关注。魏晋以后,文史分家,评论家开始从文学的角度对《史记》进行评论。直至明代,出现了专门评点《史记》的著作,评论的内容也逐渐细化。至有清一代,探讨《史记》者之多,考评方面之广,出现了前所未有的盛况,可谓是研究成果丰硕。其中主要的文学评点著作有:凌稚隆《史记评林》、杨慎《史记题评》、茅坤《史记抄》、汤谐《史记半解》、牛运震《史记评注》、王又朴《史记七篇读法》、李晚芳《读史管见》、归有光与方苞《归方评点史记合笔》、邵晋涵《史记辑评》、曾国藩《求阙斋读书录》、吴见思《史记论文》、郭嵩焘《史记札记》、方苞《史记评语》、丁晏《史记余论》(《四史余论》)、程馀庆《史记集说》、吴挚甫《点勘史记读本》等。这些评点蕴含了大量关于《史记》写人艺术的精彩评论。而对于这些明清《史记》评点著作,已有的研究成果基本为对某一部明人或清人《史记》评点著作的个案研究,研究内容大致包括体例、内容、字句、艺术特色等,但还尚未有专门的文章或专著对其进行整体全面的研究。就对明清两代评点《史记》作品所做的研究而言,值得重视的有广西大学赵国安对桐城派古文家王拯编撰《归方评点史记合笔》研究的硕士学位论文《〈归方评点史记合笔〉研究》,南京师范大学周录祥的博士学位论文《凌稚隆〈史记评林〉研究》,河南大学张富春对吴见思《史记论文》研究的硕士学位论文《〈史记论文〉研究》,山东大学李淑燕的硕士学位论文《梁玉绳与〈史记志疑〉研究》等。总体而言,对《史记》评点著作的研究还是处于较为分散、零碎的状态,其系统性、全面性是远远不够的。

关于《史记》写人艺术的研究相当热门,然而却鲜有从《史记》评点角度入手进行研究的。明代评论《史记》的风气蔚为壮观,而且出现了专门评点《史

[①] 本章由朱晶晶执笔。

记》的著作,给《史记》研究打开了一个新的局面。文学复古的出现,使得《史记》的身价也随之提高,"文称左迁,赋尚屈宋,古诗体尚汉魏,近律则法李杜"(《续藏书·何景明传》),《史记》成为效法、学习的榜样。唐宋派的代表人物唐顺之、归有光、茅坤、王慎中等人,都评点或评钞过《史记》,而且取得了一定的成绩。尤其是茅坤提出了"言人人殊,各得其解"的理论,精辟地总结了《史记》高超的写人艺术手法。《史记》评点既有历史方面的,也有文学方面的,在明代尤以评文学手法最为突出。何孟春、董份、王鏊、王韦、凌约言、陈沂、茅瓒、王维桢等人都有《史记评钞》。与此同时,还出现了许多评点大家,除唐宋派几位人物外,还有钟惺、陈仁锡、金圣叹等。并且,《史记辑评》《史记评林》《百大家评注史记》等集成性著作也应运而生。由于小说的繁荣,明人对《史记》的认识也开辟了新的角度,探讨《史记》与小说的关系是前所未有的新成就。李开先、天都外臣、李贽、金圣叹、冯梦龙等人都发表过精彩的见解。其中金圣叹尤为突出,他用读《水浒传》的方法读《史记》,又用读《史记》的方法读《水浒传》,把两者紧密地结合起来,许多见解发前人所未发,令人耳目一新。

　　到了清代,更是《史记》研究的高峰期,其探讨《史记》者之多,考评方面之广,出现了前所未有的盛况。如李晚芳的《读史管见》、王又朴的《史记七篇读法》、汤谐的《史记半解》、牛运震的《史记评注》、程馀庆的《史记集说》、郭嵩焘的《史记札记》、吴见思的《史记论文》、李景星的《史记评议》等著作,对《史记》发表了许多值得重视的评论。清代研究者注意到太史公依据人物本身的个性、特质、家世、作风等不同,而运用变化的笔墨描绘了多姿多彩的历史人物的特点,对此予以评价。此外,清人还重视司马迁描写历史人物的方法,像牛运震的《史记评注》和李晚芳的《读史管见》,都提到了太史公的叙述方法具有生动感人的效果。另外,陈元域的《史记选序》、熊士鹏的《鹄山小隐文集》中也有对《史记》写人艺术方面的评论。

　　在明清众多《史记》评点著作中,本人选取《史记集说》作为主要分析论述的对象。《史记集说》是清代学者程馀庆历经十多年艰辛研读的集大成之作,其所录义章参照了《史记评林》《史记钟评》《史记测议》《史记论文》《史记评注》等著述,绝非一家之言,却独具特色,对阅读、研究《史记》很有启发。程馀庆是清代一位非常刻苦、知识渊博的读书人,他对先秦古籍尤其是史部书籍非常熟悉。他常常把《史记》同《左传》《战国策》《国语》对比起来进行评点。他的《史记集说》往往有发人所未发处,具有文字校勘精确少误、断句准确而切近

清代的《史记》研究

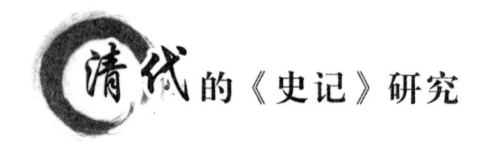

原义、集百家之说于一书的注释、品评之语有见识有文采、详备收录集说与眉批等特点,极富学术价值。

一、评《史记》之写人艺术

司马迁负盖世之才,纵观三千年历史,审阅了上自帝王将相、下至游侠医卜的整个中国古代社会群体。《史记》一百十二篇传记中,登场人物约有四千,塑造的典型形象不下百个,因而《史记》堪称中国上古历史人物画廊。司马迁依据世系、族别、身份、事类等将人物予以区别,细微传神地描摹人物个性,记录历史人物,使其各具特色,神情毕肖,极富典型化。历代学者对《史记》的写人艺术都有很高的评价。明清以来的《史记》人物点评,则偏向于对写人艺术手法的分析,提出了诸如"言人人殊,各得其解"等别具一格的见解。程馀庆《史记集说》对于司马迁写人艺术的点评,在继承前人成就的基础上,又有新的发展和深入。就其内容而言,主要有对《史记》善于塑造典型形象、善于处理"主宾关系"与刻画人物心理等方面的评价。

(一)评人物典型

《史记》自问世以来,代代不乏钻研者。然而直至古文运动兴起时的唐朝,学人才真正开始深入地从文学角度评点《史记》。紧承先驱独孤及、元结、李华、柳冕、梁肃等人,韩愈和柳宗元反对浮华靡丽的骈文,将复兴古文运动推向高潮。韩愈提出非"三代、两汉之文不可观"的主张,他在《答刘正夫书》中说"汉朝人莫不能为文,独司马相如、太史公、刘向、扬雄为之最",在《送孟东野序》中亦云"汉之时,司马迁、相如、扬雄最其善鸣者也"。[①] 柳宗元也赞赏司马迁之文,曾云:"太史公甚峻洁。"[②]可见,唐代文学家多从《史记》文章角度对其进行评价与学习。而宋元学者也多紧承唐人,要说在《史记》写人艺术的发掘上有开拓之功的,则不得不推明代的茅坤。茅坤著有《史记抄》,该书用心精到,评论肯要,且多发明。对《史记》的文学价值评价很高:"屈、宋以来,浑浑

---

① [唐]韩愈著,钱仲联、马茂元校点:《韩愈全集·文集·送孟东野序》卷四,上海古籍出版社1997年版,第202页。
② [唐]柳宗元著,曹明纲标点:《柳宗元全集·报袁君陈秀才避师名书》卷三四,上海古籍出版社1979年版,第280页。

噩噩,如长川大谷,探之不穷,揽之不竭,蕴藉百家,包括万代者,司马子长之文也。"全书凡百三十篇《史记》几乎篇篇都有评论,大多言简意赅、提纲挈领。最难能可贵的是,茅坤能发人所未发,指出"司马迁写人物,言人人殊,各得其解,譬如善写生者,春华秋卉,并中神理矣"①,率先意识到了《史记》的写人成就并且予以肯定。其评语不仅是对太史公高超写人艺术的评价,也可看作评判对史传人物是否写得好的标准。而程馀庆在《史记集说》中也收录了包括茅坤在内的各位学者关于《史记》人物艺术的评点言语。

  评点家们意识到,司马迁之所以能将他笔下的历史人物写得"言人人殊,各得其解",写谁像谁,不见雷同,没有重复,是与他丰富多彩、不拘一格的写人方法有关的。这首先体现在他善于抓住人物的典型特点进行刻画。魏际瑞在《伯子论文》中说:"人之为人,有一端独至者,即生平得力所在。虽曰一端,而其人之全体著矣。小疵小癖反见大意,所谓颊上三毫、眉间一点是也。今必合众美以誉人,而独至者反为浮美所掩。人之精神聚于一端,乃能独至;吾之精神必亦必聚于此人之一端,乃能写其独至。太史公善识此意,故文极古今之妙。"②他认为一个人的主要精神特征,往往会集中反映在某一细微之处,比如脸上的三根毛、眉间的一颗黑痣等一些看起来似乎不显眼的东西,有时却能够将"其人之全体",即主要的个性特质给反映出来。在写人物传记时,如果能抓住人的这个"一端"加以认真描写,一定能够把该人物塑造成功;反之,如果"合众美以誉人",即把这个人的所有优点一一罗列出来,冗长琐屑,毫无主次可言,那么这个人物与众不同的特点不仅不能反映出来,而且还会被"为浮美所掩",也就看不出这个人的"独至"之处了。魏际瑞的这个看法是相当精辟的。此外,他还指出,太史公最善于运用这种方法在古代传记文学的写作实践当中,所以他的作品能"极古今之妙"。的确,在《史记》中,司马迁写出了历史人物的"独至"的地方是很多的。比如飞将军李广的特点是善于骑射,因此太史公在《李将军列传》中就以此着重描写。吴见思评曰:"通篇以'射'字贯,故中间'射'字凡十二回合,而首以文帝文帝叹其不遇时,末武帝以诫其数奇,前后互挽,是一篇主意。至于序射三人处,纵马卧处,生得腾马处,大黄射裨将

---

① 引自[汉]司马迁著,[明]茅坤编纂,王晓红整理《史记抄·前言》,商务印书馆 2013 年版。
② [清]魏际瑞:《伯子论文》,王水照编:《历代文话》第四册,复旦大学出版社 2007 年版,第 3594 页。

处,皆极力摹写,如亲见之。"①通过总结多次写"射",并且精彩地再现"骑射"场景,就把李广善射的特点鲜明地表现出来。古代有很多名将,但不一定都会射箭。古代也有很多会射箭的人,但是恐怕很少有像李广那样爱好射箭的:不仅功业是靠骑射得来的,连平时的生活都和射箭有联系,射箭是他生命不可或缺的一部分。这正是李广的"独至"之所在,司马迁紧扣这点大泼笔墨,将李广和其他将领明显区别开来。

茅坤曰:"今人读《游侠传》即欲轻生,读《屈原贾谊传》即欲流涕,读《庄周》《鲁仲连传》即欲遗世,读《李广传》即欲力斗,读《石建传》即欲俯躬,读《信陵》《平原君传》即欲好士,若此者何哉? 盖各得其物之情而肆于心故也,而固非区区句字之激射者。昔人尝谓'善诗者画,善画者诗',仆谓其于文也亦然。"②他指出太史公能将形形色色的历史人物写得生动活泼,从而造成了一种极为强烈的感人效果。由此可见太史公能"言人人殊",还在于他的用笔着墨皆能符合人物风格,能造成一种艺术的渲染效果。如他写刺客用激烈文字,因"刺客是天壤间第一种激烈人。《刺客传》是《史记》中第一种激烈文字。故至今浅读之,而须眉四照;深读之,则刻骨十分。史公遇一种题,便成一种文字,所以独雄千古。"③(吴见思语);写奇人,运以恍惚怪奇之笔,"长桑君,写得惝恍奇怪,是神仙一流人,纯用疑似之笔。因扁鹊是奇伎,故益之以奇人"④(吴见思语);写忠信之人,予以醇谨文字,"史公序万石家一段,笃行至性,使人肃然生敬,不敢以无能少之。不言而躬行,是真儒术;不言而齐国大治,是真吏事。盖有感儒与吏之伪者,而以此风之也"⑤(钟惺语);写狙诈之人,则以隐忍迂曲之笔,"囵囵得妙! 千古老奸情形如见"⑥。汤谐对司马迁一篇一样的写人手法大为赞赏:"《史记》之文,一篇自有一法或一篇兼具数法。烟云缭绕处,几于勺水不漏,而寄托遥深,迷离变幻使人莫可端倪……"⑦

---

① 《历代名家评注史记集说》卷一〇九,第1251页。
② [明]茅坤:《茅鹿门先生文集·与蔡白石太守论文书》卷一,[明]茅坤著,张梦新、张大芝点校:《茅坤集》第二册,浙江古籍出版社2012年版,第196页。
③ [清]吴见思、[清]李景星著,陆永品点校整理:《史记论文 史记评议》,上海古籍出版社2008年版,第52页。
④ [清]吴见思、[清]李景星著,陆永品点校整理:《史记论文 史记评议》,上海古籍出版社2008年版,第62页。
⑤ 《历代名家评注史记集说》卷一〇三,,第1193页。
⑥ 《历代名家评注史记集说》卷一一二,第1291页。
⑦ [汉]司马迁著,[清]汤谐编纂,韦爱萍整理:《史记半解·杂述》,商务印书馆2013年版。

不惟如此,司马迁在塑造典型人物的同时,还注意描述出同类人物之间的差异,写谁像谁,不见重复,都是独具风采的"这一个"。比如描写同是见到秦始皇:项羽说:"彼可取而代也";刘邦则云:"嗟乎,大丈夫当如是也!"王鸣盛评价说:"项之言悍而戾,刘之言则津津不胜其歆羡矣。"①项羽悍勇而不把秦始皇放在眼里,刘邦却流露出对荣华富贵的向往之情,两人的心态通过他们各自的语言很形象地表现了出来。再如,信陵君、孟尝君、平原君和春申君并称战国四公子,这四人都养士三千,颇有声名。想要将四位性质相同、事迹相仿的人物区别开来,是有很大难度的。但是,司马迁善于捕捉各人不同的特点,用比较的手法,通过细致的描写将其反映了出来。李晚芳就指出:"战国四君,皆以好士称,惟信陵君之好,出自中心,观其下交岩穴,深得孟氏不挟之者,盖其质本仁厚,性复聪慧。聪慧则能知人用人,仁厚则待贤,自有一段眷慕不尽之真意,非勉强矫饰者可比,此贤士所以乐为用也。余三君,孟尝但营私耳,平原徒豪举耳,黄歇愈不足道,类皆好士以自为,而信陵则好士以为国也。"②精彩地点评了太史公抓住了魏公子"好士以为国"的特点,并且将他与"好士以自为"的其余三君子区分出来,突出了历史人物最本质的特性。此外,司马迁不仅对不同的人物写法不一,即便是对同一个人物也能写出变化。一个人由于前后事业或是性格、情绪发生了重大变化,其在不同时期表现的风貌也是不同的。太史公对此深有体会,因而能用多变的笔法全面地塑造人物形象,体现人物变化。吴见思评《韩长孺列传》云:"前半兴头事,写得鼓舞飞动,固妙。乃后半幅,韩安国退时失运,殊觉厌厌气尽,文字亦写得厌厌气尽。其奇妙如此。"③评《曹相国世家》写曹参的笔法时说:"初读曹相国战功,战胜功取,自然是坚忍豪迈一流人物;其治天下也,必以猛济。而后半清静黄老,写得优柔懦懦。为相者,若另换一种人;作文者,亦另换一种笔,岂非千古奇事,千古奇文!"④近代李景星在《史记评议》中则做了更进一步的论述:"曹相国参,前后似两截人,而太史公作世家,亦前后分两截叙。前写战功,活画出一个名将;后写治国,又活画出一个名相。似此人品,乃可称出入将相本领;似此笔法,乃能

---

① [清]王鸣盛撰,陈文和、王永平等校点:《十七史商榷》卷二,凤凰出版社2008年版,第12页。
② [清]李晚芳:《李菉猗女史全集》,《读史管见》卷二,齐鲁社2014年版。
③ [清]吴见思、[清]李景星著,陆永品点校整理:《史记论文 史记评议》,上海古籍出版社2008年版,第65页。
④ [清]吴见思、[清]李景星著,陆永品点校整理:《史记论文 史记评议》,上海古籍出版社2008年版,第35页。

清代的《史记》研究

传真正将相事业,岂非天辟异境!至前半写战功处,屡用'取之''破之''击之''攻之'等字,叠顿回应作章法,峭利森严,咄咄逼人。秦以前无此体,汉以后亦无此笔,真是千古绝调!"①曹参前期跟随刘邦四处征战,立下显赫战功,不失为一位名将;到了后期,他接替萧何为相,萧规曹随,休养生息,成为一代名相。曹参为将时骁勇善战,为相时则宽容随意,行事风格简直判若两人。太史公在写曹参这个人物时,充分注意到了他这个与众不同的特点,因此前后所用笔法完全不同,从而使其形象格外鲜明突出。

(二)评"主宾关系"

《史记》的人物传记,在形式上有单传、合传和类传;叙述传主的事迹有详有略,在描述这些事件的过程中自然会出现与传主相关的其他人物。这一类人物,在很多时候,甚至都称不上传主,他们是作为与大传主有关联的身份出现的。当然也有一些人物较为重要,地位仅次于大传主,在传中另成一附传。这些主要人物和次要人物之间的关系,可谓主宾关系。太史公在记录事件的时候,十分注意主宾之分,主是主,宾是宾,既不让主过分抑宾,也不会让宾压主。人物形象的塑造是史传作品创作中最为重要的问题,当然传主是其中的核心人物,其他人物都算次要人物,即"宾",对于他们的描写必须都要为突出传主而服务。因此作者必须在人物安排、情节处理以及场景描写等方面处理好"主宾"关系,否则史传作品将会主次不分,本质问题会被旁枝蔓节所覆盖。而读者在阅读这些作品的过程中也必须理清主宾关系,这样才能较好地理解作品,否则会捡了芝麻丢了西瓜。

司马迁在创作《史记》时运用了各种方法来表现突出传主,堪称神妙。如徐与乔评《孟子荀卿列传》云:"《孟荀传》错序十数子。序孟荀偏少,诸子偏多。序诸子斜斜整整,离离合合,每回顾孟子。传首论孟子数笔,闲闲散散,空领一篇。谓诸子之阴以利干当世而遇,孟子独不遇,故盛称诸子,却是反形孟子。不独仲尼陈蔡一笔合到孟子,即淳于以下绝不提孟子,而笔笔形孟子。开第康庄,言齐招天下贤士,此中却不见一孟子,至结处始缴一笔。盖宾主参伍变化,出没之妙,至此篇极矣。"②徐氏指出《孟荀列传》给孟子和荀子的篇幅

---

① [清]吴见思、[清]李景星著,陆永品点校整理:《史记论文 史记评议》,上海古籍出版社2008年版,第146页。
② 《历代名家评注史记集说》卷七四,第931页。

少，笔墨多下在"十数子"身上，然而却通过盛赞诸子来反衬孟子，此传宾显而主隐，却又借宾来突出主。牛运震在《史记评注》卷七中也盛赞了《孟荀列传》："此传以孟子、荀卿为主，而以孟子引端于前，荀卿收结于后，中间邹衍、淳于髡等诸子，经纬联贯，宾主厘然，分合尽致，极错综变化之妙，《史记》最奇格文字。"[1]他指出该传"宾主厘然"，即宾是宾，主是主，两者泾渭分明。很显然孟子和荀子是"主"，而邹衍、淳于髡等人是"宾"，主宾清晰且交错互叙，文章妙绝。

司马迁在塑造人物时特别喜欢以虚写实，借次要人物来烘托传主，后来的评论家对此多有精辟的概括。吴见思称其为"绿叶扶花法"，其《史记论文》评《季布栾布列传》曰："季布一传，正写处只折樊哙对文帝数语。余则借周氏、借鲁朱家、借滕公、借曹丘生，四面衬贴。而季布节概，无不出现，此绿叶扶花之法也。"[2]他在《汲郑列传》总评中也提到此法："长孺在汉廷，是第一流人物。其切直忠荩处，反借他人身上形容出来，而长孺意思情性，气概节谊，无不全现。"[3]而牛运震则称此为"借客形主法"。此种方法有些类似于反衬法，即主相当于花，宾相当于叶，通过绿叶的相衬方才更显花之娇妍；借助对"客"之描摹来烘托"主"，运实以虚，不仅能给读者以丰富的想象空间，更是将人物相貌性情活画纸上，正是太史公精意所在处。《李将军列传》曰："初，广之从弟李蔡与广俱事孝文帝。景帝时，蔡积功劳至二千石。今上时，至代相。以元朔五年为轻车将车，从大将军击右贤王，有功中率，封为安乐侯。元狩二年中，代公孙弘为丞相。"牛运震评曰："此段借客形主，引李蔡之始末侥幸至列侯三公，正极意形容李将军之不幸也，却又带出一《李蔡传》。"[4]指出太史公欲刻画李广的失意和不幸乃是从李广从弟李蔡升官入手，通过李蔡的节节高升来反衬李广仕途坎坷，对比之下愈显出李广的落寞与不幸。吴见思也折服惊叹于《李将军列传》虚处生神之妙："吾尤爱其以李将军行军方略，于程不识口中序出；广之为人，反从射虎带下；而不其侯杀降事，偶在王朔燕语点明。错综变化，令人

---

[1] [清]牛运震撰，魏耕原、张亚玲整理点校：《史记评注》卷七，三秦出版社2011年版，第184页。
[2] [清]吴见思、[清]李景星著，陆永品点校整理：《史记论文 史记评议》，上海古籍出版社2008年版，第60页。
[3] 《历代名家评注史记集说》卷一二〇，第1377页。
[4] [清]牛运震撰，魏耕原、张亚玲整理点校：《史记评注》卷十，三秦出版社2011年版，第278~279页。

莫测。"①程不识与李广皆为名将,两者具有可比性,借程不识之口叙李广之行军方略,两相比较则越发显出李广带兵的与众不同。由程不识治军森严以衬李广军之简易,借士卒多苦从程不识来衬其多乐从李广,体现了李广治军有术、平易近人。著名文学批评家金圣叹曾感叹:"夫读者而能识宾主旁正者,我将与之遍读天下之书也。"(第十二回总评)②金圣叹不仅清楚地认识到宾主关系的重要性,而且还将"宾主"理论运用于小说评点之中。如其评论《水浒传》智取生辰纲指出:杨志为主,老都管、两虞侯为宾。因此在老都管等人喝酒时,杨志不肯喝;却"下文另自写"杨志喝酒,以分清宾主,否则"将何以表其为杨志哉!"③(第十五回夹批)金圣叹也研究过通过"宾"来反衬"主"的手法,称其为"加一倍法"。《西厢记》写老夫人赖婚,张生、莺莺互相思念,随后忽然插入一段红娘的心理活动:"红娘自思:乖性儿,何必有情不遂皆似此。他自恃抹媚,我却没三思,一纳头只去憔悴死。"金评曰:"盖是深讥张生、莺莺之张致,而不觉己之张致更甚也。此等笔墨,谓之加一倍法,最为奇观。"④以宾来反衬主,有加倍之效。

  主宾关系还体现在史传的具体事件、情节之中。如《管晏列传》乃为春秋时第一流人物管仲、晏子所作之传,然而太史公并未对这二人着以浓墨重彩,而是通过鲍叔、越石父、御之妻等人的事件来突出传主。孙琮评曰:"此篇看宾主法,或主客并起,旋先客后主,或先主后客。翛然竟住,皆史公创辟之调,而笔墨超忽,情致深长。"⑤传中描写鲍叔牙对于管仲的信任、帮助是为了引出管仲得以成为齐国贤相;而叙越石父请绝、御妻责夫之事是为了引出晏子礼贤、举贤之逸事。之前所铺垫的事例都是为了服务于管仲霸诸侯之政以及晏子能荐贤。读者阅读的时候,需要分清主宾,才能更好地理解作品。我们可以将这篇列传分成管仲传和晏子传两个部分来分析。先看管仲传,该传篇首便将鲍叔与管仲并提:"管仲夷吾者,颍上人也。少时常与鲍叔牙游,鲍叔知其贤。管仲贫困,常欺鲍叔,鲍叔终善遇之,不以为言。已而鲍叔事齐公子小白,管仲事

---

① 《历代名家评注史记集说》卷一〇九,第1251页。
② [明]施耐庵著,[清]金圣叹批评:《金圣叹批评本水浒传》卷一七,岳麓书社2006年版,第261页。
③ [明]施耐庵著,[清]金圣叹批评:《金圣叹批评本水浒传》卷二〇,岳麓书社2006年版,第334页。
④ [元]王实甫著,[清]金圣叹批评:《金圣叹批评本西厢记》,凤凰出版社2011年版,第114页。
⑤ 《历代名家评注史记集说》卷六二,第817页。

公子纠。及小白立,为桓公,公子纠死,管仲囚焉。鲍叔遂进管仲。管仲既用,任政于齐,齐桓公以为霸,九合诸侯,一匡天下,管仲之谋也。"详细地交代了鲍叔牙年少时就与管仲相识,他深信管仲是个贤人,并且资助贫困的管仲。在政治斗争中鲍叔牙和管仲一个为公子小白所用,一个支持公子纠,公子纠失败身死之后管仲入狱,仍然是鲍叔牙向齐桓公求情,最后管仲得以任用,齐国富强壮大,成为一方霸主。正如程馀庆所评论的,《管晏列传》开首这段"先于此序其功,以仲之功皆叔之功也。穿插有法"①。接着下一段为管仲独白,所言句句不离鲍叔,以剖明"生我者父母,知我者鲍叔"。此后再叙管仲相齐之后的种种事迹,以及他所施行的一系列政事,最终帮助齐国成为一代霸主。再看晏子传,篇首先介绍了晏子的相关生平事迹,接着笔锋一传,引出个越石父,叙其感激晏子对他的知遇之恩却又不满晏子对他无礼。乍看之下该事件的发展似乎是在表现越石父这个人物,再往下看其实太史公最终是为了想表现晏子礼贤下士,晏子的礼贤才是"主"。晏子传中的另一则轶事,晏子马夫的妻子因不满马夫骄傲自满对他说了一番道理,马夫听后自惭形秽,收敛了先前的做派。虽然太史公于此事着以大量笔墨,但读者应该搞清楚这是"宾",它最终还是为了引出"晏子荐以为大夫"事件,因此阅读的重点在于晏子礼贤、荐贤。金圣叹对于事件、情节的"宾主"关系则有更为系统、深入的看法。他在《水浒传》第十九回总评说道:"宋江杀惜一段,此作者纡笔也。为欲宋江有事,则不得不生出宋江杀人。为欲宋江杀人,则不得不生出宋江置买婆惜。为欲宋江有事则不得不生出王婆化棺。故凡自王婆求施棺木以后,遥遥数纸,而直至于王公许施棺木之日,不过皆为下文宋江失事出逃之楔子。"②十九回夹批又说:"一路只要宋江失事……曲曲折折,层层次次,当知悉是闲文,不得亦比正文例,一概认真读也。"③明万历袁无涯刻本《出像评点忠义水浒全传》在宋江同意花钱买阎婆惜时评道:"甚得宾主轻重快省之法"。以上话语都是为了点明在宋江杀惜之前所发生的一系列事件都是楔子,最终目的是为了引出杀惜。楔子,用金圣叹的话来说就是"以物出物之谓"。在杀惜之前,作者写了大量的事由,就手

---

① 《历代名家评注史记集说》卷六二,第814页。
② [明]施耐庵著,[清]金圣叹批评:《金圣叹批评本水浒传》卷二四,岳麓书社2006年版,第406~407页。
③ [明]施耐庵著,[清]金圣叹批评:《金圣叹批评本水浒传》卷二四,岳麓书社2006年版,第423页。

清代的《史记》研究

法来说，是为纡笔。但是所有事情的发生都是为了表现后文宋江杀惜出逃，因此宋江杀惜事件才是"正文"。由于之前所叙的一系列事件并非直接服务于小说主题，而是为宋江杀惜服务的，因此它算为"闲文"，它们之间的关系是"宾主关系"。这就启示了读者要分清宾主，将阅读的焦点置于宋江杀惜这个情节上，这样才能更好地理解小说。

《史记》作为中国史传文学代表，其写人成就可谓空前绝后，为后来的评论家们提供了极为丰富的材料。俗话说，有比较才能有鉴别。不管是同类的人物还是不同类的人物，只要通过一番比较，好坏优劣立分高下。在比较的过程中，一定有一个是作者想要突出表现的人物，因此探讨其中"主"和"宾"之间的关系，有助于我们从总体上把握传记作品，从各个不同的层面分清主次，不论是对欣赏还是创作来说，都有现实意义。《史记》中关于"主宾"的评论对后来的小说评点也有积极的启发与影响。

此外，"读一部《史记》如直接当时人，亲睹其事，亲闻其语，使人乍喜乍愕，乍惧乍泣，不能自止。"[1]如此境界，是与司马迁在表现人物性格时，注意采取多种多样的方式来展现人物内心世界的态度分不开的。一方面，司马迁善于通过对人物举止的描写来展示人物心理。如程馀庆评《刺客列传》"荆轲既至燕，爱燕之狗屠及善击筑者高渐离。荆轲嗜酒，日与狗屠及高渐离饮于燕市，酒酣以往，高渐离击筑，荆轲和而歌于市中，相乐也，已而相泣，旁若无人者"曰："无故之乐，无故之悲，无限深情，令人断肠。"[2]以嗜酒和善击筑来表现侠士的深沉悲愤。又如其评《屈原贾谊列传》"至夜半，文帝前席"曰："移席就谊，悦听其语也。"[3]形象地将文帝对鬼神之事的好奇之心表露无遗。另一方面，人物独白的巧妙运用也在《史记》中多有体现。汉高祖刘邦路过故乡沛县时，酒酣击筑高唱《大风歌》："大风起兮云飞扬，威加海内兮归故乡，安得猛士兮守四方！"王世贞评曰："《大风》三言，气笼宇宙，张千古帝王旗帜。高帝哉！"[4]汉祖自灭楚之后，先后平定诛戮韩信、彭越、黥布及其诸将，雄豪自肆，有吞秦灭项之气，通过歌诗淋漓尽致地抒发了帝王的雄霸之心。徐与乔也评此

---

[1] [日]斋藤正谦语，引自[日]泷川资言《史记会注考证·总论》，万卷楼出版社2010年版。
[2] [清]程馀庆著，高益荣、赵光勇、张新科编撰：《历代名家评注史记集说》卷八六，三秦出版社2011年版，第1042页。本文所引《史记集说》皆用此版本。
[3] 《历代名家评注史记集说》卷八四，第1027页。
[4] 《历代名家评注史记集说》卷八，第178页。

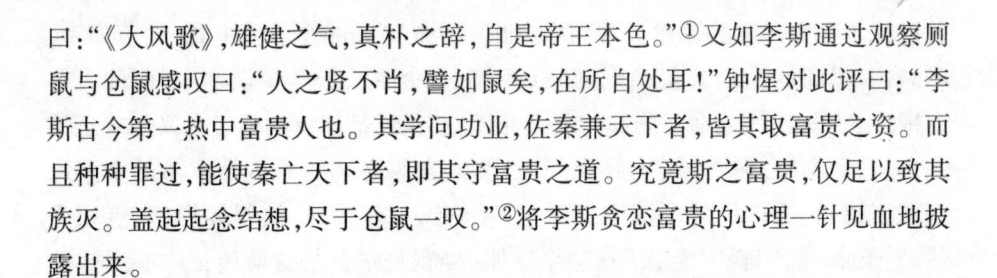

曰:"《大风歌》,雄健之气,真朴之辞,自是帝王本色。"①又如李斯通过观察厕鼠与仓鼠感叹曰:"人之贤不肖,譬如鼠矣,在所自处耳!"钟惺对此评曰:"李斯古今第一热中富贵人也。其学问功业,佐秦兼天下者,皆其取富贵之资。而且种种罪过,能使秦亡天下者,即其守富贵之道。究竟斯之富贵,仅足以致其族灭。盖起起念结想,尽于仓鼠一叹。"②将李斯贪恋富贵的心理一针见血地披露出来。

二、评《史记》之叙事艺术

明清《史记》评点从文章笔法的角度评论《史记》也获得了巨大的成就。明清评点家们大都认为《史记》叙事章法严谨,脉络清晰。对其变化多端、不拘一格的叙事手法尤为推崇。如明人茅坤曾曰:"且太史公所擅,秦汉以来文章宗者何?唯以独得其解云耳。每读其二三千言之文,如堪舆家之千里来龙,到头只求一穴。读其小论,或断言只简之文,如蜉蝣蠛蠓之生,种种形神,无所不备。读前段,便可识后段结按处,读后段,便可识前段起按处。于中欲损益一字一句处,便如于匹练中抽一缕,自难下手。此皆太史公所独得其至,非后人所及。"③他指出了司马迁善于运用围绕中心、首尾相互呼应的叙事方法。为了更好地说明《史记》的这种有重点、有中心的叙事方法,评点家们独具只眼,运用了"眼目"一词对此进行说明。

(一)评文章"眼目"

所谓"眼目",其实为文章关键之处或点睛之处。"眼目"对于一篇文章来讲,其重要性就好比眼睛之于人的脸部,至为紧要,是看文章是否灵动的关键之处。作者写文章时要扣牢"眼目",读者观文章时也要紧抓"眼目"。程馀庆的《史记集说》中涉及了不少与"眼目"相关的精彩评论,下面试举几例。

牛运震评《史记·外戚世家》时,就特别抓住了一个"命"字,其曰:"按一命字,通篇眼目。"④他认为命运之"命"为《外戚世家》整篇主旨所在。钟惺对

---

① 《历代名家评注史记集说》卷八,第183页。
② 《历代名家评注史记集说》卷八七,第1070页。
③ [汉]司马迁著,[明]茅坤编纂,王晓红整理:《史记抄·附读史记法》,商务印书馆2013年版。
④ [清]牛运震撰,魏耕原、张亚玲整理点校:《史记评注》卷六,三秦出版社2011年版,第142页。

此进行了更为详细的评述:"总序中突出一'命'字,遂作全篇主意,逐节序事,不必明言'命'字,而起伏颠倒,倒隐然有一'命'字,散于一篇之中,而使人各自得之。"①指出人之命运隐隐与天命相照应,是通篇文章的中心。又如牛运震在评《吕后本纪》时,敏锐地发现刘、吕两大家族之间的斗争是本篇的重点所在:"王诸吕、诛诸吕是一篇大关键,吕氏刘氏一篇眼目,故屡屡提掇,点缀生情。"②他抓住"吕氏""刘氏"这两个字眼,确实是掌握了这篇传记中心思想的关键。再如《史记·廉颇蔺相如列传》中的"完璧归赵"事件,其起因、经过、高潮、结果都与和氏璧有着莫大关系,所以程馀庆评曰:"因'完璧'二字,遂一路写'奉璧''授璧''持璧''得璧''求璧''取璧''破璧''送璧''上璧',归至'怀璧''归璧'而止,多少错落。"③还有以事件为眼目的,比如对于《魏公子列传》,《史记评注》从文中截取了几个句子,如"遂救邯郸,存赵""公子独与客留赵""赵孝成王德公子之矫夺晋鄙兵而存赵""公子竟留赵""公子留赵""公子留赵十年不归""秦闻公子在赵"等,然后评曰:"存赵、留赵,连出之,勾勒呼应,眼目极分明。"④《史记》有些篇章中,贯穿全文的眼目是传主的爱憎、喜好或性格。最典型的是《伍子胥列传》。再如茅坤评《张耳陈余列传》曰:"此篇以张耳陈余之交为精神眼目,故序其始为刎颈之交,其后瑕衅相杀处更工。"⑤此传确实是以张耳、陈余二人之分合来展开叙事的,将此二人之交情作为全篇眼目是再恰当不过了。

刘熙载认为:"揭全文之旨,或在篇首、或在篇中、或在篇末。在篇首,则后必顾之;在篇末,则前必注之;在篇中,则前注之、后顾之;'顾''注',抑所谓文眼者也。"⑥眼目、关键和作骨既有相似之处,也有所不同。既然是作骨,就起到全文的纲领性作用,有统领全文的作用。而眼目、关键,则彰显了人物实践的个性所在,对眼目进行揭示能够让读者在阅读文章时迅速抓住文章的关键,理清文章结构,从而更好地理解文章。

---

① 《历代名家评注史记集说》卷四九,第724页。
② 《历代名家评注史记集说》卷九,第196页。
③ 《历代名家评注史记集说》卷八一,第992页。
④ [清]牛运震撰,魏耕原、张亚玲整理点校:《史记评注》卷八,三秦出版社2011年版,第193页。
⑤ 《历代名家评注史记集说》卷九一,第1087页。
⑥ [清]刘熙载撰,袁津琥校注:《艺概注稿·文概》卷一,中华书局2009年版,第182页。

(二)评"合传法"

为了扩大记叙容量,也为了达到"通古今之变,成一家之言",太史公运用合传的方法整合历史人物,将具有相似遭遇,或联系密切的人物安置于合传之中。同时,又通过对比的艺术手法突显出人物形象的个性。这种同中存异、异中有同的创造性手法充分展示了太史公敏锐的观察力和高超的归纳能力。

纵观《史记》合传,我们大致可依据其结构分为单线结构、双线结构与多线结构三种。所谓单线结构,是指合传传主因其身份、性格等方面的相似性而被合为一传,其生平交集不大,基本不牵涉于同一件事情之中。如《白起王翦列传》,白起、王翦因同为武将,并立下赫赫战功而合为一传。文章对二人事迹采取分而叙之的方法,且皆先略述人物平生功业,后择一战详述之而显其将才。白起传先以简略笔法述白起三十余年所立功绩,之后对白起一生中的最后一战,也是他一生中最辉煌的一战——长平之战进行了详细的描写。王翦传亦是如此,先快节奏略述其平定赵、魏、燕,败楚的诸多功绩,之后慢节奏详述其平定荆楚一役的曲折过程。吴见思在《史记论文》中说:"此两传,俱用一样笔法相对。前边战功,一顿点过,白起只抽长平一事,王翦只抽破楚一事,姿态色泽,抑扬变化,各臻其妙。"[①]所谓双线结构,亦可称为双水合流。所传传主牵涉于同一事件中,故采用交叉叙述的方法。许多历史人物之间关系纠结错杂,仅靠单笔显然不足以表现,因此司马迁采用双线结构,使传记结构不主故常,时出新意。如《范雎蔡泽列传》叙范雎,先只写到他在秦国尊贵已极,即由盛转衰的关键时刻——范雎所荐之将军郑安平为赵所围而降,所荐之太守王稽通诸侯而诛,按律,范雎亦应受荐人不当之罪,而秦昭王免其罪而赐之益厚,然而对范雎荐人不力不无微词,范雎因此心中既惭且忧。叙述至此,暂且搁笔,而以"蔡泽闻之,往入秦也"一句转入蔡泽传。写蔡泽善于把握时机,劝解范雎早日功成身退。因而范雎免相之过程正是蔡泽拜相之过程,将二人传记连在一处,正得其妙。李景星在《史记评议》赞曰:"《史记》合传之最自然者,无过范雎、蔡泽传。得力处在昭王临朝叹息,至'蔡泽闻之,往入秦也'一段,叙范雎未了,

---

[①] [清]吴见思、[清]李景星著,陆永品点校整理:《史记论文 史记评议》,上海古籍出版社2008年版,第45页。

忽入蔡泽，过接联络，妙合无痕。"①又如《张耳陈余列传》，文章开头并列叙述张、陈二人，因其二人本就一同发迹，关系密切。之后二人行事更是若为一体：秦灭魏，求购二人头，两人之陈，隐忍以待大事。后写二人因矛盾而成仇，由合始分。二人的主要事迹始终纠缠在一起，难以分而叙之。吴见思在《史记论文》中说："独此传则两人出处同、事业同、即后来构怨亦同，故俱以一笔双写，安章顿句，处处妥帖，而无东枝西梧之病，岂不独雄千古哉！"②李景星在《史记评议》中亦云："张耳、陈余传，以'由此陈余、张耳遂有郄'句，为通篇之关键以上步步写其合，以下步步写其离，活画出一副势利交情态。"③所谓多线结构，亦可谓多水合流，即两个以上历史人物合传，且传主皆处于同一历史背景之中，联系密切。如《魏其武安侯列传》即为典型。吴见思评此传："然使三人合传分作三截，各为一章，犹不称好手。他却三人打成一片，水乳交融，绝无痕迹。如入田蚡，紧接魏其；先序魏其，带出灌夫，其神理可见。"④本传后半截写三人矛盾之激化，尤能显示太史公叙事条分缕析、一丝不乱而人物神情备现的卓越才能。且看酒宴一幕，传中说，田蚡娶妻，窦婴不自爱，强与灌夫往贺。灌夫为窦婴悻悻不平，给田蚡敬酒，田蚡推却，因此怒气难遏，大骂临汝侯窦贤撒气，辱及李广、程不识二位将军。使酒坐骂，搅了婚宴，田蚡趁机数罪并罚，收捕灌氏一族。窦婴为救灌夫，上书武帝，武帝让诸大臣廷辩，廷辩未果，王太后撒泼，武帝无奈，将灌夫弃市，窦婴亦因矫诏弃市，不久田蚡亦因二人鬼魂索命，病死。起初可谓你方唱罢我登场，纷纷乱乱，最后却"好一似食尽鸟投林，落了片白茫茫大地真干净！"（曹雪芹《红楼梦》）千头万绪结于一鬼报。

为了表现历史人物以及表达对历史的认识，不仅需要好的传记结构，亦需要运用多种方法刻画人物形象。《史记》合传中刻画人物的方法主要有主题统摄、传主对比等方法。其一，司马迁常运用主题来统摄《史记》中的合传，使那些表面上看起来无社会关系的人物，根据其某种内在联系而集为一传。使那些有实际联系的人物的某种社会关系更加明朗化。明代陈仁锡的《陈评史记》

---

① ［清］吴见思、［清］李景星著，陆永品点校整理：《史记论文　史记评议》，上海古籍出版社2008年版，第169页。
② ［清］吴见思、［清］李景星著，陆永品点校整理：《史记论文　史记评议》，上海古籍出版社2008年版，第54页。
③ ［清］吴见思、［清］李景星著，陆永品点校整理：《史记论文　史记评议》，上海古籍出版社2008年版，第178页。
④ 《历代名家评注史记集说》卷一一七，第1235页。

说:"子长作传,必有一主宰。"主宰就是主题。专传的主题通过阅读全文即可发现,类传的择传标准在其标题和开篇序言中即可明见,如《循吏列传》,一个"循"字点明本法循理的主题。合传的主题,则需将传中人物综合比较之后方可明了。如《范雎蔡泽列传》二位传主皆有"多相"行为,这是二人合传的条件之一,也是本文的主题所在。正如汤谐在《史汉半解》中说:"范雎夺穰侯于方盛之时,故数年而后得;蔡泽夺范雎于自危之候,故立谈而已解。一边极写夺之之难,一边极写夺之易,情势相反,而立谈节奏乃与数年曲折一一相称,斯合传之一奇也。"①其二,传主对比。合传传主大多平等叙列,按照相类相关性组合在一起,又要存同求异,通过对比凸显人物个性。如《魏其武安侯列传》中,窦婴、田蚡皆为外戚,窦婴为窦太后子侄,田蚡为王太后同母弟,二人先后贵极一时,然窦婴、田蚡为人绝不相类。姚苧田在《史记菁华录》中说道:"田蚡借太后之势以得侯,魏其诎太后之私以去位,此一大异也;田蚡贵幸,镇抚多宾客之谋,魏其赐环,投身赴国家之难,此二大异也;田蚡居丞相之位,不肯诎于其兄,魏其受大将之权,必先进乎其友,此三大异也;田蚡之狗马玩好,遍征郡国而未厌其心,魏其之赐金千斤,尽陈廊庑而不私于己,此四大异也;魏其以强谏谢病,宾客语之莫来,田蚡以怙势见疏,人主摩之不去,此五大异也;凡此之类,皆史公著意推毂魏其,以深致痛惜之情;而田蚡之不值一钱,亦俱于反照处见之矣。"②

三、评《史记》的其他内容

《史记集说》中所搜罗的《史记》评点还是较为驳杂、细碎的,除了写人艺术和叙事艺术之外,也包括了其他方面的内容,其中一些评点还是值得玩味的,本节选取其对赞语的评论及"十表"评论重点进行论述。

(一)评赞语

对《史记》"太史公曰",前代早有评论,但褒贬不一,如唐代司马贞《索隐》便讥刺太史公论赞褒贬不当,于是另做一百三十篇述赞赘于简末。清代对《史

---

① [汉]司马迁著,[清]汤谐编纂,韦爱萍整理:《史记半解》卷二,商务印书馆2013年版,第177页。
② [汉]司马迁著,[清]姚苧田编纂:《史记菁华录》卷五,上海古籍出版社2007年版,第170。

清代的《史记》研究

记》论赞却分外重视,曾国藩、邵晋涵、章学诚、汪越、李晚芳、吴见思、方植之、林云铭等人对此均有评价,而牛运震的评论尤其受程馀庆重视。首先,牛氏评论《史记》涉及其作用、褒贬、风格等多样式的评价。如《五帝本纪》为《史记》之开篇,在对该篇评论时中,牛运震便指出:"《五帝纪赞》,妙在意多而文简,尤妙在意属而文断。用笔灵活处,往往意到而笔不到,辞了而意不了。序中夹断,承中带转,正有吞吐离合若断若续之妙。"① 再是对论赞之褒贬《评注》亦有涉及,如评《酷吏列传》:"赞语与列传意义各别。列传多深疾酷吏之词,满腹痛愤,赞语却摘酷吏之长以为节取。此褒贬之互见,而抑扬之并出者也。"牛氏还指出了论赞丰富多样的风格:穆然敦古、风神逸绝、肃重高古、修洁遒古、曲宕回翔、古拗劲折、精微淡远、顿逸风神、抑扬尽致、吞吐往复、沉悍绝伦、倔强疏挺、平淡萧疏、参差奇崛、傲岸悠肆。

(二)评"十表"

《史记》中的十表主要用以记载历史人物的功绩,表达的是一种"通古今之变"的思想。每篇表的序言堪称是精辟的史论。然而直至清代,十表之价值才受到学者的普遍关注。当时,出现了专门研究十表的文章和著作。主要有汪越撰、徐克范补《读史记十表》,桐城派方苞《书〈史记十表〉后》和《书〈史记·六国年表序〉后》,牛运震《史记评注》中的评十表,梁玉绳《史记志疑》有近三分之一篇幅是对十表的考辨,以及潘永季《读〈史记〉札记》也多有对十表的评价。程馀庆的《史记集说》中汇集了不少前贤今哲对《史记》十表的零散评论,对研究《史记》十表有着重要作用和价值。就其内容而言,主要有评表序、解释表名、评十表价值等。

首先,对于十表开头的"序论",明清学者也颇为关注,他们发表了不少对于"十表"表序的评价,其中不乏溢美之词。如有评笔法古奥、序列如画的:

> 气古、法古、笔古,《十表》序中此为第一。(储欣评《汉兴以来诸侯王年表》)②
>
> 至前后序诸国形势,丝毫毕现,尤胜图画。(林云铭评《汉兴以来诸侯

---

① 《历代名家评注史记集说》卷一,第15页。
② 《历代名家评注史记集说》卷一七,第250页。

王年表》)①

《汉兴以来诸侯王年表》以周事发端,提出周因封国太多而削弱自己的实力,汉代有鉴于此,因而削弱诸侯势力。整篇表序以"形势强弱"为主脑,内容主要分为汉初制度和汉武近事,内容之间相互照应,文辞古朴,将汉代诸侯的形势展现无遗,甚至胜于图画。有评首尾呼应,文法谨严的:

> 通篇全以慨叹作致,而层层回互,步步照顾,节节顿挫,如龙之一体,鳞鬣爪甲而已。而其中多少曲折变化,即龙亦有不能自知者,此所以为神物也。(吴见思评《高祖功臣侯者年表》)②
>
> 此篇前伏眼,中分应,后总点、总束,篇法最为时艺之族。(魏茹古评《高祖功臣侯者年表》)③

《高祖功臣侯者年表》主要记载了帮助刘邦打天下被封侯的143人,以及其封国、封地在几十年内逐步走向灭亡的史事。表序中处处可见相互对应之句,如"何必旧闻"与"异哉所闻"相应、"岂非笃于仁义,奉上法"与下文"身无兢兢于当世之禁"句相对。明清学者敏锐地意识到太史公这是在委婉地批评汉朝统治者以威力取天下,"猜忌横生而待功臣最薄"的秉性。由于司马迁身在当朝而不便明言,因此下笔曲折斡旋,层层回互。还有评司马迁以反笔作文,长于讥刺的:

> 正文序事,只引推恩一诏,略赞数语便住。寥寥冷冷,与《三王世家》亦止截分封三诏,详略不同,而事与文法正同。(吴见思《建元以来侯者年表》)④
>
> 子长之言,似颂似讽,读者可以洞悟。(《建元以来王子侯者年表》程馀庆按语)⑤

《建元以来侯者年表》主要列举了汉武帝元光年间至太初年间分封功臣为侯的

---

① 《历代名家评注史记集说》卷一七,第250页。
② 《历代名家评注史记集说》卷一八,第253页。
③ 《历代名家评注史记集说》卷一八,第253页。
④ 《历代名家评注史记集说》卷二一,第283页。
⑤ 《历代名家评注史记集说》卷二一,第283页。

清代的《史记》研究

情况。序言指出汉武帝为剿灭匈奴,不得以举兵征伐,成功之后又不得不分封功臣,然而分封功臣又恰好是汉武帝最为忌讳的。表序即将汉武帝的心病巧妙地展现出来,寓讥刺于不动声色之中。《建元以来王子侯者年表》列举了主父偃建议汉武帝实行"推恩令"的过程。"推恩令"的推行看似体现了汉武帝广封子弟的宽广胸襟,实则彻底削弱了割据势力,体现出他"高明"与"阴险"。程馀庆在按语中指出司马迁貌似写武帝施行的是"推恩"政策,语言中却暗含讽刺。

其次,《史记》十表中有些地方表名与实际情况不符,有人认为是衍文,有人则认为是误笔。如遇表名与情况不符,则要对表名的由来进行解。如《六国年表》虽名为记载六国之事,实则也包含了不少秦国的事件。茅坤即指出了破除这种矛盾的关键,他评《六国年表》曰:"予观太史公所撰次《五帝》《三王纪》甚无经纬处,而《秦记》独详,颇疑之。及读《六国年表》,乃知古史藏周室,为秦所灭,而《秦记》独得不废,故太史公本之,非独表六国,而于秦之本末,尤擘画可诵焉。"①秦一统天下后,烧毁了六国史书,甚至连周室所藏的史籍也不可复得,唯独存有《秦记》,因此司马迁依据《秦记》来书写六国时事,所以在《六国年表》中对于秦事本末,也记载详尽。杨慎也说:"六国俱为秦所并,故以读《秦记》发端。"②方苞则说得更为明白:"篇中皆用秦事为经纬,以诸侯史记及周室所藏,尽灭于秦火,所表见六国时事,皆得之《秦记》也。"③

最后,司马迁作十表是把不同时代中繁复的历史事件,按时间前后对照清晰地罗列出来。对于太史公所创制的十表,不少明清学者予以评论、探讨其价值与意义。赵恒评《十二诸侯年表》时说道:"表自共和讫孔子,而序论则推本王道之衰自厉王,而后共和行政,以致五霸迭兴,诸侯恣行也。孔子欲明王道,故次《春秋》,为七十子之徒口授其传指,左丘明所以因之而作传,《左氏》《国语》是也。后之学《春秋》者,岂其然哉?或断其义,或骋其辞,或取年月,或隆其神运,则其辞略,各有所得,有所遗。所以不可以一览而得其要,此十二诸侯之谱所由作也。然不过祖述《春秋》《国语》,学者所讥盛衰大旨,而表见之云尔。《春秋》之法,约其辞文,去其烦重,太史公之谱,亦惟删取其要而已,所谓有可损而不能益也。删字重看,删繁就要,然后成学治古文者,可以一览而得

---

① 《历代名家评注史记集说》卷一五,第239页。
② 《历代名家评注史记集说》卷一五,第239页。
③ 《历代名家评注史记集说》卷一五,第239页。

其要,不为难矣。"①《十二诸侯年表》记载了公元前90年至公元前499年间鲁、齐、晋、秦、楚、宋、卫、陈、蔡、曹、郑、燕、吴十三诸侯国所发生的大事以及孔子生平历聘之事。赵恒的这段话介绍了太史公作《十二诸侯年表》的原因:后世学《春秋》者有的看重道义,有的偏爱文辞,有的只取年月,甚至有的迷信所谓"神运",杂芜不齐,使人无法一眼望去就能明白其所想表达的要点。因此司马迁效法《春秋》"约其辞文,去其烦重"的精髓,创制此表,删烦就简,旨在"可以一览而得其要"。赵恒高度赞同了这种"删字重看,删烦就要"的治古文学方法。牛运震则认为十表能够补纪传之不足。他认为刘知幾拿"得不为益,失不为损"的话来批评《史记》的作表是非常不恰当的,指出太史公凭其功力,使史表成为虽无华丽言词却序事清楚明晰的好文章。朱鹤龄评《汉兴以来将相名臣年表》曰:"太史公《史记》,帝纪之后即有十表、八书,表以纪治乱兴亡大略,书以纪制度沿革之大端,班固改书为志,而年表视《史记》加详焉。盖表所由立,昉于周之《谱牒》,与纪、传相为出入。凡列侯、将相、三公、九卿,其功名表著者,既系之以传,此外大臣无积劳亦无显过者,传之不可胜书,而姓名、爵里、存没、盛衰之迹,要不容以遽泯,则于表乎载之;又其功罪事实,传中未有悉备者,亦于表乎载之。年经月纬,一览瞭如。作史体裁,莫大于是。范晔、陈寿而下,年表皆在所略,不知作史无表则立传不得不多,传愈多,文愈繁,而事迹或反遗漏而不举。欧阳公知之,故其撰《唐书》,于表独详,始复班、马之旧章云。"②朱氏的这段话表明,表的优点还在于可以将历史上无功无过但又必须记备在案的人物保存下来,省去大量篇幅以集中精力把主要笔墨花在富有特点值得大书特书的人物身上。且表的形式以年为经,以月为纬,让人一眼看去便清楚明了。他还举例说范晔、陈寿作史因为忽略了年表而不得不多立传,殊不知"传愈多,文愈繁,而事迹或反遗漏而不举",反而吃力不讨好。同时表扬欧阳修学到制表的精义,其所撰《唐书》于表独详。吕祖谦评《汉兴以来将相名臣年表》时也谈到了十表的重要价值:"《史记》十表意义深宏:《三代世表》以世系为主,所以观百世之本支也;《十二诸侯年表》以下,以地为主,故年经而国纬,所以观天下之大势也;《高祖功臣侯者年表》以下,以时为主,故国经而年纬,所以观一时之得失也;《汉兴以来将相名臣年表》以大事为主,所以观君臣

---

① 《历代名家评注史记集说》卷一四,第233~234页。
② 《历代名家评注史记集说》卷二二,第296页。

之职分也。"①他认为《史记》十表分"年经国纬"与"国经年纬"两种,阅览表格不仅能够轻易地观察天下大势,而且可以辨别得失。此外史表记载了历史上的大事件,可以反映出历史人物的职分与作为。

　　《史记集说》是清代学者程馀庆历经十多年艰辛研读《史记》及相关论著后所作的集大成之作。其所录文章参照了《史记评林》《史记钟评》《史记测议》《史记论文》《史记评注》等著述,绝非一家之言,却独具特色,对阅读、研究《史记》很有启发。首先,《史记集说》文字校勘精确少误,是比较可靠的研究《史记》评点的本子。其次,《史记集说》具有集百家之说于一书的注释,既汲取前人成果,又融入自己的见解,注释精确简练。第三,程馀庆的品评之语,富有自己的主张见识,对经典不盲从迷信,且富有文采,善于抓住关键的句、字,用精练的语言、概括性的评论,对读者有很大的指点启发作用。总之,《史记集说》是一部研究《史记》的集大成之作,必将对于《史记》研究起到应有的作用。

---

①　《历代名家评注史记集说》卷二二,第294页。

桐城四祖与《史记》[①]

　　文人因相似的创作主张,或相似的创作风格而形成文学流派。中国古代文学流派可谓多如牛毛。从魏晋时期的建安七子、竹林七贤,到后来的初唐四杰、盛唐田园诗派、山水诗派、大历十才子、江西诗派、常州词派……文体之多,风格之丰富令人目不暇接。然而像清代桐城派那样声势浩大、影响深远的却为数不多:桐城一派历时二百余年,影响范围波及全国各地。某些文风尤盛的地区甚至出现了由其派生而出的、声名卓著的流派分支,如湘乡派、阳湖派等。桐城派的成员现在可查的大约有1 200位左右,不仅人数多,文人身份也多种多样,其中不乏女性和外国友人。名声越大,争议越大,相应的,也很少有流派如桐城派那样背负了那么多的荣誉和毁誉:称颂者赞其为清代文坛第一大派,认为"清代文论以古文家为中坚,而古文家之文论又以'桐城派'为中坚。有清一代的古文,前前后后殆无不与桐城生关系。"[②]可谓"天下文章,出于桐城"。诋毁者则说它是"谫陋庸词""桐城谬种",是高等八股、变形八股。两种评论历代有之,可谓旗鼓相当。然而无论褒贬,都体现了文人学者对桐城派的关注。所谓同声相应同气相求,在时空纵横上产生如此深刻影响的桐城派,归属其下的文人又有什么共同点呢? 笔者在接触桐城文人的集子时,发现桐城派,尤其是桐城四祖与《史记》有着非常密切的关系,这一有意思的现象引起了笔者的兴趣。一个是史传文学的巅峰,一个是清代散文的主流,它们之间能有什么样的关系,又是什么把它们串在一起的呢? 为回答这些问题,笔者试着从以下三个方面寻找切入口。其一,桐城文人自道其对《史记》的爱慕、推崇。如戴名世在《与王云涛书》中曾说:"盖田有(戴名世,字田有)少好左氏、太史公

[①] 本章由冯丽君执笔。
[②] 郭绍虞:《中国文学批评史》,上海古籍出版社1979年版,第627页。

书,亦欲有所撰著。"①又在《与刘言洁书》中说:"窃以为文之为道,虽变化不同,而其旨非有他也,第在率其自然而行其所无事,……此自左、庄、马、班以来,诸家之旨未之有异也。"②方苞在《古文约选序例》中说:"盖古文所从来远矣,六经、《语》《孟》,其根源也。得其支流而义法最精者,莫如《左传》《史记》。""三传、《国语》《国策》《史记》为古文正宗。""序事之文,义法备于《左》《史》。"③刘大櫆师承方苞,姚鼐又就学于刘大櫆,这种对《史记》的深情厚谊也在他们师生间传承。刘大櫆引用他人的话自称是"古之杰魁之士庄周、司马迁复生于世。"④姚鼐在《翰林论》中说"善叙史事若太史公、班固";又"为纪传者亦多矣,而司马迁、班固为首。"⑤诸如此类论述,在四祖的集子中俯拾皆是、不胜枚举。其二,桐城文人关于《史记》篇章的评点之作非常丰富。单篇论文如戴名世有《范增论》《魏其论》《书货殖列传后》,方苞有《书封禅书后》《又书封禅书后》,刘大櫆有《读伯夷传》《读万石君传》,姚鼐有《李斯论》等等。著作则有方苞的《史记精华录》、姚鼐笔记中专论《史记》的部分、王兆符的《史记评》、王又朴的《史记七篇读法》、吴敏树的《史记别钞》、张裕钊的《史记读本》、吴汝纶的《点勘史记读本》、郭嵩焘的《史记札记》等等。其三,同时代的文人及后人常把桐城派文人及其作品和司马迁与《史记》相提并论。如清人尤云鹗说:"昔人称文章之逸气,三代以后,司马子长得之,后惟欧阳永叔得之。余谓历南宋至元、明迄今日,惟先生(戴名世)得之。"⑥桐城派中其他人亦常获得相似评论。如有人评方苞:"先生之文,循韩、欧之轨迹,而运以《左》《史》义法,所发挥推阐,皆从检身之切,观物之深而得之。"⑦评刘大櫆:"然其近作,郁情逸气,俱从熟读《太史公》来。"⑧以此反推可知,桐城四祖确实学习过《史记》的为文之法。《史记》是记事文的杰出代表,是古代散文发展的一个高峰,故而受到了作为散文传人的桐城派文人,尤其是桐城四祖的青睐。他们推崇、研究《史

---

① [清]戴名世著,王树民编校:《戴名世集·与王云涛书》卷一,中华书局1986年版,第16页。
② [清]戴名世著,王树民编校:《戴名世集·与刘言洁书》卷一,中华书局1986年版,第5页。
③ [清]方苞著,刘季高校点:《方苞集·集外文》卷四,上海古籍出版社1983年版,第613页。
④ [清]刘大櫆著,吴孟复标点:《刘大櫆集·与某翰林书》卷三,上海古籍出版社1990年版,第111页。
⑤ [清]姚鼐:《惜抱轩全集·文集》卷一,中国书店出版社1991年版,第4页。
⑥ [清]戴名世著,王树民编校:《戴名世集·附录·尤云鹗跋》,中华书局1986年版,第454页。
⑦ [清]方苞著,刘季高校点:《方苞集·附录二·诸家评论》,上海古籍出版社1983年版,第903页。
⑧ [清]刘大櫆著,吴孟复标点:《刘大櫆集·附录四·海峰诗集卷首》,上海古籍出版社1990年版,第628页。

记》,把它当作学习的楷模、为文的典范,从中汲取写作的原理,并把从《史记》中学到的文章笔法上升到理论的高度。需要说明的是桐城四祖名称的由来。首先,桐城三祖这一称号是与桐城派同步诞生的,指创始人方苞、发扬光大者刘大櫆及集大成者姚鼐。历来人们一提起桐城派,用得最多的就是桐城三祖了。然而,事实上,戴名世也是桐城派的中坚。戴名世之所以长期以来为人讳言,主要基于时代原因。众所周知,清代文字狱肆虐成灾,戴名世仅因在作文中提到了南明的年号,就被诬为大逆不道,身陷《南山集》案而遭亡命。因此受累的文人达百人之多,方苞也身在其中。因而,当时文人根本不敢在公众场所提及戴名世,更不要说是把戴名世列为桐城派的鼻祖了。值得庆幸的是,当代学人已认识到了戴名世的价值,想要通过文章恢复戴氏的名誉和地位的学者也大有人在。如贺珏杰写作了《南山及其思想的初步考定》[1]、许总有《论戴名世及其在桐城派中的地位》[2]、钟扬有《论戴名世与桐城派之关系》[3]、周中明先生的《应恢复戴名世桐城鼻祖的地位》[4]从五个方面详尽地论述了把戴名世列为桐城派鼻祖的缘由:一是戴名世首先竖起了"振兴古文"的大旗;二是戴名世的古文创作杰出,并在他的周围形成了一个作家群,为桐城派的创立奠定了雏形;三是方苞的古文成就与戴名世的栽培分不开;四是戴名世奠定了桐城派以程朱理学为道统,以司马迁、韩愈、欧阳修、归有光等为代表的古文文统;五是桐城派与戴名世的文学主张一脉相承。因客观事实的需要,笔者认为用桐城四祖替代三祖作为研究桐城文学的主要对象已是势在必行的了。

虽则桐城四祖在桐城派,乃至整个清代文章学史上占据了难以匹敌的地位,然而毋庸讳言的是,桐城四祖虽不乏言之有理的理论建树,但就总体而言,其创作成就并不高。那么,是什么造成了桐城四祖理论与创作的分离呢?这与《史记》又有什么关系呢?为了解答这个问题,笔者尝试借鉴日前方兴未艾的接受美学理论对桐城四祖与《史记》做较为深入、细致的分析,并试图从中窥见《史记》在中国传统散文理论与创作体系中所起的作用,进而把握桐城派散文理论与创作的承袭演变及清代古典散文的兴衰轨迹。

---

[1] 贺珏:《戴南山及其思想的初步考察》,《安徽史学通讯》1959年第4、5期合刊,第1~28页。
[2] 许总:《论戴名世及其在桐城派中的地位》,《江淮论坛》1984年第2期,第105~111页。
[3] 钟扬:《论戴名世与桐城派之关系》,《安庆师院学报》,1985年第4期,第49~57页。
[4] 周中明:《应恢复戴名世桐城派鼻祖的地位》,《安徽大学学报》1994年第3期,第55~62页。

清代的《史记》研究

一、接受的背景与动机

为文之初,横亘在笔者心头的问题是:桐城四祖为什么对《史记》情有独钟?他们对《史记》的接受是偶然的,还是必然的?为解决这些问题,探寻桐城四祖对《史记》的接受背景与动机便成了我们的首要任务。

(一)意欲存明代之史

"意欲存明代之史"是桐城四祖接受《史记》的心理诉求。《史记》是文学与历史的完美结合,尤其是在史学领域,《史记》无论在编纂体例、编纂原则,还是写作手法上都是史学家研究、学习的榜样,后世的史学著作无不受其影响并从中撷取营养。正是从这一意义上说,某朝代史学的兴盛,尤其是私家修史的繁兴,必然伴随着当时文人对《史记》的接受。所以想要了解清代桐城四祖对《史记》的接受,不妨先看看清代史学的概况。

清代的史学颇为活跃。初期,官修史即有清太祖、太宗、世祖三朝实录,这些实录皆据上谕朱批奏折、起居注及其他宫中档册排比而成,具有很高的史料价值。其后,清廷又开国史馆,预修三朝国史。私修史则更是繁荣。就作品而言,就历代史而言,有马骕的《绎史》和《左传事纬》,李清、吴任臣的《南北史合注》《南唐书合注》《十国春秋》,徐乾学的《资治通鉴后编》等等。就当代史而言,则有朱彝尊的《经义考》、顾祖禹的《读史方舆纪要》、顾炎武的《天下郡国利病书》《肇域志》、梁份的《西陲今略》、刘献廷的《广阳杂记》、孙奇逢的《理学宗传》、黄宗羲的《明儒学案》、王夫之的《读通鉴论》《宋论》等等。上述史书涉猎经籍源流、地理沿革、方志谱牒、学术盛衰,无所不包,无所不有。其中,最值得一提的是明史的编纂,仅专记明清更迭史事的就有计六奇的《明季南略》与《明季北略》、温睿临的《南疆逸史》、黄宗羲的《行朝录》与《海外恸哭记》、王夫之的《永历实录》、顾炎武的《圣安纪事》、钱澄之的《所知录》、邵廷采的《东南纪事》、杨英的《先王实录》……不胜枚举。如此之多的私撰明史,其内容翔实,体裁多样,不仅可以补后之官修《明史》的阙略,而且也是对正史官修旧规的有力挑战。明史修撰之风一直绵延到桐城派文人活跃之时,桐城派中自然不乏热心于明史修撰的文人。这些文人虽未生于明清鼎革之际,亦无当时文人的夷夏严防,但他们中却不乏以修明史自任者,大多具有强烈的著史意愿。①其次,想要总结历史经验教训。史学发展到清代已达到了一个很高的程度,清史学家们往往有着强烈的社会责任感,他们欲借修明史来追叙一代兴亡的原因。如戴名世的《左忠毅公传》以左光斗的政治生涯为线索,展现了万历天启间天子怠荒、太监专权、朝政日非、国势日削的政治形势,揭露了明朝一步步地走向衰亡的历程。而《弘光朝伪东宫伪后及党祸纪略》写的是南明弘光朝朝政混乱、腐败的情形,表明乱由内起,其为清统治者一举扫平也在所难免。最后,有些遗民想要通过写史以表明孤忠效死心迹。清代前期存在着大批遗民,这些遗民依然留恋旧朝,不愿身仕二朝。他们或隐身于寺庙,或匿迹于山林,对新朝始终持不合作的态度。戴名世就曾着力描写了一大批这样的下层读书人。如教书先生曹维周闻京师陷,烈皇帝崩,痛哭,"遂弃其家,终身为人佣工以死"。②又如诸生朱铭德闻崇祯死讯,号恸几绝,每年于崇祯忌日,"陈俎豆于野,望祭思陵,哭尽哀而返";为了不改明代衣冠,常年"匿迹于水泽之间,穷饿自守,不以姓名示世"。③ 而戴名世也可能借他们的行为也表达的是自己的亡国之痛、故国之思。通观历史,我们不难发现,不仅是明清易代鼎革之际的文人会特别究心于史学,任何身经两朝,乃至数朝的文人大都会有故国情结。这个情结在史学上的表现大概不外乎上述几种。如唐初君臣是承积年动乱之后建立起自己的统治的,他们深刻认识到以古鉴今的重要,故而尤其注重修撰史书以史为鉴。在"二十四史"中,修成于初唐的正史即有《晋书》《梁书》《陈书》《北齐书》《周书》《北史》《南史》《隋书》等八部。唐朝的长治久安乃至后来的贞观之治或与唐初统治者重视前朝的兴衰态度相关。又如宋朝南渡之后,大批文人痛心半壁江山的丢失,为了振兴国政,他们纷纷奋笔疾书,出现了李焘的《续资治通鉴长编》、李心传的《建炎以来系年要录》和《建炎以来朝野杂记》、陈均的《九朝编年备要》、徐梦莘的《三朝北盟会编》、彭百川的《太平治迹统类》以及王称的《东都事略》、能克的《中兴小纪》等约三十种私修史书,形成了史学史上私修史的高潮。陈寅恪先生就曾说:"中国史学莫盛于宋。"④除此之外,魏晋南北朝时期,宋元、元明之际亦莫不是如此。

---

① 后文将以戴名世为例,就此点展开详细论述,在此不作赘述。
② [清]戴名世,王树民编校:《戴名世集·曹先生传》卷六,中华书局1986年版,第184页。
③ [清]戴名世,王树民编校:《戴名世集·朱铭德传》卷七,中华书局1986年版,第209页。
④ 陈寅恪:《金明馆丛稿二编》,上海古籍出版社1980年版,第240页。

清代的《史记》研究

因此,可以说是明清鼎革动荡的社会现实促使了修史热潮,此外,文字狱及《四库全书》的编纂,也进一步地影响了桐城四祖对《史记》的接受。清王朝至康熙二十二年平定三番、收复台湾后,逐渐腾出时间和精力关注文人。统治阶级对汉族文人采取了笼络和高压的两面政策:一方面开科取士,且开博学鸿词,罗网天下遗才。另一方面,却又大兴文字狱,极尽钳制之能事。而与文字狱同时并举的是《四库全书》的编纂,则可以说是融二者为一体的文化措施。鲁迅说:"……清的康熙、雍正和乾隆三个,尤其是后两个皇帝,对于'文艺政策'或说得较大一点的'文化统制',却真尽了很大的努力的。文字狱不过是消极的一方面。积极的一方面,则如钦定四库全书,于汉人的著作,无不加以取舍。"①在文字狱的阴霾下,许多作家如惊弓之鸟,惶惶不可终日,许多学者也噤若寒蝉,避谈世事,终其一生钻研于故纸堆中,由此开启了乾嘉之学风。既然不能畅言政治,就只能躲进艺术的象牙塔,钻研为文之道,追求神韵,讲究章法。受这种风气的影响,桐城四祖对《史记》的接受更多是关注其理论艺术的研究,或是具体篇目的考证。

(二)文统的一脉相承

清初私修明史的大浪在清代统治者的高压与笼络下逐渐地趋于平息,但由它泛起的涟漪依旧在不断地向外荡漾。文人们虽不再修史,却依旧沉缅于《史记》优美的叙述中而不能自拔。《史记》给予他们的不仅是史学的熏陶,更多的还是文学的浸染。然而,《史记》毕竟创作于千年之前,且桐城派文人并非第一波发现《史记》魅力的开垦者,在此之前的唐宋八大家,与其时代相近的唐宋派都是学习《史记》的先驱。而桐城派文人对《史记》的文学接受并非是直接的,而是接踵前代,再溯流而上。首先集中注意到《史记》文学价值的当属韩、柳为代表的参与古文运动的文人。正如吴敏树所说:"盖文体坏而后古文兴,唐之韩、柳承八代之衰而挽之于世,始有此名。"②韩愈、柳宗元是当时古文运动的领导者,他们提倡向西汉文学学习,以此来与骈文做斗争。柳宗元在《柳宗直〈西汉文类〉序》中曾说:"殷、周之前,其文简而野,魏、晋以降,则荡而靡,

---

① 鲁迅:《鲁迅全集》卷六,《且介亭杂文·买〈小学大全〉记》,人民文学出版社 2005 年版,第 59 页。
② [清]吴敏树撰,张在兴校点:《吴敏树集·柈湖文集·与筱岑论文派书》卷五,岳麓书社 2012 年版,第 394 页。

得其中者汉氏。汉氏之东,则既衰矣。"①韩愈说:"汉朝人莫不能为文,独司马相如、太史公、刘向、扬雄为之最。"②柳宗元指出:"退之所敬者,司马迁、扬雄。"③柳宗元自己也乐于从《史记》中汲取古文为文技巧:"参之穀梁氏以厉其气,参之《孟》《荀》以畅其支,参之《庄》《老》以肆其端,参之《国语》以博其趣,参之《离骚》以致其幽,参之太史公以著其洁。此吾所以旁推交通而以为之文也。"④其实他们不仅是这么说的,而且也是这么做的,这有后人的评论可以作证,如清人刘熙载于《艺概》中说:"太史公文,韩得其雄,欧得其俊。"⑤曾国藩曾指出韩、柳二人之文与《史记》之间的关系:"韩、柳有作,尽取扬、马之雄奇万变。"⑥于此我们不难发现,韩、柳等人最终把古文的传统定格在了以《史记》为代表的西汉文。而韩愈、柳宗元作为古文运动的旗手,他们的古文创作与理论在后世产生了深远的影响。宋代欧阳修、苏轼等人接继韩、柳,保持了向《史记》学习的古文创作传统,使古文运动继续发展。到了明初,前后七子首举"复古"的大旗,但他们提倡的"文必秦汉",主张略过唐宋而直追秦汉,推行的是是古非今、因袭模仿,其复古运动终而以失败告终。继之而起的是以归有光为代表的唐宋派,他们上接唐宋八大家的古文传统,下开清初桐城派的先声。从以《史记》为代表的西汉文,到唐宋八大家、前后七子、唐宋派,至于从桐城派,我国传统古文的发展是一脉相承的。正因如此,文人在古文理论总结与创作实践中往往能拾阶而上,步步深入。归有光等唐宋派作家是从唐宋八大家入手进而窥探《史记》的,正如王世贞所说的那样:"先生(归有光)于古文词,虽出之自《史》《汉》,而大较折衷于昌黎、庐陵,当其所得,意沛如也。"⑦而桐城派作家则从归有光上溯到唐宋八大家,从而再学习《史记》的。桐城张英在《笃素堂文集·龙眠古文初集序》中就曾说道:"吾闻先正训子弟读书法,以六经为

---

① [唐]柳宗元:《柳宗元全集·柳宗直西汉文类序》卷二一,上海古籍出版社1997年版,第180页。
② [唐]韩愈著,钱仲联、马茂元校点:《韩愈全集·文集·答刘正夫书》卷三,上海古籍出版社1997年版,第192页。
③ [唐]柳宗元:《柳宗元全集·答韦珩示韩愈相推以文墨事书》卷三四,上海古籍出版社1997年版,第280页。
④ [唐]柳宗元:《柳宗元全集·答韦中立论师道书》卷三四,上海古籍出版社1997年版,第278页。
⑤ [清]刘熙载撰,袁津琥校注:《艺概注稿·文概》卷一,中华书局2009年版,第68页。
⑥ [清]曾国藩:《曾国藩文选·圣哲画像记》,苏州大学出版社2001年版,第337页。
⑦ [明]王世贞:《归太仆赞》,[明]归有光著,周本淳校点:《震川先生集·附录》,上海古籍出版社2007年版,第975页。

根源,以诸史为津梁,以先秦两汉之文为堂奥,以八家为门户。"①侯方域也主张为文以唐宋八大家为问津之筏,奋飞之翼。② 艾南英认为:"夫秦、汉去今远矣,其名物器数、职官地里、方言俗语、皆与今殊,存其文以见于吾文,独能存其神气尔。役秦、汉之神气而御之者,舍韩、欧奚由?……夫韩、欧者,吾人之文所由以至于秦、汉之舟楫也。"③方苞在《古文约选序例》中指出初学古文的途径是由唐宋派及唐宋八大家入手,"切究于此","而以求《左》《史》……之义法"。方宗诚也说:"盖自方望溪侍郎、刘海峰学博、姚惜抱郎中三先生相继挺出","如大华三峰,矗立云表,虽造就面目,各自不同,而皆足继唐、宋八家文章之正轨,与明归熙甫相伯仲。"④表述虽不尽相同,但皆道出了学习古文的三个阶段及其顺序:即从归有光为代表的唐宋派到唐宋八大家,再至以《史记》为典范的秦汉散文。这一循序渐进的特点从唐宋派及桐城派文人所编的文章选本中也可窥一斑。如唐宋派文人唐顺之在他所纂的《文编》中于唐宋两代只取韩、柳、欧、三苏、曾、王的文章;稍后的茅坤在此基础编纂了《唐宋大家文钞》,正式提出"唐宋八大家"的名称,肯定了他们的散文成就;归有光继而编有《唐宋八家文钞》。同时,三人都有《史记》评点作品传世,如茅坤就有《史记抄》。而桐城四祖则稍有不同,除了研究八家及《史记》之作——如《评点韩文》《评点柳文》《评点唐宋八家文》(方苞)、《唐宋八家古文约选》《选评八家文序目》(刘大櫆)、《史记评》(王兆符)、《史记七篇读法》(王又朴)、《史记别钞》(吴敏树)、《史记读本》(张裕钊)、《点勘史记读本》(吴汝纶)、《史记札记》(郭嵩焘)等外,还有部分关于唐宋派,尤其是归有光的研究著作,如《归震川文集选本》(刘大櫆)、《归川文评点》(姚鼐)等等。由此可见文脉之一脉相承。

(三)桐城文化的影响

动荡的社会背景和文统的相习相承催生了桐城四祖对《史记》的接受。另

---

① [清]张先撰,江小角、杨怀志点校:《张先全书·笃素堂文集·龙眠古文初集序》卷四,安徽大学出版社2013年版,第299页。
② 详见[清]侯方域著,王树林校笺:《侯方域全集校笺·文集》卷三,《与任王谷论文书》,人民文学出版社2013年版,第136页。
③ 蔡景康:《明代文论选》,人民文学出版社1993年版,第388页。
④ 郭绍虞主编:《中国历代文论选·桐城文录序》第三册,上海古籍出版社1980年版,第406页。

外,还值得注意的是,桐城文人内部对《史记》的接受也是以类似的结构推进,即从戴名世到方苞、从方苞到刘大櫆、从刘大櫆到姚鼐、从姚鼐到姚门四杰等等。那么是什么让桐城派内部的文人把他们对《史记》的喜好、接受代代相传、世世延续的呢?这与桐城的文化风气是分不开的。桐城的文化历史悠久,纷繁复杂,其中对桐城四祖接受《史记》有较大影响的主要是以下三端:

其一,以本乡先贤为荣耀的风气。桐城地处皖中,接江趋淮,群山古迹萦绕,东有浮山、椁蒲山、白云岩,西有灵泉、画溪,南有吴鲁肃屯兵试剑之鲁镇城、试剑石,北有龙眠山、桃花洞,加之河埠陆驿,车水马龙,自古有"七省通衢"之称。① 不仅如此,更值得一提的是桐城光辉璀璨的历史文化。据《安庆府志》卷一五《乡贤传目录》统计:桐城于明清两代声施仕宦而辉映乡里者共133人,位居府之前列,其两代乡贤共61人,排名第一。②《桐城县志》对此则作了进一步的说明:"明清两代,邑人竞相以科第起家。邑之地中进士者240人(其中武进士3人),举人640人,贡生509人。诗坛艺苑,群芳云集;学林宦海,鸿儒荟萃。何唐、左光斗、钱澄之、方以智、齐之鸾、何如宠、戴名世、方苞、刘大櫆、姚鼐、张英、张廷玉、姚莹、方东树,……人人握灵蛇之珠,个个抱荆山之玉,或以文章书画播名,或以气节道德著世,一时'文章甲天下,冠盖满京华'。"③方圆县城竟出了这么多的名人,乡里后贤自然为此骄傲与自豪,并以此为责。正如《安庆府志》卷一五所载:"然君子勤勤事业,期于无忝所生,则尤以乡里之辉映为荣。而乡里籍光先达,尤乐取其人诵说之。即凡官此邦者,亦乐得其邦之前辈炳炳朝野者为典型以自勉。而且以勉其邦之后人。"④年轻学子能上进好学,本乡名士亦乐于成为后辈的学习榜样。加之地方官的周旋,桐城四处充溢着蓬勃的学习、效仿的激情。

其二,家族文学相习的风气。家族对个人的影响是深远而持久的,家族中的某个德高望重的成员若为桐城派学人,那么他的言行、诗文、藏书乃至对《史记》的喜好都会在不同程度上影响后代。如苏惇元的《方望溪先生年谱》记载:"祖有旧版《史记》,父固藏箧中。兄百川时年十岁,百川偕苞俟父出,辄启

---

① 参见《大清一统志》卷六,《四部丛刊》本。
② 参见[清]张楷纂修《安庆府志》卷一五,安庆古旧书店石印本1961年版。
③ 桐城县地方志编纂委员会编:《桐城县志》,黄山书社1995年版,第7页。
④ [清]张楷纂修:《安庆府志》卷一五,安庆古旧书店石印本,1961年版。

箧而潜观之。故方苞所得于《史记》者,多以兄发其端绪。"由此可见,方苞与《史记》的关系和家族文人的藏书不无关系。姚鼐所属的姚氏姚范一族的情况①也能反映文学家族时代学习《史记》的情况。

姓名	关系	主要事迹
姚 范		字南青,号姜坞。曾祖文然,字弱侯,号龙怀,明崇祯进士;清顺治三年任国史院庶吉士,转任各科给事中;康熙十五年任刑部尚书;以疏言敢谏、宽平刑律著称;家教甚严,"后嗣弥盛,名贤相踵"。祖士基,文然第四子,名宦,以慈爱为治。范早孤,博涉多闻,尝与叶西、刘大櫆、方泽等约登楼共学,期十年不下,为举世不好之文。得方苞为文义法,其文沉邃幽古,绝去依傍,自成体势,务求精深,不事藻饰,力追古人而得其阃奥。又学问博洽,擅长考据,于经传子史无不综贯。
姚 鼐	范从子	字姬传,一字梦谷,名其轩曰惜抱,学者称惜抱先生。亲受文法于刘大櫆、姚范,本所闻于家庭师友,间者益以自得,治之益精,所得实臻古人胜境,加以才藻纵横,遂显名天下,为一代宗主。其文高简深古,才敛于法,气蕴于味,尤近司马迁、韩愈。所选《古文辞类纂》七十四卷,为海内所传诵,以是言古文者益推桐城为正宗。
姚 驾	范孙	字襄纬,号春树。家贫,客游为书记。诗、古文、词、经学颇得范绪论,好有用之学,史事尤熟。
姚 莹	范曾孙	字石甫,一字明叔,号展和,晚号幸翁。少孤贫,有大略。尽发范遗书数百卷,遍读之;师事从祖鼐,受古文法。其诗与古文词洞达世务,激昂奋发,磊落自喜,论事之作尤能自出机杼。姚鼐弟子在乡里,以方东树、刘开、姚莹最著,因有"小方、刘、姚"之目。
姚 宪	范孙	字彦印,师事从父姚鼐受古文法,后复师事姚景衡,撰《问漪存稿》。

---

① 参见刘声木《桐城文学渊源考》,世界书局印行,1963 年 12 月再版;胡阿祥,《魏晋本土文学地理研究·附录》《桐城文派作家的地理分布与区域分析》,南京大学出版社 2001 年版。另据统计,类似姚氏这样的情形在桐城还有方氏、钱氏、吴氏、张氏、左氏、戴氏、刘氏、光氏、萧氏、许氏、胡氏、苏氏、汪氏、马氏等等,皆为桐城当地的文学家族。

续表

姓名	关系	主要事迹
姚景衡	姚鼐子	字根重，号庚甫。师事姚鼐、刘大櫆弟子桐城方绩，刻苦力学，于诗文尤用意。所撰多至数百篇，悉有法度，才笔超轶，雄气过于其父。
姚宽	鼐从子	师事鼐，受古文法。后复师事景衡。
姚通意	鼐从子	师事鼐，从居钟山书院最久，得闻论诗文要旨，益深于诗，清隽不群。
姚兴涞	鼐族父	字渭川，号花龛。师事鼐最久，受古文法。于古文、经义、骈俪之文无所不解，为之皆有法度，而尤长于诗。
姚柬之	鼐族孙	字佑之，号伯山、檗山，又号且看山人。师事鼐，受古文法，早闻绪论，以文学知名。
姚允之	鼐族孙	师事鼐，受诗、古文法，工诗、画及八分书。踵鼐之后，重修《姚氏族谱》。
姚元之	鼐族孙	字伯昂，号鹰青，又自称竹叶亭生。从鼐学，文章尔雅，书画并工。
姚濬昌	莹子	字孟城，号慕庭，晚号幸余。少孤。幼承庭训，又习闻其乡老师宿学讲论，慨然以古作者自期。古文词雅气渊，谨守家法，并以义法教授诸子。
姚永楷	濬昌子	濡染家学，复师事桐城吴汝纶，受古文法，工诗，有冲澹之味。
姚永朴	濬昌子	字仲实，师事武昌张裕钊及桐城吴汝纶、郑福照，受古文法。专力治经，其诗、古文亦古淡。
姚永概	濬昌子	字叔节，师事桐城方宗诚、吴汝纶及武昌张裕钊，受古文法，从汝纶最久。论学于汉、宋无所偏，主治经，独好《诗经》。其文纡回蓄缩，务使词尽意不尽，以至词意俱不尽，此桐城文派家法，永概文允称嗣音。

由上表不难发现，姚氏家族好文风气始于姚范。姚范得方苞古文义法，又与刘大櫆交好，到姚鼐则师从范、刘，才敛于法，气蕴于味，为文尤近司马迁、韩愈，后人称之为桐城派的集大成者。姚氏族人大都师从鼐学古文法，直至永楷、永朴、永概三兄弟，师承不断，古文义法代代相传、延绵不绝。另外，马其昶

209

是吴汝纶的弟子,范当世是张裕钊的门人,他们二人又分别娶永朴、永概的两个姐姐为妻,同为姚莹的孙婿。而吴闿生又是吴汝纶的儿子,可见其私交之笃。姻亲纽带、师生关系、家族关系使桐城派的宗派性更加浓厚。但不得不指出的是,师承相因、亲属相重、重承袭而轻创造虽保证了家族文风的代代相传,同时也严重地阻碍了桐城派的发展。

其三,求师交友的风气。求师交友可以说是除家族传统外,直接影响文人成长的又一关键因素。同门学子朝夕相处、终日切磋,对文统的承传与文人作文水平的提高都起了很大的作用。如戴名世就曾言:"余年十七八时,即好交游,集里中秀出之士凡二十人,置酒高会,相与砥砺以名行,商榷文章之事。"① 又说:"余自入太学,居京师及游四方,与诸君子讨论文事,多能辅余所不逮。"② 戴名世的成就与这些亦师亦友的文人的交往是分不开的。方苞同样也是如此,他的古文成就在很大程度上得益于戴名世的帮助。戴名世在《方灵皋稿序》中即指出:"灵皋自与余往复讨论,面相质正者且十年。每一篇成,辄举以示余,余为之点定评论,其稍有不惬于余心,灵皋即自毁其稿。而灵皋尤爱慕余文,时时循环讽诵,尝举余之所谓妙远不测者,仿佛想象其意境。"③ 从《桐城文学渊源考》中可知,这样的情况在桐城派文人间是随处可见的。桐城文人学前人之所学,诵前人之所诵,古文的初期写作完全是从师承者而来。这样一来,四祖选择《史记》的这一行为对桐城后来者的影响就不言而喻了。更有意思的是,桐城文人不仅重视师友的交往,而且他们本身大多是教师,曾经开馆设教,倡办教育。如戴名世先祖及本人均以教馆营生,设帐授徒。刘大櫆三世以教馆为业,自己一生授徒数十年。姚鼐先后主讲扬州梅花书院、安庆敬敷书院、歙县紫阳书院、南京钟山书院,弟子遍及南方各省。方东树毕生诲迪后进,孜孜不倦,年八十卒于馆中。吴汝纶知深州、冀州时,以教育为先,兴办书院,亲临讲坛,晚年创办桐城中学,以振兴家乡教育为己任。④ 此外管同、梅曾亮、吴敏树、马其昶、姚仲实、姚永概、张裕钊、林纾等亦多以教书为职,且终身乐之不倦。桐城派的这些教书先生们通过言传身教把自己的文学选择和主张真切地传授给了桐城后人。桐城派的后继者更是以真挚、诚恳的心态领悟先生的

---

① [清]戴名世著,王树民编校:《戴名世集·齐天霞稿序》卷三,中华书局1986年版,第72页。
② [清]戴名世著,王树民编校:《戴名世集·自订诗文全集序》卷四,中华书局1986年版,第118页。
③ [清]戴名世著,王树民编校:《戴名世集·方灵皋稿序》卷三,中华书局1986年版,第54页。
④ 桐城县地方志编纂委员会编:《桐城县志》,黄山书社1995年版,第655页。

教诲,且又把所受教谕传给后人,文统的代代相承就是这样在师徒间被延续着。

以乡贤为荣耀、家庭文学的相习以及求师交友的诸种风气在一定程度上加强了桐城文人与《史记》的亲密关系。可以说,对《史记》的学习是桐城一派的纽带,联结着历代桐城文人,因而,《史记》在桐城派的源起、发展、辗转流传中起着不可或缺的作用。

二、文本的阐释与超越

文人对文学作品的接受包括对理论的总结和创作实践这两个方面。从理论到实践,是由浅入深的、逐步深入的学习过程,两者又相辅相成、相互促进。

文人对《史记》的阐释自其问世以来就已存在,辗转流传千年之久,其间产生了许多典型论题。如史公三失、司马谈作史、太史公释名、《史记》残缺与续补窜附等。从接受美学的角度来研究桐城四祖对《史记》的阐释正可为这些问题的解决提供若干思路。接受美学认为:文本、作者、读者三者之间,读者的存在是不可忽略的,是读者的阅读才使作者的文本意义最终得以实现。所以"阐释是理解文本中的读者的能动性的显现","意义不是从文本中挖掘出来或用文本的暗示拼凑而成的,而是在读者与文本的相互作用的过程中获得的,同时,阐释并不需要去发现文本中的确定意义,而是作品作为一种过程的体验逐渐表露出来。"① 在接受美学看来,文本(作者创作出来的未经读者解读的纯客观的作品)不存在绝对确定的意义,而阐释是读者在特定的历史时期对文本(融汇了读者的解读意见的作品)的意义做出的一种能够自圆其说的理解与述说。鉴于桐城四祖对《史记》文本的阐释与超越的面较广,仅择其精要分而述之。

(一)太史公释名

太史公系尊称还是官名?历来无有定论。《史记》原称《太史公书》,今天我们所看到的《史记》百三十篇中"太史公"共出现了 152 次,大致可分为两种

---

① [联邦德国]H·R·姚斯、R·C·霍拉勃著,周宁、金元浦译:《接受美学与接受理论》,辽宁人民出版社 1987 年版,第 445~446 页。

清代的《史记》研究

形式:一以序赞评论的形式出现。在《史记》中,太史公评论历史,褒贬人物,抒发情怀,成一家之言,主要就是用载于每篇之后的"太史公曰"来表达的。二是以"太史公自序"的自传形式出现。《史记》末篇为《太史公自序》,此篇凡称"太史公"14处。全文"太史公"指称尤为模糊,如张大可先生就曾提出:"同一篇《自序》,前称'谈为太史公',后叙'迁为太史令',若'太史公'为官员,司马迁继父之职,何以称述职名,父子相异?若'太史公'为司马迁对父之尊称,又何以父子相共?又'太史公'为《史记》原名,取义何在?后世又何以用《史记》之名取代'太史公'为书名?"[①]由此可见问题的复杂性。正因如此,古今文人历来对此解释不断,张大可先生综合前人之说,依时间顺序,概括为十种说法:一是太史公为他人尊称司马迁说,《武帝本纪·索隐》引桓谭说;二是太史公为二千石官名,尊于丞相说,见《汉书·司马迁传》颜注引如淳说,根据汉卫宏《汉旧仪》;三是太史公为司马迁尊称其父说,见《汉书·司马迁传》颜注,清人顾炎武信其说,见《日知录》卷二;四是太史公为司马迁尊称其父亦是自题说,见《太史公自序·索隐》司马贞按;五是太史公为太史令之尊称说,见清人吴仁杰《两汉刊误补遗》;六是太史公乃太史官之假借说,见清人吴国泰《史记解诂》;七是太史公为官府之通称说,《史记会注考证》引清人李慈铭说;八是司马迁从楚俗,自题太史令为太史公说,近人朱希祖作《太史公解》[②]主其说;九是司马迁为太史公,追书其父亦为太史公说,近人施蛰存作《太史公名号辨》[③]主其说;十是太史公为书名说,见清俞正燮《癸巳类稿》卷一一。这十种说法又可分为三大类:一曰尊称说(一、三、四);二曰官名说(二、五、六、七、八、九);三曰以官称为书名说(十)。[④] 张大可先生在此基础上经过细致的考辨,提出了自己的观点,他认为"太史公"不是官名,此称"太史"为官名,"公"字为尊称,乃是司马迁尊称其父、署官以名其书曰《太史公书》,故一百三十篇之序赞题"太史公曰",是必然之理,均是司马迁自题,不是外人所加,"太史公书"取义太史所记之书,故演变为《史记》也完全符合司马迁题名之原义。[⑤]

综览"太史公"释名由古到今的发展,再结合桐城四祖,尤其是方苞、姚鼐

---

① 张大可:《史记研究》,甘肃人民出版社1985年版,第122页。
② 详见朱希祖《太史公解》,《制言》1936年第15期。
③ 详见施蛰存《太史公名号辨》,《学原》1948年第5期。
④ 详见安平秋、张大可、俞樟华主编《史记教程》,华文出版社2002年版,第381页。
⑤ 张大可:《史记研究》,甘肃人民出版社1985年版,第137页。

212

的独到阐述可以发现，方、姚的观点在对该问题的阐释史上起了不可或缺的承上启下的重要作用，对张大可先生最终的结论也不无启发。具体而言，方苞在《又书太史公自序后》一文中言："《史记·世表》曰'太史公读'者，谓其父也；故于己所称，曰'余读'以别之。其他书、传篇首及中间标以'太史公曰'则褚少孙之妄耳。"①认为《史记·太史公自序》中的"太史公"凡指司马谈处，皆是司马迁所加，其余则是褚少孙妄加，言下之意否认了当时有一定影响的"官名说"。而姚鼐则在此基础旗帜鲜明地提出了"太史公系后人尊称之辞"，因为"太史公、廷尉吴公、谒者仆射邓公，皆汉之名臣，世嘉其高，皆悉称公，然则公者，仁德之正号，不必三事大夫也"，据此，"则凡《史记》内以太史公称谈者，即子长所加，以称子长者，皆后人所益，又何疑焉。"②方、姚的观点显然是综合了桓谭的"太史公为他人尊称司马迁说"及颜师古的"太史公为司马迁尊称其父说"。此外，方苞还进一步分析了《史记·太史公自序》中多次出现迁尊称其父谈为"太史公"的缘由："《本纪》十二曰'著'者，其父所科条也；余书曰'作'者，己所论载也；总之曰'为太史公书序'者，明是书乃其父之书，而己不敢专也。"③服人以情而不失理，而且初涉司马谈作史的具体篇章。可惜的是，这一观点在很长的一段时间内没有为学者们所重视，一直到张大可先生才睿智地继承了方苞的观点，且将它推衍于全书："《史记》一百三十篇之序赞亦称'太史公'，并不是司马迁自尊，而是尊其父太史公所欲论著之书，因书名《太史公书》，则序赞称'太史公曰'乃是必然之理。"④"明是书乃其父之书，而己不敢专也"与"《史记》一百三十篇之序赞亦称'太史公'……"等语，无论是从口吻还是内蕴来看，皆如出一辙，其间的承传沿袭亦不需多言矣！

另值得一提的是，方苞有关司马谈作史的考述。司马谈作史这一论题前人虽早有叙及，如唐人刘知幾《史通·古今正史》云："孝武之世，太史公司马谈，欲错综古今，勒成一史，其意未就而卒，子迁乃述父遗志。"⑤宋人郑樵《通志·总序》也说："司马谈有其书而司马迁能成其父志。"⑥他们都谈到了《史

---

① [清]方苞著，刘季高校点：《方苞集》卷二，上海古籍出版社1983年版，第60页。
② [清]姚鼐：《惜抱轩全集·笔记·史记》卷四，中国书店出版社1991年版，第558页。
③ [清]程馀庆：《历代名家评注史记集说》卷一三〇，三秦出版社2011年版，第1497页。
④ 张大可：《史记研究》，甘肃人民出版社1985年版，第136页。
⑤ [唐]刘知幾著，[清]蒲起龙通释，王煦华整理：《史通通释》卷一一，上海古籍出版社2009年版，第312页。
⑥ [宋]郑樵撰，王树民校点：《通志·总序》上册，中华书局1995年版，第3页。

记》是司马氏父子所共撰,但具体到哪些出自司马谈之手,哪些又为司马迁所作,则无只字涉及,一直要到方苞才有考论。如前之所引,方苞认为《十二本纪》为谈所作。他又在《书史记十表后》中对此作了补充:"迁序十表,惟《十二诸侯》《六国》《秦楚之际》《惠景间侯者》称'太史公读',谓其父所欲论著也。故于《高祖功臣》称'余读'以别之。"①认为《十二诸侯年表》等四篇为谈之所作。在此基础上,近人王国维、顾颉刚、李长之,今人赵生群、赖长扬等均有延伸之论,推断司马谈作史的具体篇目。我们姑且不论方苞考辨的优劣,仅其考辨具体篇章作者的研究方法就有开创之功。

(二)人物品评

《史记》开创了以写人为主的纪传体例,后之正史把纪传体奉为圭臬。《史记》百三十篇中,人物传记有112篇,上自帝王将相,下自商人、游侠、日者等无不囊括,为我们描绘了一幅栩栩如生的人物杂像图。文人对这些个性鲜明的历史人物尤爱津津乐道,其所发评论也是新见迭出。如宋人苏轼的《留侯论》、苏洵的《管仲论》、王安石的《读孟尝君传》等皆是历来为人称颂的翻案文章。与好思善辩的宋人一样,清人的人物品评也明显地带有时代特色。在清代,我国古代封建社会政治发展到巅峰,文化发展也进入成熟与总结期。桐城四祖对《史记》人物的品评往往是在比较、概括前人之说的基础上,或更为冷静、客观地做出自己的判断,如戴名世的《范增论》等;或是不满前人之说而创一己之见的,如刘大櫆的《读万石君传》,方苞的《书儒林传后》《又书儒林传后》等。从历代文人对范增的评价中我们可以发现清人史论的特点。

范增此人首载于《史记·项羽本纪》:"居鄛人范增,年七十,素居家,好奇计。"司马迁给他的定位是项氏集团中运筹帷幄之中、决胜千里之外的谋士,故而刘邦在总结自己之所以能从项羽手中夺取天下时说道:"(张良、萧何、韩信)皆人杰也,吾能用之,此吾所以取天下也。项羽有一范增而不能用,此其所以为我擒也。"(《高祖本纪》)司马迁借人物之口道出了项羽不能任用贤人的弱点,后人以此为据,即认为范增是与张良相当的贤者。范增去而项羽亡这一观点遂成定论,如元末明初杨孟载说:"范增亦人杰,不去羽不亡。"②张章简则

---

① [清]方苞著,刘季高校点:《方苞集》卷二,上海古籍出版社1983年版,第48页。
② 赵望秦、蔡丹等:《史记与咏史诗》上册,三秦出版社2012年版,第119页。

更进一步阐述了这种观点:"项王所以与汉战而数得利者,徒以范增在耳。鸿门之会,若从增言,岂复有汉哉?此高祖所以畏其人,不得不用间以图之也。增去而死,项羽相继以败,后世知羽之兵败于垓下,而不知增去之日败,证以见知高祖之得天下者;以杀项羽而灭亡,而不知能去范增,羽当灭。……项羽有一范增,不用能,卒以成禽……"①认为范增是项羽成败的关键,用之则成,去之则亡。宋人王安石则对此提出截然不同的观点。他在《范增二首》其一中言:"中原秦鹿待新羁,力战纷纷此一时,有道吊民天即助,不知何用牧羊儿。"②认为战争胜败的关键在于是否施行仁政,并否定了范增劝项梁立"牧羊儿"(即怀王)的措施,解构了范增即人杰的传统观念。继此之后,文人对此多有阐发,如张耒《范增》一诗云:"君王不解据南阳,亚父徒夸计策长。毕竟亡秦安用楚,区区犹劝立怀王。"③嘲讽指责范增虚有计策,未谏项羽"背关怀楚",而又误谏立楚怀王。史学家黄震也以为:"汉之灭项,终始以怀王为说,是增之伪立怀王者,不足为楚地,适足为汉地。盖怀王立,则羽不能不弑逆,羽弑逆则羽不容不灭,自增此误,虽有智者不能为羽计矣!""增岂人杰也哉?"④宋人的这种独到的见解丰富、拓展了后人的接受视野,但这些评论往往点到为止,文人并未对具体史事展开深入阐释。清人,尤其是注重考据的桐城文人,却并不愿意浅尝而止。戴名世的《范增论》就"为什么立怀王是决策失误"这一问题开展了深入细致的分析。戴名世先由定天下者必明势引申出项羽不明势,故其有取天下之势,而终于无成。接着,戴名世进一步阐明其时形势,亦即"项籍以喑哑叱咤之资,拔山盖世之气,所当者破,所击者服,卒能入关破秦,以快天下郁郁之心。……使项籍据其势而帝制自为以号令天下,天下方快秦之亡而服籍之功也,势不能以不听",然"其心辗转自思,无以处义帝故也",暗示了立义帝非明势之举。然后进一步论说立义帝初衷的错误:"今夫楚之与燕、齐、三晋也,非有君臣相临之素,固匹敌之国也,其盛也皆南面而称王,其败也皆囚虏而被戮。楚之人不忘其先,讵燕、齐、三晋之人遂忘其先乎?今也立义帝以帝楚,即以帝燕、齐、三晋,吾知燕、齐、三晋之不心服也,况以牧竖无能之人而御天下

---

① [宋]张纲:《华阳集·进故事六》卷二〇,文渊阁《四部全书》本。
② 赵望秦、蔡丹等:《史记与咏史诗》上册,三秦出版社2012年版,第117页。
③ 赵望秦、蔡丹等:《史记与咏史诗》上册,三秦出版社2012年版,第116页。
④ [宋]黄震:《黄震全集·黄氏日钞·项羽纪》卷四六,第五册,浙江大学出版社2013年版,第1538页。

之豪杰哉!"由此,从本质上否认了立义帝之举。其论述鞭辟入里,让人信服。戴氏此文还不就此为止,得出立义帝非明智之举后,他进一步说明正因为范增之"好奇计",令项氏走向灭亡,至此得出了与"范增为贤才"截然相反的观点——"呜呼!吾未见其计之奇也,而项氏之亡实由于此矣。……呜呼!项籍势足以臣诸侯,而义帝势不足以臣项籍,项籍既臣于义帝,则其势不能以臣诸侯。于是而迁之,而弑之,此亦必至之势,而已授天下诸侯以其辞矣。"[1]戴名世抓住了历史发展本身的规律,认为人事兴替,王朝更换皆由"势"而定,范增之谋立义帝违背历史发展规律,从而拖累了项氏。值得注意的是,戴名世虽然充分地阐释了范增立怀王的错误,但他并未全然否定范增的功绩:"彼范增者,项氏骨鲠之臣也。其劝羽杀沛公,羽不听,则羽之过也。"故而我们可以说,戴名世的《范增论》明显地综合了前人的观点,吸纳了他们的长处,更显客观、辩证。

刘大櫆的《读万石君传》也值得注意。《万石张叔列传》记载的是万石父子及张叔、塞侯等人为官的事迹。对于卷中所述的万石及其子建、庆的评论,历来就有两种不同的见解:一是以唐顺之、于慎行、钟惺等人为代表的赞扬派。他们认为:"太史公叙万石家一段笃行至性,使人肃然生敬,不敢以无能少之。不言而躬行,是真儒术,不言而齐大治,是真吏事"(葛氏《史记》卷一○三),"以予观之,石丞相真大臣也"(于慎行《读史漫录》卷三)。这种见解在当时是占主流的。二是以李杞等人为代表的"微巧"派,李杞在《用易详解》卷一三中言:"天下之事皆不可过,而惟过乎畏谨者,虽过而无大咎,故藉用白茅无咎。夫不措诸地而藉之以茅,茅之为物固薄矣,而有谨畏之用存焉,以斯术而行于世,尚安有所失哉,万石君父子过宫门阙必趋,见路马必式,恂恂谨畏不敢失坠。盖得藉用白茅之义也。"(《用易详解》卷一三)李杞把任用万石君父子比作地之白茅,看似对万石君父子持肯定、赞扬意见,而实际上则颇具讽刺意味——对于土地而言,它如果不长白茅,那么就可以种上些更为有用的植被,这是其一;其二,白茅的杂植,会在很大的程度抑制其他植被的正常生长。刘大櫆在比较两种观点的基础上,从两方面论证了自己的观点,认为司马迁对万石父子是持批评态度的:其一,迁之报任安者,曰:"'人臣出万死不顾一生之计,赴公家之难','而全躯保妻子之臣媒糵其短,诚私心痛之',彼石奋者,特全躯保妻子之臣而已,且迁已明斥石庆之非矣。曰:'文深审谨',在位九岁无

---

[1] [清]戴名世著,王树民编校:《戴名世集》卷一四,中华书局1986年版,第380~382页。

能有所匡言。"刘大櫆从为臣之道认为司马迁传石奋是嘲讽之作。其二,从全文的谋篇布局来看,"迁之论塞侯曰:'微巧',其论周文亦有处诒之讥,谓其近于佞,而又以为笃行之君子,迁之言缓而不迫类如此,迹其连类而书,与奋、庆同传,然则奋、庆者亦迁之所谓佞巧者与?"①司马迁记佞兴者具备娓娓道来、从容不迫的行文风格,且奋、建又与周仁等同传叙之,所以根据司马迁写作习惯,该文当是讥讽石奋与石建实为佞巧的特质。从行文风格推断太史公评判态度,角度不可谓不新。自刘大櫆之后,后人论说石奋父子多从其说。如陆继辂在《崇百药斋文集》卷一四《史记万石君传书后》一文中言:"当是时,外方有事于两越、朝鲜、匈奴、大宛,而内修上古神祠封禅,公家用不足,桑弘羊等致利,可谓多事矣。而丞相醇谨在位九岁卒,无能有所匡言,此其人何如者耶!子长不欲显刺,而微见其意于直不疑、周文,一则曰'微巧,一则曰'处诒',以之附传,而庆之为人可知已矣。"无论是观点还是表述皆从刘文。又桐城派的后继者曾国藩、吴汝纶在《桐城先生点勘史记》卷一○三中亦持此论:"此篇以佞字为主。孝谨美德也,然近于巧佞,君子慎之。曾文正公尝为余言:'太史公真知道,其去孔子不远。'观此等文,其辩于朱紫苗莠者,不其微哉!"自刘大櫆之后,讥讽之说几成定论,少有异议。

除此之外,不满前人之说,创一己之见的代表还有戴名世的《魏其论》、方苞的儒林论、刘大櫆的《读伍子胥》、姚鼐的《李斯论》等,文章都论述得具体细致,新人耳目。如方苞的儒林论,该文见之于方苞《书儒林传后》《又书儒林传后》等文中。方苞认为"由弘以前,儒之道虽郁滞,而未尝亡。由弘以后,儒之途通,而其道亡矣。"②明确指出,引领思想界的儒术因功利的渗透而在汉代已发生了根本性的转变,而儒术本应是一种脱离功利,引领思想的事业:"汉兴七十余年,自天子公卿皆不悦儒术,而诸老师尚守遗经;其并出于武帝之世者,皆秦、汉间摧伤摈弃,而不肯自贬其所学者也。盖诸儒以是为道术所托,勤而守之,故虽困而不悔,而弘之兴儒术也,则诱以利禄,而曰'以文学礼义为官',使试于有司;以圣人之经为艺,以多诵为能通,而比于掌故。由是儒之道污,礼义亡,而所号为文学者,亦与古异矣。"③可见,学术一旦染指利禄,那么它的思想性、引领力等就会走向衰变。方苞进而认为司马迁在《儒林列传》中所说的

---

① [清]刘大櫆著,吴孟复标点:《刘大櫆集》卷二,上海古籍出版社1990年版,第38~39页。
② [清]方苞著,刘季高校点:《方苞集·又书儒林传后》卷二,上海古籍出版社1983年版,第54页。
③ [清]方苞著,刘季高校点:《方苞集·书儒林传后》卷二,上海古籍出版社1983年版,第53页。

清代的《史记》研究

"余读功令,至于广厉学官之路,未尝不废书而叹",并非是对通儒者之途的孙叔通、公孙弘的"赞美之辞",而是充溢着对儒术道亡的"刺讥痛惜之意"。方苞可谓阅读《儒林列传》进而揣摩太史公深意的"第一读者"。按接受美学的话来说:"所谓接受史上的第一读者,是指以其独到的见解和精辟的阐释为作家作品开创接受史,奠定接受基础,甚至指引接受方向的那位特殊的读者。"[①] 后人关于儒者的评价很多就是从此引申出去的。

(三) 对《货殖列传》的接受

《货殖列传》被梁启超誉为《史记》十大名篇之一,是一部关于商人的类传。《史记》中的类传几近十余篇,但没有一篇能与《货殖》相媲美的。这是因为司马迁在为商人作传的同时察觉并记录了商品经济发展的内在动因与规律,并在此基础揭示了经济基础在社会生活中的决定性作用。司马迁的这种卓识远见与他生活的时代、家庭的熏陶以及个人的阅历是密不可分的。先看时代的因素。一般而言,封建社会中存在着两种经济形式,即自然经济和商品经济。最初,商品经济一直依附自然经济而存在,直至战国时期,商品经济发展加速,不久便脱离附庸地位,自成一家,进而蔚为壮观,成为社会经济中一个很重要的组成部分。汉文帝、景帝时期被学者称为中国古代商品经济发展的第一个高峰。这样的时代背景是《货殖列传》出现的时代土壤。然而,时代同时也决定了司马迁虽能以其敏锐的目光捕捉到商品经济在当时社会生活中不可替代的地位,但这种认识很大程度只是对客观经济规律的非自觉的体验,还不能上升到理论与规律的概括,更难以就其现有规律而推而衍之。如司马迁认为在实际经营中"善者因之,其次利道之,其次教诲之,其次整齐之,最下者与之争","壮士在军,攻城先登,陷阵却敌,斩将搴旗,前蒙矢石,不避汤火之难者,为重赏使也",虽不失一定的道理,但也不免偏颇。再者,司马氏虽世代为史官,其中却不乏如司马昌、司马无泽等管理过手工业和市场的人才。如司马迁的五世祖司马昌就曾在秦始皇时代做过主铁官,而其曾祖父司马无泽则做过汉市长。这些无疑有助于使得司马迁具备些许的经济意识,也使他对手工业、商业等各种问题有较为深入的认识。最后,个人阅历也为司马迁撰写《货殖列传》提供了素材。司马迁壮年时期曾经周览四海名山大川,收益颇丰。

[①] 陈文忠:《中国古典诗歌接受史研究》,安徽大学出版社1998年版,第64页。

《太史公自序》有言：

> 二十而南游江、淮，上会稽，探禹穴，窥九疑，浮于沅、湘，北涉汶、泗，讲业齐、鲁之都，观孔子之遗风，乡射邹、峄；厄困鄱、薛、彭城，过梁、楚以归。

其中江、淮、会稽、齐、鲁、巴、蜀、邛等地都曾是商业繁盛、大商人崛起的地方。故而壮游使司马迁对当时各地商品经济的发展与自然状况、文化风貌的关系等都有切身的体会。基于自身的见识，司马迁在《货殖列传》中从整体上将中国划分为四大经济区：长江以南谓之江南，长江以北分为山东、山西两区，中以华山为界，龙门、碣石一线以北为北方区，并考察了地理与文化发生发展的相互关系，指出江南的江湖沼泽文化、山东区的海岱文化、山西区高度发展的农耕文化和北方区的内陆草原游牧文化四者之间的差异。文章之所以能做到叙述脉络清晰明畅，条理分明，其原因可借鉴顾炎武在《日知录》卷二六《史记通鉴兵事》中所言："秦、楚之际，兵所出入之途，曲折变化，唯太史公序之如指掌，以山川郡国不易明，故曰东曰西曰南曰北，一言之下，而形势了然，……盖自古史书兵事地形之详，未有过此者。太史公胸中固有一天下大势，非后代书生之所能讥也。"①顾炎武于此处讲论的虽是司马迁述兵事地形的高妙之处，但也指出了司马迁善叙地理形态的特点。对天下商业货殖分布能了然于胸，并付诸笔端，正在于司马迁胸中怀有天下大势。

然而，传统观念认为"君子喻于义，小人喻于利"②，"正其谊不谋其利，明其道不记其功"③，"君子乐得其道，小人乐得其欲"④……重义轻利几成共识。秦始皇统一中国后把"上农除末"定为国策，汉承秦制，"贾人不得衣丝乘车，重租税以困辱之"。即使汉文、景帝之时，虽"复弛商贾之律"，但仍规定"市井子孙不得仕宦为吏"。可见重本轻末、重农抑商思想在当时是习以为常的。基于此，长时间以来，文人对司马迁传货殖的做法往往持否定的态度，最典型的

---

① [清]顾炎武著，[清]黄汝成集释，栾保群、吕宗力校点：《日知录集释·史记通鉴兵事》卷二六，下册，花山文艺出版社1990年版，第1114页。
② [汉]郑玄、[清]刘宝楠：《论语正义》，上海书店1996年版，第82页。
③ [汉]班固撰，[唐]颜师古注：《汉书·董仲舒传第二十六》卷五六，中华书局1962年版，第2524页。
④ [汉]郑玄、[唐]孔颖达：《礼记正义·乐记第十九》卷三十八，《十三经注疏》，北京大学出版社2000年版。

清代的《史记》研究

是班氏父子。班彪认为迁"序货殖,则轻仁义而羞贫穷"①。班固也以为:"(迁)述货殖则崇势利而羞贱贫"。他们都从内容上彻底地否定了《货殖列传》,并且把它和"论大道则先黄老而后六经,序游侠则退处士而进奸雄"这二则合称为《史记》之"所蔽"②,即后人所说的"史公三失"。班氏父子的这种论调影响深远,唐、宋、元等朝代的文人对《货殖列传》的接受几乎都没能超出班氏父子论述范围。直至明中叶,随着资本主义萌芽的出现及人们对商业、商人、财货、人欲的重新定位,文人对《货殖列传》的接受才有所转变。葛氏《史记》卷一百二十九转载钟惺的话说:"其通篇归重处又借白圭一段议论作用发之,便知货殖非细事,货殖之人非庸人。"首次认同了司马迁对商人、商业的肯定。其后,刘光蕡在《烟霞草堂遗书·史记货殖列传注后论》中言:"《伯夷传》是欲义之极,此传(《货殖传》)是欲利之极,利义不同,要皆是欲,无此欲则无世界。"而稍后的李景星又进一步作补充:"盖财货者,天地之精华,生民之命脉,困迫豪杰,颠倒众生,胥是物也。惟圣贤及一二自修之士,能不受其束缚,其余几尽在范围之内,而可卑之毋甚高论哉!"③他们充分肯定了司马迁追求财富是人之本性的观点,同时也揭示了这种行为在社会发展中的动力作用。持相同论点的还有曹元忠、梁启超、潘吟阁等人。于此可见,明清及近代文人受时代的影响,本着朴素的唯物主义哲学观,消除了"期待视野"与作品之间的审美距离,撇开偏见,成为《货殖列传》的知音。桐城四祖对《货殖列传》的接受也表现出了时代与个人特点:一方面,他们对司马迁批评统治者与民争利的观点表示赞同;另一方面,他们又对商业发展持否定态度,在文论中发扬了儒家以道统干预政治的优良传统。如姚鼐在《书货殖传后》中说:"盖子长见其时天子不能以宁静淡薄先海内。无校于物之盈绌,而以制度防礼俗之末流;乃令其民仿效淫侈,去廉耻而逐利资,……以帝王之富,亲细民之役,为足羞也。"严厉地批评了统治阶级与民争利。但接着又说:"夫以无欲为心,以礼教为术,人胡弗宁? 国奚不富? 若乃怀贪欲以竞黔首,恨恨焉思所胜之,用刻剥聚敛、无益习俗之靡,使人徒自患其财,怀促促不终日之虑。户亡积贮,物力凋敝,大乱

---

① [宋]范晔:《后汉书·班彪列传》,中华书局 1965 年版。
② 参见[汉]班固撰,[唐]颜师古注:《汉书·司马迁列传第三十二》卷六二,中华书局 1962 年版,第 2737~2738 页。
③ [清]吴见思、[清]李景星著,陆永品点校整理:《史记论文 史记评议》,上海古籍出版社 2008 年版,第 222 页。

之故,由此始也。"①彻底地否定了人对物欲的追求,认为对利益的追求必然致使民心不定。另外,桐城四祖的接受方法也有所更新。清代文人在总结明王朝覆亡的经验教训时,清醒地认识到了晚明理学空疏无本的危害。于是,他们提倡以实学取代空谈,从而把晚明兴起的实学思潮推向了巅峰,使之在清前期和晚期二度梅开。在实学思潮的影响下,清代文人较为务实,他们往往以经世致用作为批判文学的基本准则。《货殖列传》中包含的经济思想、商业技巧很具有现实意义,该篇遂成了七十列传中最受清人关注的篇目之一。据杨燕起等人编纂的《历代名家评史记》一书可知,对该文作专门论述的文章有十七篇。而文人在评论该篇文章时又常常借题发挥。如戴名世从司马迁列子贡于《货殖列传》引出"即邹鲁之间,不免去文学而趋利,利固与文学反者耶",并又联系现实感慨,今人"以为文学者而趋利,其收效而获多必倍于农工商贾,而其计策或又出于掘冢,博戏,贩脂,卖浆,洒屑,马医者之下,然而富者必在是也。吾乃知世之富者皆为文学者也,世之文学者出于掘冢,博戏,贩脂,卖浆,洒屑,马医之下者也。"②文章极力鄙视、贬低趋利而富的文学者。戴名世主要生活在康熙年间,这一时期,清朝已经占领了汉族居住的广大地区,清廷面临如何使满汉人民和谐相处的问题。在康熙朝高压、笼络的双重政策下,不少忠臣义士坚持抗清斗争;但也有不少文臣武将叛明降清,为官清朝,如钱谦益、吴伟业等。戴名世所斥责的卑贱的文学者或许就是指那些投清弃明、不守忠节的贰臣。此外,桐城派以文章传世,他们尤其喜欢从文章学角度接受《史记》。对于《货殖列传》,桐城文人也能从中发现为文之道。王鏊《震泽长语》卷下中言:"《史记·货殖传》议论未了,忽出叙事,叙事未了,又出议论,不伦不类,后世决不如此作文,奇亦甚矣。"③《史记·货殖列传》并非严格意义上的人物传记,确切地说,它是一篇论传,论叙结合正是此传的独特之处。王鏊敏锐地发现了这一特点。其后,归有光则充分地肯定了《货殖列传》起承转合上特点。他说:"温、轵,河内也,因贾赵中山,即穿叙中山。又因赵而穿出燕、涿、郑、卫。洛阳,河南也,因东贾齐鲁,南贾梁楚,即穿叙齐、鲁、梁、楚,因及越海。九州之大,一索

---

① [清]姚鼐:《惜抱轩全集·文集》卷五,中国书店出版社1991年版,第54~55页。
② [清]戴名世著,王树民编校:《戴名世集·书货殖传后》卷一四,中华书局1986年版,第395页。
③ [明]王鏊:《震泽长语》卷下,引自杨燕起、陈可青等编《历代名家评史记》,北京师范大学出版社1986年版,第159页。

清代的《史记》研究

贯成,岂非奇绝哉!"(《归震川评点本史记》卷一二九)指出了司马迁于此传中灵活运用插叙写法,不仅丰富了文章的内容,而且使文章贯穿一气,有条不紊。许新堂、刘光蕡、郭嵩焘等人对《货殖列传》的艺术特色也有涉猎,他们一致肯定了司马迁高超的叙事能力。这些文人的论述开启了对《货殖列传》进行艺术性鉴赏的大门。但这些文人的评论几乎都是零星的、随感式的。方苞则在前人论述的基础上,就此文推演出一套较为完整的义法理论。他在《又书货殖传后》一文中首先提出了义法理论,为桐城派的论文标准奠定了基础。他说:"《春秋》之制义法,自太史公发之,而后之深于文者亦具焉。义即《易》之所谓'言有物'也,法即《易》之所谓'言有序'也。义以为经而法纬之,然后为成体之文。"①之后,他又用义法理论来衡量《货殖列传》,认为《货殖列传》表面上看似乎杂乱而无章,实际上却是符合义法之说,从而肯定《货殖列传》在散文艺术方面的成就与价值。由此可见《货殖列传》对桐城文法启示的巨大意义,也可见《货殖列传》的艺术价值。

(四)理论的阐释与超越

鲁迅"史家之绝唱,无韵之离骚"的评价是对《史记》艺术成就最为精当的概括。但或许我们还可以为它续上一个貂尾——"文论之肇端"。司马迁在《史记》中寄寓了他的写作理论。如《管晏列传赞》中有言:"至其书,世多有之,是以不论,论其轶事。"又如《司马穰苴列传赞》言:"世既多《司马兵法》,以故不论,著穰苴之列传焉。"《留侯世家》载:"(留侯)所与上从容言天下事甚众,非天下所以存亡,故不著。"这些接近于后代文论的论述表明司马迁在创作《史记》的过程中,对各篇的篇章结构、语言布置等方面都进行了精心的设计与安排。桐城四祖也具备这种理论总结的意识。他们通过论文、专著、选集等形式对《史记》文章的艺术美做了细微的分析研究。桐城四祖不仅直接概括了《史记》中司马迁所论述的创作原理,而且对其做了不少补充,使之更为系统化。

首先桐城四祖的古文理论直接来源于《史记》。方苞的"义法"说即为典型。其一,"义法"说的提出源于《史记》。"义法"一词最早出现在《墨子·非

---

① [清]方苞著,刘季高校点:《方苞集·又书货殖传后》卷二,上海古籍出版社1983年版,第58页。

命》中。其后,司马迁《史记·十二诸侯年表序》有云:孔子"次《春秋》,上记隐,下至哀之获麟,约其辞文,去其烦重,以制义法,王道备,人事浃。"这里司马迁所说的义法,主要是指孔子笔削《春秋》所定的义例、书法。方苞受此启发,在《又书货殖传后》一文中言:"《春秋》之制义法,自太史公发之,而后之深于文者亦具焉。义即《易》之所谓'言有物'也,法即《易》之所谓'言有序'也。义以为经而法纬之,然后为成体之文。"①"义"指言有物,即关于文章的思想内容,"法"指言有序,即艺术形式。而义与法的关系是:法只有在义为经的前提下才能发挥其积极的作用,否则法就成死法、僵法了。需要指出的是,戴名世文集中已见其对《史记》"义法"说的概括推演。戴氏在《答赵少宰书》中言:"今夫立言之道莫著于《易》,《家人》之《象》曰:'君子以言有物而行有恒',夫有所为而为之之谓物;不得已而为之之谓物;近类而切事,发挥而旁通,其间天道具焉,人事备焉,物理昭焉,夫是之谓物也。"②其对言有物的诠释正是《史记·十二诸侯年表序》所言的承传沿袭。方苞或是在其基础上将"义法"做了更为具体、深入的总结、概括与延伸。义法起于春秋,义法说肇始于《史记》而成于方苞,方苞之后为桐城文人发扬光大。当代学者王达津总结说:"义法远源于《春秋》,所谓'义例''义类',也都是义法的条例。但是方苞却提出义法来自《史记》,而且遵照《史记》,并且阐述了其主要原因;这就是因为《春秋》义法是清统治者忌讳的,《春秋》所表现的'尊王攘夷'、'内诸夏而外夷狄'和忠于旧君的观念是统治者所不能允许的。"③俞樟华先生也说:"《史记》自问世之后,虽多次被人讥为许多地方不合圣人之道,但是,《史记》肯定陈胜为王者,不以秦二世子婴为本纪,为李陵辩护等,似乎都与清统治者无妨,而为少数民族立传,肯定少数民族功绩等内容则为其所欢迎。"④可见,"义法"说虽源于经学,但却成于史学,尤其得力于《史记》。正如方文中一再提及的"义法莫精于《左传》《史记》","义法莫备于《左传》《史记》","记事之文惟《左传》《史记》各有义法"。他对"义法"的见解也主要是在评析《左传》《史记》,特别是在评析《史记》时揭示出来的。需要指出的是,受时代环境的影响,即前文所述清廷高压的文化政策,也受《史记》本身的影响,桐城文人所论"义法"基本集中在

---

① [清]方苞著,刘季高校点:《方苞集》卷二,上海古籍出版社1983年版,第58页。
② [清]戴名世著,王树民编校:《戴名世集·答赵少宰书》卷一,中华书局1986年版,第6页。
③ 转引自许福吉《义法与经世 方苞及其文学研究》,学林出版社2001年版,第67页。
④ 俞樟华:《史记艺术论》,华文出版社2002年版,第357页。

对叙事、人物传记等文体的分析上。他们留心讲究叙事文体的艺术，包括前后、详略、虚实、取舍等等，希望能设定一种记事的规则、义例。

其二，"义法"体系涵盖了司马迁的零星理论。方苞从《史记》等文中拈出了"义法"一词，但他并没有津津乐道于前人的叙述，对此作简单的重复，而是通过"义法"敷衍出一套完整的文法体系，概而言之，即"义以为经而法纬之，后为成体之文"。具体表现为以下两端：一是依义制法，法以见义。法本于义，而义又是离不开法的。义是法的前提，法是义的实现。司马迁写《史记》时既有所刺讥，又要有所忌讳，所以他常常用一种比较隐晦的方式来表达自己真实的意图。方苞破译了《史记》的这一规律。他在《又书货殖传后》中说："夫纪事之文成体者，莫如左氏；又其后，则昌黎韩子；然其义法，皆显然可寻。惟太史公《礼》《乐》《封禅》三《书》及《货殖》《儒林传》，则于其言之乱杂而无章者寓焉。岂所谓：'定、哀之际多微辞'者邪！"①他认为《儒林传后》一文从表面上看，司马迁是在赞美汉兴儒术，"斌斌多文学之士"，实际上却是哀叹儒道的衰落，正所谓"其刺讥痛惜之意，不亦深切著明矣乎！"②司马迁对汉武帝多欲、礼乐沦丧、儒道中衰的哀叹、刺讥即是"义"，而义微词隐、意在文外的表现手法即为"法"，这正是以法传义的典范。二是因义立法，法随义变。文章要传达的道理，记叙的事情或人物多种多样，那么文章的法度也要与之适应。在传记文学中，某篇文章的法度要与传主的身份相匹配，即"所载之事，必与其人之规模相称"。方苞在《与孙以宁书》中云：

> 太史公传陆贾，其分奴婢装资，琐琐者皆载焉。若《萧曹世家》而条举其治绩，则文字虽增十倍，不可得而备矣。故尝见义于《留侯世家》曰："留侯从容与上言天下事甚众，非天下所以存亡，故不著。"此明示后世缀文之士以虚实详略之权度也。③

此处，人物之规模，亦即人物之身份、作用等为"义"，而所载之事，亦即人物事迹材料，如何安排材料等是"法"。"义"不同而"法"随之变。就体裁而言，"法"也要随"义"而变。在某种特定的情况下，文有变体，亦即有变法。如果

---

① ［清］方苞著，刘季高校点：《方苞集》卷二，上海古籍出版社1983年版，第59页。
② ［清］方苞著，刘季高校点：《方苞集》卷二，上海古籍出版社1983年版，第54页。
③ ［清］方苞著，刘季高校点：《方苞集》卷六，上海古籍出版社1983年版，第136页。

不顾其义而硬搬其法,那只能落个"漫效"之名了。如方苞在《书五代史安重诲传后》中言:

> 记事之文,惟《左传》《史记》各有义法,一篇之中,脉相灌输,而不可增损。然其前后相应,或隐或显,或偏或全,变化随宜,不主一道。①

所以在他看来,伯夷、孟荀、屈原等传,议论与叙事相间,与古之记事文相异,有其不同于其他以记叙为主的人物传记的独特之处:"盖四君子之传以道德节义,而事迹则无可列者。若据事直书,则不能排纂成篇。"而其他的记事文,如果有事迹可编的,就不能采取叙议相间的写法了。正所谓:"夫法之变,盖其义有不得不然者。"依义制法、法以见义,因义立法、法随义变可以看作是"义法"理论的具体阐释。方苞对《史记》文艺理论的接受成果即在于创立了"义法"说。

其次,桐城四祖理论上的建树是对以往散文创作经验的总结与提升,简而言之,"义法说"是对传统"文道观"的补充。源于《史记》而又高于《史记》的"义法"说是桐城派文论的基础。桐城后学的文论无不是对"义法"说的完善与发展,其具体表现在以下两个方面:其一,深化了传统文与道关系的讨论。简单地说,文与道的关系就是形式与内容的关系。在奉行儒家学说的古文作者那里,"道"是指儒家的社会政治理想以及对这种理想的实践;而"文"既可指作品,也指作品的形式。于此不难见出,文与道的关系侧重于文学作品与外部现实的关系。而"义"与"法"则不同:"义"指作品表现的人物、事物、事件,即文章内容;"法"仅指作品的形式因素,是将文章视为一个完整系统,是文章内部关系。所以"义"与"法"比"文"与"道"在理论上更贴近文学内部形式与内容的关系的表述。在方苞的"义法说"基础上,刘大櫆进一步把内容与形式具体化为材料与能事、精处与粗处,即"神气"与"音节字句",并对后者("神气"与"音节字句")展开了论述。姚鼐则完善了刘大櫆的"神气"说,把精处与粗处进一步区分为"神理气味"和"格律声色"。方苞以前的学者即使提及"义法"也多指"文道"关系。如艾南英在论及文章的内容与形式时,曾经使用了义法一词:

---

① [清]方苞著,刘季高校点:《方苞集》卷二,上海古籍出版社1983年版,第64页。

清代的《史记》研究

> 至于孟旋以义法之宗,表里兼至,而亦不能不推从周之安和备美也。……然常欲以秦汉之气行程朱之理,而于从周之文,见其铸理会题,尤三致意焉。①

于此,艾氏杂用"道"与"法"、"理"与"辞"、"性命""古今"与"虚灵圆变"等不同的语词,"义"几与"道"等同。所以,我们说,"义法"说是方苞等人以史迁等人的理论成就为起点,对两千多年来,以叙事议论为主的各种"成体之文"的创作经验及写作规律做出的新的理论概括,体现了对文学内部的关注,为建构有中国特色的现代文章学理论体系提供了借鉴。

其二,加强了对古文审美特征的自觉追求。在方苞的"义法"说中,"义"是绝对的主导,"法"是由"义"决定的,但这并有意味"义法"说的阐释中,重"义"而轻"法",事实上恰好与之相反。综观桐城文集,桐城文人关注于"法"甚于"义"。这从方苞起就可见其端倪。在方苞的视野中,"法"具体指什么呢?他在《古文约选》一书中所提出的古文选录标准可作解答。他说周末诸子:"精深闳博","汪洋自恣,不可绳以篇法。……故概弗采录",又"相如《封禅书》亦姑置焉。盖相如天骨超俊,不从人间来。恐学者无从窥寻,而妄摹其字句,则徒敝精神于蹇浅耳"。②可见,方苞所谓的法只是停留在谋篇、造句、修辞等具体的问题上,所谓"布置取舍、繁简廉肉不失法,吐辞雅驯不芜而已"③。对于方苞来说,理论上讲得越具体,学习者就越容易得到门径,趋附的人就越多。也正出于这个目的,方苞的理论总体而言流于文学表面而难以深入。实际上,他的理论也因此难以跳出这些具体的原则而越走越狭,其中显示出的局限性也就越来越明显。方苞的后继者刘大櫆、姚鼐等人也明确地意识到了他的这一缺陷,并且有了一定的弥补。刘大櫆的文论主要集中在《论文偶记》中,该书以语录的方式记录了他的文学思想,该书语录共计三十一条,其中较为关键的十条皆以《史记》作为例子,可见这些精辟言论是刘大櫆在细读、玩味《史记》之后的理论概括。如第十条载:"文法至钝拙处,乃为极高妙之能事;非真钝拙也,乃古之至耳。古人能此者,史迁尤为独步。"④道出了史迁之文看似行

---

① [明]艾南英:《天佣子集·郑从周秫陵问业序》卷二,艺文印书馆1980年版,第36页。
② [清]方苞著,刘季高校点:《方苞集·古文约选序列》卷三,上海古籍出版社1983年版,第614页。
③ [清]姚鼐:《惜抱轩全集·文集·复鲁洁非书》卷六,中国书店出版社1991年版,第72页。
④ [清]刘大櫆:《论文偶记》,人民文学出版社1959年版,第5页。

云流水、浑然天成,而事实上融合了司马迁的精心锤炼的特点。又如十六条载:"文贵奇,……字句之奇,不足为奇;气奇则真奇矣;神奇则古来亦不多见,……太史公《伯夷传》可谓神奇。"①对《史记》的赞美之词溢于言表。除此之外,其论文贵高、贵大、贵远、贵疏等等摆脱了具体技法的论述,而触及文章风格论。"至专以理为主,则犹未尽其妙也"可视为对方苞"义法"说局限性的揭示。义理与"书卷、经济者,行文之实,若行文自另是一事"的看法,②强调了文学创作过程对美的艺术形式的自觉追求。最后刘大櫆将这些理论总结起来提出"神气"说。刘大櫆在《论文偶记》中谈道:"行文之道,神为主,气辅之。"③"神气者,文之最精处也;音节者,文之稍粗处也;字句者,文之最粗处也;然论文而至于字句,则文之能事尽矣。盖音节者,神气之迹也;字句者,音节之矩也。神气不可见,于音节见之;音节无可准,以字句准之。"④他认为具有审美意蕴的"神气"是通过字句、音节等艺术手段表现出来的,即所谓的"因声求气"。这就明确提出了"义法"最终的目的在于使文章具备"神气",由此可将"神气"视为对方苞的"义法"说的补充。这种因声求气的说法,被桐城派的后继者奉为不易之论。姚鼐、张裕钊、吴汝纶等对此都有精湛的论述。故有学者认为"对散文声韵的自觉意识,至清代桐城派诸家对此做了系统论述,可算是集其大成"⑤。刘大櫆论神气和音节字句,只谈到了字句的音乐美即音节的问题,忽略了文学形式的其他因素,如语言的色彩美,作品的法度、格调等。姚鼐在艺术形式中增加了格、律和色,在审美意蕴中增加了理和味,更充实了作品的审美构成。他在《古文辞类纂·序》中说:"凡文之体类十三,而所以为文者八,曰神理、气味、格律、声色。神理、气味者,文之精也;格律、声色者,文之粗也。然苟舍其粗,则精者亦胡以寓焉?学者之于古人,必始而遇其粗,中而遇其精,终则御其精者而遗其粗者。"⑥从这一理论出发,他对方苞的"义法"说表示了明确的不满:"望溪所得,在国朝诸贤为最深,较之古人则浅。其阅《太史公书》,似精神不能包括其大处、远处、疏淡处及华丽非常处,止以义法论文,则得

---

① [清]刘大櫆:《论文偶记》,人民文学出版社1959年版,第6~7页。
② [清]刘大櫆:《论文偶记》,人民文学出版社1959年版,第3页。
③ [清]刘大櫆:《论文偶记》,人民文学出版社1959年版,第3页。
④ [清]刘大櫆:《论文偶记》,人民文学出版社1959年版,第6页。
⑤ 朱志荣:《中国文学艺术论》,山西教育出版社2000年版,第231页。
⑥ [清]姚鼐编,边仲仁标点:《古文辞类纂·序》,岳麓书社1988年版,第4页.

清代的《史记》研究

其一端而已。"①在此他一针见血地点出了"义法"的狭隘与局限。

刘大櫆、姚鼐等人自觉追求古文的审美特征,企图把艺术散文从杂文学中分离了出来,这对区分文学性与非文学性散文起到了很大的作用,为后人建构文学性散文的理论与实践奠定了基础。

三、创作的影响与局限

创作是对文本更高层次的接受。桐城四祖总结《史记》文法,继而将其所总结理论应运于实践,进行文学创作。而这种创作也与其对《史记》的接受途径,即由学习归有光等唐宋派文人入手,上溯到唐宋八大家,再由唐宋八大家追踪至于《史记》为代表的秦汉文,这种循序渐进的学习方法使得四祖的创作超越一般的句剽字窃,而能够极力揣摩《史记》的叙事笔法、语言艺术、人物刻画的方法等,有些成功的作品确能得《史记》之神韵。

(一)创作的影响

《史记》带给桐城四祖的影响,无论在史传创作,还是文学创作上都是多方面,并且是深刻的。就史学而言,戴名世可谓四祖中学习《史记》最成功、取得成就最高者,梁启超在《中国近三百年学术史》一文中就高度地赞扬了他的史识与史才:"大抵南山考证史迹之恳挚,或不如力田、季野,而史识、史才,实一时无两,……其史虽一字未成,然集中有遗文数篇,足觇史才之特绝。"②梁启超认为戴名世的史识、史才一时无两,认为有清一代史家之林中,唯有戴名世与章学诚二人能令其折服。关于戴名世对《史记》的接受,下文将作具体论述。方苞的史学成就虽不如戴名世,但他曾任"一统志"馆总裁,提出了一些修志的见解:一修志要体例统一,体例不一,犹农之无畔也;二要由博返约,提倡简明;三要资料可靠,务实求真。③ 这些主张对后世修志编史有一定的影响。然而,戴、方或者四祖虽然对《史记》的史学成就有所接受,但就现存作品而言,他们

---

① [清]姚鼐著,卢坡校点:《惜抱轩尺牍》,安徽大学出版社2014年版,第78页。
② 梁启超:《梁启超全集·中国近三百年学术史·清代学者整理旧学之总成绩(三)》卷一五,第八册,北京出版社1999年版,第4568~4569页。
③ [清]方苞著,刘季高校点:《方苞集·与一统志馆诸翰林书》卷六,上海古籍出版社1983年版,第180页。

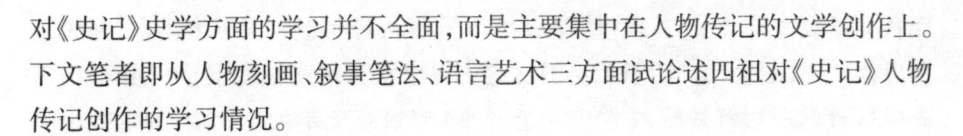

对《史记》史学方面的学习并不全面,而是主要集中在人物传记的文学创作上。下文笔者即从人物刻画、叙事笔法、语言艺术三方面试论述四祖对《史记》人物传记创作的学习情况。

1. 人物刻画

《史记》采用的是以人系事的作史方法,在司马迁的笔下,凡生活在汉武帝前三千余年历史大舞台上的人物几乎都有所反映。司马迁开创的传记形式为后世正史之规范形式,而其高超的人物刻画方式也为后世文学、史学创作提供了诸多的经验与典范。桐城四祖中优秀的传记作品几乎无一例外是自觉学习《史记》的典范。如司马迁在《留侯世家》中指出:"(张良)所与上从容言天下事甚众,非天下所以存亡,故不著。"这表明司马迁十分注重材料的取舍,即为突显人物特点选用与其身份地位相当的材料事迹。再如在《项羽本纪》中,项羽可写可记的事情颇多,但司马迁着力通过巨鹿之战、鸿门之会、垓下之围三件惊心动魄的大事,再现了项羽兴衰成败的历程,为我们塑造了一位威武刚猛、视死如归的盖世悲剧英雄。对这种选材原则,桐城四祖心领神会,他们不仅于文论中再三论及这一方法,而且在创作中亦躬行不已,最为典型的是方苞的《孙征君传》[①]。历史称朝廷征聘不出的隐士为"征君",孙征君,即孙奇逢,明清之际学者,与黄宗羲、李颙并称三大家,明亡后隐居河南苏门山夏峰25年,清廷屡征不出。许多人曾为他作传,方苞即是其中之一。与其他人委曲详尽地细数传主屡征不出的事迹不同,方苞仅以简单的一句"常欲赫然著功烈而不可强以仕"概述其气节,传记写得较为详细的反倒是其营救被魏忠贤陷害的杨涟、左光斗一事。在方苞看来,他人所作的孙奇逢传皆有选材不当的毛病,未能抓住孙奇逢一生的关键大事来写,即"皆未得体要",他说:"所示群贤论述,皆未得体要。盖其大致,不越三端:或详讲学宗指及师友渊源,或条举平生义侠之迹,或盛称门墙广大,海内向仰者多,此三者皆征君之末迹也;三者详而征君之志事隐矣。"在他看来,孙奇逢之所以与众不同在于他的侠义精神,而要展现这种精神不应当只是"条举平生义侠之迹",而应择取其中之要做详细描述。这种选材方式正是从《史记》中学来的,他说:"太史公传陆贾,其分奴婢装资,琐琐者皆载焉。若萧曹《世家》而条举其治绩,则文字虽增十倍,不可得

[①] [清]方苞著,刘季高校点:《方苞集·与一统志馆诸翰林书》卷八,上海古籍出版社1983年版,第213页。

而备矣。故尝见义于《留侯世家》曰：'留侯所从容与上言天下事甚众，非天下所以存亡，故不著'，此明示后世缀文之士以虚实详略之权度也。"①他的《白云先生传》《陈驭虚墓铭》《左忠毅公逸事》等篇章无不如是。戴、刘等人也颇能灵活运用这种方法。如戴名世的《杨维岳传》记杨哭祭史可法、抗拒剃发令两事，以典型事迹突显杨维岳志节不移、死而后已的精神。刘大櫆的《马湘灵诗集序》认为马湘灵的诗"必传于世，世人之所共知，固不藉余言以增重。若其人之磊砢，不犹高出时俗人万万，则非余言莫之显"②，故序中不言其诗，而只言其人其遇。

在刻画人物时，成功的细节描写不仅可以以小见大，凸现人物的性格、品行，更能增加真实感，使人物更加亲切可感。司马迁就是位写细节的高手：陈涉的佣耕叹息（《陈涉世家》）、张良亡匿下邳时为圯上老人进履（《留侯世家》）、吴起杀妻求将及其为士卒吮疽（《孙子吴起列传》）、石建奏事误书马字的惶恐和石庆以策数马的拘谨（《万石张叔列传》）、陈平为乡党均分社肉（《陈丞相世家》）等等皆是以细节凸显人物特征的典范。清代章学诚对此有精辟的概括："陈平佐汉，志见社肉，李斯亡秦，兆端厕鼠。推微知著，固相士之玄机；搜间传神，亦文家之妙用也。"③这种精彩细节描写也为桐城四祖所继承，我们甚至可以认为，四祖的优秀传记文中几乎篇篇都包含有一两处传神之笔。方苞的《田间先生墓表》写抗清志士钱澄之（号田间）在明季与逆阉余党斗争的事迹时记录了这样一个细节：

> （先生）弱冠时，有御史某，逆阉余党也，巡按至皖，盛威仪谒孔子庙，观者如堵。诸生方出迎，先生忽前扳车而揽其帷，众莫知所为，御史大骇，命停车，而溲溺已溅其衣矣。先生徐正衣冠，植立昌言以诋之。骑从数十百人皆相视莫敢动。④

把年少气盛、大义凛然、疾恶如仇的钱澄之刻画得鲜灵生活。

---

① [清]方苞著，刘季高校点：《方苞集·与孙以宁书》卷六，上海古籍出版社1983年版，第136页。
② [清]刘大櫆著，吴孟复标点：《刘大櫆集·马湘灵诗集序》卷三，上海古籍出版社1990年版，第83页。
③ [清]章学诚著，罗炳良译注：《文史通义·古文十弊》卷五，上册，中华书局2012年版，第807页。
④ [清]方苞著，刘季高校点：《方苞集》卷六，上海古籍出版社1983年版，第337页。

2. 叙事笔法

司马迁以如椽的大笔描绘了从黄帝到汉武帝上下几千年的缤纷历史。若没有高超的叙事技巧如何能将纷繁复杂、千头万绪的历史叙述清楚？班固即指出：刘向、扬雄博极群书，"皆称迁有良史之材，服其善序事理、辨而不华、质而不俚"①。班固对《史记》虽略有微词却也承认太史公善于叙事的能力。稍后唐人刘知幾说："观子长之叙事也，自周已往，言所不该，其文阔略，无复体统。自秦汉以下，条贯有伦，则焕炳可观，有足称者。"②清人刘熙载说："《史记》叙事，文外无穷，虽一溪一壑，皆与长江、大河相若。"③而桐城四祖也在总结司马迁创作理论的同时，将之运用于实践。《史记》百三十篇，合而观之是一个完整的体系，分开来看，却又是一篇一个样，写法随内容而转移。如信陵君仁厚，就还他一篇仁厚之作；酷吏无情，便出之以铁面无私；滑稽幽默，则笔调轻松；写孔子时温良尔雅；写伍子胥时又是那样一副怨毒报复的大丈夫形象。桐城四祖继承太史公一篇一个样的特点，也能"法"随"义"变。如戴名世写杂记、史论、游记，就能根据文体的不同转变笔锋：杂记则嬉笑怒骂，淋漓恣肆；史论则叙议结合、冷静沉着，论说有力；而游记则清通明洁，不落俗套。就游记言，也无一篇雷同：或通篇写景，中间不夹抒情、不发议论，如《游大龙湫记》；或由景而引出大段议论，抨击时世，如《河墅记》；或借景寓己之情，如《芝石记》。方、刘、姚等人笔下虽不见如此多的变化，但也能做到一体有一体，甚至一篇有一篇之特点。

《史记》叙事笔法的异彩纷呈，变化无穷还表现在段落与字句的变化上。桐城四祖尤其注重文章的章法布局、起承转接及字句的锤炼，在这些方面他们可谓是颇费心思、惨淡经营。姚鼐认为："作文如小儿放纸鸢，愈放愈高，只在手中线牵耳。"④以手中线喻文章的中心，认为作文只要抓住中心，无论其枝叶如何繁多，起伏怎样波折，都能做到有条不紊，井然有序。刘大櫆则做了进一步的补充。他在论"文贵奇"时，特别重视行文的"起灭转接"，"于一气行走之

---

① [汉]班固撰，[唐]颜师古注：《汉书·司马迁列传第三十二》卷六二，中华书局1962年版，第2738页。
② [唐]刘知幾著，[清]蒲起龙通释，王煦华整理：《史通通释》卷六，上海古籍出版社2009年版，第154页。
③ [清]刘熙载撰，袁津琥校注：《艺概注稿·文概》卷一，中华书局2009年版，第63页。
④ 转引自王献永《桐城文派》，中华书局1992年版，第140页。

中,时时提起",要使文章"忽起忽落,其来无端,其去无迹",①反对平铺直叙。他的《天道上》《焚书辨》皆为"天道盖浑然无知者也"②。就《焚书辨》而言,开头即提出"六经之亡,非秦亡之,汉亡之也"③,"起头处来得勇猛"④,牢牢抓住了议论重点,而后全文以此发源,理充气盛,势不可遏。又如其《游万柳堂记》⑤,本是篇游记,然作者却撇开景致不写,文章开头宕开一笔,揭露"昔之人贵极富溢,则往往为别馆以自娱"的世态,接着自然而然地引出对临朐相国冯公筑万柳堂的描写,褒贬之意已是不言而喻。紧接着,又笔锋一转,描绘了万柳堂美妙的景致:"池旁皆兼葭,云水萧疏可爱",衬托了后来万柳堂的衰败惨状。最后作者借万柳堂之兴衰写出富贵之不可恃的结论。全文布局层层转折,篇幅虽短,却有"尺幅千里"之势,可谓"独造奇崛"。

至于字句的锤炼,则主要表现在长句、排比、对偶、比喻、感叹等句式的运用上。司马迁的史论中经常使用一些感叹句,如:"于戏,惜哉!"(《游侠列传》)"呜呼,又何其闳览博物君子也!"(《吴太伯世家》)"洋洋哉,固大国之风也!"(《齐太公世家》)诸如此类,不胜枚举,皆是太史公有感而发。桐城四祖的集子中也常用这类语句。如:"足下知犁支所在,能召之来,与余面论其事,则不胜幸甚!"⑥"呜呼,遇之而传,传之而通者,非二生吾谁望之!"⑦"彼必度其人之能抱而后施,亦独何哉!"⑧口吻皆类司马迁。四祖的某些篇章段落具有明显模仿《史记》的痕迹,如刘大櫆《王天孚诗序》一文中写到王天孚平生的履迹时说:"入巴蜀,探峨眉,下三峡,走金陵,泛秦淮,涉桃叶之渡,至于燕京,上黄金台,睹宫阙之宏壮。"《太史公自序》载:

> 二十而南游江、淮,上会稽,探禹穴,窥九疑,浮于沅、湘,北涉汶、泗,讲业齐、鲁之都,观孔子之遗风,乡射邹、峄;厄困鄱、薛、彭城,过梁、楚以归。

---

① [清]刘大櫆:《论文偶记》,人民文学出版社1959年版,第7页。
② [清]刘大櫆:《论文偶记》,人民文学出版社1959年版,第1页。
③ [清]刘大櫆著,吴孟复标点:《刘大櫆集·焚书辨》卷一,上海古籍出版社1990年版,第23页。
④ [清]刘大櫆:《论文偶记》,人民文学出版社1959年版,第7页。
⑤ [清]刘大櫆著,吴孟复标点:《刘大櫆集》卷九,上海古籍出版社1990年版,第302页。
⑥ [清]戴名世著,王树民编校:《戴名世集·与余生书》卷一,中华书局1986年版,第3页。
⑦ [清]戴名世著,王树民编校:《戴名世集·答伍张两生书》卷一,中华书局1986年版,第5页。
⑧ [清]刘大櫆著,吴孟复标点:《刘大櫆集·书唐学士德侠传后》卷二,上海古籍出版社1990年版,第42页。

两相对比,模仿之迹一目了然。而刘大櫆从西南到东北一路写来,虽然没有司马迁的那种"胸中固有一天下大势"的高妙,但无论是构思还是用笔,均颇得史公笔法。然而这样的例子并不多,因为桐城派学《史记》主张的是由近而及远,摹神而不袭貌。这种主张决定了桐城四祖学文与秦汉派的句剽字窃不同,而是更注重模仿前代佳作的结构谋篇、叙事写物的艺术方法以期达到神似的目的。清人顾炎武在其《日知录》卷二十六《史记于序事中寓论断》中说:

> 古人作史,有不待论断,而于序事之中即见其指者,惟太史公能之。《平准书》末载卜式语,《王翦传》末载客语,《荆轲传》末载鲁勾践语,《晁错传》末载邓公与景帝语,《武安侯田蚡传》末载武帝语,皆史家于序事中寓论断法也。①

"寓论断于序事中"的做法是太史公常用的一种笔法,追求的是意在言外、引人深思的表达效果。司马迁自己也说:"非好学深思,心知其意,难为浅见寡闻者道。"桐城四祖身处思想控制严厉、文字狱兴盛的康乾时期,尤其能接受这种含蓄委婉的写法。如方苞在《书太史公自序后》言:"读子长之书者,不求其所以云之意可乎?"强调读《史记》时,应透过现象看本质,探求司马迁的真正用意。其《书儒林传后》《又书儒林传后》《书封禅书后》《又书封禅书后》等文对太史公的这种叙事特点都有论及。戴名世的《醉乡记》则是对"寓论断于序事中"的具体应用。戴名世该文主要是借刘伶、阮籍所处的魏晋之际的史事,指出统治集团的昏暴是造成"神州陆沉,中原鼎沸"的根本社会原因。这里,作者虽一语不及时事,但对现实的抨击却隐然可见。其《穷鬼传》《钱神问对》《鸟说》《盲者说》等文莫不如此。姚鼐的《袁随园君墓志铭并序》记叙袁枚生平时说:"君本以文章入翰林有声,而忽摈外;及为知县著才矣,而仕卒不进。"②讥讽之意,不平之慨溢于言外:既然"以文章入翰林有声",为什么却被"摈外"呢?既然"为知县著才矣",为什么却又"仕卒不进"呢?这些问题的答案直指统治者决策的失误。这样的例子在桐城四祖的集子中还有许多,在此不作赘述。

---

① [清]顾炎武著,[清]黄汝成集释,栾保群、吕宗力校点,《日知录集释·史记于序事中寓论断》卷二六,花山文艺出版社1990年版,第1114~1115页。
② [清]姚鼐:《惜抱轩全集·文集》卷一一,中国书店1991年版,第154页。

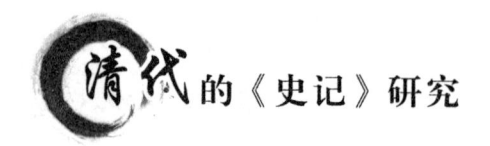

3. 语言艺术

文学是语言的艺术。随着文人对《史记》文学成就的深入探索,其语言也越来越为人们所重视。如清李晚芳在《读史管见》卷一《三代世表序》中说:"曲折秀洁,数尺有千寻之势。"牛运震评《秦楚之际月表序》说:"月表雄峻奇伟,顿挫处遒古可诵。"此类论述散见于文人的集子中,不胜枚举。《史记》的语言成就丰富多样,最为人所重视的即为"雅""洁"两点。所谓"雅"是韩愈所言之"雄深雅健",即指《史记》语言那种咄咄逼人的气势。俞樟华教授对《史记》语言的描述正好可以用"雄深雅健"作为注脚。俞樟华先生论《史记》语言说:

> 文之雄健,全在气势。司马迁行文,如六辔在手,控纵驰骋,运用自如,举凡三代之礼乐,刘项之战争,以及律历天官、文词事业,在他笔下恰似掌上转丸,写来毫无辛劳之态,其文笔雄骏宏肆,文章确实给人以气势磅礴的感觉。①

而"洁",柳宗元认为是指文章删繁尚简,言简意丰,含不尽之意于言外的特点。茅坤在《附史记法》中说:(《史记》之文)"于中欲损益一句一字处,便如于匹练中抽缕,自难下手。"②后人对韩、柳以"雅洁"为为文之法的做法给出了相当高的评价,如清人曾国藩曾言:"韩、柳有作,尽取扬、马之雄奇万变。"③桐城四祖也常以"雅洁"论文。戴名世主张古文应当"雅且清","夫惟雅且清则精",而"精"的典范则莫过于《史记》,"太史公纂《五帝本纪》,'择其言尤雅者'此精之说也"④。方苞认为:"(震川之文)其辞号雅洁,仍有近俚而伤于繁者。"⑤刘大櫆、姚鼐也有"文贵简""文贵去陈言"等类似的说法。从这些言论中我们不难看出,四祖在前人论述"雅洁"的基础上,重新诠释了"雅"和"洁",并且赋予了"雅洁"新的内涵。"雅"指语言风格的古朴典雅,"洁"则侧重作品结构和字句的简明扼要。合而观之,"雅洁"可以说是从作品结构和语言风格方面对"义法"做了必要的补充。

---

① 俞樟华:《史记新探》,民族出版社1994年版,第95页。
② [汉]司马迁著,[明]茅坤编纂,王晓红整理:《史记抄》,商务印书馆2013年版。
③ [清]曾国藩:《曾国藩文选·圣哲画像记》,苏州大学出版社2001年版,第337页。
④ [清]戴名世著,王树民编校:《戴名世集·答伍张两生书》卷一,中华书局1986年版,第4页。
⑤ [清]方苞著,刘季高校点:《方苞集·书归震川文集后》卷五,上海古籍出版社1983年版,第117页。

思想指导行动,文论影响创作。四祖作品大都恪守"雅洁"论,多能用词典雅、结构严谨,做到言简意丰,意在言外。如方苞的《逆旅小子》,全文不足三百字,然而人物、事件、时间、地点、前因后果都交代得清清楚楚,且全文叙议结合,叙中寓论,可见其文笔之洗练。又如《左忠毅公逸事》,文章用较短的篇幅记叙了明末著名忠臣左光斗与史可法交往的几件事,刻画了左光斗不屈不挠、不畏强暴、精忠报国的英雄形象。全文基本由短句组合而成,最长的一句不过十二字,用字着词典雅,尤为"雅洁"。试看下文:

先君子尝言:乡先辈左忠毅公视学京畿,一日风雪严寒,从数骑出,微行入古寺;庑下一生伏案卧,文方成草,公阅毕,即解貂覆生,为掩户。叩之寺僧,则史公可法也。及试,吏呼名至史公,公瞿然注视;呈卷,即面署第一。召入使拜夫人,曰:"吾诸儿碌碌,他日继吾志事,惟此生耳。"①

行文节奏短促、明快,语言简洁感人。如此"雅洁"之作,在戴名世、刘大櫆、姚鼐的笔下也有不少。值得深思的是,司马迁、唐宋八家曾因"雅洁"而受后人的赞誉,桐城四祖却因"雅洁"而遭遇责难。如戴钧衡在《重刻方望溪先生全集序》中说:"盖先生服习程、朱,其得于道者备;韩、欧因文见道,其入于文者精。入于文者精,道不必深,而已华妙而不可测;得于道者备,文若为其所束,转未能恣肆变化。"②戴钧衡虽然非常推崇方苞,但于此处仍不留余地地指出了方苞文章的缺点。吴德旋在《古文绪论》中用了一个经典的比喻来评价方苞的文章,说:"(方苞之文)谨严而少妙远之趣;如人家房屋,门厅院落厢厨,无一不备,但不见书斋别业,若园亭池沼,尤不可得也。"③可见,方文之所以缺乏"妙远之趣"是由于太过恪守雅洁而使得文章醇谨有余,雄肆不足。总体而言,四祖的文章都有类似毛病,这恐怕与其为建构古文语言的纯洁性而排斥其他文学样式的语言不无关系。建构古文语言的纯洁性本身并没有错,相反,它是古文理论自觉的一种表现,为确立古文在文学史上的独立地位奠定了基础。但为达这个目的,他们不免有"矫枉过正"之嫌。如桐城四祖认为古文既然不同于诗赋和其他文体,那就必须具有绝对不同于诗赋和其他文体的语言。方

---

① [清]方苞著,刘季高校点:《方苞集》卷九,上海古籍出版社1983年版,第237页。
② [清]方苞著,刘季高校点:《方苞集·附录三》,上海古籍出版社1983年版,第906页。
③ [清]吴德旋著,[清]吕璜述:《初月楼古文绪论》,人民文学出版社1959年版,第30页。

清代的《史记》研究

苞说：

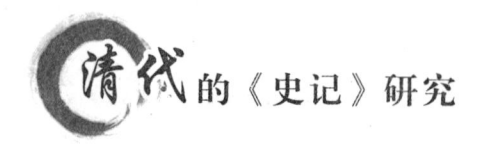

> 南宋、元、明以来，古文义法不讲久矣。吴越间遗老尤放恣，或杂小说，或沿翰林旧体，无一雅洁者，古文中不可入语录中语，魏晋六朝人藻丽俳语，汉赋中板重字法，诗歌中隽语，南北史佻巧语。①

姚鼐也说："世有言义理之过者，其辞芜杂俚近，如语录而不文；为考证之过者，至繁碎缴绕，而语不可了当。"②"为文不可有注疏、语录及尺牍气。"③桐城后继者亦有相似的论调，如姚鼐的弟子吴德旋在《初月楼古文绪论》就曾说："古文之体，忌小说，忌语录，忌诗话，忌时文，忌尺牍；此五者不去，非古文也。"④不可否认的是，桐城文人的这些论调在反对汉赋及六朝骈文词藻堆砌、浮华枝蔓的文风，反对宋儒理学语录体的凡庸腐俗和明代前后七子著作的饾饤艰涩确实起到了很好的作用，而这也无疑是对《左传》《史记》以至唐宋古文运动写作经验的总结，但对诗赋小说中新鲜通俗语言的过于严苛的拒绝使得古文语言无法得到鲜活的源泉从而只能固守于"雅洁"而难以维系。事实上，散文虽与辞赋分科，但散文依然需要从辞赋中吸取营养来润色自己、壮大自己。柳冕是韩愈、柳宗元以前反对骈文、提倡散体的先驱之代表，他标举儒家经典的空洞教义而漠视艺术形式，甚至否定屈原、宋玉、枚乘、司马相如到魏、晋、南北朝的辞赋文学和修辞方面的成就，所谓"言而不能文，君子耻之"，"骚人起而淫丽兴，文与教分而为二"。⑤ 正因取法过于局限，所以他的观点、主张并未形成气候，其古文创作也不太受人重视。韩愈、柳宗元等人充分吸取了前人的经验教训，他们意识到，古文运动虽然要反对骈文对对偶、声律和华藻的过分追求，但古文也应当具备长短错落、自由变化的篇法句律，抑扬顿挫的自然音节和丰富生动的词汇。而优美的古文，是可以像诗赋那样讽诵的，是具有"暨音声之迭代，若五色之相宣"⑥特色的。故而他们虽然提倡古文，但在学习中却能对诗词歌赋做到兼收并蓄，如韩愈的《进学解》一文，语句奇偶错综，字辞单复杂侧，故能

---

① [清]沈廷芳引方苞语，见王镇远《桐城派》上海古籍出版社1990年版，第33页。
② [清]姚鼐：《惜抱轩全集·文集·述菴文钞序》卷四，中国书店出版社1991年版，第46页。
③ [清]梅曾亮：《柏枧山房文集·文续集·姚惜抱先生尺牍序》卷二，《续修四库全书》本。
④ [清]吴德旋著，[清]吕璜述：《初月楼古文绪论》，人民文学出版社1959年版，第19页。
⑤ [唐]柳冕：《答荆南裴尚书论文书》，见《全唐文》卷五二七。
⑥ [晋]陆机著，刘运好校注：《陆士衡文集·文赋》卷一，凤凰出版社2007年版，第26页。

声采炳焕,光气袭人。而他的《送李愿归盘谷序》篇末的歌,更是诗文结合的典型。刘开在《与阮芸台书》一文中对韩文兼收并蓄的特点做了精辟的总结:"夫退之起八代之衰,非尽扫八代而去之也,但取其精而汰其粗,化其腐而出其奇。其实八代之美,退之未尝不备有也。"① 柳宗元也能学古文而不囿于古文,他在作文时不仅"参之《太史公》以著其洁",还"参之《穀梁氏》以历其气,参之《孟》《荀》以畅其支,参之《庄》《老》以肆其端,参之《国语》以博其趣,参之《离骚》以致其幽"。可惜的是,桐城四祖虽然自觉地扛起了韩、柳诸人古文运动的大旗,但却未能全面地总结其成功的经验,忽视了其语言上的成就。所以桐城四祖与韩、柳等人同是提倡"雅洁",而成就却高下立见。

(二)戴名世对《史记》的接受

为更完整地了解桐城四祖对《史记》的接受情况,我们不妨以戴名世为例,从他对司马迁著史精神与史传理论的继承,以及他的史传撰写实践几方面一窥其对《史记》的接受情况,从而对桐城文人对《史记》的接受情况做更深入细致的了解。

司马迁和戴名世都是颇有成就的文史学家,把他们两个放在一起进行比较评论,这在清代就已开始。汪灏称戴名世"才匹龙门",② 方正玉说戴名世"具盲左腐迁之识",③ 戴钧衡则盛誉戴名世之文,"其气之逸韵之远,则直入司马子长之室而得其神。"④ 就是戴名世本人,也每以子长自命,想做司马迁第二。因此,将他们做些比较研究,是不无意义的。

第一,共同的修史宏愿。人贵有志,司马迁和戴名世都酷爱史学,具有强烈的社会责任感,都有志于著史立说,成一家之言。这一点,在他们各自的著作中,有很清楚的表露。

据《史记·太史公自序》载,写一部上起轩辕、下迄汉武的三千年通史巨

---

① [清]刘开在:《与阮芸台宫保论文书》,引自许结编选《中国历代文学流派作品选 桐城文选》,凤凰出版社2012年版,第162页。
② [清]汪灏:《孑遗录序》,见[清]戴名世,王树民编校《戴名世集·附录》,中华书局1986年版,第456页。
③ [清]方正玉:《孑遗录序》,见[清]戴名世,王树民编校《戴名世集·附录》,中华书局1986年版,第457页。
④ [清]戴均衡:《戴钧衡编潜虚先生文集目录叙》,见[清]戴名世,王树民编校《戴名世集·附录》,中华书局1986年版,第459页。

清代的《史记》研究

著,是司马迁和他父亲司马谈的共同理想。司马谈还为此做了大量的资料准备工作,初步确立了断限和体例,写了部分初稿,可惜草创未就,发病而卒。在临终前,他把修史作为一项遗命,慎重地交给了司马迁。面对老父的殷殷重托,司马迁流着眼泪诚恳而有力地表示:"小子虽然不敏,但一定要把父亲编纂历史的计划全部完成,不敢有丝毫的遗漏!"从此,司马迁便废寝忘食,全力以赴,把整个身心都投入到了这项宏伟而又艰巨的历史著作的编撰工作之中。但是天有不测风云,人有旦夕之祸。天汉二年(前99年),司马迁因替兵败而降匈奴的李陵说了几句有悖于统治阶级意志的公道话,得罪了当权者,被下了监狱。当是时,司马迁"家贫,货赂不足以自赎,交游莫救,左右亲近不为一言",心情十分痛苦,曾想一死了之,但是想起《史记》未完,事业未成,于是他自请宫刑以代死罪,忍辱苟活,函粪土之中而不辞,在肉体和精神都受到沉重打击,"肠一日而九回,居则忽忽若有所亡,出则不知其所往"(《报任安书》)的逆境中奋起,发愤努力,含辛茹苦,终于以非凡的毅力和不屈不挠的顽强精神完成了我国历史上第一部体例完备、内容丰富、见解深刻、思想进步、文采斐然的纪传体通史——《史记》,开创了中国史学的新纪元。

司马迁发愤著书的壮志和实践,对后代治史习文的有志之士有极大的鼓舞和激励作用。戴名世生活在清代初年,从小熟读《史记》。对司马迁忍辱著史的崇高品格和革旧创新的进取精神异常钦佩,决心以司马迁为榜样,完成明史的编修大业。在《与余生书》中,他毫无保留地透露了这种志愿:"终明之世,三百年无史,金匮石室之藏,恐终沦散放失,而当世流布诸书缺略不详,毁誉失实,嗟乎!世无子长、孟坚,不可聊且命笔。鄙人无状,窃有念焉。"[①]在《赠刘言洁序》中又说:"有明一代之史,世无能命笔者,更经一再传,则终沦散放失,莫可稽考。当仿依太史公书,网罗次立,既成,则以藏之名山,传之其人。平生之志,如此而已。"明朝灭亡之后,其文献资料也在战火中受到大量残毁,尤其是南明王朝的文献,损失更为严重,如不抓紧搜集整理,予以抢救,有明一代的历史将会因文献资料的不足而难以写成。因此,满腔热血的戴名世有一种紧迫感、使命感,所以他立下宏志,要像司马迁写《史记》那样,独自担负起明史的编撰大任。为此,他从理论武装到资料搜集诸方面都做了许多准备工作。后来,他又怕个人力量有限,无法完成大业,就约请有意于明史撰写的挚友刘

---

① [清]戴名世著,王树民编校:《戴名世集·与余生书》卷一,中华书局1986年版,第3页。

继庄、王沅等一起,到刘继庄的老家洞庭读书著史,共成伟业。可惜由于"继庄无担石之储,无以供客",①最终未能成行,美好的愿望只因"盎中无斗米储"而告吹。不过困难并没有难倒戴名世。以后几十年里,他仍一如既往坚持着自己的理想,无时无刻不在留意明朝文献,总想排除困难和干扰,心无旁骛地坐下来按自己的意愿把明史写出来,把自己超群绝伦的史学才华发挥出来。遗憾的是,由于主客观条件的种种限制,终其一生,戴名世都没能完成撰修明史的神圣事业。

戴名世和司马迁一样,史识、史才非同一般,又有始终不渝的壮志,为什么司马迁能写成《史记》而戴名世却一事无成呢?究其原因,约有以下几端:

其一,从客观条件上说,戴名世至少有两个方面不如司马迁。第一,司马迁写《史记》,是时代的需要,是得到汉王朝最高统治者的默许的,所以他受腐刑以后,仍能按照自己的既定计划按部就班地完成《史记》全书的撰写工作。戴名世则不然。清朝以异族入主中原,"灭人之国,必先去其史"。对明史的修撰忌讳莫深,统治者将明史的撰修权紧紧地抓在自己手里,根本不允许任何人私修,对擅自修明史者一概予以严厉打击,清初著名的"庄廷龙明史狱"就是在这种时代氛围里发生的。戴名世是因为不满意清王朝官修的歪曲事实的企图抹煞南明抗清十余年历史的明史而立志由自己来重写一部明史的,可是他的明史八字还未一撇,只是在文章中使用了南明诸帝的年号,就被清统治者以"大逆"不道之罪凶恶地杀害了。在这样的时代里,戴名世的修史志愿又怎么可能实现呢?

第二,占有图书文献资料的多寡,是史书能否修成的重要因素之一。司马迁身为太史令,能够充分阅读和利用国家所搜集和珍藏的各种图书文献资料,为他写史提供了极大的方便。戴名世乃一介布衣,"家无藏书,不足以恣其观览"②,又不能利用国家现成的图书文献,只好靠自己去搜集、购买,但个人的力量毕竟有限,文献资料的严重匮乏成了他修史的一大障碍,所以他在文章中常常无可奈何地一而再、再而三地发出感叹,说"书籍无从广购,又困于饥寒,衣食日不暇给,惧此事终已废弃。"③他约刘继庄等人共撰明史,也是因为刘氏

---

① [清]戴名世著,王树民编校:《戴名世集·送刘继庄还洞庭序》卷五,中华书局1986年版,第137页。
② [清]戴名世著,王树民编校:《戴名世集·初集原序》卷三,中华书局1986年版,第59页。
③ [清]戴名世著,王树民编校:《戴名世集·与余生书》卷一,中华书局1986年版,第3页。

清代的《史记》研究

购买了"金匮石室之藏,以及稗官碑志,野老遗民之所记载,共数千卷"书,[①]想以此来弥补自己所占有的文献之不足。可是就这一点点愿望也未能实现。

其二,从主观条件方面说,戴名世也不如司马迁。比如在生活上,司马迁虽非出身豪门、家累千金的富翁,但身为朝官,有固定的俸禄、安稳的生活,毕竟没有温饱之忧,可以十几年如一日地专心致力于《史记》的写作。而戴名世却一生忧愁穷苦,从二十岁起,三十年间过的大多是簪笔佣书的困辱生活,衣食时不暇给,"子号于前,妇叹于室",为养家糊口,不得不长年奔波劳苦,以授徒为生,根本不可能有充裕的时间安心静气地坐下来著史立说。再从阅历方面看,戴名世也不及司马迁丰富。司马迁之父司马谈是个大学问家,对司马迁从小就进行严格的培养教育。司马迁十岁能诵古文,稍长又跟随汉代著名学者孔安国、董仲舒学《古文尚书》和《公羊春秋》;又继承了乃父天文历法方面的专业知识。二十岁时,在父亲的精心安排下,司马迁又有计划、有目的地漫游了全国各地,扩大了眼界,增长了知识。入仕为郎后,他曾扈从汉武帝到过许多地方,还出使西南夷,有机会对少数民族地区的风土人情、山川地理进行深入细致的观察了解,这为他在《史记》中首创少数民族史传提供了基础。戴名世虽然也出生在诗书孝悌之家,但家道早已凋零衰落,陷于贫困之中,所以他大半生时间都在为解决温饱问题而忧愁奔波。他也曾到过不少地方,除了偶尔是与同仁游山玩水外,主要还是迫于生计,和司马迁为修史而有意识地访寻文化遗迹、搜集历史资料不可相提并论。戴名世自己也无限感叹地说:"足迹未尝至四方,以故见闻颇寡。"[②]司马迁和戴名世晚年都曾因言得祸,进了监狱。可是司马迁入狱后,虽然一无人救,二无钱赎,但是他还可以受宫刑代死,保住性命,还有忍辱发愤著史的机会。而戴名世以《南山集》案被捕后,不久就被杀了头,他想忍辱发愤,也永远没有机会了。在清代,想私修明史的大有人在,但没有一个成功的,就是大史学家万斯同,最后也只好以折中的方式向清廷妥协,以布衣身份入明史馆修史。所以说,戴名世尽管有修史的才能,却没有修史所必备的条件,即使他不被统治者杀害,即使他在翰林院做编修,明史能不能修成也还是个疑问。这是时代造成的悲剧。

第二,相同的史学观点。戴名世的史学观点,与司马迁有许多相同和相通

---

① [清]戴名世著,王树民编校:《戴名世集·送刘继庄还洞庭序》卷五,中华书局1986年版,第136页。

② [清]戴名世著,王树民编校:《戴名世集·与余生书》卷一,中华书局1986年版,第3页。

之处。首先，两人都非常重调调查访问，占有第一手材料，为修史奠定坚实的史料基础。编纂历史著作，搜集和占有大量的历史文献资料，是第一位的、最重要的工作。史料占有越丰富、越翔实，史书编写才能做到言有所据，事有所托，真实可信，传之久远。司马迁写《史记》时，对自己提出了欲"网罗天下放失旧闻"的崇高要求。他一方面如饥似渴地"䌷由史记石室金匮之书"，大量阅读和掌握皇家所藏图书档案等书面资料及金石、文物、图像、建筑等实物；另一方面又利用游历、出使等各种机会亲自寻访古代遗迹、遗物，调查访问时人提供的口头活资料，以此印证历史、补充历史、纠正历史。他写《夏本纪》，为了考察夏禹的事迹而"上会稽，探禹穴"；为写《孔子世家》而"北涉汶泗，讲业齐鲁之都，观孔子之遗风，乡射邹峄"；他如屈原自杀的汨罗江、蒙恬修筑的长城、侯嬴所居的夷门、韩信母亲的坟地以及楚汉古战场等等，他都亲自作过实地考察。司马迁把这一切都写入《史记》，不仅极大地丰富了历史，增强了历史的真实性，而且使他笔下的历史人物更加血肉丰满，生动传神。继司马迁之后，历史家一般都是后代修前代的历史，像司马迁这当代人写当代史的情况已不可多见，所以修史者更注重的是书面文献资料，而很少有人再去做实地调查研究的工作。能发扬司马迁这种实地调查访问的修史作风的，是生活在明末清初的戴名世。

戴名世夙以马班自命，以撰写"成一家之言，与《史记》《五代史》相颉颃"[①]的明史为终身奋斗目标，所以他对先朝文献，特别是南明时期的文献尤为留心，曾二十年如一日，孜孜不倦地网罗散佚，搜求遗编，并时访明季遗老，考求故事，兼访明季野史，参互考订，为明史的编撰积累了许多鲜为人知的重要材料。在《戴名世集》中，今存有史传作品50多篇，这些人物传记的材料，绝大部分得之于戴名世的所见所闻，字字句句，均有来历；字字句句，都是辛苦所得。在每篇传记末尾的"赞"中，他学司马迁的样，都如实地把材料来源交代给读者。如《杨维岳传赞》说："余所至辄访问父老，有死事者，为纪次之，无使其无传焉。而龙舒山中余有门人曰余生，为我道贡士杨维岳事，余嗟异之。已而睹其了弘抱所作家状良然，遂为论次如此。"[②]《书全上选事赞》说："吾友宣城士

---

① [清]尤云鹗：《南山集跋》，见[清]戴名世著，王树民编校《戴名世集·附》，中华书局1986年版，第454页。

② [清]戴名世著，王树民编校：《戴名世集·杨维岳传》卷六，中华书局1986年版，第161页。

耕书初在有司幕中，知其所鞫之详，为余言之如是，因执笔记之。"①《杨允正传选》也说："翁之子勋祖为余言如是，且请为之传焉，余是以书之。"②戴名世最著名的史学著作是《孑遗录》，其材料来源同样是访问所得，他自己在序中说："余从诸父老问吾桐前后攻守之事，稍稍得其梗概，因著为一书，而当时文武用兵之略亦以附见，使作史者有所选择焉。"③因为戴名世把修史之愿时时珍藏胸中，所以在行动上表现得非常自觉，非常有心，在辗转授徒和游历访问的过程中，凡是遇见明朝的老将退卒、故家旧臣、遗民父老，他都抓住机会悉心求教，有闻必录，因此搜集到了许许多多有关南明之际各类人物反清复明、守节殉难的种种慷慨悲壮的事迹。他现存的史学著作几乎是亲自访问或接触当事人的产物，显得既真实可信，又恻恻动人。在清初，欲修明史者比比皆是，但像戴名世这样不厌其烦、不辞劳苦地作广泛社会调查的史学家，却再找不出第二个。在整个中国历史长河中，也只有司马迁和戴名世做过这种艰苦细致的工作。

其次，戴名世和司马迁对材料取舍的标准相同。搜集和占有史料，只是史书编写的最基础的工作。面对一大堆庞杂无比的原始材料，如果不分是非，不论真伪，见什么信什么，一股脑儿统统写入史书之中，是不符合实录原则的。司马迁和戴名世的高明之处在于，他们都异常重视对史料真伪的分辨考订，在求真求实上狠下功夫。司马迁对史料考信取舍的原则，一是"考信于六艺，折中于夫子"（《太史公自序》及《孔子世家赞》），即以儒家经典为标准来辨明判断史料的可信与否。但对儒家经典也不是一味盲从迷信，有时也敢于提出自己的看法，不以圣人之是非为是非；二是"疑者传疑，疑者阙焉"（《三代世表序》及《仲尼弟子列传赞》）。对那些实在无法分辨清楚的历史人事，不强为之解，而是保留疑问，或干脆付之阙如，留待后人去解决，这是一种唯物求实的科学态度。司马迁这种治史态度，为后世史家树立了榜样。戴名世继承和发扬了司马迁这种求实精神，对史料取舍提出了更加具体可行的考证方法。比如国史和野史都是后代修史的重要资料，但究竟是以国史为主，还是以野史为据呢？众说纷纭，意见很不一致。戴名世在《史论》中旗帜鲜明地提出：国史"出于载笔之臣，或铺张之太过，或隐讳之不详，其于群臣之功罪、贤否、本末颇多有不尽；"而野史"或多徇其好恶，逞其私见，即或其中无他，而往往有伤于辞之

---

① ［清］戴名世著，王树民编校：《戴名世集·书全上选事》卷七，中华书局1986年版，第196页。
② ［清］戴名世著，王树民编校：《戴名世集·杨允正传》卷七，中华书局1986年版，第207页。
③ ［清］戴名世著，王树民编校：《戴名世集·与余生书》卷一二，中华书局1986年版，第309页。

不达,听之不聪,传之不审。"两者都有不足之处,若只信其一,不及其余,必然失之偏颇,有乖真实,所以他主张不分国史、野史,唯正是取,谁的记载更接近事实真相,就信从谁,采纳谁。这种态度,是当时占统治地位的所谓"好恶因心面毁誉随之"的封建史观无法相比的。

在原始材料中,常常会出现"一事而记载不同,一人而褒贬各别"的现象,针对这种"所见异辞,所闻异辞"的情况,应该怎么办呢?传统的做法即如《书》曰:"三人占,则从二人之言。"也就是以多数人的意见为意见。这种方法简单易行,粗看也不无道理,但是真理有时并不一定掌握在多数人的手里,而且"曾参杀人""三人成虎"这种以讹传讹的教训,史不绝书。因此,戴名世认为,对多数人或少数人的意见,都要具体分析,不可偏听偏信。他说:"子曰:众好之,必察焉;众恶之,必察焉。察之而有可好,亦未必遂无可恶者;察之而有可恶,亦未必遂无可好者。众不可矫也,亦不可徇也。"总之,要探求事物的真相,只用少数服从多数这样粗陋简单的方法,是绝对不行的。戴名世接着又说:"吾以为二人而正也,则吾从二人之言;二人而不正也,则吾仍从一人之言。即其人皆正也,而其言亦未可尽从,夫亦惟论其世而已矣。一事也,必有一事之始终;一人也,必有一个之本末。综其始终,核其本末,旁参互证,而固可以得其十八九矣。"在他看来,只要是真实可信的,就应该不计众寡,不分彼此,谁对就信服谁。而且别人的意见,即使是正确的,也只能作为参考,不能代替自己的具体调查和分析。正确的结论,需要史学家自己去知人论事,进行综合考察识别和旁参互证之后才能得出。戴名世这种求实精神和具体做法,比起司马迁"择其言尤雅者,总之不离古文者近是"(《五帝本纪》)的思想来,是大大前进了一步。更可贵的是,戴名世的史学主张不是停留在口头上,而是自觉地付诸史学实践之中的,他的《与余生书》可以看作是他的考据史事态度极为谨慎的一个绝好例证。他在搜求南明史料时,忽然听到浮屠犁支在为余生说滇黔间的事,立即"载笔往问焉",可惜"余至而犁支已去",没有见到,因此只好请余生把所闻整理出来寄给他。戴名世将犁支所言与方孝标的《滇黔纪闻》对照后,发现"两人之言各有详略,而亦不无大相悬殊者",觉得"传闻之间,必有讹焉。然而学士考据颇为确核,而犁支又得于耳目之所睹记",究竟信从谁好呢?他处于两难之中,感到非常困惑。所以写信给余生,请他帮忙,希望能亲自与犁支做一次面对面的交谈,以确定何者更为可信。从这些地方看来,戴名世搜集史料的热情之高和考证史料的态度之诚恳细致,除了司马迁,其他人恐

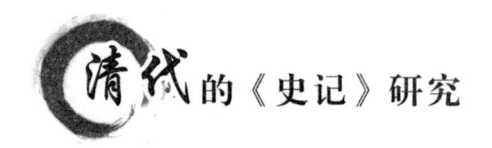

怕很难与他相比的。

　　第三，杰出的史传文学实践。戴名世的明史"虽一字未成，然集中有遗文数篇，足觇史才特绝。……盖南山于文章有天才，善于组织，最能驾驭资料而熔冶之，有浓挚之情感而寄之于所记之事，且蕴且泄，恰如其分，使读者移情而不自知。"[①]比如他的史学名著《孑遗录》，以简明生动的笔触记桐城明末兵变之事，深受后人称道。不过代表戴名世文章最高成就的，还不是《孑遗录》，而是他的史传文学作品。

　　戴名世有志于修史，因而对人物传记用力最勤，其中又以明季抗清人士的传记分量最多，写得最好。他以极大的热情和艺术的手法，生动再现了他们的精神风采，塑造了沈寿民、陈士庆、杨维岳、唐允隆、左光斗、薛大观以及画网巾先生等一系列明季志士形象，极大地充实和丰富了古代传记文学人物画廊。因为戴名世是以司马迁为宗师而从事人物传记写作的（他曾说："不妄自初有知识即治古文，奉子长、退之为宗师。"[②]又说："田有少好《左氏》《太史公书》，亦欲有所撰著。"[③]），所以他比较好地继承了司马迁开创的史传文学的优秀传统和写人艺术，被后人誉为归有光之后，能"得司马子长之神"的第一人。

　　这里只说两点。其一，司马迁和戴名世对于人物生平材料的取舍都很慎重，十分注意抓住人物一生的关键事迹，选择最能反映人物精神品格的典型事件来加以绘声绘色的描写，力求用较少的笔墨达到鲜明的艺术效果。司马迁在《留侯世家》中指出：张良"所与上从容言天下事甚众，非天下所以存亡，故不著。"这是司马迁写张良这个历史人物选材时所遵循的原则，同时也是他写其他历史人物的选材原则。根据这个原则，司马迁在《留侯世家》中抓住张良"知遇刘邦""智取峣关""谏邦还军霸上""鸿门宴扶危""烧栈道迷惑项羽""结信、布、越共灭西楚""发八难""稳韩信""计招诸侯"等重大事件，写出了张良的足智多谋和非凡的政治眼光，塑造了一个"王者师"的动人形象。他如写项羽，着重通过巨鹿之战、鸿门之会、垓下之围三件惊心动魄的大事，表现出

---

　　① 梁启超：《梁启超全集·中国近三百年学术史》卷一五，第八册，北京出版社1999年版，第4568～4569页。
　　② [清]戴名世著，王树民编校：《戴名世集·答张氏二生书》卷一，中华书局1986年版，第21页。
　　③ [清]戴名世著，王树民编校：《戴名世集·与王云涛书》卷一，中华书局1986年版，第16页。

项羽的成败兴衰历程,再现了项羽威武刚猛、激昂慷慨、憨直宽厚、视死如归的盖世悲剧英雄形象。对人物事迹不做流水账式的罗列,而是紧紧抓住人物事迹的关节之处做精雕细刻、委曲详尽的描写,是司马迁写人的惯例。对此,戴名世是心领神会,全盘接受。在《孑遗录》结尾,他说:"非桐之所以存亡,故不著。"意思是说,《孑遗录》所记载的均是有关桐城兴亡的大事,其他与此无关的种种史实,都割爱不记了。这与司马迁"非天下所以存亡,故不著"的见识,如出一辙。具体到人物传记,戴名世也很好地坚持了这条原则。如他著名的《画网巾先生传》,写一个连"姓名爵里皆不可得而知"的明末志士"画网巾",由于不肯"剃发更衣冠"而被捕,后被迫摘掉网巾,于是就画网巾于额上,最后泰然赴死。作品的选材非常集中,而且典型。清兵南下时曾强令汉人剃发留辫,凡不从者,均遭到残酷杀戮。但是士可杀而不可辱,因为剃发与否已非寻常小事,而是关系到有没有民族气节的大问题,所以当时许许多多的仁人志士为保持民族气节,宁可一死也决不剃发,画网巾先生就是其中的代表。戴名世抓住这个中心选材运笔,通过画网巾先生画网巾于额上、痛斥叛徒、从容就义等富有特征性的言行的精心刻画,从而把画网巾的形象写得有血有肉,栩栩如生,其传记的确神似《史记》。

其二,戴名世总结了《史记》以来史传文学写人的经验,他指出:"史家之法,其为一人列传,则其人须眉謦欬如生,及其又为一人列传,其须眉謦欬又别矣。"①历史人物芸芸众生,千差万别,完全相同的人是没有的,即便是同一类人,也各有各的特点,高明的史传文学作者,就是要把每个人物不同于他人的特点写出来,做到声色毕肖,个性鲜明。如果千人一面,万人一腔,甲乙无别,彼此混同,那么,这种人物传记只能使人生厌,谈不上有什么价值。司马迁作为我国古代传记文学的开创者,他最杰出的本领就是能准确地捕捉每个历史人物的本质特征,写谁是谁,写谁像谁,不见重复,不见雷同。日本学者斋藤正谦说:"子长同叙智者,子房有子房风姿,陈平有陈平风姿;同叙勇者,廉颇有廉颇面目,樊哙有樊哙面目;同叙刺客豫让之与专诸,聂政之与荆轲,才出一语,乃觉口气各不同。《高祖本纪》见宽仁之气动于纸上,《项羽本纪》觉暗噁叱咤来薄人。读一部《史记》,如直接当时人,亲睹其事,亲闻其语,使人乍喜乍愕,

---

① [清]戴名世著,王树民编校:《戴名世集·丁丑房书序》卷四,中华书局1986年版,第93页。

245

乍惧乍泣,不能自止。是子长叙事入神处。"①这个评价很高,它说明司马迁的写人艺术已是出神入化,无所不工。继司马迁之后,写历史人物要写出其独特的性格和本质特征,就成为传记文学作者努力追求的目标。戴名世不仅在理论上明确这一点,而且在传记文学的创作实践中,尽力把自己笔下的人物写得各具眉眼,生动传神。比如画网巾先生、杨维岳、薛大观都是宁死也不肯变节易操、屈从清廷的明末志士,戴名世一笔写来,性格特征绝不相同。于画网巾先生,戴名世着重通过画网巾被捕后一系列嬉笑怒骂的言行来表现他的大义凛然,视死如归。于杨维岳,戴名世只写他因不肯剃发而绝食七天七夜,安然就死的细节,从而表现出杨维岳的深明大义。于薛大观,戴名世写了他在南明王朝灭亡后,率领全家老小投水殉国的动人场面,塑造了一个宁死也不愿做亡国奴的节士形象。因为戴名世写人善于抓住最能表现人物特征的言论和行为作细致的描写,所以他的人物传记,读来无不悱恻感人,令人经久难忘,的确很好地体现了司马迁所开创的传记文学的传统特色。

从戴名世对《史记》的接受,我们不难发现,桐城派文人,尤其是桐城四祖,四祖中又以戴名世为典型,不仅继承了太史公的史笔、文法,在精神上也可谓接踵太史公,以手写心,以期成一家之言。

(三)创作的局限

书法学习上有一条理论是这么说的:取法乎上,仅得其中;取法乎中,斯为下矣。这条理论用于评价桐城四祖对《史记》的创作接受亦无不可。唐宋八大家取法于《史记》,而不如《史记》;桐城四祖经由唐宋八大家而上溯《史记》,其与史迁孰优孰劣,自不待说。桐城四祖的作品中虽也不乏脍炙人口的名句佳篇,诸如《画网巾先生传》《左忠毅公逸事》《狱中杂记》《游晋祠记》《论文偶记》《袁随园君墓志铭》《登泰山记》等等,但更多的却是类似于《周烈妇传》《徐节妇传》《刘烈妇唐氏墓表》《圣主亲征漠北颂》《圣主躬耕耤田颂》《圣训恭纪》《两朝圣恩恭纪》等充斥着腐朽气息、令人不堪卒读的封建文章,以及诸如《张秋浯诗序》《与某翰林书》《陶慕庭八十寿序》等千篇一律、乏味无趣的清淡文字。那么,是什么决定了桐城四祖源于《史记》远逊于《史记》的呢?原因主要有以下三个方面:

---

① [日]斋藤正谦语,引自[日]泷川资言《史记会注考证·总论》,万卷楼出版社2010年版。

首先,时代思想局限。桐城派兴起于康熙年代,文化处于高压政治之下,清廷大力提倡程朱理学。为揄扬程朱理学,他们大肆喧嚷:康熙自称八岁以后,即研究朱注《大学》《中庸》,还写了许多号召大官僚等学习宋儒的诏谕,对程、朱推崇备至。《清实录》载其言曰:

> 宋儒朱子,注释群经,阐发道理,凡所著作及编纂之书,皆明白精确,归于大中至正,经今五百余年,学者无敢疵议,朕以孔、孟之后,有裨斯文者,朱子之功最为弘钜。

与此同时,他们还采取了一系列重振理学的措施:立宋代道学家程颢、程颐、张载等人的后裔为五经博士;为周敦颐、程颢、朱熹等人立专祠,并以朱熹配享孔庙;重刊《性理大全》,编写《性理精义》,辑印《朱子全书》,重用"理学名臣"等等。相应的,政府在文艺领域还主张文以明道、文以载道,认为道统、治统从某种程度上又可以纳入文统中,强调三者的统一。如康熙在《四书讲义序》中所说的那样:"万世道统之传,即万世治统之所系也。"而程朱理学讲"理","理"就是"性"(天性)。他们认为为封建统治阶级服务的"仁、义、礼、智、信"等封建道德都是出于人的天性,因而主张"存天理,灭人欲"。这种思想钳制尤其扼杀了文艺创作的想象力,桐城四祖的思想皆未能逃脱这种时代之风的浸润。方苞奉行"学行继程、朱之后,文章在韩、欧之间"[1]的为行事准则和"非阐道翼教有关人伦风化不苟作"[2]的写作原则。姚鼐则认为"儒者生程、朱之后,得程、朱而明孔、孟之旨,程、朱犹吾父师也"[3]。因而,他们的部分作品相应地或为统治阶级歌功颂德,或攻击、诬蔑劳动人民、农民起义,表现尤为突出的是为被封建礼教束缚致死的"节妇烈女"树碑立传。

为妇女立传,最早始于汉代刘向。当时所称列女,多指妇女才能超卓、学识渊博者。自范晔《后汉书》增《列女传》后,为妇女立传便成了正史的传统。但与《后汉书·列女传》性质截然不同,后世列女俨然专指烈女。传主事迹由记叙妇女才行学识转为专记妇女节行,其传记思想性因此大大退步,沦落鼓吹节义、维护夫权统治的工具,而历代《列女传》所记内容也大同小异,索然无味。

---

[1] [清]方苞著,刘季高校点:《方苞集·附录三·原集三序》,上海古籍出版社1983年版,第906~907页。
[2] [清]方苞著,刘季高校点:《方苞集·附录二·诸家评论》,上海古籍出版社1983年版,第903页。
[3] [清]姚鼐:《惜抱轩全集·文集·再复简斋书》卷六,中国书店出版社1991年版,第77页。

桐城四祖的"节妇烈女"传数量之多为古来文集之罕见,详见下表:

	传记总篇数	节烈妇传篇数	所占百分比
戴名世	58	20	34%
方苞	15	6	40%
姚鼐	25	4	16%
刘大櫆	40	19	48%

而这些数量众多的节烈传除了极少数附带记录妇女为国赴难、抗清等具有积极意义的事迹外,绝大部分记载的是那些受理学思想毒害的妇女的悲惨遭遇:她们或是为名殉夫者,或是割股刳肱作羹以疗其夫、舅、姑者,或是未婚,因许嫁之婿死而为之守志或身殉者。无论是内容还是形式,几无可资借鉴之处。如方苞撰《刘烈妇唐氏墓表》,表彰烈妇唐氏,"少时,尝刲股疗其父。及庶常(其夫)疾,复啮臂以羹,血淋漓衣袖间,面色似非人,而神气自如"。至夫死,虽身有孕,"闭户自经死",①读之令人不寒而栗。任何统治阶级都是两面派,清代统治者亦不例外。他们在提倡程朱理学的同时,不忘血腥镇压,而镇压的名目即为文字狱。文字狱虽非始于有清一代,但到了清朝可以说达到了登峰造极的程度。顺治时已有多起牵涉甚广的文字狱,康熙时的"《明史》案""《南山集》案",雍正时的"吕留良案""查嗣庭案"等都是历史上著名的大案。乾隆朝更是有过之而无不及,史有明文记载的乾隆年间文字大狱竟达七十余起。在如此严酷的文化专制、政治高压下,知识分子动辄得咎,祸连九族,还有什么思想、学术、创作、评论的自由可言呢? 因而他们的作品避讳较多,凡有碍大清稳固的内容要么语焉不详,要么就干脆不提,这种避重就轻的做法无疑削弱了文章的思想性与表现力。如方苞《田间先生墓表》写的是抗清志士钱澄之的事迹,文章突出写了他在明季与"逆阉余党"斗争等事,而对钱氏最为重要的参与南明政权在福建等地从事抗清斗争的事迹只给了含含糊糊的"及归自闽中"一句话,这恐怕就不是出于讲究剪裁取舍的"义法"的需要了。又《左忠毅公逸事》一文的后半部写史可法继承左光斗遗志为国辛劳,却一语不及史可法一生最为光辉的抗清事迹。

---

① [清]方苞著,刘季高校点:《方苞集》卷一三,上海古籍出版社1983年版,第382～383页。

如果说时代对思想的局限腐朽了桐城四祖创作的内容,那么四祖对散文文体的认识则限制了他们创作的整体水平。文学意义上的古文概念的形成经历了一个较长的历史时期。先秦两汉时期,"文"是对文学、历史、哲学、政治、科学等一般文章的总称,是含有议论、叙述、描写、抒情等多种成分的综合性文体,是与韵文相对的广义散文。正因如此,有些文人能融会贯通,旁征博引,写出意涵丰富的优秀作品,《史记》《汉书》即为典范。魏晋以至齐梁时代,文艺性散文与议论性散文开始分途发展:前者吸取了诗歌的形式特点,逐渐走上了骈四俪六、浮华萎靡的骈体文的形式主义道路;后者逐渐非艺术化,遂变成了不生动、不形象的政治或科学论文。直至唐代,空疏浮夸的骈文甚嚣尘上,韩愈、柳宗元遂掀起了古文运动。他们以"文""道"统一为核心的散文理论及其情理俱丰的散文实践,冲破了齐梁以来骈文的形式主义桎梏,在"复古"的旗号下,集前代各体文章之长处,把我国传统的散文艺术推进到了一个新的历史阶段,"古文"概念遂深入人心。然而他们的理论与实践受到了理学家的非议,在程颐看来:"学本是修德,有德然后有言,退之却倒学了。"[1]朱熹也批评韩愈:"其师生之间,传受之际,盖未免裂道与文以为两物,而于其轻重、缓急、本末、宾主之分又未免于倒悬而逆置之也。"[2]在理学家的眼里,文是为道服务的,他们不主张过多地追求文辞的华丽。如程颐就曾说:"今为文者,专务章句,悦人耳目;既务悦人,非俳优而何?"[3]极力反对文学语言的锤炼,朱熹等人也莫不是如此。从上面的论述中我们不难发现,韩、柳等人倾向于古文的文学性,而理学家则更多地提倡古文的非文学性,两种主张无疑给"学行继程、朱之后,文章介韩、欧之间"的方苞带来了很大的难处。最后,他期望通过古文与诗歌、辞赋等的绝对分离来保持古文的独立性,同时又不忘以文载道。他说:"文,所以载道也。古人有道之言,无不传之不朽。文所以佳者,以无肤语支字,故六经尚矣。古文犹近之,至于四六、时文、诗赋,则具有墙壁窠臼,按其格式,填词而已。以言乎文,固甚远也。"[4]正因如此,他才一再表示"绝意于诗",相应的,他的一生几乎没有什么诗作留传于世。方苞的这种努力的确在一定程度上为古

---

[1] [明]程颢、程颐:《二程遗书·伊川先生语四》卷一八,上海古籍出版社2000年版,第283页。
[2] [宋]朱熹撰,朱杰仁、严佐之等主编:《朱子全书·晦庵先生朱文公文集》卷七〇,上海古籍出版社2002年版,第3375页。
[3] [明]程颢、程颐:《二程遗书·伊川先生语四》卷一八,上海古籍出版社2000年版,第291页。
[4] 见潘忠荣《试论方苞与诗》,《桐城派研究论文选》,黄山书社1986年版,第206页。

清代的《史记》研究

文的独立创造了条件,但是如果因此把诗歌、辞赋中的文学性因素一并排斥在外,那似乎就有些得不偿失了。刘、姚等人虽然对方苞的理论作了许多补充,以期弥补方苞作文排斥诗歌的做法,为此他们甚至极力探求古文的文学艺术性,但最终都未能把诗歌的妙处引入散文。他们的文章缺少诗歌所独有的飞动飘逸、灵秀多姿、含蓄委婉、意境优美等特点,显得过于呆板一致、通顺清淡。这与《史记》的融诗文之美、骈散结合,行云流水、生动活泼不啻天壤。

　　一味复古的学文之法的影响也造成了桐城四祖古文难有创见。学者认为,中国正统的诗文理论都具有强烈的崇古复古倾向。就文学创作的内部规律而言,这并不是一种倒退的倾向,因为审美规律是具有普遍性和必然性的,而经典作品就集中地体现了这种普遍和必然。① 所以复古一词本身并无可厚非,然而复古应与创新结合,如韩愈虽曰复古,实则是结合了当时的历史,并且汲取了八代的长处。而桐城四祖却非如此,他们更多地表现出了对前人的继承与巩固,在复古思想的指导下,他们把目光投向了历史的长河,总结了以往散文创作的经验,建立了以"义法"为中心的理论体系,第一次把"义法"纳入了中国文论的范畴,这是值得称赞的。然而他们在一味向前追索的同时忽略了向后的探究,徜徉于宗唐祖汉、摹韩范马的复古之路上而难受时代新气象的润泽。桐城四祖理论上不能有本质的创新,而用系统化甚至繁琐化的理论指导创作,约束多了,好的文章自然也就少了。桐城四祖的复古把"古"当作最终的目标而不将其当作踏上新的制高点的台阶,随着清朝的衰落,新旧矛盾的迭出,桐城后继者才在时代的逼迫下逐步走出复古主义文学的象牙塔,去关注现实的苦难、民族的盛衰,并力图用文学的手段来干预现实矛盾。然而在西方小说、诗歌等新文体的冲击下,此时中国传统文章学已然走向没落而难以为继了。

　　桐城派源远流长,绵延不断。自四祖之后,融汇到这支队伍之中的文人数以千计,较为杰出有姚门四杰(刘开、方东树、姚莹、梅曾亮),其中刘开、方东树与姚莹有"小方、刘、姚"之称;曾国藩和他的四大弟子(张裕钊、吴汝纶、黎庶昌、薛福成)以及严复、林纾、马其昶等为桐城派式微之时的代表。他们无一例外地受到了四祖的熏陶与影响,其理论与实践呈现出了如下特点:其一,延续了四祖对《史记》的接受。如曾国藩在《送周荇农南归序》中言:"自汉以来,为

---

① 赵建章:《桐城派文学思想研究》,北京图书馆出版社2003年版,第172页。

文者莫善于司马迁","司马迁,文家之王都也。"①吴德旋说:"《史记》如海,无所不包,亦无所不有;古文大家,未有不得力于此书者;正须极意探讨","《史记》诸表序,笔笔有唱叹,笔笔是竖的"。② 此类论述于桐城后人的集子中屡见不鲜。除此之外,桐城后人接受《史记》的专著也急骤增多,如前已述及的王兆符的《史记评》、王又朴的《史记七篇读法》、吴敏树的《史记别钞》、张裕钊的《史记读本》、吴汝纶的《点勘史记读本》、郭嵩焘的《史记札记》等等,他们对《史记》的推崇较之四祖可谓有过之而无不及。

其二,深化了四祖的古文理论,尤其表现在对古文文体的定位上。近代桐城派在理论方面的论述内容十分广泛,且不仅有大量的单篇散论,还有像姚永朴《文学研究法》和林纾《春觉斋论文》那样比较系统的专著,所有的这些都无疑从各个方面深化了四祖的古文理论。其中最值得一提的是他们对古文文体的定位,因为从某种意义上说,对古文文体的文学性定位与回归,决定着文人文学理论的建构与创作的实践。前已述及,在中国传统的杂文学体系中,"文"是一个概念模糊的范畴,文学的属性与本质特征缺乏严格的规定。桐城四祖虽然把古文与诗赋、小说等作了区分,但他们并没有进一步厘定古文体系内部的文学性与非文学性因素,而方东树、曾国藩、吴汝纶等人在此基础上对古文写作中的艺术性原则及古文的艺术与情感的构成做出了区分与强调,实现了古文文学性回归。如方东树在《书望溪先生集后》评方苞之文说:"树读先生文,叹其说理之精,持论之笃,沉然黯然纸上,如有不可夺之状,而特怪其文重滞不起,观之无飞动嫖姚跌宕之势,诵之无铿锵鼓舞抗坠之声,即而求之,无元黄采色创造奇词奥句,又好承用旧语,其于退之论文之说,未全当焉。"③"飞动嫖姚跌宕之势""铿锵鼓舞抗坠之声""元黄采色创造奇词奥句"等正是对文章文学性的发掘与追求。与之相应,曾国藩在指导儿子写作的时候也经常提到为文应骈散相间,珠圆玉润。因为在他看来,文是"以奇而生,以偶而成","一奇一偶,互为其用"④的。除此之外,他还主张古文要吸取汉赋的长处,在文字、音韵、对仗上下些功夫,⑤相对于方苞等人排斥、拒绝诗赋的行为,曾国藩的主

---

① [清]曾国藩著,钱仲联主编:《曾国藩文集》,苏州大学出版社2001年版,第106~107页。
② [清]吴德旋著,[清]吕璜述:《初月楼古文绪论》,人民文学出版社1959年版,第24~25页。
③ 见[清]方东树《仪卫轩文集》卷六,同治七年刻本。
④ [清]曾国藩著,钱仲联主编:《曾国藩文集·送周荇农南归序》,苏州大学出版社2001年版,第106~107页。
⑤ [清]曾国藩:《曾文正公家训》卷上,《续四库全书》本,上海古籍出版社2002年版。

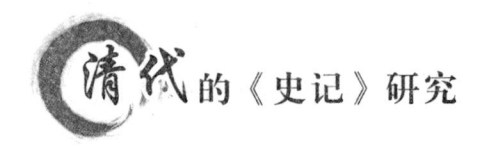

张显然是一种进步。桐城后人的这种努力为今人建构完整的文学散文的理论体系奠定了基础。

其三,到了近代,随着历史的转折、社会的急骤变化、人们思想的革新,桐城文人不仅做了不少与时俱进的改变,其尚实、求新和爱国的精神,直追龚自珍、魏源及林则徐等人。而且他们在文学理论与创作实践等方面均有了不错的成就。但毋庸讳言的是,他们也曾在辛亥革命后配合袁世凯的称帝和张勋的复辟,掀起了一股尊孔复古的逆流,又在"五四"前后极力反对新文化运动。这种维护日趋没落的封建统治、固守封建道统和文统的行为与社会变革的方向相逆,与文学发展的潮流相背,必然使他们处于顽固保守的地位。自四祖以来就已存在的无可救药的保守性和宗派性,从根本上限制了桐城派的发展,使它最终被历史的尘埃所隐没。

桐城派的辉煌与消逝,让人不由生出无限的感慨。怎样防范桐城派的悲剧不再发生这已不是桐城四祖与《史记》的接受研究所能回答的了。对桐城派与《史记》的研究手段是多种多样的,而接受研究仅是其中的一种。笔者学疏才浅,只能在此抛砖引玉,相信诸位学友能对桐城派与《史记》做出更为深入的研究。

附 录

论司马迁对"让国"之态度[①]
——以《史记·吴太伯世家》为例

  《史记》记载的诸如"让贤""举能"的"让行"为数不少,如鲍叔牙举荐管仲(《管晏列传》),王稽推举范雎(《范雎蔡泽列传》),蔺相如避让廉颇(《廉颇蔺相如列传》)等。但"让行"之最,莫过于"以国相让",司马迁在《五帝本纪》中详细叙述了尧让天下于舜的过程,在《吴太伯世家》中叙述了吴太伯与季札的让国行为,在《伯夷列传》中也提及了尧让天下于许由的故事,汤让位于卞随、务光的旧事,以及伯夷、叔齐以国相让的事迹。司马迁将这些人物事迹分别记载在本纪、世家、列传的首篇,并在《太史公自序》中明确提出表彰,如"嘉伯之让,作吴世家第一"。由是可见,司马迁对"让行",尤其是"让国"是十分推崇的。后世学者对此也多有阐发,如陈继儒在《史记定本序》中说:"然《史记》不尊孔子于世家乎?世家不首太伯乎?列传不首伯夷乎?崇道也,亦崇让也。"[②]叶适在《习学纪言序目》中也说:"迁本意取高让不受利禄者为列传首,是也。"[③]可见,对"让行"的称颂乃司马迁特意为之。他也许是想要以此劝勉争名夺利的世人,涤荡浮华躁动的时代风气。然而,同样是"让",司马迁对"让者",尤其是"让国"者的评价却不尽相同。所谓"让国",是指将国家或者封地的统治权让给贤人,它是"让"的极致。由于所让之物的特殊性,及其前因后果的复杂性,使得我们无法对让国者做出一致的、简单粗暴的评价。纵观《史记》文本,我们可以看出司马迁对不同的让国者的态度存在着微妙的不同,这值得

[①] 本文与虞芳芳合作。
[②] 杨燕起、陈可青等:《历代名家评史记》,北京师范大学出版社1986版,第22~23页。
[③] [宋]叶适:《习学纪言序目》卷二〇,中华书局1977年版,第281页。

253

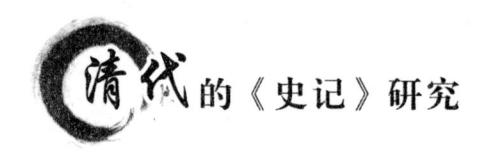

细细推究。《吴太伯世家》一文,展示了吴国因"让"而开国、而兴国,又因"不让"而亡国的过程,是考察司马迁对让国态度的重要材料。本文即以《吴太伯世家》为本,通过对比吴太伯和季札让国的前因后果,分析司马迁对两人让国行为的态度的异同。并参考《五帝本纪》中尧让国于舜的经过,及《范雎蔡泽列传》中范雎让贤于蔡泽的经过,论述让国的特殊性。最后在上述分析的基础上,总结出司马迁眼中最佳的让国行为,进而深入探寻司马迁"嘉让"之下所秉持的修史态度。

一、吴太伯让国与季札让国之比较

吴太伯与季札,一为吴国开国君主,一为吴国末世公子,二人同为让国,但"让国"时所面对的国家形势,及"让国"的原因不尽相同。他们的"让行"所招致的结果更是迥然不同。为方便对比,笔者试将相关文本整理成表格如下:

	让国原因	让国过程	让国结果	国民态度
吴太伯	季历贤,而有圣子昌。太王欲立季历以及昌。	于是太伯、仲雍二人乃奔荆蛮,文身断发,示不可用,以避季历。	季历果立。是为王季。而昌为文王。 太伯之奔荆蛮,自号句吴。荆蛮义之,从而归之千余家。立为吴太伯。	
季札	季札贤,而寿梦欲立之。季札让不可。于是乃立长子诸樊,摄行事当国。 (诸樊)有命授弟馀祭。欲传以次必	吴人故立季札,季札弃其室而耕,乃舍之。	(公子光)告专诸曰:"不索何	吴人故立季札。 吴人曰:"先王有命。兄卒弟

续表

	让国原因	让国过程	让国结果	国民态度
	致国于季札而止，以称先王寿梦之意，且嘉季札之义，兄弟皆欲致国，令以渐至焉。 四年，王馀眜卒。欲授弟季札。	季札让逃去。	獲。我真王嗣，当立。吾欲求之。季子虽至，不吾废也……"使专诸置匕首于炙鱼之中以进食。手匕首刺王僚。铍交于匈。遂弑王僚。公子光竟代立为王。是为吴王阖闾。	代立。必致季子。季子今逃位，则王馀眜后立。今卒，其子当代。"乃立王馀眜之子僚为王。（《史记·吴太伯世家第一》）

注："让国原因"一栏，吴太伯一栏所述乃吴太伯让国之原因，季札一栏所述乃他人让国于季札的原因。

上述引文基本展示了二人让国的经过与结果，现笔者试从二人的身份、让国的原因、结果等方面分别对吴太伯及季札的让国行为进行对比，从而分析司马迁对二人"让国"行为的态度之异同。

（一）身份比较

"让"的前提是"让者"具有"让"的资格，即"让者"或具备某种身份，或对某物具有所有权。"让国"的前提即在于所让之国本应属于让者。因而为考察吴太伯与季札让国说法的合理性，我们应当先搞清楚二人的身份，考察他们是否具有合法的王位继承权，是否具备让国的资格。太伯是否为古公嫡长子已不可考。但太伯为古公之长子却是基本可信的。司马贞索引引范宁《解论语》曰："太者善大之称，伯者，长也，周太王之元子，故曰太伯。称仲雍、季历，皆以字配名。"《周本纪》又说："古公有长子，曰太伯，次曰虞仲（笔者案：即仲雍）。太姜生少子季历。"又据张守节正义、泷川资言考证[1]所言，可知太伯为长子，他

---

[1] ［日］泷川资言：《史记会注考证》，万卷楼出版社2010年版，第66页。

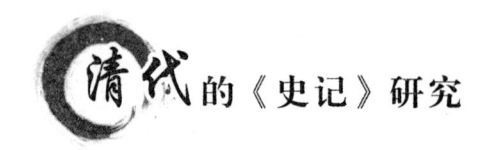

与仲雍及季历皆为太姜所生,为一母同胞的兄弟。因而,太伯继承太王之王位符合嫡长子继承的传统,换而言之,吴太伯为周国王位合法继承者,具有让国的资格。因而称其所为为"让国",可谓名副其实。

季札为吴国第十九世传人寿梦的第四子,寿梦共有四子,长子为诸樊。自吴太伯开创吴国,吴国历史上唯有太伯因"无子",卒后由其弟仲雍代立为吴王,此后历代王位无一例外皆是父卒子代。另外,周武王已于第五代吴王——周章时,平定殷乱,开创了"天下宗周"的局面,且封周章于夏虚。吴国乃周的诸侯国,当以周之礼法制度为行事宗旨,因而吴国应当严格按照嫡长子继承制传国。且寿梦虽欲传国于季札,却在季札的推让下,最终授国于长子诸樊。总结上述可知,其一,按照君位由嫡长子继承的礼制及吴国传国的传统,身为吴王第四子的季札无继承权;其二,按寿梦最终的决定,季札也不应继承王位。总而言之,季札对王位没有合法的受理权。因而,与其说季札是"让国",不若说其"避国"。两相比较可见,太伯之让比季札之让更具资格。

(二)原因比较

比较周太王欲授国于季历与寿梦欲授国于季札的动机可以发现,二人皆是出自国家利益而非个人偏好而属意更贤能的后代。《周本纪第四》曰:"季历娶太任……生昌。有圣瑞。古公曰:'我世当有兴者,其在昌乎。'"如表格中引文所示,寿梦也因季札贤而欲传其国。可以想见,寿梦的这种想法,及其最终遵守礼法而传位于长子诸樊的行为,皆是以维护吴国长治久安为准则。同样是因为贤能,季历之贤成为吴太伯让国的理由,季札的贤能却成为众王一而再、再而三地欲授其国的原因。于此,季札相当于站在了季历的位置上,只可惜诸樊等人没有像太伯及仲雍一样彻底地让出继承权,而使得后来的情况愈加复杂。

再看季札让国的原因。季札让国次数很多:寿梦欲传国于季札,诸樊欲让国于季札,馀眛欲授国季札,公子光篡位而季札不与其争,前后凡四次。文中所载季札四让其国的原因较为详细者有两次:一是拒绝诸樊之让的原因;二是面对公子光篡位,季札的言行。现分析如下:

> 诸樊已除丧,让位季札。季札谢曰:"曹宣公之卒也,诸侯与曹人不义

曹君。将立子臧。子臧去之,以成曹君。君子曰,能守节矣。君义嗣,谁敢干君。有国非吾节也。札虽不材,愿附于子臧之义。"(《吴太伯世家》)

以上为季札拒绝诸樊之让时所说的话,从中可以得出季札推让的三条理由:其一,"义,宜也",季札表示诸樊为嫡长子,"嫡子嗣国,得礼之宜"(《裴骃集解》)。其二,联系上文可知,其时,寿梦已经传国给诸樊,且诸樊已经"摄行事当国",并于寿梦死后以吴王继任者的身份为寿梦主丧,可见,当时诸樊已为吴王。基于上述两条原因,众人没有理由反对诸樊。其三,诸樊既已为君,季札若接受王位则非忠臣所为,季札不愿失去自己的操守气节,故而不受国。诸樊卒后,兄弟以次相继,历馀祭、馀眜,而欲授季札。季札逃去。文中未说明其逃去的原因,但其逃去的行为似乎是顺理成章的,季札既然没有接受诸樊的让国,此时则更无受国之理。若此时受国,不但有损清名,伤害兄弟友情,而且破坏君位继承传统。且在诸樊让时不受,此时若受国,则与先前让国相悖,可谓背信,因而更不能受,何况,若此时受国,其后王位又应传于谁? 可见,季札若受国只会使事情更为复杂。季札此时或许是希望能以自己的"让"化解后世的争端。其后,面对公子光弑君既成事实,季札也没有仗着自己在民众中的威望而争夺王位。此种行为,姑且也能看作一种"让"。文中载其言:

苟先君无废祀,民人无废主,社稷有奉,乃吾君也。吾敢谁怨乎? 哀死事生,以待天命。非我生乱,立者从之,先人之道也。(《吴太伯世家》)

传中又说他"复命,哭僚墓,复位而待"。由此可见,季札严守臣子本分,不逾臣礼半步,只要在位君主遵礼守制,他就愿意奉其为君。况且,公子光篡位时,季札正受聘于晋国未归,彼时未能阻止内乱,此时,新王已登位,又能按礼制祭祀先君,合理管理百姓,再与其争位,只是徒增内乱罢了。裴骃《集解》即引杜预的话说:"吴自诸樊以下,兄弟相传,而不立适,是乱由先人起也,季子自知力不能讨光,故云。"泷川资言的考证中又引用了《吕氏春秋》《公羊传》等叙述的另一种说法:

阖闾使专诸刺僚,而致国乎季子,季子不受,曰:"尔杀吾君,吾受尔国,是吾与尔为篡也。尔杀吾兄,吾又杀尔,是父子兄弟相杀,终身无已

也。"去之延陵,终身不入吴国。①

此种说法与司马迁在前文所载的公子光的言行"我真王嗣。当立。吾欲求之。季子虽至,不吾废也"(《吴太伯世家》)不合,因而司马迁不取。然而,如《左传·襄公十三年》中说的:"让者,礼之主也。"②上述两种记载虽然不同,但都能看出季札的"让"都是出自对"礼"与"义"的维护。由上可见,季札"让国"一以贯之的理由即为维护礼制,而不管是谨遵君臣之礼,还是维护宗法制度,其最终目的都是为了保证吴国的长治久安。从这个角度看,季札所做与其父寿梦所为的出发点是一致的。嫡长子继承的制度一旦被破坏,开了次子继位的先例,则难保后世王子王孙不借此谋权篡位,所谓上行下效,上层的动乱势必导致下层的不安,且若果真如此,则国家将会长期处于不稳定之中。这也是为什么其后各个朝代都尽可能遵循嫡长子继承制度的原因之一吧!

(三)让国结果及让国态度比较

如表格中所引,太伯让国后,不仰仗太王之力,依靠自身之"义",开创了吴国。季历继承古公之位后,诸侯多顺从周朝。季历卒后,昌继承周王之位,在昌的统治下,周取代暴虐的商朝,最终实现了"天下宗周"。季札让国后,公子光弑王篡位,而后,吴国又在公子光之子夫差手中灭亡。两相比较,吴太伯达到了"先让一国,后开一国"的"至德"境界,而季札的让国在客观上却导致了公子光的篡位,乃至吴国的灭亡。除结果的不同外,二人让国也有若干相似之处,如二人让国的态度都十分坚决。先看太伯让国:首先,因仲雍长于季历,若太伯不立,则王位按礼应由其弟仲雍继承,仲雍却跟随太伯"奔荆蛮",这样就保证了只能由季历继承王位,这使季历的继承更合乎礼制;其次,二人为避季历,"文身断发",以此永断归心、示不可用,可见其让国之彻底。季札数次让国,以"弃其室而耕""让逃去"等实际行动表示坚决不受国,也可见其态度之坚决。

综上所述,根据《史记》记载,吴太伯较之季札更具让国资格,但二者之让都是为国家总体利益考虑,且让国态度都十分坚决,季札可谓传承了吴太伯之"让",坚守了吴国"义"的精神。然而,二人同是让国,导致的客观结果截然不

---

① [日]泷川资言:《史记会注考证》,万卷楼出版社2010年版,第544页。
② 见杨伯峻编《春秋左传注》第三册,中华书局1981年版,第999页。

同。有人戏言,吴国可谓成也"让国",败也"让国"。但吴国的内乱与最后的没落的原因是在于季札的"让"吗?司马迁是否因吴国最终的灭国而否定季札的让行呢?下文我们将分析司马迁的态度。

二、司马迁对太伯、季札让国之态度

司马迁对太伯让国的态度是显而易见的。《史记·太史公自序》说:"嘉伯之让,作吴世家第一。"又在《吴太伯世家》的"太史公曰"中引孔子之言说:"太伯可谓至德矣。三以天下让,民无德而称焉。"将太伯推为"至德",可谓褒奖之极致了。值得指出的是,司马迁强调太伯创立吴国乃在于自身的"义"。由此可见,司马迁对"义"的重视。而对季札的让德行为,司马迁却在"太史公曰"中避而不谈。为探究司马迁对季札让国行为的态度,我们首先来看他对季札本人的评价。

(一)司马迁对季札其人的评价

太史公曰:"延陵季子之仁心慕义无穷,见微而知清浊。呜呼,又何如其闳览博物君子也。"(《吴太伯世家赞》)"君子"一词,在古代典籍中多有出现,《礼记·曲礼》曰:"博文强识而让,敦善行而不怠,谓之君子。"这种解释与季札之德行正相符合。而在《吴太伯世家》的正文中,司马迁也力图表现季札见微知著及预见世事发展的才能。文中记载了季札多次奉命出使别国,为吴国远交诸国、观诸侯之向背的政治活动:

> (王馀祭)四年,吴使季札聘于鲁。请观周乐……
> 去鲁遂使齐。说晏平仲……
> 去齐使于郑。见子产如旧交……
> 去郑适卫。说蘧瑗、史狗、史鰌、公子荆、公叔发、公子朝……
> 自卫如晋,将舍于宿……
> 适晋。说赵文子……(《吴太伯世家》)
> (王僚)十二年春,吴欲因楚丧而伐之……使季札于晋以观诸侯之变……(《吴太伯世家》)

由此可见,季札让国之后与吴太伯一样,并未放弃从事政治活动,不同点在于,吴太伯放弃了自己在周的所有权利与利益,凭借自身之力开创了吴国,为后世所称道。而季札则谨守吴国臣子身份,为吴王效力。公子光篡位后,季札选择"复位而待"也是臣子之所当为。季札为何不效仿太伯?究其原因,一方面在于吴太伯比之季历更有继承王位的合法权利,因而逃去是避让的最佳选择。而季札按宗法制本就不具备继承的权利,不必逃。另一方面,诸樊已立,国有新君,身为臣子既当"陈力就列",为国效力,因而也不应逃。此外,不同于对太伯让国的记载,在记载季札让国的过程中,吴国百姓的声音被特意提出来:"吴人故立季札","吴人曰:'先王有命。兄卒弟代立。必致季子……'"(见上表)由此可见,季札在吴国民众间有很高的威望。由此,司马迁向我们展示了一个兼具见微知著的智者形象、秉持忠义的仁者形象、谨遵礼制的忠臣形象的君子季札。阮芝生先生对季札的概括极为恰当:"观其聘鲁,闻声知政,观乐知德,可见深思好学,天资绝人;观其历聘上国(使齐、使郑、适卫、适晋),预决兴亡,友其贤士大夫,忠告劝人,似乎其智犹在晏子、叔向之上;观其挂剑于徐君墓上,忠肝仁心,见其有古道热肠。"[①]

(二)司马迁对季札"让国"持有的态度

对于季札的让国行为与吴国灭国之间关系,司马迁并未加以评议。然而,根据文本分析可知导致公子光弑君的因素是多方面的:如果季札一开始就接受王位,或者继承兄长馀眛的王位,弑君或许不会发生;如果寿梦不存"欲立季札"之心,就不会有祸端;如果诸樊继续维护宗法制传位给公子光,公子光的利益得到维护,就不会有弑君的暴行;如果馀祭辞不受国,而是将王位让给公子光,弑君或许也不会发生。那么季札是否应当为吴国灭国承担主要责任呢?首先,诸樊继位至公子光弑君之间的历史间隔长达几十年,季札虽然聪敏,但要预料几十年之后的事情终究很难办到;其次,即便季札受国,难道就一定能避免吴国的内乱吗?王僚贪婪猛勇,刚愎自用,公子光"能忍"、狡诈,且二人在礼法上对王位都具有一定的继承权。有这样两个对王位虎视眈眈的后辈的存在,即便季札接受诸樊之让,也难保公子光或僚不会在此后生乱。虽然导致吴国内乱的原因很多,但其直接原因在于公子光与僚的"不让"。纵观吴国自太

---

① 阮芝生:《论吴太伯与季札让国——〈再论禅让与让国〉之贰》,《国立台湾历史学系学报》,第13~14页。

伯开国至公子光弑君招致内乱从而覆灭的全过程，与其说吴国是成也"让国"，败也"让国"，不若说其因"让"而立，因"不让"而亡。况且无法否定的是，公子光虽然篡位，但吴国也正是在他的手中达到了鼎盛。但要说季札对吴国的内乱，及其后的覆灭就没有一点责任也是不合实际的。作为王弟，季札若能成功地劝解诸樊等放弃"让国"的想法，公子光就能顺理成章地继承王位，或许就不会有篡位发生；作为臣子，季札若能劝勉王僚专心摄行国事，或是警惕小人，公子光篡位也未必能成功；作为长辈，季札若能劝诫公子光，使其专心辅佐，内乱或许也可以避免，吴国或能长治久安。由此可见，身为臣子，季札有失察、失言的过错。虽然如此，后世对季札"让国"持否定态度的一些学者，或是仅看到了季札让国对吴国内乱的影响，或是过度夸大季札才能，或是仅看到季札"爱名""守节"，从而将吴国内乱之罪归于季札名下，又怎么能说是公平的呢？

那么司马迁对季札的让国怎么看呢？在《太史公自序》中，司马迁感慨于长期以来"臣弑君，子弑父"的现象，其修《史记》很大一部分原因，正在于效仿《春秋》，重整礼义。司马迁在《吴太伯世家》中展示的正是"让"与"不让"，"义"与"不义"的对比，强调的是"仁义"的重要性，而季札之让国的出发点在于维护"义"与"礼"。因而，司马迁对于季札出于维护宗法制从而希望以此保证吴国长治久安，而主动让国的行为应当是赞同的；对于季札能为国尽忠、践行臣子职责、尽力为吴国谋取利益的做法更是持有肯定态度的；对于他能以义行事，真诚地为其他诸侯国指出政治弊端，对待朋友始终怀抱仁义更是称颂有加的。此外，司马迁也应当是清楚地看到了季札"忠孝难全"的尴尬地位：一方面是父亲、百姓的希望；一方面是自身的清名，国家正常的宗法制度。让国则保清名并维护了宗法制，使国家稳定，但违背父命，牺牲民意；"不让"则能尽孝道，顺民意，但破坏宗法制的正常秩序，有可能引起后世的政治争端。因而，总体看来，司马迁赞赏季札的让行，又无法忽略季札对吴国的最终覆灭所应当承担的责任，鉴于对客观事实的尊重及主观上对季札的同情，司马迁将季札之让作为其"义"的一方面来表现，并采取"述而不作"的态度，即不得不提，却又不必突出表现，不必强加评论。

三、让国之难

要想全面分析司马迁对"让国"的态度，还要看看他对让国行为的认识。

清代的《史记》研究

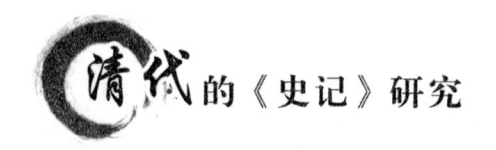

《史记》除了记载"让国"之外,还记载有许多其他的"让贤"事例。范雎让贤于蔡泽即为一例。《太史公自序》中说:"推贤让位,二子有之,作《范雎蔡泽列传》第十九。"据《范雎蔡泽列传》所载,范雎本不欲让出相位,是在蔡泽"日中则移,月满则亏,物盛则衰"之理的游说下,才领悟"欲而不知止,失其所以欲,有而不知足,失其所以有"的道理,从而向秦昭王举荐蔡泽,让出相位。范雎之让乃是出自保名避祸,其后蔡泽也为避祸而辞去相位,他们二人皆因"让"而保全性命与荣耀。由此可见,公卿之让只关乎其自身荣辱,于国于家无太大影响。因而,司马迁虽在《太史公自序》中指出二人的让行,但在传末加以肯定的却主要是他们能够不为名位所惑、审时度势、急流勇退的处世态度,对让行却未加评述。

国家之让则远没有公卿之让这样简单,对此司马迁也深有所悟。《伯夷列传》说:"尧将逊位,让于虞舜。舜、禹之间,岳牧咸荐,乃试之于位。典职数十年,功用既兴,然后授政。示天下重器,王者大统,传天下若斯难也。"国家为万民之国,万民之家,"让国"的两端分别是"让者"与"受者",中间是成千上万的百姓。"让者"与"受者"都可能成为这万民之国君,执掌天下,他的言行关涉一国之荣辱,百姓之福祸。因而,无论是传国还是受国都要慎之又慎。《五帝本纪》中详细记载了唐尧让国于虞舜、"岳牧咸荐"、虞舜"典职数十年"的过程,表现出了尧传天下的慎重态度。文中载尧试舜德的过程道:

> 于是尧妻之二女,观其德于二女。舜饬下二女于妫汭,如妇礼。尧善之,乃使舜慎和五典,五典能从。乃遍入百官,百官时序。宾于四门,四门穆穆,诸侯远方宾客皆敬。尧使舜入山林川泽,暴风雷雨,舜行不迷。尧以为圣,召舜曰:"女谋事至而言可绩,三年矣。女登帝位。"(《五帝本纪》)

尧不仅在让国前广纳臣下建议,更对受国的候选人进行充分的考察:不仅要看候选人是否有仁德之心,还要考察他是否有掌管天下的才能,此外还要观察上天是否赞成——"于是帝尧老,命舜摄行天子之政,以观天命……。"可见尧让国态度之慎重,也可见传国之难。此外,让国不但关乎让者与受者的切身利益,也影响了王室成员的利益。尧知其子丹朱的能力不足以掌控天下,于是乃授舜。"授舜,则天下得其利,而丹朱病;授丹朱,则天下病而丹朱得其利。尧曰:'终不以天下之病而利一人。'"其后,舜又想让位于丹朱,但"诸侯朝觐者不之丹朱而之舜,狱讼者不之丹朱而之舜,讴歌者不讴歌丹朱而讴歌舜。舜曰:'天也夫。'而后之中国践天子位焉,是为帝舜"。在此,尧权衡利弊,从天下利益出发,牺牲子孙私利,亲力亲为地训练虞舜,并明确表明传位于舜,使舜获得受国的资格。其后百官大臣及国中万民皆以舜为天子。舜为天子可谓天命所归,丹朱即便再不服气,也不能以一己之力篡位夺权。反观季札让国之始末,若他有舜的机遇,大概也不会受到后世如此多的非议。

比较范雎、蔡泽之让与尧、舜之让,及太伯、季札之让我们可以清楚地体会到"让国"的复杂性,也正因其复杂,才显其艰难,正因其艰难,才显示出让国者的智慧与仁德。总结而言,理想的让国行为首先要让者肯让,其次要受者有能力承受——这一能力包括德行高尚、治国有方、众人拥护,最后还要其他可能继承王位的人心悦诚服。由此可见,让国之艰难不仅在于传国过程之艰辛,更在于其牵涉利益之广阔,而其可能会产生的客观后果也难以预料。基于让国本身之特殊性,结合吴太伯与季札的让国行为,可见司马迁眼中最完美的让国行为是主客观条件完美结合下的产物,起码符合以下五点:第一,"让国者"的身份本身要具有让国的权利,并在授国发生之前主动相让;第二,让国的前提在于受国者有过人的能力治理国家,且其受国为民心所向;第三,"让国者"需要考虑方方面面的利益及矛盾,采取最周全的让国行动;第四,让国的行为于国家无害,受国能在维护自身清名的同时符合当世的常理,最好的结局是"让一国"后又"开一国";第五,让国过程需要客观外部条件的成全,一旦王权在传递过程中出现差错,让国者有责任尽力匡正政治秩序。上述五点正体现了让国导致结果的难以预料性。若说"让国者"对于前三点还可以试着掌控,但想以一己之力实现第四点已非易事,更何况要实现依赖于客观条件的最后一点。除了尧之外,唯有太伯集"天时、地利、人和"于一身,实现了完美的让国行为,被司马迁称为"至德"。季札坚守道义,维护宗法,同时为吴国竭尽所能,他的聪明才智不及太伯吗?他的仁爱忠义不若太伯吗?同为让,最终却天不遂人意,吴国终究难逃灭国之运,而季札本人非但不能成为"至德",且在后世饱受争议。这样的结果或许也只能将之归咎于"天命"吧!

通过分析司马迁对吴太伯与季札的不同评论,可以窥见司马迁修《史记》的内在原则,他一方面秉持儒家"仁义"的价值观,对仁人义士不吝惜溢美之词。一方面又尊重历史,"不虚美,不隐恶",坚持实录精神。儒家仁义观点正与太史公本身刚正不屈、感情浓烈的性格相符,而秉笔直书又是史官之职责。

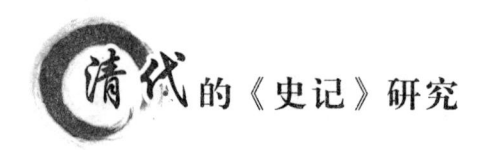

因而,在公正客观地记录史实的同时,太史公又能关怀历史人物,尤其同情那些自身才能卓越,至忠至义而最后不得善终的能人贤士。且他常常困惑于天命,对传统的价值观念持有怀疑态度。自身的经历与对古今史实的了解让他对现实有深切的理解,深知要成就一番事业不仅需要主观努力,而且更加依仗客观条件。因而,面对季札,即便同情他的处境,太史公也不为其辩解,只是赞扬他的博学宏阔与仁心慕义,而尽可能地将其让国的经过及最终的结果展现给后人,让后人自行评述季札之功过。然而,著书者难免会将主观情感带入文本中。太史公在著史时往往陷入历史评价与道德评价的两难之中,他自身的情感与价值标准因此常常在字里行间闪烁。正因如此,读完吴太伯让国的事迹,我们不禁惊叹于太伯牺牲一己私利的让国精神,为其"先让一国,后立一国"的聪明才智所折服;而读完季札让国的事迹,我们又不得不感慨于让国之难,天道之难解。而这或许也正是《史记》的文学魅力所在。

论杜甫诗歌对《史记》的借鉴与运用[①]

唐代是一个诗歌超级繁盛的时代,对《史记》的研究与认识也往往用诗歌的形式表现出来。在唐代诗歌中,诗人从自身的精神文化情境出发,不仅以《史记》的史实为题材创作了大量诗歌,而且更借用、紧缩、衍化、变化发展了《史记》中的文句;不仅对《史记》中的人物进行了补充与升华,有的还给予了不同的评价。杜甫作为一个对《史记》钻研颇深的诗人,在他的诗中不仅大量地借鉴和运用了《史记》,并且在写作方法上对《史记》进行了师法。无怪乎《东坡志林》中提到:"昨日见毕仲游,问杜甫似何人?仲游曰:'似司马迁'。"[②]清代刘熙载在《艺概》中更说道:"杜陵五七言古叙事,节次波澜,离合断续,从《史记》中来,而苍茫雄直之气,亦逼近之。毕仲游但谓杜甫似司马迁而不系一辞,正自得耳。"[③]清代方东树在《昭昧詹言·通论七律》中提及唐代七律分派时也说道:"何谓二派?一曰杜子美,如太史公文,以疏气为主;雄奇飞动,纵恣壮浪,凌跨古今,包举天地,此为极境。二曰王摩诘,如班孟坚文,以密字为主;庄严妙好,备三十二相,瑶房绛阕,仙官仪仗,非复尘间色相。"[④]可见杜甫诗歌与司马迁《史记》渊源之深。

一

《史记》作为一部名垂千古的史书,以鸿篇巨制囊括了社会经济、政治、军

[①] 本文由赵菡苕执笔。
[②] [宋]苏轼撰,王松龄校点:《东坡志林》卷一一,引自邬国平《中国古代接受文学与理论》,黑龙江人民出版社2005年版,第121~122页。
[③] [清]刘熙载撰,袁津琥校注:《艺概注稿·诗概》卷二,上海古籍出版社2009年版,第293页。
[④] [清]方东树著,汪绍楹校点:《昭昧詹言·通论七律》卷一四,人民文学出版社1984年年版,第378~379页。

清代的《史记》研究

事、民族、思想、文化、社会风貌和各阶层人物群像,并首创了纪传体的表现形式,被称为"史家之绝唱"。同时,它又是一部"无韵之《离骚》",是一部深蕴文学价值的文学名著。《史记》在理性批判中带有强烈的感情色彩,叙事之时移入了作者内在的人生体验。《史记》问世七八百年后,在唐代出现了杜甫。杜甫是中国古代文学史上最伟大的诗人之一,他的诗集前人之大成,"深涵汪茫,千汇万状,兼古今而有之"①,沾溉万代,开后世无数法门,他是当之无愧的"诗圣"。同时,他的诗在反映天宝末年到大历年间的重大社会政治事件、时代动乱及民生疮痍方面都达到了前所未有的深度和广度,因而被誉为"诗史"。杜诗与《史记》同样地在"文"与"史"上取得了夺目《春秋》的成就。历史的凑巧,使这两位相隔异代的"文宗""诗圣"在人生轨迹、命运波澜、身心所系等方面有惊人的相似,所谓"偏偏同如此"。

司马迁出生在史官世家,从司马迁八世祖司马错到祖父司马喜,司马氏世掌太史之职。因世事变故而中断,其父司马谈于汉武帝建元元年间重掌史职。司马迁幼承父训,诵读古文经传,后来他继承父业,任职太史令,"绍明世,正易传,继春秋,本诗书礼乐之际"(《太史公自序》),兴天下文史,这是他毕生的志向。而杜甫出身世代"奉儒守官"的家庭,曾祖杜依艺曾任巩县令,迁居巩县。祖父杜审言为武后朝著名诗人,对诗学颇有造诣。父杜闲曾为奉天县令。杜甫以"吾祖诗冠古"(《赠蜀僧闾丘》)②"诗是吾家事"(《宗武生日》)而自豪。其本人更是自幼聪颖好学,"七龄思既壮,开口咏凤凰。九龄书大字,有作成一囊。"年方十四五岁,已为文坛耆宿所赏:"往昔十四五,出游翰墨场。斯文崔魏徒,以我似班扬。"(《壮游》)他"读书破万卷"(《奉赠韦左丞丈二十二韵》)的学养,为以后的诗歌创作打下了扎实的基础。杜甫和司马迁都渊承家学,将家学庚继之,弘扬之,穷其一生孜孜以求。

二十岁的司马迁"南游江淮,上会稽,探禹穴,窥九疑,浮于沅湘,北涉汶泗,讲业齐鲁之都,观孔子之遗风,乡射邹峄,厄困鄱薛、彭城,过梁、楚以归",后来还数从武帝参加国家盛典,奉命出使西南夷,"西征巴蜀以南,南略邛筰、

---

① [宋]欧阳修、宋祁:《新唐书·文艺上》卷二〇一,中华书局1975年版,第5738页。
② [唐]杜甫著,[清]仇兆鳌注:《杜诗详注·赠蜀僧闾丘》卷九,中册,中华书局1979年版。下文所引杜甫诗歌若非特别标明,皆出自此版本。

昆明"(《太史公自序》)。数次游历的经历使他对文化典籍、历史传说、山川地理、人文风俗、民族状况、社会现实多有了解,为日后写作《史记》奠定了坚实的基础。而二十岁的杜甫也从开元十九年(731)开始了他历时十年、前后三次的壮游生活。第一次他饱览了吴越秀丽的山川景色,凭吊了众多的古迹名胜;次年的第二次漫游足迹遍于燕赵,直至开元二十九年(741)回东都;天宝三年(744)诗人在洛阳结识了李白、高适,同游梁宋,三人声气应求,情趣投合,过着呼鹰逐兽、裘马清狂的浪漫生活。是年秋天,杜甫、李白同高适分手后,又同游齐赵,彼此"醉眠秋共被,携手日同行"(《与李十二同寻范十隐居》)。正是杜甫的三次壮游,丰富了他的阅历,扩大了他的视野,陶冶了他的性情,这个时期是诗人创作的准备时期。年轻时期的壮游生活都给了年轻的史迁、杜甫第一手资料和无穷的创作灵感,更重要的是使他们接触了社会,在他们的一生中起到了举足轻重的作用。

  同样,多舛的命运缠绕了他们的一生。天汉二年(公元前99),立志发扬《春秋》史学传统的司马迁因受"李陵之祸"而遭腐刑,大质亏损,受天下笑,肉体、精神备受摧残,这使司马迁经历了人生的重大转折。为《史记》而隐忍苟活于世,其发愤著书的心志也更加感人肺腑。这次遭遇对《史记》的写作也产生了重大的影响,"述往事,思来者"(《报任安书》),做不得其平之鸣。而杜甫一生流离在官场,年轻时的"致君尧舜上,再使风俗淳"(《奉赠韦左丞丈二十二韵》)的理想在现实的摧残下,逐渐破灭。而生活上向往呼鹰逐兽、裘马清狂的浪漫生活也渐渐地被"朝扣富儿门,暮随肥马尘。残杯与冷炙,到处潜悲辛"(《奉赠韦左丞丈二十二韵》)的屈辱所代替。安史之乱后,更是不得一天安生,陷贼营、寓秦州、饿同谷、客西蜀、卧病江峡、老死耒阳。理想的落空、生活的潦倒、流离漂泊的生活使他更贴近民众,更深入社会,对朝廷的腐朽、民生的苦难、世态的炎凉也有了更深刻的认识,也使得他忧国忧民、心系苍生的思想更加深邃,诗风也更加苍老沉郁。坎坷的命运造就了两位大文豪,使得他们冷峻的笔锋直刺社会的阴暗。

  而两位在文学史和史学上的成就更是前无古人、后无来者的,皆具"集大成"的意义。司马迁"厥协六经异传,整齐百家杂言","罔罗天下放失旧闻"(《太史公自序》),又以"究天人之际,通古今之变,成一家之言"的写史目的首创纪传体,以本纪纪年,以世家传代,以表以正例,以书类事,以传著人,新的体例大开后世史家眼界。同时《史记》文章笔法也对后世产生了深远的影响,苏辙说"其文疏荡,颇有其气"①,桐城古文家刘大櫆则以奇、高、大、远、疏、雄、逸,"似赘拙,而实古厚可爱","意到处言不到,言尽处意不尽"②等语概括之。作为史学与文学的名著,《史记》实为文章奥府,深广无涯。明代散文家茅坤说"屈、宋以来,浑浑噩噩,如长川大谷,探之不穷,揽之不竭,蕴藉百家,包括万代者,司马子长之文也。"③杜甫则更是个集大成的诗人,广阔的内容几乎无所不包,诸体皆擅的他使诗歌形式多样,众体皆备。"正像孔子及其思想体系一样,杜甫和他的诗歌也是一个完美的整体","整个外部世界都与诗人的内心世界融合无间,而且都被纳入儒家的政治理想、伦理准则、审美规范的体系之中"④。更重要的是杜甫每念社稷、动忧苍生的爱国主义精神和人道主义精神,以及他自觉地用诗歌反映社会、讴歌人生的现实主义创作精神,影响了一代又一代的诗人和作家。他哀时叹世,沉吟悲歌,把诗歌的现实主义传统推向了高峰,"杜甫的诗史精神,是诗人国身通一精神、良史实录精神、孔子庶人议政贬天子精神、民本精神、平等精神的集大成"⑤,我国古典诗歌发展到了杜甫的时代,犹如百川纳海。元稹说:"至于子美,盖所谓上薄风骚,下该沈宋,古傍苏李,气夺曹刘,掩颜谢之孤高,杂徐庾之流丽,尽得古今之体势,而兼人之所独专矣。"⑥可以毫不夸张地断言,在我国古代文学史上,沾溉千秋、泽被万代,杜甫为千古一人。

司马迁和杜甫有如此多的内在相同之处,相似的身世、相似的命运、相似的志向,在历史和时代的造就下,以其德识和才学终成文宗、诗圣。或许也正因如此多的相似,使杜甫对司马迁、对《史记》更有一种钟爱,使他在无意或有意中师法了《史记》。

---

① [宋]苏辙著,陈宏天、高秀芳点校:《苏辙集》卷二二,第二册,《上枢密韩太尉书》,中华书局出版社1990年版,第381页。
② [清]刘大櫆:《论文偶记》,人民文学出版社1959年版,第8~9页。
③ 引自[汉]司马迁著,[明]茅坤编纂,王晓红整理:《史记抄·前言》,商务印书馆2013年版。
④ 程千帆等:《程千帆全集》卷九,《被开拓的诗世界·杜诗集大成说》,河北教育出版社2000年版。
⑤ 邓小军:《杜甫诗史精神》,《安徽教育学院学报(社会科学版)》1992年第3期,第1~6页。
⑥ [唐]元稹著,冀勤点校:《元稹集》卷五六,下册,《唐检校工部员外郎杜君墓系铭并序》,中华书局1982年版,第601页。

二

在杜甫的诗歌中论及了众多《史记》中的历史人物。从史前的尧舜禹,到春秋战国的孔子、管仲、燕昭王、屈原、宋玉,到秦朝的秦始皇、白起,及至西汉的汉高祖、张良、贾谊、李广、霍去病、司马相如等,从帝王到将相到庶民,从武士到文人到隐士贤良。对这些人物,杜甫或予以评论,或抒发感慨,或借代用典。如诗人于代宗永泰元年(765)途径忠州时参谒禹庙而写下《禹庙》一诗:

禹庙空山里,秋风落日斜。荒庭垂桔柚,古屋画蛇龙。
云气嘘青壁,江声走白沙。早知乘四载,疏凿控三巴。

诗歌歌颂了大禹不惧艰险、征服自然、为民造福的创业精神。首句便营造出秋风瑟瑟、空山萧森、古庙巍然庄严的气氛。"桔柚""蛇龙"既是眼前实景,又是暗含歌颂大禹的典故,用事入化,意味深浓。五、六两句写壮阔的庙外之景。庙外与庙内,大自然的磅礴气势与大禹治理山河的伟大气魄迭合到了一起。最后两句作为结句,诗人由衷地抒发感慨,今亲临目睹遗迹,越发敬佩大禹的伟大了。杜甫希望新当政的代宗能够像大禹一样,在安史之乱后,山"空"庭"荒"的情况下,以"乘四载,控三巴"的艰苦创业精神,重振山河,把国家治理好。杜甫在《咏怀古迹五首》中对宋玉进行了描写:

摇落深知宋玉悲,风流儒雅亦吾师。怅望千秋一洒泪,萧条异代不同时。
江山故宅空文藻,云雨荒台岂梦思。最是楚宫俱泯灭,舟人指点到今疑。

此诗是诗人在大历元年(766)在夔州写成的一组诗中之其二。在杜甫看来,宋玉既是词人,更是志士。而他生前身后却都只被视为词人,其政治上失志不渝,饱受误解,至于曲解。这是宋玉一生遭遇最可悲处,也是杜甫自己一生遭遇最为伤心处。这首诗瞩目江山,怅望古迹,吊宋玉,抒己怀;以千古知音写不遇之悲,体验深切;于精警议论见山光天色,艺术独到。《后出塞》一首:

朝进东门营,暮上河阳桥。落日照大旗,马鸣风萧萧。

清代的《史记》研究

平沙列万幕,部伍各见招。中天悬明月,令严夜寂寥。
悲笳数声动,壮士惨不骄。借问大将谁,恐是霍嫖姚。

此诗以一个刚入伍的新兵的口吻叙述了出征关塞的部伍生活的情景。诗中以粗线条勾勒出威严雄壮的军容气势,不仅展现出千军万马的壮阔,也足见这支整备有素的部队,衬托出了领军统帅的治军有方,慨然感叹韬略过人的大将霍嫖姚。又有《早发》中的"薇薇饿首阳,粟马资历聘"一句,涉及了伯夷、苏秦、张仪三个人物。伯夷"义不食周粟,隐于首阳山,采薇而食之。及饿且死,乃作歌曰:'登彼西山兮,采其薇矣。'"(《伯夷叔齐列传》)苏秦、张仪"历聘六国,诸侯皆以粟马迎之"。杜甫在《风疾舟中伏枕书怀三十六韵奉呈湖南亲友》《暮冬送苏四郎徯兵曹适桂州》《奉送魏六丈佑少府之广交》等诗中也多次提及了苏秦、张仪两人,"飘飘苏季子,六印佩何迟"(《暮冬送苏四郎徯兵曹适桂州》),"却假苏张舌,高夸周宋镡"(《风疾舟中伏枕书怀三十六韵奉呈湖南亲友》),"季子黑貂敝,得无妻嫂欺"(《奉送魏六丈佑少府之交广》),这些诗句足可见杜甫对这两位战国时期的纵横家的赞赏。《史记》中将屈原和贾宜合为一传《屈原贾生列传》,他们皆长于辞赋,又同遭谗讥,抑郁不得志。杜甫在《天末怀李白》《水上遣怀》《醉歌行》《地隅》《入乔口》等诗歌中也表现出对这两位悲剧人物的痛惜及对他们的才学、气节的敬仰,"应供冤魂语,投诗赠汨罗"(《天末怀李白》),"中间屈贾辈,谗悔竟自取"(《上水遣怀》)[1],"酒尽沙头双玉瓶,众宾皆醉我独醒"(《醉歌行》),"丧乱秦公子,悲凉楚大夫"(《地隅》),"贾生骨已朽,凄恻近长沙"(《入乔口》);还有,"扬眉结义黄金台"(《晚晴之高唐暮冬雪壮哉》)的燕昭王,"尝胆"(《寄董卿嘉荣十韵》)的勾践,"驱石何时到海东"[2]的秦始皇,唱"大风歌"(《伤春五首之其五》)的刘邦。也有,"吾道穷"(《奉汉中王手札报韦侍御、萧尊师亡》)的孔子,"勇锐"(《入衡州》)的白起,"中原将帅"(《奉寄高常侍》)廉颇,"昨者赤松子"(《寄韩谏议注》)张子房;更有,"叔孙礼乐萧何律"(《忆昔二首之二》)[3],"箭入昭阳殿,笳吟细柳营"(《奉送郭中丞御充陇右节度使三十韵》)的周亚夫;也有"垂白"(《垂白》)

---

[1] 《全唐诗》卷二二三,中华书局1960年版,第2375页。
[2] 《陪李七司马皂江上观造竹桥即日成往来之人免冬寒入水聊水题短作简李公二首》,《全唐诗》卷二二六,中华书局1960年版,第2446页。
[3] 《全唐诗》卷二二〇,中华书局1960年版,第2324页。

冯唐,"未封侯"(《将赴荆南寄别李剑州》)之李广,"酒肆人间世"(《琴台》)的司马相如等等。

在杜甫诗歌中,借用、紧缩、衍化、变化、发展司马迁《史记》中的文句的例子则更是数不胜数。《高都护骢马行》中"此马临阵久无敌,与人一心成大功",描写了安西都护高仙芝的战马胡青骢所向无敌,勇猛驰骋疆场。《史记·项羽本纪》中:项王乃谓亭长曰:"吾知公长者,吾骑此马五岁,所当无敌,尝一日行千里,不忍杀之,以赐公。"《史记·廉颇蔺相如列传》中载:廉颇曰:"我为赵将,有攻城野战之大功。而蔺相如徒以口舌为劳而位居我上。"杜甫借用了此二条衍化出了胡青骢与主人一心作战、矫健勇猛的形象。杜甫于广德二年(765)在严武幕府追论往事时作的《忆昔二首》中其一有句诗为"至今令上犹拨乱,劳心焦思补四方",乃从《史记·夏本纪》中"禹伤先人鲧功之不成受诛,乃劳身焦思,居外十三年,过家门不敢入,薄衣食,致孝于鬼神"变化而来。《积草岭》中"旅泊吾道穷,衰年岁时倦",从《史记·孔子世家》中"颜渊死,孔子曰:'天丧予!'及西狩见麟,曰:'吾道穷矣!'喟然叹曰:'莫知我夫!'"中变化而来。《将适吴楚留别章使君留后》中有句"昔如纵壑鱼,今如丧家狗",如《史记·孔子世家》载:"孔子独立郭东门。郑人或谓子贡曰:东门有人……累累若丧家之狗。子贡以实告孔子,孔子欣然笑曰:'形状,末也。而谓似丧家之狗,然哉!然哉!'"《寄岳州贾司马六丈巴州严八使君两阁老》中"浪作禽填海,那将血射天",出自《史记·殷本纪》:"帝武乙无道,为偶人,谓之天神,与之搏,令人为行。天神不胜,乃僇辱之,为革囊,盛血,卬而射之,命曰射天。武乙猎于河渭之间,暴雷,武乙震死。"《送高十三五书记》中曰"人实不易知,更须慎其仪",取自《史记·魏公子传》,"信陵君曰:'虞卿何如人也?'时,侯嬴在旁,曰:'人固未易知,知人亦未易也。'"《寄赠王十将军承俊》中有诗句为"宾客满堂上,何人高仪同",写王将军雄壮威猛,然未当大任,空怀高仪。同样在《史记·魏公子传》中载:"当是时,魏将相宗室宾客满堂,待公子举酒。"而《同诸公登慈恩寺塔》中"七星在北户,河汉声西流"一句中,"七星在北户"则出自于《史记·天官书》中"北斗七星,所谓旋、玑、玉衡以齐七政。……斗为帝车,运于中央,临制四乡。分阴阳,建四时,均五行,移节度,定诸纪,皆系于斗"。在《遣兴二首》中"天用莫如龙,有时系扶桑""地用莫如马,无良复谁记",诗警示安史之徒,谓龙乃君主之象,人臣窃据天位,势必积恶自毙,讽肃宗不能专任,而赤心报国,自战不废者不能用。《史记·平准书》中载:"又造银锡为白金。

清代的《史记》研究

以为天用莫如龙,地用莫如马,人用莫如龟,故白金三品。"杜甫袭取而分用之。于上元二年秋所作的《敬简王明府》中"叶县郎官宰,周南太史公。神仙才有数,流落意无穷"写叶县宰王潜仙才,而杜甫自己似太史公留滞周南,穷途流落。又于大历元年(766)秋作《寄韩谏议注》,其中"周南留滞古所惜,南极老人应寿昌"言希老成宿望复出以济世匡君,意在治平。《史记·太史公自序》载:"是岁天子建汉家之封,而太史公留滞周南,不得从事,故发愤且卒"。杜甫的"周南太史公""周南留滞古所惜",均出自于"太史公留滞周南"一句。以上仅为部分例句,在杜甫的其他诗中,诸如此类的诗句还有很多,不再赘述。

三

杜甫除了以《史记》内容作为题材创作之外,在写作方法上也师法了《史记》,尤其是叙事技巧方面。《史记》在文学成就方面比在此之前的《左传》《战国策》等更注重人物描写。写人物传记,刻画了丰满的人物群像,也更善于构造富于戏剧冲突的情节。清代国子监博士熊士鹏在《鹄山小隐文集》中谈到《史记》的人物描写时道:"司马迁作《史记》,变《春秋》编年之法,创为传记,……余每读其列传,观其传一人,写一事,自公卿大夫,以及儒侠医卜佞幸之类,其美恶、谲正、喜怒、笑哭、爱恶之情,跃跃楮墨之间,如化工因物付物,而无不曲肖。"[①]而《史记》之所以能有动人心魄的戏剧性情节也与司马迁洞悉社会、人生,善于剪裁、组织与敷衍情节有关。清代经史学家吴敏树在《史记别钞》下卷《项羽本纪》中说:"史家原只依事实实录,非可任意措置,然至事大绪繁,得失是非之变,纷起其间,非洞观要最,扫除一切旁枝余蔓,未得恣意详写,使其人其事,始终本末,真实发露,读者惊动悲慨,千载下如昨夜事也。"《史记·项羽本纪》一篇堪称叙事写人的典范。作者以饱含同情和惋惜的笔调,成功地塑造了项羽的悲剧英雄形象,揭示了他的悲剧性格。项羽他志向远大,勇武过人,豪爽刚直中还带几分厚道。在巨鹿之战中他除伏章邯、解赵之围,表现出勇猛善战、威猛无畏和善于指挥的特点。但同时他也头脑比较简单,粗疏寡谋,容易轻信,在鸿门宴中与刘邦的明争暗斗,足以看出项羽缺乏政治头脑,

---

[①] [清]熊士鹏:《鹄山小隐文集·释言》卷二,转自张新科、高益荣、高一农等编《史记研究资料萃编》上册,三秦出版社2011年版,第446页。

因此在以后的战争中败给老谋深算的刘邦也不足为怪。司马迁用大小事件相互掺杂,塑造出了千载之下仍然虎虎有生气的霸王形象。在这篇文章中,司马迁在写作技巧、处理材料、安排情节等方面都已达到炉火纯青的地步。在垓下之围中,霸王败北,四面楚歌,在兵败时危的紧张与慌乱中,司马迁却偏偏添进项羽夜饮帐中,慷慨悲歌,美人和之泣下一场;在东城追兵重围时,本应见英雄末路之悲哀、无奈,可司马迁却偏偏添进项羽断言"三胜",斩刘旗、赤泉侯人马俱惊一幕。明末清初学者周亮工在《尺牍新钞》一语点破:"余独谓垓下是何等时,虞姬死而弟子散,匹马逃亡,身迷大泽,亦何暇更作歌诗;即有作,亦谁闻之而谁记之欤?吾谓此数语者,无论事之有无,应是太史公'笔补造化',代为传神。"[①]可见司马迁"善序事理"的笔法之一斑。

杜甫师法了司马迁如此笔法,使他的写人叙事更为传神,诗篇更具雄浑雅健之气势。杜甫为人立传之作甚多,如《饮中八仙》《八哀诗》《永怀古迹》《虢国夫人》《蜀相》《魏将军歌》《观公孙大娘弟子舞剑器行》等,上至皇亲国戚、功臣名将,下至文豪名士、名媛艺人,形形色色,因人而异,不见雷同。《丹青引赠曹霸将军》一诗是诗人在广德二年(764)重归成都旧居后,在韦讽宅观曹霸画马图,有感于曹霸昔贵今贱的遭遇及其精湛的画艺,特题此诗为之立传,并寄赞赏、同情之情和抒同病相怜之慨。诗曰:

将军魏武之子孙,于今为庶为青门。英雄割据虽已矣,文采风流今尚存。

学书初学卫夫人,但恨无过王右军。丹青不知老将至,富贵于我如浮云。

开元之中常引见,承恩数上南熏殿。凌烟功臣少颜色,将军下笔开生面。

良相头上进贤冠,猛将腰间大羽箭。褒公鄂公毛发动,英姿飒爽犹酣战。

先帝御马玉花骢,画工如山貌不同。是日牵来赤墀下,迥立阊阖生长风。

诏谓将军拂绢素,意匠惨淡经营中。斯须九重真龙出,一洗万古凡

[①] [清]周亮工:《尺牍新钞》卷二,上海书店1988年版。

马空。

玉花却在御榻上,榻上庭前屹相向。至尊含笑催赐金,圉人太仆皆惆怅。

弟子韩干早入室,亦能画马穷殊相。干惟画肉不画骨,忍使骅骝气凋丧。

将军画善盖有神,偶逢佳士亦写真。即今漂泊干戈际,屡貌寻常行路人。

途穷反遭俗眼白,世上未有如公贫。但看古来盛名下,终日坎壈缠其身。

此诗以赞曹霸画马为主,兼以书法陪笔,以画功臣、佳士作陪衬,再以授弟子韩干而高徒难胜名师烘托,总笔赞其"文采风流"。写曹霸画人物所绘为凌烟功臣,画马亦是画御马最宠者玉花骢,意为最难绘者皆逼肖传神,令皇上含笑,言受恩遇之深。金圣叹谓此诗曰:"韦讽宅观画九马,叙出无数马来,格最奇。此《丹青引》专为一马,却叙出无数人来,格尤奇。"[1]曹霸视富贵如浮云,而甚重绘画艺术追求,既落为世上最贫者亦足自慰,可谓画艺高,人品亦高,杜甫深为赞赏。曹霸乃昔日宫廷画师,画艺精湛,又因安史之乱而沦落穷途,为行路常人画像反遭俗子小人白眼,此一对比手法,从画马写出沧桑巨变,世态炎凉,今昔盛衰,同病相怜,寓以无限感慨。张惕菴论此诗为:"此太史公列传也,多少事实,多少议论,多少顿挫,俱在尺幅中。章法跌宕纵横,如神龙在云霄,变化不可方物。"[2]此诗为曹霸立传,其赏画评画皆颇精当,写事议论兼容,章法跌宕纵横,开合变化,顿挫有致。同时,此诗文笔精妙之外,春秋微意显见。许顗论曰:"东坡作《妙善师写御客》诗,美则美矣,然不若《丹青引》云:'将军下笔开生面。'又云:'褒公鄂公毛发动,英姿飒爽犹酣战,后说画玉花骢马。'而云:'至尊含笑催赐金,圉人太仆皆惆怅。'此语微而显,《春秋》法也。"[3]尤可见在写人立传上杜甫之效司马迁笔力之风范。还有《赠卫八处士》一诗着重叙述了卫八的天伦之乐、良好的家风,以及其社交好客、尚友谊、重情意的朴实性情,表现了世间至谊真情。《江南逢李龟年》一首诗短短28个字,写尽了沧桑巨

---

[1] [清]金圣叹:《杜诗解》卷三,上海古籍出版社1984年版,第143页。
[2] [唐]杜甫著,杨伦笺注:《杜诗镜铨》卷一一,上海古籍出版社1980年版,第531页。
[3] [宋]许顗:《彦周诗话》,见[清]何文焕辑《历代诗话》,中华书局1981年版,第381页。

变,以平凡小事反映历史重大政治事件及变迁,言近意远,甚具史迁风范。杜甫在许多诗篇中都展现了他隐恶扬善的史家原则和司马迁传记文学的艺术手法,塑造了很多褒贬不同的形象,形成了杜集中蔚为壮观的人物长廊。

我们再看《北征》一首,洋洋洒洒的一百四十句,叙述了诗人从凤翔归鄜州之事。诗人把他那"靡靡逾阡陌,人烟眇萧瑟"的愁怨,"乾坤含疮痍""呻吟更流血"的感受,与妻子儿女重聚的哀痛,对朝廷借兵回纥的忧虑以及对肃宗恢宏先业的企望,一一遣上笔端,总的格调是沉郁顿挫的。然而在诗里却有两处用了轻快的笔调:一是诗人在回归的山路上,"菊垂今秋花,石戴古车辙。青云动高兴,幽事亦可悦。山果多琐细,罗生杂橡栗。或红如丹砂,或黑如点漆。雨露之所濡,甘苦齐结实"。另一处是诗人到家悲对妻女时,"那无囊中帛,救汝寒凛栗。粉黛亦解包,衾绸稍罗列。瘦妻面复光,痴女头自栉。学母无不为,晓妆随手抹。移时施朱铅,狼藉画眉阔。生还对童稚,似欲忘饥渴。问事竞挽须,谁能即嗔喝?"且不说两处的描写是何等细腻,情趣多么深沉,就其对整首诗叙事和形成沉郁顿挫的格调来说,也的确起到了"鸟鸣山更幽"般的烘托效应。前一处的描写之后紧接着"缅思桃源内,益叹身世拙"两句,正好表现诗人于战乱中渴望太平的心理;后一处的描写紧接着"翻思在贼愁,甘受杂乱聒"两句,正好抒发了诗人陷贼不死、生还不易而归家难得的感慨,不仅不伤全诗格调又加浓了诗的情味。这种写法深得司马迁"善序事理"笔法之三昧。

四

杜甫后期的诗已经达到了炉火纯青的地步,《史记》中雄浑雅健的气势和慷慨切峻的风骨在杜诗中依稀可见,"落日照大旗,马鸣风萧萧"(《后出塞五首》)的气氛;"鱼龙寂寞秋江冷,故国平居有所思"(《秋兴八首之其四》)的意象;"见愁汗马西戎逼,曾闪朱旗北斗殷"(《诸将五首其一》)的涵蕴,其间放逸飘洒的"苍莽雄直之气"直逼司马迁。

司马迁以含蓄曲婉的文笔讽刺世事,以他良史的哲思和公心记载历史上的人和事,往往用寥寥几笔便把褒贬之意默寓其中,讽兴时事,怨刺上政,这本是诗家借诗托事的本事,可司马迁把它施展于写史中,使《史记》飘溢着诗家情味。《大宛列传》中"天子好宛马,使者相望于道";《张丞相列传》中"(张苍)妻妾以百数,尝孕者不复幸"。《史记》在不恣意扭曲事实的情况下,在褒与贬

清代的《史记》研究

中所流露出的真情如天籁之所发,自然而下。杜甫的诗以沉郁的格调言婉而多讽,对不宜直言的一些事情用含蓄曲婉的诗意表达了出来。"攀龙附凤势莫当,天下尽化为侯王"(《洗兵马》)[1],有感于肃宗、代宗朝新贵弄权;"王侯第宅皆新主,文武衣冠异昔时"(《秋兴八首之其四》),有感于大历元年武将失职而吐蕃陷京。但对另外一些事件,杜甫也有明确揭示,如《丽人行》揭示了杨氏兄妹的骄横跋扈;对唐玄宗的骄纵安禄山,杜甫也有所揭露:"主将位益崇,气骄凌上都。边人不敢议,议者死路衢"(《后出塞五首其四》);对唐玄宗的穷兵黩武,杜甫也明确表示了反对:"君已富土境,开边一何多"(《前出塞九首其一》),"杀人亦有限,立国有自疆。苟能制侵凌,岂在多杀伤"(《前出塞九首其六》)。杜甫不仅如实记载了历史的发生,诗人也凭借自己的胆识慧眼人生。他在安史之乱发生之际预感到杨氏兄妹势倾朝廷将对国家带来的危害,从自己艰危贫寒的生活预感到百姓的动乱不安,在《自京赴奉先县咏怀五百字》中写道:"况闻内金盘,尽在卫霍氏","抚迹犹辛酸,平人固骚屑"。他以哲人的思辨看荣华富贵高于实际功勋的危害性,"荣华敌勋业,岁暮有严霜"。他从西南兵荒马乱中看到若要安定,必须举贤授能,"西蜀地形天下险,安危须仗出群才"(《诸将五首其一》),等等如此。他诗歌中的"真"是"真悲""真爱""真恨""真乐",这使他的诗更富有人情美、人性美,是一首首生命的咏叹调。其忠君忧国、爱民悯时的情怀,是他爱国主义思想的重要表现。一部杜工部诗集亦是一部诗史。这些正是司马迁与杜甫他们"才、胆、力、识"的卓越表现,是他们诗家情质的重要方面。

  杜甫从《史记》所汲取的营养使其诗歌语言更加深厚,手法更加多样,内容更加充实,寓意更加深远,风格更加沉郁……一个文宗,一个诗圣,在不同的领域散发着他们各自的魅力,然历史的凑巧使他们在骨鲠肌肤,乃至精髓找到了相通之处,成就了更卓越的文宗,更卓越的诗圣!

---

[1] 《全唐诗》卷二一七,中华书局1960年版,第2278页。

论宋代诗人对韩信形象的接受[①]

韩信作为司马迁着力刻画的人物之一,随着《史记》的流传而广为人知。[②] 韩信跌宕起伏的人生经历,复杂多面的性格特点,战无不胜的军事才能,功高见杀的悲剧命运使他几乎具备了古代臣子可能经历的所有生命体验。因其形象的丰富性,不同身份地位、不同生活经历的诗人几乎都能在他身上得到相似点,从而找到某种精神寄托或借此感怀抒情,韩信由此成为文人学者最乐于吟咏的《史记》人物之一。韩信诗作为《史记》诗的一部分,与《史记》诗一样在宋代走向兴盛,无论在形式还是表现内容上都出现了新的特点。宋代推行"内虚外守,重文轻武"的治国方针,文人不仅具有很高的社会地位,而且出身寒微的士人也有机会通过科举跻身高位,因而宋代部分文人身兼数职,由此造成了韩信诗创作主体身份的双重性,乃至多样性。身份的多样意味着视角的多样,视角的多样正是挖掘韩信形象新特点的重要前提,因此,宋代韩信诗歌所展现的韩信形象较之前代尤为丰富。另外,由于统治者的喜爱,印刷术的繁荣,《史记》阐释史在两宋进入了第一个高潮,[③] 几乎所有文人都曾深入研读、学习过《史记》。《史记》阐释的兴盛反映在韩信诗中,即表现为诗人在诗歌创作中对《史记》的接受更为全面与细致。他们填补《史记》文本记载的空白,想太史公之所想,言太史公之所未言,在诗歌中探索历史真相、塑造人物形象。而《史记·淮阴侯列传》就如同一座桥梁,诗人们通过它跨越千百年,探索历史、对话司马迁,重现出一个更加立体与丰满的韩信。

[①] 本文由虞芳芳执笔。
[②] 司马迁《史记》是第一部为韩信立传的史书,班固《汉书》所立的《韩信传》所记韩信生平本于《史记》,略于《史记·淮阴侯列传》。因而后代的韩信诗基本不出史记诗范围。
[③] 参看俞樟华等《唐宋史记接受史》,吉林人民出版社2004年版,第135~309页。

清代的《史记》研究

一、饿隶王孙、悲剧英雄

韩信诗可分为传体与论体两种,从《国士无双——历代诗人咏韩信》[1]与《史记与咏史诗》[2]二书所收入的韩信诗看,自西晋孙楚所作的《韩信赞》与陆机所作的《韩信》二诗开始,直至五代、宋前诗人的笔触已基本涉及韩信形象的各个方面。宋代不少传体韩信诗基本继承了宋前韩信诗的写作手法及写作主旨,即根据《淮阴侯列传》的记载,以简短的诗句概括出韩信一生的主要事迹,再按照《史记》记载的顺序排列,串联成诗,最后借此阐发情感。这些诗歌抒情色彩浓郁,即便偶有议论也多是为抒情服务。这些诗歌在歌咏韩信一生经历时,侧重于表现韩信三方面的形象特点:忍辱负重的"饿隶王孙"、灭楚会垓的军事天才、身死族灭的悲剧弃臣。如北宋诗人梅尧臣即重申了韩信悲剧英雄的形象,他在《淮阴侯庙》(之二)中说:

> 韩信未遇时,忍饥坐垂钓。归来淮阴市,又复逢恶少。使之出胯下,一市皆大笑。龙蛇忽云腾,蛭螾岂能料。亡命乃为将,出奇还破赵。用兵不患多,所向孰敢摽。功名塞天地,翦刈等蒿藋。于今千百年,水上见孤庙。鹭衔葭下鱼,相呼尚鸣叫。高皇四海平,有酒不共醮。古来称英雄,去就可以照。[3]

诗歌择取了韩信垂钓以果腹、胯下受辱、弃楚归汉、出奇破赵、功高见诛等史事,在感叹韩信于微贱中奋发、忍辱建功的气概的同时,暗讽高皇兔死狗烹的不义,最后又表明韩信的英雄形象不会因为他的悲剧结局而崩塌,反而会在古今传诵中愈显高大,由此也表达出诗人不畏前途、将欲有为、积极向上的乐观态度。而王安石的《韩信》(之二)[4]则化用了韩信南昌乞食、受恩漂母、见知萧何、登台拜将、潍水破楚兵等事件,展现了韩信不鸣则已、一鸣惊人的风采。诗歌前半段云:"韩信寄食常欺然,邂逅漂母能哀怜。当时哙等何由伍,但有淮阴恶少年。谁道萧曹刀笔吏,从容一语知人意。坛上平明大将旗,举军尽惊王不

---

[1] 刘学军、徐业龙:《国士无双——历代诗人咏韩信》,南京大学出版社2009年版。
[2] 赵望秦、蔡丹等:《史记与咏史诗》下册,三秦出版社2012年版,第485~517页。
[3] 刘学军、徐业龙:《国士无双——历代诗人咏韩信》,南京大学出版社2009年版,第29页。
[4] 刘学军、徐业龙:《国士无双——历代诗人咏韩信》,南京大学出版社2009年版,第39页。

疑。"韩信未见知于萧何时,穷困潦倒,想其寄食亭长、乞食漂母时,姿容当是何其惨淡。一旦登台拜将,举军皆惊,又是何等意气风发。先抑后扬的写法正得《史记》之真意,想来王安石也深为太史公笔法所折服。而后诗歌又写道:"救兵半楚滩半沙,从初龙且闻信怯。鸿沟天下已横分,谈笑重来卷楚氛。但以怯名终得羽,谁为孔费两将军。"龙且、项羽皆因轻视韩信或命丧黄泉,或错失天下,而孔、费两将军(皆为韩信属将)却独具慧眼,追随明主。诗人受命推行新法却处处受限,不被信任,他正是借感慨龙且、项羽轻敌见杀,呼唤孔、费二将以寻求支持。也有诗人哀叹于韩信身死族灭的悲惨结局,为其受污见杀愤愤不平。诗人韩琦的《淮阴侯祠》是首夹叙夹议之作,但诗歌浓烈的抒情盖过了议论。诗歌最后两联说:"功盖一世诚不灭,恨埋千古欲谁明。荒祠尚枕陉间道,涧水空传哽咽声。"[1]诗人路经井陉韩信祠,遥想起韩信曾在此以不足三万劣势兵力背水列阵,奇袭敌方,最终一举歼灭二十余万赵军的壮举,继而想到英雄含恨而终的悲剧,如今荒祠尚在井陉口提醒着英雄的功绩,却只有幽咽的涧间之水悲叹哽咽,泣不成声。在对韩信往昔的忠勇英姿与韩信祠如今的残垣破壁的对比中,表达了诗人对英雄不得善终的不平之情。

值得注意的是,宋代诗人在刻画韩信饿隶王孙形象时,尤其强调了韩信能屈能伸、忍辱负重的品质,不少诗人认为韩信甘受胯下之辱是因为有所自重。如黄庭坚在《淮阴侯》[2]中写道:"韩生沈鸷非悍勇,笑出胯下良自重。"所谓"自重"即指胸怀大志,希望以一时之忍成一世大业。女诗人朱淑真说"男儿忍辱志长存,出胯曾无怨一言"(《韩信》)[3]也表达了一样的意思。宋代文人不少出身微贱,在功成名就之前或长或短都经历了默默无闻,乃至穷困潦倒的蛰伏期,因而对韩信忍辱负重的做法尤为感同身受,称颂韩信的同时正表明了自身心迹。此外,像黄庭坚的《韩信》[4]《淮阴侯》[5]、杨万里的《过淮阴县题韩信庙(二首)》[6]、张栻的《题淮阴祠》[7]、楼钥的《背水阵诗》[8]等诗歌,或直抒对韩信

---

[1] 刘学军、徐业龙:《国士无双——历代诗人咏韩信》,南京大学出版社2009年版,第32页。
[2] 刘学军、徐业龙:《国士无双——历代诗人咏韩信》,南京大学出版社2009年版,第47页。
[3] 刘学军、徐业龙:《国士无双——历代诗人咏韩信》,南京大学出版社2009年版,第67页。
[4] 刘学军、徐业龙:《国士无双——历代诗人咏韩信》,南京大学出版社2009年版,第45页。
[5] 刘学军、徐业龙:《国士无双——历代诗人咏韩信》,南京大学出版社2009年版,第47页。
[6] 刘学军、徐业龙:《国士无双——历代诗人咏韩信》,南京大学出版社2009年版,第56页。
[7] 刘学军、徐业龙:《国士无双——历代诗人咏韩信》,南京大学出版社2009年版,第58页。
[8] 刘学军、徐业龙:《国士无双——历代诗人咏韩信》,南京大学出版社2009年版,第59页。

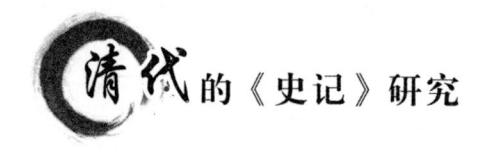

的赞美与同情，或借写韩信感怀身世，皆具有较为浓郁的抒情色彩。这些诗歌可视为宋代诗人对前代诗人创作内容与情感的直接继承。但由于历史境遇的不同，韩信形象的内涵在宋代又增添了新的意味。

二、渴遇与求贤，一身兼二职

宋朝彻底打破了前代取士看门第的陋习，宋代文人，尤其是身居要位的文人（如范仲淹、欧阳修等人）都乐于举荐同辈，提拔后生。在这样重视人才、尊重人才的氛围中，宋代韩信诗较之前代，尤其突出强调了韩信的人才身份。

曾举荐王安石、韩维等人，被誉为宋朝第一名相的文彦博在组诗《题韩溪诗》中说："韩信未遭英主顾，萧何亲至此中追。君王表意争天下，不得斯人未可知。"（其一）诗人指出韩信在楚汉之争中的关键作用，由此说明了人才的重要性，又用韩信的重要性衬托出萧何的重要性。其后，诗人又说"莫讶史君频叹咏，古来君相受知难"（其二），"指把芜词重叠咏，只图流播路人知"（其四）[1]，直接点出"千里马常有，而伯乐不常有"的道理，在赞颂人才的同时更歌咏了伯乐，表明自己愿意提拔像韩信一样的人才，使他们立身成名。据《淮阴侯列传》记载，韩信在追随汉王前，曾仗剑归于项梁，项梁死后，又投入项羽麾下，但都未能见用，最后提剑入汉营，辅佐汉王成就霸业，而项羽则落得功败垂成的下场。在重视文人的时代氛围中，宋代文人多满怀自信，怀抱"治国、平天下"的梦想，在他们未受重用时，便常借项羽不识英雄而错失天下以表达自身欲要建功立业的迫切心情与怀才不遇的愤懑。如诗人田锡的《千金答漂母行》说："楚王欲图巴，不识韩淮阴。淮阴漂母家，独得千黄金。"[2]诗歌将楚王因不识韩信而失天下的遗憾与漂母因一饭之恩获赠千金的幸运进行对比，说明了珍惜人才的重要性。而一个"独"字又指出知己、伯乐难遇的现实境况，暗含自己渴望受到举荐，一展抱负的愿望。冯京的七绝《题寺壁》[3]与之有异曲同工之妙。

从上引诗作中，可见宋前诗人对韩信人才形象的称颂往往只局限于其军

---

① 刘学军、徐业龙：《国士无双——历代诗人咏韩信》，南京大学出版社2009年版，第30页。
② 赵望秦、蔡丹等：《史记与咏史诗》下册，三秦出版社2012年版，第509页。
③ 刘学军、徐业龙：《国士无双——历代诗人咏韩信》，南京大学出版社2009年版，第41页。全诗云："韩信栖迟项羽穷，手提长剑喝秋风。吁嗟天下苍生眼，不识男儿未济中。"

事才能，而宋代诗人笔下的韩信已经从单纯的军事人才的代表，逐渐泛化为一般人才的典型。虽则如此，每当朝代更迭、兵火频仍之时，韩信的天才军事家的身份又会被凸显出来。诗人往往借咏韩信这样的英雄豪杰，来呼唤能够救国家于危难之际，救百姓于水火之中的英雄。南宋朝廷偏安一隅，社会动荡，国家正处于内忧外患之中。南宋之初的韩信诗往往寄托着诗人的爱国情怀。诗人戴复古常在诗歌中表达对中原失地的眷恋，对祖国统一的渴望，他的《闻边事》说："昨日闻边报，持杯不忍斟。壮怀看宝剑，孤愤裂寒衾。风雨愁人夜，草茅忧国心。因思古豪杰，韩信在淮阴。"[1] 淮河位于宋金交界之处，当时已经成为烽火连天的战场。古豪杰韩信的故乡淮阴正在淮河边上。秦末的战乱能由韩信来平定，而今战火再起，今日的韩信又在哪里？与其说诗人是在怀念"兵仙"韩信，不如说他是借怀念古代名将，呼唤现世的英雄。南宋诗人曾丰的《呈太府曾寺簿》写道："吾宗昌大是兰溪，况在兰溪最白眉。阔足鹓行初杨望，策勋麟阁少须时。中原自古须归正，上策从今要出奇。公自可为萧相国，求如韩信即今谁？"[2] 诗人先自述身世，表明自己出身乡里望族，祖上也曾位列朝官，建立功勋。然后面向时局，指出而今非奇谋上策不能收复故土，继而希望曾寺簿能够效仿萧何举荐自己。从诗人所处的时局看，这里的韩信形象更多地包含胸怀谋略的军事人才的含义，作者是想借用韩信表达自己愿为国家出谋划策的心愿。

宋代许多士人在被提拔之后，也不遗余力提携下一代人才，如此一代传一代，便使许多诗人同时体会到渴遇与求贤的两种心境。在这种环境之下，依据《淮阴侯列传》而创作的韩信诗展现出韩信身兼"千里马"与"伯乐"的二重身份特点。而这种对韩信伯乐形象的鉴定则还是来自于《史记》。在司马迁看来韩信不但是得遇良主的人才，还是尊重人才、重用人才的伯乐。《史记·淮阴侯列传》记载了韩信师事李左车、任用淮阴少年的故事，尤其详细地记叙了韩信在井陉之战后师事李左车的故事。传曰：

> 信乃令军中毋杀广武君，有能生得者购千金。于是有缚广武君而致戏下者，信乃解其缚，东乡坐，西乡对，师事之。
> 于是信问广武君曰："仆欲北攻燕，东伐齐，何若而有功？"广武君辞谢

---

[1] 刘学军、徐业龙：《国士无双——历代诗人咏韩信》，南京大学出版社2009年版，第62页。
[2] 刘学军、徐业龙：《国士无双——历代诗人咏韩信》，南京大学出版社2009年版，第61页。

清代的《史记》研究

曰:"臣闻败军之将,不可以言勇,亡国之大夫,不可以图存。今臣败亡之虏,何足以权大事乎!"信曰:"仆闻之,百里奚居虞而虞亡,在秦而秦霸,非愚于虞而智于秦也,用与不用,听与不听也。诚令成安君听足下计,若信者亦已为禽矣。以不用足下,故信得侍耳。"因固问曰:"仆委心归计,原足下勿辞。"①

广武君即赵国成安君的军师,以计说成安君,不见用,赵国遂为韩信所破。宋前诗人已经开始化用这个故事,以"问计左车"入诗,如唐代诗人胡曾的《泜水》诗写道:"犹疑转战逢勍敌,更向军中问左车。"②诗人想象韩信战前犹豫不定(犹疑)的情貌,表示韩信是因为计穷才想要"问计"于李左车,强调的是韩信凡人的一面,并未突显出韩信礼贤下士的品质。宋代诗人在创作时尤其注意表现韩信"师事"的态度。文学家黄庭坚尤爱吟咏这个故事,反复歌颂韩信礼贤下士的胸襟气魄,认为韩信师事俘虏的行为足以盖过他的一切是非功过,让他名垂不朽——"功成千金募降虏,东面置座师广武。虽云晚计太疏略,此事亦足垂千古"(《淮阴侯》),"功成广武坐东向,人言将军真汉将。兔死狗烹姑置之,此事已足千年垂"(《淮阴侯》)③。这种以细节刻画形象的创作手法是直接来自《史记》的——由引文可知,司马迁在传中细致描写了韩信礼遇李左车的一系列动作("解其缚","东乡坐","西乡对","师事之"),并不厌其烦地记录韩信与李左车的对话,这不正是为了刻画韩信谦虚受教的一面吗?这种对细节的关注与保留体现了诗人对《史记》文本更为细致的研读,对《史记》写作手法的自觉继承。

此外,宋代诗人在诗歌中反复运用这个典故是很具有现实意义的。北宋正直的文人多秉承范仲淹"先天下之忧而忧,后天下之乐而乐"的精神,以天下为己任,但他们有时又难免固执己见,以至文人相轻,党争不断。两宋党争对文学创作有着很大的影响,这种影响在韩信诗的创作中也有体现。有的诗人就借韩信师事李左车的故事抒发不为世人理解的苦闷,传达出希望士人间能够相互学习的愿望。王安石的《韩信之一》写道:"贫贱侵凌富贵骄,功名无复

---

① 《淮阴侯列传》,本文所引《史记》原文未注明出处处,皆同此。
② 刘学军、徐业龙:《国士无双——历代诗人咏韩信》,南京大学出版社2009年版,第18页。
③ 上皆引自刘学军、徐业龙《国士无双——历代诗人咏韩信》,南京大学出版社2009年版,第47~48页。

在刍荛。将军北面(应为东面)师降虏,此事人间久寂寥。"①宋神宗年间王安石在神宗的支持下推行变法,受到以司马光为代表的旧党文人反对,变法在推行时即受到重重阻碍,在神宗去世后,就被新的掌权者全盘推翻,面对这种情况,刚硬的王安石也难免借韩信抒发不被理解的无奈之情。宋代韩信诗中韩信人才形象内涵的扩展,体现了宋代诗人对《史记》典故更为娴熟的运用。而诗人对韩信礼贤下士品格的挖掘及表现,及其对《史记》写作手法的自觉学习反映了《史记》在宋代广为流行的状况。俞樟华老师在《论〈史记〉与古代诗歌》中说:"古代诗人吟咏《史记》中的人事,一般来说都是有所寄托,有所寓意的,他们常常是借古人古事之酒杯,浇自己心中之块垒,即借古人古事,抒发自己对现实社会人生的种种感慨。"②上述韩信诗歌皆偏向于传体诗,与宋前的韩信诗一样,它们以抒情感怀为主,很具有现实指向性。但较之宋前,尤其是唐代韩信诗,宋代的传体韩信诗在宋代全部韩信诗中所占的比例已经下降不少,而诗中的情感也逐渐削弱。且相较于这类只对韩信形象做浅层、直接接受的诗作,那些依靠通过深入分析文本、挖掘司马迁写作意图,从而对韩信形象做更深入分析的论体诗才是更契合宋代文人好说理性格的诗作,这些宋代始盛的论体韩信诗往往能独辟蹊径,为我们接受韩信形象打开另一扇窗户,也为后代韩信诗的创作开辟了一片新的天地。它们与其他论体咏《史记》诗一样,在宋代大放异彩,是宋代诗歌的重要组成部分。

三、忠逆难辨,千古论争

赵望秦先生在《古代诗人接受〈史记〉述略——以咏史诗为中心》一文中指出,历代《史记》诗中"既有集中于某个细节,以其为媒介,借题发挥,在褒贬评价上多和司马迁一致,叙事、议论等基本未能超越司马迁所定的范围的作品,可视为是对《史记》的表层接受。又有专门论史,将《史记》中的人物、事件放大处理,点出其当下意义和后代影响,填补了司马迁叙述的空白,跳出《史记》,或表达不同的认识与评价,或挖掘《史记》赋予历史人事的深层意蕴,可视为是对《史记》的深层接受。"③就韩信诗而言,宋代之前,诗人们的创作基本

---

① 刘学军、徐业龙:《国士无双——历代诗人咏韩信》,南京大学出版社2009年版,第40页。
② 俞樟华:《论〈史记〉与古代诗歌》,《浙江师范大学学报(社会科学版)》2002年第2期。
③ 赵望秦、蔡丹等:《史记与咏史诗》上册,三秦出版社2012年版,第27页。

清代的《史记》研究

停留在对《史记》的表层接受层面上,随着《史记》阐释史在两宋三百年第一次进入高潮,韩信诗也由对《史记》的表层接受,深入到探究历史人事的深层意蕴的阶段,即如俞樟华先生所说:"不同于以情韵见长的传统诗歌,宋诗以'筋骨思理见胜'(钱钟书语),体现在诗中的种种对历史的看法并非仅停留在感性的、直觉的层面,而是升华了的理性思考。"[1]宋代部分咏史诗就像史书札记一样,虽限于篇幅,难以纵情发挥,但三言两语就能提出某种新见,引发某种思考,堪称浓缩了的史论。诗人们争论的焦点在于两个问题:一是韩信是否反汉;一是韩信之祸起于何端。这种究根追源的探索为韩信形象的悲剧性找到了理论的支持,相比主观色彩浓烈的感性抒发更能触及历史事件的真相,韩信命运的悲剧色彩也在探索与争论中得以深化,韩信悲剧形象的典型意义也因此而得以确立。

对于韩信是否反汉的问题,宋代诗人各据立场,各有看法,且都能说出一定道理。著名理学家邵雍的十首《题淮阴侯庙》[2]以组诗的形式说明韩信实为乱臣贼子,整组诗歌都以"一身作乱宜从戮"(其一)为讨论基础,认定韩信晚岁叛乱,罪当诛戮。此后又列举韩信的其他罪证——贪图王爵、请立假王、恃功寡虑等越出臣子本分的做法,诗云"据立大功非不智,复贪王爵似专愚"(其二),"生身既得逢真主,立世何须作假王"(其三),由此表明韩信实非忠臣。诗人以理学家的眼光看待君臣关系,从维护君臣之礼的角度出发,认为君臣身份已定,臣子当以死效忠,不可逾越君臣之礼,而韩信依仗功劳换取爵位的做法逾礼已甚。然而诗人也不得不承认,韩信受诛的一部分原因乃在于高皇的刻薄寡恩。其九云:"韩信恃功前寡虑,汉皇负德尚权安。幽囚必欲擒来斩,故要加诸甚不难。"诗歌在指责韩信居安不思危的同时,对汉皇的寡恩少德也颇有微词,并且指出汉皇伪游云梦生擒韩信的目的就是要监视韩信,伺机寻找诛杀韩信的借口。可见,诗人虽想重申韩信乱臣贼子的形象,但却还是不由自主地同情起他的遭遇来。

宋代文人对韩信晚岁与陈豨合谋造反的历史定论早就有所怀疑。[3] 而那

---

[1] 俞樟华等:《唐宋史记接受史》,吉林人民出版社2004年版,第224页。
[2] 刘学军、徐业龙:《国士无双——历代诗人咏韩信》,南京大学出版社2009年版,第34~35页。
[3] 《宋文选》收录的司马《韩信论》中说:"世或以韩信为首建大?与高祖起汉中,定三秦,遂分兵以北禽魏、取代、仆赵、胁燕,东击齐而有之,南灭楚垓下,汉之所以得天下者,大抵皆信之功也。观其拒蒯通之说,迎高祖于陈,岂有反心哉?良由失职,怏怏遂?悖逆夫?以卢绾里闬旧恩犹南面王燕,信乃以列侯奉朝请,岂非高祖亦有负于信哉?"可见存在认为韩信不反的文人。

些通过分析史书记载的蛛丝马迹质疑,乃至推翻历史定论的翻案诗集中表达了这种怀疑。这些诗歌看似违背《史记》的记载,实际上是对文本背后蕴藏的事实真相的探索,是对司马迁创作意图的挖掘,是对《史记》未尽之意的补充,对深化韩信形象的悲剧性起着重要作用。诗人韩琦首发质疑,其《淮阴侯祠》云:"破家僮上变安知实,史笔加诬贵有名。"①《史记》两次提到韩信造反,但每次都未对此作正面论述,前一次说"人有上书告楚王信反",后一次是"舍人弟上变,告信欲反状于吕后"。上书告发的人以及舍人之弟都无名无姓,难辨真假,即便真有此人,何以证明其言非虚呢?诗人正是通过质疑韩信叛逆的直接证人的有无来为韩信辩诬。《史记》除了对韩信造反经过模棱两可的描写之外,还不惜笔墨记载了大段蒯通、武涉游说韩信叛汉的论说,表明韩信本有机会、有能力自立为王,造成三分天下的局势。然而面对利诱,韩信最终拒绝了蒯、涉的游说,表示:"汉王遇我甚厚,载我以车,衣我以其衣,食我以其食。吾闻之,乘人车者载人之患,衣人衣者怀人之忧,食人之食者死人之事,吾岂可以向利倍义乎!"诗人张耒即结合韩信千金报漂母的故事,对此段进行引申,从韩信的品格出发,认为韩信对漂母的一饭之恩尚知回报,更不会辜负为其解衣推食,对其有知遇之恩的汉王。其《韩信祠》云:"千金一饭恩犹报,南面称孤岂遽忘。何待陈侯乃中起,不思萧相在咸阳。"②诗歌又假设韩信即便是反,也应当联手知己萧何,而非泛泛之交陈豨。此外,周紫芝的《读淮阴传》从韩信反汉的时机推断韩信不反,诗云:"颉颃楚汉间,事若反掌易。信岂不自王,何乃遣汉使。"③韩信平三秦,破赵、夺燕、伐齐,战无不胜,攻无不克,败楚成汉在反掌之间,若要叛汉,在攻克齐国时即可三分自立,何必于穷途日暮时铤而走险,与难成气候的陈豨谋反。且"晚路说陈豨,呫嗫甚儿戏"(同上),《史记》记载韩信与陈豨约反:"陈豨为钜鹿守,辞于淮阴侯。淮阴侯挈其手,辟左右与之步于庭……"轻率得如同儿戏。以韩信的雄才大略,深谋远虑,即便要造反也定是谋划周详,怎会在到处都是高皇的耳目的情况下,不知忌讳,与陈豨约谋?上述三位诗人或直接放大了《史记·淮阴侯列传》的细节,或着眼于太史公对材料的剪裁与安排,指出史公的微言大义,推断出韩信不反的"真相"。虽限于篇幅,诗人无法对自己的观点做出详细论述,但启发了后世学者,清代学者归有

---

① 刘学军、徐业龙:《国士无双——历代诗人咏韩信》,南京大学出版社2009年版,第32页。
② 刘学军、徐业龙:《国士无双——历代诗人咏韩信》,南京大学出版社2009年版,第50页。
③ 赵望秦、蔡丹等:《史记与咏史诗》下册,三秦出版社2012年版,第491页。

光、王又朴等人的翻案文章即可视为对韩信翻案诗的展开论述。如王又朴解读《淮阴侯列传》时说:"两主之命悬于其手;两利俱存,鼎足可成。此等事机,明者如信,反有不知之者乎?乃武涉说之,蒯通复说之,信不于此时反,迨天下已集乃谋叛逆耶?是以武涉、蒯通两段皆备述无遗,而于《赞》内点明此意,曰:'不亦宜乎',盖反言之耳,乃写信不听武、蒯之说。"①正如同周紫芝《读淮阴传》所论相似。又说:"前叙寄食南昌亭长、漂母饭信及受辱于少年诸琐事,后叙信之相报,一一详写,不少遗者,正为信不反汉作证。见信一饭尚报,况遇我厚之汉王乎!以少年之辱己,尚不报其怨,又岂以汉王之厚己,反肯背其恩乎!此亦史公之微意也。"②与张耒《韩信祠》的论证方法一致。由此可见,宋代韩信翻案诗可谓后代翻案史论的先锋。

对于韩信悲剧命运肇因的问题,宋前诗人早已提出了几种答案,如唐代诗人罗隐在《书淮阴侯传》中提出韩信被杀的原因是刘邦忌讳他高超的军事才能,畏惧他像灭秦诛项般葬送汉朝,诗歌说:"莫恨高皇不终始,灭秦谋项是何人。"③李绅在《却过淮阴吊韩信庙》中说"假王徼福犯龙鳞""贵乏怀忠近佞人""不知明哲重防身"④,指出韩信请立假王是祸端的开始,亲近小人(指蒯通)是祸端的蔓延,不知道明哲保身是造成悲剧的根本原因。然而像这样的探讨只存在少数的诗歌中,且往往是为抒情服务的。宋代则出现了大量论说角度新颖、说理特点突出的论体诗。诗人钱昆首创新意,说:"登台拜将恩虽重,蹑足封时怨已深。隆准由来同鸟喙,将军应起五湖心。"(《题韩信庙》)⑤《史记·淮阴侯列传》记载韩信平定齐国后,派人向汉王请求立自己为假王,传曰:

(韩信)使人言汉王曰:"齐伪诈多变,反覆之国也,南边楚,不为假王以镇之,其势不定。愿为假王便。"当时,楚方急围汉王于荥阳,韩信使者至,发书,汉王大怒,骂曰:"吾困于此,旦暮望若来佐我,乃欲自立为王!"张良、陈平蹑汉王足,因附耳语曰:"汉方不利,宁能禁信之王乎?不如因

---

① [汉]司马迁著,[清]王又朴编选,凌朝栋整理:《史记七篇读法》,商务印书馆2013年版,第94页。
② [汉]司马迁著,[清]王又朴编选,凌朝栋整理:《史记七篇读法》,商务印书馆2013年版,第95页。
③ 刘学军、徐业龙:《国士无双——历代诗人咏韩信》,南京大学出版社2009年版,第20页。
④ 刘学军、徐业龙:《国士无双——历代诗人咏韩信》,南京大学出版社2009年版,第12页。
⑤ 刘学军、徐业龙:《国士无双——历代诗人咏韩信》,南京大学出版社2009年版,第24页。

而立,善遇之,使自为守。不然,变生。"汉王亦悟,因复骂曰:"大丈夫定诸侯,即为真王耳,何以假为!"乃遣张良往立信为齐王,征其兵击楚。

在"请立假王"的事件中,学者往往只注意到韩信与汉王的冲突,却甚少留意到张良、陈平在其中起到的作用。钱昆别具只眼,发现了这个细节,在批判高皇薄情寡恩的同时,还放大了"蹑足"的细节,让众人的目光聚焦到陈平、张良身上,引起读者对陈平与张良在其中所起作用的思考。诗人柴望更是直接将矛头对准了张良、陈平:"纪生尚可称皇帝,韩信何妨作假王。今日伪游真是伪,只因一蹑误高皇。"(《云梦》)①据《史记·高祖本纪》记载,纪信曾假扮汉王引开项羽的追杀,解救汉王荥阳之危。②诗人将韩信请立假王与纪信伪装汉王相提并论,认为请立假王也同样是镇守齐国的权宜之计,张良、陈平非但不为韩信解释,还误导汉王,从而使忠臣见疑,埋下韩信受诛的伏笔。邵雍组诗《题淮阴侯庙》的第一首则从时代的角度分析了韩信受诛的原因,诗云:"汉道是时初杂霸,萧何王佐殆非尊。"③指出汉初高皇治理天下本就以杂道掺杂霸道,功臣见杀是出于统治者统治国家"势"的考虑,诗歌将对韩信不幸命运的探讨升华到对整个时代的哀悼。诗人袁说友则从帝王之术的角度出发,认为韩信的见用见弃都是汉王的计谋:"谁云追信属酂侯,政为高皇意欲留。岁晚不疑云梦计,那知大业已兴刘。"(《和陆成父司户过淮阴县韵三首》其一)酂侯即指萧何,诗人认为萧何追韩信乃是高皇属意,而韩信因高皇伪游云梦而见擒是高皇最初就定下的计划。又说:"论功久已冠群侯,更欲王齐愿自留。从此朝家若惩创,王侯应得戒非刘。"(其三)指出韩信功高盖世之所以徒劳,欲常为齐王之所以只能是痴想,根本的原因就在于他与高皇并非同族。在高皇眼中,韩信只是刘氏家族争夺天下的利刃,用完即可弃之不顾。诗人强调了刘邦帝王的身份,认识到创业君臣之间利用与被利用的关系,道出了封建社会"家天下"的本质。

有时针对同一史事,不同诗人有不同的看法,甚至还会出现针锋相对的辩论之作。根据《史记》记载,萧何与韩信最后的被杀也有直接关系,传曰:

---

① 刘学军、徐业龙:《国士无双——历代诗人咏韩信》,南京大学出版社2009年版,第65页。
② 详见[汉]司马迁《史记》,中华书局1982年版,第372页。
③ 刘学军、徐业龙:《国士无双——历代诗人咏韩信》,南京大学出版社2009年版,第34页。

清代的《史记》研究

> 吕后欲召(韩信),恐其党不就,乃与萧相国谋,诈令人从上所来,言豨已得死,列侯群臣皆贺。相国绐信曰:"虽疾,强入贺。"信入,吕后使武士缚信,斩之长乐钟室。信方斩,曰:"吾悔不用蒯通之计,乃为儿女子所诈,岂非天哉!"遂夷信三族。

萧何历来被视作韩信的知己,"萧何月下追韩信"的故事被传唱至今。正因如此,人们往往对萧何给予厚望,难以接受他最终助纣为虐,利用韩信的信任帮助吕后诛杀朋友的做法。诗人张耒质问萧何:"平生萧相真知己,何事还同女子谋?"(《题淮阴侯庙》)[①]既而颇为辛辣地讽刺道:"能用能诛谁计策,嗟君终自愧萧公。"(《韩信》)[②]看似称赞萧何胜过韩信,实则是反话正说,不齿于萧何为明哲保身而出卖朋友的做法,将韩信含冤而死的悲剧归罪于萧何。诗人张嵲却不同意这种说法,针对张耒的论说,他特地作了一首《答张文潜》诗以为萧何辩护:"当日追亡如不及,岂于今日故相图。身如累卵君知否,方买民田俗自污。"[③]诗人指出萧何对韩信的知遇之恩是不能不承认的,韩信的死是无法预料的,更重要的是当时萧何自己也身如累卵,无暇他顾。而在对萧何的辩护之下隐藏的则是诗人对高皇诛杀功臣的控诉。不管如何,从张嵲的反驳可以看出了宋代的辩论之风已经吹入诗歌之中。

从上述诗歌中,我们不难发现,韩信已成为历代功高见杀的代表,韩信的悲剧正是历代臣子共同的忧虑,宋代诗人全面地分析了这种担忧的各个由来——既有统治者的忌惮,又有同僚的暗算,还有朋友的背叛,当然也离不开居安不思危的主观原因。与对韩信人才、伯乐形象的挖掘一样,对韩信悲剧形象的探讨与接受的最终立足点、最初出发点都是现世的生活。诗人们在探索、思考后,为韩信找到了一条功成身退、逍遥五湖的道路。赵公豫说:"远引留侯悲鸟兔,矜功韩信困牢笼。"(《高祖庙》)[④]邵雍说:"虽则有才兼有智,存亡进退处非真。五湖依旧烟波在,范蠡无人继后尘。"(《题淮阴侯庙》其六)[⑤]黄庭坚

[①] 刘学军、徐业龙:《国士无双——历代诗人咏韩信》,南京大学出版社2009年版,第51页。
[②] 刘学军、徐业龙:《国士无双——历代诗人咏韩信》,南京大学出版社2009年版,第49页。
[③] 刘学军、徐业龙:《国士无双——历代诗人咏韩信》,南京大学出版社2009年版,第54页。
[④] 赵望秦、蔡丹等:《史记与咏史诗》下册,三秦出版社,2012年版,第493页。
[⑤] 赵望秦、蔡丹等:《史记与咏史诗》下册,三秦出版社2012年版,第34页。

说:"丈夫出身佐明主,用舍行藏要自知。"(《韩信》)①胡宏说:"禽了项王知退步,定骑箕尾上天津。"(《韩信》)②"用则行,舍则藏"虽不能说是避免韩信悲剧的唯一出路,但为宋代多数文人赞成,它反映了宋代文人"达则兼济天下,穷则独善其身"的人生观,是他们对自己前途命运的理想设定。

  宋代诗人的这类韩信诗有时又是对他们史论的提炼、补充。陈耆卿《咏史》(其二)③即可视为他的史论《韩信论》④的浓缩。张耒的各首韩信诗中的论述与其《韩信论》⑤可互为补充。而类似于杨万里的《读子房传》、陈普的《张良四首三》、郑思肖的《张子房黄石公图》⑥这些吟咏《史记》其他人物的诗歌也补充了韩信形象的内容。因而除了在韩信诗中观察韩信形象的方方面面,我们不妨学习《史记》的"互见法",品读诗人们所作的相关史论,以及其他《史记》诗歌,以更全面地认识韩信。总之,宋代韩信诗在接踵前代的基础上不断创新求异,探索隐藏在《史记》文本背后的历史真相,回应司马迁的作史精神,力图探索历史真相,还原韩信的本来面貌。它们是宋人探索安身立命、治国安邦的手段之一,它们为后人的理解与分析提供了新的视角,它们与其他咏史诗一样是文人评论《史记》的重要形式,使干枯的历史事件获得持续的崭新的意义,使干瘪的历史人物再度获得新的生命力。

---

① 赵望秦、蔡丹等:《史记与咏史诗》下册,三秦出版社2012年版,第45页。
② 赵望秦、蔡丹等:《史记与咏史诗》下册,三秦出版社2012年版,第55页。
③ 赵望秦、蔡丹等:《史记与咏史诗》下册,三秦出版社2012年版,第493页。
④ 见曹莉亚点校《陈耆卿集》卷一,浙江大学出版社2010版,第6页。
⑤ 见傅信等点校《张耒集》下册,中华书局1990版,第654~655页。
⑥ 赵望秦、蔡丹等:《史记与咏史诗》下册,三秦出版社2012年版,第272~275页。

清代的《史记》研究

论宋代韩信诗评与韩信史评[①]

　　《史记》接受史在宋代进入高潮,[②]尤其是《史记》阐述史在史学家与文学家的共同努力下日趋繁荣。宋代文人、学者对《史记》的续写、考订、注疏、解析、评论之作可谓汗牛充栋,围绕《史记》而创作的史记诗也随着《史记》的流行而兴盛起来,其中以议论为主要特色的变体咏史诗,即论体咏史诗,与《史记》评论文章一道成为文人学者评点历史是非,展现个人史识、史才、史学的重要舞台。正如宋嗣廉先生所说:"以《史记》人物为题材的诗歌,实际上是以诗歌的形式评论《史记》的'诗论',从这个意义上说这些诗歌本身就是《史记》研究的一种成果形式,是《史记》研究的一部分。"[③]虽因篇幅所限,诗人无法在诗歌中大展议论,但有时三言两语之间就能蹦出某种新见,引发某种思考,开启某个新视角。韩信作为太史公着力刻画的人物之一,随着《史记》的流传而广为人知。[④] 他跌宕起伏的人生经历,复杂多面的性格,战无不胜的军事才能为文人学者提供了丰富的写作素材,而他兔死狗烹的悲剧命运也引起了后世的许多遐想。正是韩信形象本身的丰富性与太史公记载时特意留下的叙述空白,为后世学者提供了许多阐述与议论空间。《史记》诗评是同史评一起在宋代繁荣起来的,但在宋前已经存在一些夹叙夹议的韩信诗,它们走在了史评之前,开评论韩信之先河。如唐代诗人李绅的《却过淮阴吊韩信庙》首次提出韩

---

① 本文由虞芳芳执笔。
② 参看俞樟华等《唐宋史记接受史》,吉林人民出版社2004年版,第135～309页。
③ 宋嗣廉:《历代吟咏〈史记〉人物诗歌选读》,吉林人民出版社2008版,第838页。
④ 司马迁《史记》是第一部为韩信立传的史书,班固《汉书》所立的《韩信传》所记韩信生平本于《史记》,略于《史记·淮阴侯列传》,因而后代的韩信诗基本不出《史记》诗范围。

信悲剧命运的肇始在于他请封假王行动,①诗曰:"英主任贤增虎翼,假王徼福犯龙鳞。"②诗人殷尧藩的《韩信庙》则将目光投射到对韩信有知遇之恩的萧何上,诗曰:"此日深怜萧相国,竟无一语到金闺。"③这些论点均被宋代诗人继承、发扬。只是宋前的韩信诗主要以传体为主,诗人们在单首韩信诗中一般只对韩信形象的某一方面做浅层的、直接的接受,且议论的目的往往在于抒情,而依靠通过深入分析文本、挖掘司马迁写作意图,从而对韩信形象做多角度分析的创作尝试,则由好议论、好才学的宋代诗人首开风气。在宋代,评论《史记》,尤其是评论《史记》人物成为一种风尚。《史记》史评与诗评皆结出累累硕果。宋代韩信诗评与史评相比,或就某一事件或某个细节首发议论,或先于史评提出某一观点,或与同代史论同调,与史评相为呼应、互为补充、相得益彰。

一

由于宋代推行"内虚外守,重文轻武"的治国方针,文人不仅具有很高的社会地位,而且出身寒微的士人也有机会通过科举跻身高位,因而宋代部分文人身兼数职,由此造成了韩信诗创作主体身份的双重性,乃至多样性。这也是宋代开始大量出现韩信论体诗的原因之一。有的学者不仅是诗人,还是具有很高史学素养的史学家,他们不仅在文章中阐发司马迁未讲的微言大义,还在诗歌中对《史记》人物尤能激人同情的一面加以吟咏。这种诗歌如同读书札记一般,堪称浓缩的史论。如曾任秘书郎、著作郎兼国史馆编修的南宋学者陈耆卿,在他的《韩信论》中指出韩信虽智谋无双却拙于防身,未能察觉高皇的疑心,因而终遭灾祸。文章先总说高帝之疑实起于韩信之大才——"帝之取天下虽不可一日无信,亦不能一日不疑信。惟其不可一日无,故不能一日不疑也。"

---

① 《史记·淮阴侯列传》记载韩信平定齐国后,派人向汉王请求立自己为假王,传曰:(韩信)"使人言汉王曰:'齐伪诈多变,反覆之国也,南边楚,不为假王以镇之,其势不定。愿为假王便。'当时,楚方急围汉王于荥阳,韩信使者至,发书,汉王大怒,骂曰:'吾困于此,旦暮望若来佐我,乃欲自立为王!'张良、陈平蹑汉王足,因附耳语曰:'汉方不利,宁能禁信之王乎?不如因而立,善遇之,使自为守。不然,变生。'汉王亦悟,因复骂曰:'大丈夫定诸侯,即为真王耳,何以假为!'乃遣张良往立信为齐王,征其兵击楚。"见司马迁《史记》,第2033页。
② 刘学军、徐业龙:《国士无双——历代诗人咏韩信》,南京大学出版社2009年版,第12页。
③ 刘学军、徐业龙:《国士无双——历代诗人咏韩信》,南京大学出版社2009年版,第15页。

此后又点出高祖疑心渐起的历程:"一下魏、代即收其精兵,诣荥阳,惟恐其兵之多此,一疑也。下赵、燕,则晨自称汉使,即其卧夺之印符,惟恐其权之固耳。此二疑也。至于请为假王,而继以真王之命,则其疑遂成。"由此说明高祖之疑由来深远。进而指出"盖将以奔走之驰逐之使,不得一日无事以嬉",得出为臣者需步步为营,稍有差池便万劫不复的结论。文章结尾处写道:

> 呜呼!信不反帝于群雄角逐之时,而反帝于天下既定之日,壮辟蒯通,老从陈豨,固可罪亦可哀矣。向使帝也稍录旧恩,略锄新忿,推诚而复王之,未至有末年无聊之举也,盖惟疑之甚,故去之亟,信不去,帝不得高枕而卧。嘻其甚哉!①

陈耆卿虽不否认韩信造反的事实,但在情感上却更同情韩信的遭遇,叹息他不能在群雄角逐之时听从蒯通之言,把握时机,三分天下,却在最后被逼无奈之下与陈豨竖子合谋,错失良机。而他的一首《咏史》诗无论是在内容上,还是情感上都与此段史评相吻合,可看作对这段史论的提炼与浓缩,诗曰:"赤族诚非汉道洪,违时贾祸亦缘公。最怜老却从陈豨,不道先曾辟蒯通。"②他攫取史评中尤为令其感慨的方面再作咏叹,表明观点的同时又深化了感情。

有的文人在史论与诗评中采取不同角度,对同一件事做出不同的评论,甚至得出不同的结论,这些诗人的史论与诗评是对作者观点的完整表达。只有在全面阅读诗歌与史论文章的前提下,才能充分了解到这些学者的看法。北宋诗人张耒对造成韩信悲剧命运的原因的探索散见于史评与诗评中。他在《魏豹彭越论》中认为,韩信被害的症结在于高皇的疑心,而高皇的疑心在于韩信对待君主的不忠诚的态度。论曰:

> 予尝疑汉之于功臣少恩如是,推迁所论而后知高祖之诛功臣势变之不获。……(高皇与韩信之徒)两各有所私利也。非君臣之分故也,且彼之所以臣我者,非有至诚之心,而不其所欲,则反顾而去耳,故非裂天下而王之,其势不可使,……如韩信、彭越之徒,束手为虏而不耻者,其心犹冀万一有不死而庶几得尺寸之柄以施其智,而况南面称王具有甲兵士民之

---

① [宋]陈耆卿著,曹莉亚校点:《陈耆卿集》卷一,浙江大学出版社2010年版,第6页。
② 赵望秦、蔡丹:《史记与咏史诗》下册,三秦出版社2012年版,第493页。

众,肯帖然而为人之下哉?呜呼!高祖安得高枕而卧也?……故高祖之用三人,非乐使之,无是三人,则项藉不为我擒矣。高祖非以怨杀三人也,知其终不为我用故也。三人之为我亡楚也,非为至诚欲王汉也,势有熏其心故也。……呜呼!彼安坐无事犹狼顾其上,况削之乎?故高祖于是三人者不得不分天下而封之,而三人者封之亦反、削之亦反、囚之亦反,其势必诛之而后定故。余悲高祖于此有不获已焉。①

张耒认为汉初去战国不远,韩信之徒皆志在天下,因而高皇之于韩信乃是其暂时委身之主,是其谋取利益的对象,而不是报效尽忠的君主。而高皇也拿韩信等人当作铲除项羽的工具,为防止韩信成为另一个项羽,势必要见机将其铲除。君臣双方互相利用,互相提防,以利益相合而非以忠义相合。虽则张耒没有明说韩信是否有反汉的行动,但他认为韩信之反是必然的,而高皇杀信也是形势所逼。在文中,张耒站在高皇的角度为其辩护,分析了高皇身为统治者不得不诛杀功臣的无奈,表达了对高皇身不由己的同情。而在诗歌中,张耒则站在韩信的角度,引用韩信千金报漂母②的典故,指出韩信重恩情,一饭之恩尚报以千金,何况高皇之厚遇,从而认为韩信不反,表达了对韩信忠而见杀的深切同情,其《韩信祠》云:"千金一饭恩犹报,南面称孤岂遽忘。何待陈侯乃中起,不思萧相在咸阳。"③而将韩信之死归罪于昔日知己萧何。根据《史记·淮阴侯列传》记载,萧何与韩信最后的被杀确有直接关系,传曰:

> 吕后欲召(韩信),恐其党不就,乃与萧相国谋,诈令人从上所来,言豨已得死,列侯群臣皆贺。相国绐信曰:"虽疾,强入贺。"信入,吕后使武士缚信,斩之长乐钟室。信方斩,曰:"吾悔不用蒯通之计,乃为儿女子所诈,岂非天哉!"遂夷信三族。

萧何历来被视作韩信的知己,"萧何月下追韩信"的故事被传唱至今。正因如此,人们往往对萧何给予厚望,难以接受他最终助纣为虐,利用韩信的信任帮助吕后诛杀朋友的做法。张耒在诗歌中指责萧何在韩信之死中推波助澜的做

---

① [宋]张耒著,傅信等点校:《张耒集》下册,中华书局1990年版,第654~655页。
② 《史记·淮阴侯列传》记载韩信未起时,曾受食于淮阴漂母,待韩信被徙为楚王时,"召所从漂母,赐千金。"见司马迁《史记》,中华书局1982年版,第2610页。
③ 刘学军、徐业龙:《国士无双——历代诗人咏韩信》,南京大学出版社2009年版,第50页。

清代的《史记》研究

法。他质问萧何说:"平生萧相真知己,何事还同女子谋?"(《题淮阴侯庙》)①还颇为辛辣地讽刺道:"能用能诛谁计策,嗟君终自愧萧公。"(《韩信》)②诗歌看似称赞萧何胜过韩信,实则是反话正说,不齿于萧何为明哲保身而出卖朋友的做法。张耒站在不同的角度上评论同一史事,力图挖掘其中的真相,却得出了不尽相同的结果,这不仅证明了历史事件的复杂性,也可见诗人情感的丰富性。由此还可证明,同一个文人所作诗歌和史论不仅在内容思想上可以形成互补,还在情感上形成互补。

也有诗人虽未见史论,但所作韩信诗却与同代史评相呼应,共同反映出某种时代观点。北宋史学家司马光认为韩信虽不反汉,但也有不容于高皇的理由。他在论及韩信之死时说:

> 虽然,信亦有以取之也。始汉与楚相拒荥阳,信灭齐不还报而自王;其后汉追楚至固陵,与信期共攻楚而信不至;当是之时,高祖固有取信之心矣,顾力不能耳。及天下已定,则信复何恃哉!夫乘时以徼利者,市井之志也;酬功而报德者,士君子之心也。信以市井之志利其身,而以士君子之心望于人,不亦难哉?③

司马光列举韩信请立假王、固陵失约等事件,指出韩信以"汲汲于富贵"的心态求利于君主,却希望君主以君子之礼相待,自然难免遭受杀身之祸。同代的理学家邵雍也着眼于君臣之礼,在其组诗《题淮阴侯庙》④中批评韩信贪图王爵,恃功寡虑,越出臣子本分,从而招致身死族灭的悲惨结局。诗云"据立大功非不智,复贪王爵似专愚"(其二),"生身既得逢真主,立世何须作假王"(其三),诗歌最后以"若履暴荣须暴辱,既经多喜必多忧"(其十)为结,为韩信一生下了定论,认为韩信的贪婪注定了他身死族灭的悲剧,意思与司马光史评相似。另外,像诗人周紫芝在其《读韩信传》⑤中所持观点也与同代的某些韩信诗评相呼应。

---

① 刘学军、徐业龙:《国士无双——历代诗人咏韩信》,南京大学出版社2009年版,第51页。
② 刘学军、徐业龙:《国士无双——历代诗人咏韩信》,南京大学出版社2009年版,第50页。
③ [宋]司马光:《资治通鉴·汉纪四》卷一至一二,中华书局1982年版,第391页。
④ 刘学军、徐业龙:《国士无双——历代诗人咏韩信》,南京大学出版社2009年版,第34~35页。
⑤ 详见[宋]佚名《宋文选》卷二十九,清文渊阁《四库全书》本。

二

　　诗歌毕竟主情，不及史评以评论史事为主旨，但宋代韩信诗评几乎涉及了韩信性格、命运的方方面面，内容之丰富甚至能压倒同时代的史评，其中的有些观点是同代韩信史评尚未发觉的。韩信未受汉王重用前曾受胯下之辱，《史记·淮阴侯列传》曰："淮阴屠中少年有侮信者，曰：'若虽长大，好带刀剑，中情怯耳。'众辱之曰：'信能死，刺我；不能死，出我胯下。'于是信熟视之，俛出胯下，蒲伏。一市人皆笑信，以为怯。"韩信胯下受辱的故事几乎已经家喻户晓，被视为英雄能屈能伸的标志，宋代诗人黄庭坚在《淮阴侯》中写道："韩生沈鸷非悍勇，笑出胯下良自重。"[1]"自重"即指胸怀大志，希望以一时之忍成一世大业。女诗人朱淑真说："男儿忍辱志长存，出胯曾无怨一言。"(《韩信》)[2]也表达了一样的意思。但同时期的史评中却少有相关的议论。

　　最能体现宋人思辨精神的是那些言前人之所未言、评史评之所未评的论体诗，那些推翻前代论述、反前人之道而行的翻案诗尤为精彩。这些诗歌看似违背《史记》的记载，实际上是对文本背后蕴藏的事实真相的探索，是对司马迁创作意图的挖掘，是对《史记》未尽之意的补充。它们不仅对深化韩信悲剧形象起着重要作用，而且散见其中的某些观点难见于当代史评，却为后代评论韩信开了一个新的窗口。这些翻案诗多围绕韩信是否反汉以及韩信悲剧原因而作。如韩琦为韩信辩诬的七律《淮阴侯祠》说："破赵降燕汉业成，兔亡良犬日图烹。家僮上变安知实，史笔加诬贵有名。功盖一时成不灭，恨埋千古欲谁明。荒祠尚枕陉间道，涧水空传哽咽声。"[3]《史记》两次提到韩信造反，但两次都未对此作正面论述，前一次说"人有上书告楚王信反"，后一次是"舍人弟上变，告信欲反状于吕后"。上书告发的人以及舍人之弟都无名无姓，难辨真假，即便真有此人，何以证明其言非虚呢？诗人正是通过质疑韩信叛逆的直接证人的有无来为韩信辩诬。诗歌的推论步步深入：先说韩信为汉朝立下的赫赫战功，然后道出刘邦面对韩信欲杀之而后快的企图，继而推出告密的家奴，指出韩信反汉证据不充分，表明韩信不反。诗人们还依据《史记》的记载，从其他

---

[1] 刘学军、徐业龙：《国士无双——历代诗人咏韩信》，南京大学出版社2009年版，第47页。
[2] 刘学军、徐业龙：《国士无双——历代诗人咏韩信》，南京大学出版社2009年版，第67页。
[3] 刘学军、徐业龙：《国士无双——历代诗人咏韩信》，南京大学出版社2009年版，第32页。

角度推断韩信不反。如周紫芝的《读淮阴传》从韩信反汉的时机推断韩信不反,诗云:"颉顽楚汉间,事若反掌易。信岂不自王,何乃遣汉使。……晚路说陈豨,咄嗟甚儿戏。"韩信平三秦,破赵、夺燕、伐齐,败汉成楚在反掌之间,不在当时三分自立,何必在穷途日暮时铤而走险,与难成气候的陈豨谋反?且以韩信的雄才大略,深谋远虑,即便要造反也定是谋划周详,怎会在到处都是高皇的耳目的情况下,不知忌讳,与陈豨约谋?① 而同时期的史评却不能像诗评这样大胆,评论家或默认韩信确有造反的行为,在此基础上探求韩信为何造反,如陈耆卿的《韩信论》说:"当是时,帝既疑信,而信亦不堪其困,虽欲不反不可得也,虽欲不诛亦不可得也。"② 或认为韩信迟早是要叛变的,如上引张耒的《魏豹彭越论》。或是认为韩信纵然不反,也是罪不容诛的,如上引司马光的《韩信说》认为韩信虽不反,但他以功市利,无怪乎高皇待之不仁。但在后代的诗评与史评中,论韩信之不反却已然成为评论主流。诗评方面如:"昔人一饭犹思报,廿载恩深感二毛"(明吴伟业《过淮阴有感》)③;"当时密语向陈豨,更谁传向他人耳"(明徐渭《淮阴侯词》)④;"区区一饭犹图报,争肯为臣负汉王"(清包彬《淮阴侯庙》)⑤;"不听三分策,犹怀一饭恩。岭头祠宇在,千古祀忠魂"(清方坦《韩侯庙》)⑥,诸如此类皆与周紫芝等人同调。他们或直接放大了《史记·淮阴侯列传》的细节,或着眼于太史公对材料的剪裁与安排,指出史公的微言大义,推断出韩信不反的"真相"。但囿于篇幅,诗人无法对自己的观点做出详细论述。后代,尤其是清代的史评则对这些观点做出了更为全面、细致的论说。其中清代学者归有光、王又朴等人的翻案文章即可以看作对韩信翻案诗的展开论述。如王又朴在解读《淮阴侯列传》时说:"两主之命悬于其手;两利俱存,鼎足可成。此等事机,明者如信,反有不知之者乎?乃武涉说之,蒯通复说之,信不于此时反,迨天下已集乃谋叛逆耶?是以武涉、蒯通两段皆备述无遗,而于《赞》内点明此意,曰:'不亦宜乎',盖反言之耳,乃写信不听武、蒯之说。"正与周紫芝《读淮阴传》所论相似。又说:"前叙寄食南昌亭长、漂母

---

① 《史记·淮阴侯列传》记载韩信与陈豨约反:"陈豨为钜鹿守,辞于淮阴侯。淮阴侯挈其手,辟左右与之步于庭……"见司马迁《史记》,中华书局1982年,第2627页。
② [宋]陈耆卿著,曹莉亚校点:《陈耆卿集》卷一,浙江大学出版社2010年版,第6页。
③ 刘学军、徐业龙:《国士无双——历代诗人咏韩信》,南京大学出版社2009年版,第141页。
④ 刘学军、徐业龙:《国士无双——历代诗人咏韩信》,南京大学出版社2009年版,第114页。
⑤ 刘学军、徐业龙:《国士无双——历代诗人咏韩信》,南京大学出版社2009年版,第243页。
⑥ 刘学军、徐业龙:《国士无双——历代诗人咏韩信》,南京大学出版社2009年版,第262页。

饭信及受辱于少年诸琐事,后叙信之相报,一一详写,不少遗者,正为信不反汉作证。见信一饭尚报,况遇我厚之汉王乎!以少年之辱己,尚不报其怨,又岂以汉王之厚己,反肯背其恩乎!此亦史公之微意也。"①与上引张耒《韩信祠》的论证方法一致。由此可见宋代韩信诗评的首创之功。

另外,在对韩信悲剧命运原因的探讨中,宋代韩信诗评也不乏独辟蹊径之作。诗人钱昆首创新意,说:"登台拜将恩虽重,蹑足封时怨已深。隆准由来同鸟喙,将军应起五湖心。"(《题韩信庙》)②在"请立假王"的事件中,学者往往只注意到韩信与汉王的冲突,却甚少留意到张良、陈平在其中起到的作用。钱昆别具只眼,发现了这个细节,在批判高皇薄情寡恩的同时,还放大了"蹑足"的细节,让众人的目光聚焦到陈平、张良身上,引起读者对陈平与张良在其中所起作用的思考。诗人柴望更是直接将矛头对准了张良、陈平:"纪生尚可称皇帝,韩信何妨作假王。今日伪游真是伪,只因一蹑误高皇。"(《云梦》)③据《史记·高祖本纪》记载,纪信曾假扮汉王引开项羽的追杀,解救汉王荥阳之危。④诗人将韩信请立假王与纪信伪装以救汉王之事相提并论,认为请立假王也同样是镇守齐国的权宜之计,张良、陈平非但不为韩信解释,还误导汉王,从而使忠臣见疑,埋下韩信受诛的伏笔。"蹑足附耳"的细节并未受到同代史评的关注,倒是引发了后世学者的议论。宋代以后有不少诗人引用这个典故,如"祸奇缘蹑足"(明常伦《和王公济过韩侯岭》)⑤;"假王本为安齐计,蹑足翻成赤族机"(明杨茂《过韩信城》)⑥;"一山风雨满灵旗,莫然陈平蹑足时"(清谢玉彩《韩侯岭》)⑦;"蹑附启嫌千载恨,松烟霭霭拜孤坟"(汪正纲《乾隆壬寅赴任来灵敬谒侯庙偶成》)⑧。史评中如清代学者梁玉绳论认为"韩信之死怨矣","高祖畏恶其能非一朝夕,胎祸于蹑足附耳,露疑于夺符袭军,故禽缚不已,族灭始快,从豨军来,见信死且喜且怜,亦谅其无辜受戮,为可悯也!"⑨暗指

---

① [汉]司马迁著,[清]王又朴编选,凌朝栋整理:《史记七篇读法》,商务印书馆2013年版,第94~95页。
② 刘学军、徐业龙:《国士无双——历代诗人咏韩信》,南京大学出版社2009年版,第24页。
③ 刘学军、徐业龙:《国士无双——历代诗人咏韩信》,南京大学出版社2009年版,第65页。
④ 参见[汉]司马迁《史记》,中华书局1982年版,第372页。
⑤ 刘学军、徐业龙:《国士无双——历代诗人咏韩信》,南京大学出版社2009年版,第94页。
⑥ 刘学军、徐业龙:《国士无双——历代诗人咏韩信》,南京大学出版社2009年版,第98页。
⑦ 刘学军、徐业龙:《国士无双——历代诗人咏韩信》,南京大学出版社2009年版,第265页。
⑧ 刘学军、徐业龙:《国士无双——历代诗人咏韩信》,南京大学出版社2009年版,第271页。
⑨ [清]梁玉绳:《史记志疑》卷三二,中华书局1981年版,第1333页。

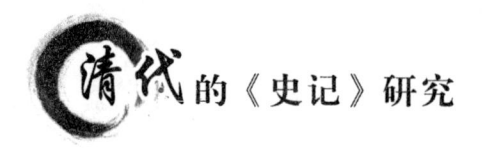

了张良与陈平在韩信受疑见诛中的作用。从对韩信悲剧命运的探讨中可见宋代韩信诗评的开拓价值。

不得不承认的是,诗歌毕竟是主情的文学,诗歌中诗人的主观情感常常压倒了理性的思考。囿于篇幅与格律,诗评无法任诗人纵情发挥。韩信诗评虽则打开了后世韩信评论的窗户,而屋内的画栋雕梁、高楼邃阁却还是要由史评来完成的。但由上可见,宋代韩信诗评无论是在对司马迁意图的挖掘、对历史真相的探索上的成果都不亚于史评,它们是对宋代史评的补充,填补了宋代韩信评论的空白,同时也是后代韩信史论的先锋。因此,我们不能辱没诗评的开拓之功。由宋代韩信诗评与史评的探讨结果也可窥见《史记》诗评丰富成果,可料想《史记》诗评在《史记》接受史,尤其是阐释史中应当具有不容忽视的地位。

俞樟华教授的学术探索与创新之路

潘德宝

俞樟华,1956年生,浙江临安市人,1982年毕业于浙江师范学院汉语言文学专业。现为浙江师范大学人文学院教授,兼任中国史记研究会副会长、陕西省司马迁研究会特邀理事、中外传记文学研究会常务理事。主要从事中国古代文学以及《史记》、传记文学和学术史的教学与研究工作,在《文学评论》《新华文摘》《史学月刊》等重要刊物上发表论文近百篇,出版学术著作20余部,相关学术成果受到海内外学者的高度评价,曾先后获"全国优秀教师""全国模范教师"荣誉称号。

一、《史记》研究的集成性

俞樟华教授积数十年的学术成果集中于《史记》研究、传记文学研究与学术史研究三大板块。早在本科读书期间,他就尝试撰写了《试论〈史记〉中的太史公曰》一文,该文发表后,广受学界前辈好评,并被中国人民大学复印报刊资料中心复印,由此开辟了俞樟华《史记》研究的学术道路。因而可以说《史记》研究即是他的学术起点和基点,然后由《史记》研究向传记文学研究与学术史研究拓展,呈现为典型的波纹式扩展模式——既稳健又富有创意。

《史记》研究史自汉迄今已逾两千年,自然产生了不少名家名作,20世纪80年代开始,《史记》研究成果呈井喷式发展,据统计,1980年以前,历代关于《史记》的专著共157部,而1980年至1998年则有131部,1980年至1988年《史记》研究论文已达1 000篇以上,新论旧说一时并出,已是《史记》研究史

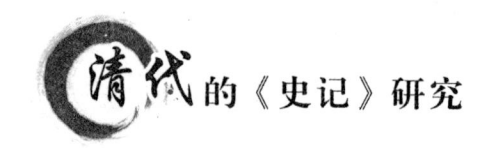

的第一个拐点了。因此至 1980 年代末期，学术界就亟需一部鸟瞰式的著作，一是宏观上把握《史记》的研究现状，通过这部著作不仅可以避免重复劳动，而且可以从中开发出新的学术生长点；二是面对海量爆发的论文，宜有目录、提要，方便学者去取抉择。当然，这也是二十世纪八九十年代索引、目录受重视的原因，中国索引学会即成立于 1991 年。

俞樟华教授《〈史记〉研究资料索引和论文专著提要》（与杨燕起合著，兰州大学出版社 1989 年版）就是在这样的学术背景下应运而生。全书共分三部分，第一部分为《史记》研究资料索引，辑录了 1987 年以前所有的研究成果，其中包括新近出版的研究专著的具体目录，分成十二细目，以便读者利用。尤为突出的是，本书还搜集了海外的研究资料，比如第一部分第三节《解题》就收录了《〈史记〉研究书目解题（稿本）》（明德出版社 1978 年版），并详细列出该书 601 条目录。此著由日本《史记》研究大家池田四郎、池田英雄父子两代人共同完成，为中日韩三国最为重要的《史记》研究史著作之一，可以说是东亚《史记》研究成果最完备的指掌图，在当时的条件下，国内恐怕不容易见到，而且至今尚无中译本，所以《〈史记〉研究资料索引和论文专著提要》收录它就显得非常重要了。另外，第一部分第十二节还专门收录了西方学术期刊中有关《史记》的论文及专著目录。这突显了《〈史记〉研究资料索引和论文专著提要》的国际视野，可以想见其对中国《史记》研究所起的推动作用。该书第二部分和第三部分分别为 120 多篇重要论文和 70 部专著撰写了提要，也为读者提供了极大的便利。这部不可多得的工具书，2005 年又收入《〈史记〉研究集成》第 14 卷，增订改题为《〈史记〉论著提要与论文索引》（与邓瑞全合编）刊行。

在《〈史记〉研究资料索引和论文专著提要》之后，俞樟华教授又出版了《〈史记〉研究史略》（与张新科合著，三秦出版社 1990 年版，后收入《〈史记〉研究集成》第 13 卷《〈史记〉研究史及〈史记〉研究家》，华文出版社 2005 年版），如果说前著是侧重对《史记》研究成果的共时整理，那么此著是对《史记》研究在历时层面上的动态描述，第一至七章分别梳理了汉魏六朝、唐代、宋代、明代、清代、清末至 1949 年和 1949 年以来各个时期《史记》研究的脉络，第八章概述了中国台湾的《史记》研究成果，第九章鸟瞰了国外的《史记》研究成果，第十章分析了《史记》研究的最新动向，最后附录中又介绍了日本历史上研究《史记》的概况。全书材料丰富，详略得当，观点鲜明，线索清楚，可谓是"《史记》学"研究的开拓之作，深得前辈学者称赞。韩兆琦教授在序言中称其填补空白,将两千多年的《史记》研究系统化、条理化。大判断之外,该书的小细节也深受好评,宋嗣廉教授的书评特别提到该著关于历代"互见法"的论述严谨可靠,感叹"后生可畏,亦可敬"。台湾王叔岷教授在回忆录《慕庐忆往》中,将《史略》中对其《史记斠证》的评述引为知己之言。

俞樟华教授这两部"考镜源流"的著作不但方便了学界同仁,而且也建立起他治学的特色——"选题新颖""视野开阔",而这两个特色与学术史关怀互为表里。这也引起了日本、中国台湾的《史记》研究界的密切关注。特别要提出的是,日本关于中日《史记》学史的研究都会征引这两部著作。藤田胜久《日本の〈史记〉研究》(《爱媛大学法文学部论集人文学科编》卷7,1999年版)表示此两著注意到日本的《史记》研究成果,沟通了中日《史记》研究史,这对于中日两国的《史记》学史有重要意义。池田英雄《史记学50年》(明德出版社1995年版)一书也提到了这一点,认为中国人的《史记》研究学史中也关注到了日本的研究,"这在2000年的中国历史研究中是第一次","作为日中两国学术交流的先驱之作,其意义是深远的",而且还指出历来编著《中国史学史》大有人在,但专门围绕《史记》而编写研究史的,中日两国皆无先例,因此《史记研究史略》堪称是填补空白之作。

俞教授在完成《〈史记〉研究资料索引和论文专著提要》《〈史记〉研究史略》这两部具有奠基意义的学术著作之后,逐步向《史记》研究的各个崭新领域拓展,充分突显了《史记》研究的集成性取向和特点。

第一波为《史记》本体研究,代表作为《〈史记〉新探》《史记》艺术论,主要体现了"选题新颖"的特点。《〈史记〉新探》(民族出版社1994年版)一书中的《司马迁的法律思想》《司马迁与古代姓氏学》《司马迁与地名学》《〈史记〉与〈晏子春秋〉》《〈史记〉与欧阳修的〈新五代史〉》《〈史记〉与〈戴名世〉》等十几篇文章,都是比较新颖的、富有开创性的选题,深受学界重视。张大可教授在此书序言中说"许多《史记》课题,一代又一代的人做了数十万次的重复研究,《史记》的各个角落均有人开拓,似乎有'题无剩义'之感。在《史记》研究这块万紫千红的百花园地中,要绽出一枝独秀的鲜花,可以说是很难的。而《新探》正是在这样的学术氛围中,放出异彩,实属难能可贵。"韩兆琦、赵志远《有益的开拓可贵的探索——评〈史记新探〉》(《吉林师范学院学报》1996年第7期)则从以下几个方面充分肯定此书的学术价值:一是注重探索《史记》的源流;二是注重比较研究;三是注重开拓新的研究领域。

清代的《史记》研究

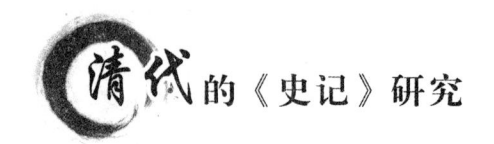

《〈史记〉艺术论》（华文出版社2002年版）分别从司马迁的传记理论、人物传记的艺术成就、语言风格、叙事结构、名篇解析等，对"史家之绝唱"做了正面阐释，论述细腻有味，多能深刻阐释其"史家之绝唱"的原因，而其中"后代传记文学无法超越〈史记〉的原因"一章更是从反面入手来论证《史记》的艺术成就，从后世无法超越的角度提出问题，将《史记》置于中国史传文学的历史脉络中来考察，指出《汉书》对《史记》文学性的有意消解，即从历史书写的层面说明无法超越《史记》的原因，另外还从历代统治阶层对历史书写的控制、传记理论的贫乏以及师法《史记》的失误等角度来说明《史记》的艺术性，同时也可以说这是以《史记》为中心考察历史书写中文学性衰退现象，这样的论题发前人所未发，增加了学者对《史记》艺术性阐释的维度。

第二波为《史记》接受史研究，代表作有《唐宋〈史记〉接受史》《〈史记〉人物故事嬗变研究》《〈史记〉与古代小说戏曲研究》，主要体现了其"视野开阔"的特点。《唐宋〈史记〉接受史》（合著，吉林人民出版社2004年版）开篇就说，回顾《史记》研究的漫漫长路，"不无惊讶地发现，在成绩背后隐藏着不可避免的局限性和弊端"，一是历来的研究皆以作家、作品为主，视角单一，没有读者的一席之地；二是这些研究多是静态、共时的分析，割断了《史记》与历史的联系。这些论述凸现出学术史关怀，问题意识于此生焉，作者于是"走向接受美学"，开辟新的学术路径。上编先论述唐代接受《史记》的社会条件，再分别从史学、小说、诗歌、散文四方面对《史记》的接受展开论述；下编第一章为宋代历史文化情境，然后又分别从效果史、阐释史和影响史三个角度展开讨论，充分展示了唐宋人是如何接受《史记》并将《史记》内化为唐宋文化文学的过程。该书将论述的视野扩大到唐宋的《史记》阅读史，与其早期《史记》研究史资料积累也密切相关，试看下编第三章阐释史研究，分别讨论了编纂体例、班马异同、文章风格，就是较为集中的另类"史记研究资料索引"。《〈史记〉人物故事嬗变研究》（合著，吉林人民出版社2008年版）别具一格，考察《史记》人物如项羽、范蠡、赵氏孤儿、伍子胥、屈原、韩信、司马相如等在不同文本如戏剧、小说之间的嬗变，这些人物跨越文本、贯通古今，其形象嬗变实则就是一部具体而微的文学演变史，某一时代的《史记》人物形象，就是该时代文学史的一个横截面，读者自可"尝一脔肉而知一镬之味、一鼎之调"。《〈史记〉与古代小说戏曲研究》（合著，黑龙江人民出版社2014年版）上篇讨论《史记》与古代长篇小说，中篇讨论《史记》与古代戏曲，下篇《史记》散论，仍是《史记》的演变研究，前书侧重于人物故事，此书的主题更为丰富，比如关联《史记》与《三国演义》《水浒传》《金瓶梅》《红楼梦》等名著而讨论中国文学演变传承的关系。这两部著作保持了选题新颖的特色，同时也展现了作者视野开阔的特色，一般的研究者专注于司马迁的《史记》本身，或汲汲于考订文字，或孜孜矻矻考索史实，这些自然也是《史记》研究的重要组成部分，但如作者那样跳脱鲜活，从整个文学史采英撷华，而后又回归《史记》，实不多见。这里我也要指出，学术研究如此广阔的视野，是其早期积累的升华，如《〈史记〉研究资料索引和论文专著提要》第一部分第十节收录了和史记有关的戏剧、小说资料，已见萌芽。

第三波是参加一些重要的《史记》研究集成之作的编撰，首先是与张大可先生一起编写了《司马迁一家言》（陕西教育出版社1995年版）一书，对司马迁的"一家言"思想及内涵的做了专题论述。其次是与安平秋、张大可主编《〈史记〉教程》（华文出版社2002年版）和《史记》研究集成》14卷（华文出版社2005年版），前者是中国史记研究会为高校开设《史记》研究选修课而编写的教材，后者是古往今来《史记》研究成果的集成之作。此外，俞樟华还参与韩兆琦主编的《〈史记〉文白评精选》（吉林人民出版社1992年版）、张新科主编的《〈史记〉研究资料萃编》（三秦出版社2011）等书的编撰工作。

二、传记研究的开拓性

钱穆论中国史学的特色曰："纪传乃为二十五史之主体，志与表仅如附属，分量不大，价值意义亦居较次之地位。故纪传一部分，在中国正史中，其地位价值亦特高。纪传之主要特征，乃一种'人物史'。故中国史书传统，可谓人物传记乃其主要之中心，亦可谓中国史学，主要乃是一种人物史。"《史记》正是纪传体的开创者，因此对《史记》精神把握越精深，就越会注意到研究人物一途，可以说《史记》研究与传记文学研究有着天然的学术纽带，是《史记》研究深入之后的自然转向。因此，俞樟华教授由《史记》向传记文学研究的拓展既是合乎学理逻辑的，同时也体现了其在新的学术领域探索上勇猛精进的开拓性。

合文学与史学于一体的古代传记文学研究，是新时期学术研究的一个热点与亮点所在。全展《中国古代传记文学研究30年》（《荆楚理工学院学报》2010年第12期）将20世纪80年代以来的传记文学研究划分为三个时期，即

清代的《史记》研究

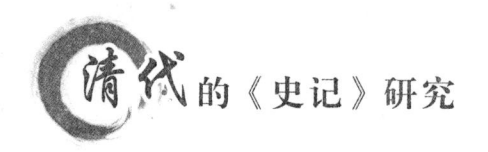

80年代的起步积累期,90年代的发展繁荣期,2000年代的深化拓展期,期间呈现为老生代(朱东润)、后老生代(韩兆琦、陈兰村、李少雍等)、中生代(李祥年、俞樟华、张新科、郭丹等)、新生代(熊明、史素昭、许菁频等)四代学者的交替与延续。作为中生代的代表,俞樟华教授的学术成果集中体现在《中国传记文学理论研究》(湖南文艺出版社2000年版)、《古代杂传研究》(合著,吉林文史出版社2005年版)、《传记文学谈薮》(中国文史出版社2007年版)、《清代传记研究》(合著,上海三联书店2013年版)、《古代传记真实论》(合著,中国文史出版社2013年版)等等。这些著作从理论研究、类型研究、专题研究以及断代史研究等不同层面所体现的学术开拓性意义,得到了学界同仁的高度评价。

鉴于古代传记文学理论资料零碎分散,浩如烟海,如珠玉散落在各种典籍之中,迫切需要学界对此加以系统的梳理与总结,俞樟华教授《中国传记文学理论研究》一书正好切合了这一学术需要,第一次全面清理和总结了中国古代传记文学的理论。作者首先通过长期积累细心地下了一番爬罗剔抉、刮垢磨光的浩繁功夫,从历代传记作品的序跋论赞、各种史书、历代文人对史传和杂传作品的评点著作、笔记杂著、目录学著作、文学批评著作、历史评论和小说评论著作、诗文书信序跋奏议表状、帝王诏书及一些专题文章、历代文学作品选等十大类的著作之中搜集资料,鉴别整理,系统总结,因此资料丰富是该书的最明显的特色。其次是理论框架建构。中国古代并无完整的传记理论体系,相关论述也散见于各种文献,虽然中国文学批评史已经非常成熟,但始终没有注意到传记文学理论的现代转型,而且相较于西方传记理论重叙事法则、叙事伦理,中国传记文学的创作宗旨是惩恶劝善经世致用,这是中西不同文化学术传统长期孕育的结果,所以作者特别强调了与此密切相关的真实论,并在对本土传记理论民族特色的深切把握中,第一次建构起中国特色的传记理论框架。此书出版后,学界好评如潮。陈桐生谓读到樟华教授的这一新著后,感到非常兴奋,认为这本书在樟华教授个人治学生涯中是一个重要的标志性成果,而在中国传记文学理论批评史的研究领域,这本书又是一本填补空白的论著。而且他特别说明他在使用"填补空白"这个词的时候是颇费斟酌的,但因此书"确确实实是这个领域中的第一本,说他填补了一项空白并不为过"(陈桐生《向着中国传记文学理论开拓——评俞樟华〈中国传记文学理论研究〉》,《浙江学刊》2000年第6期)。张新科也赞扬此书的出版填补了这方面的空白,是古代传记理论研究的开拓之作,认为著作的成功,首先在于有严密的逻辑结构和完整的体系;其次,完整的体系是建立在扎实的资料基础上的;再次,体系和材料以自己思想的"线"来统帅材料,表现出独特的识见(张新科《古代传记理论研究的开拓之作——读〈中国传记文学理论研究〉》,《运城高等专科学校学报》2001年第1期)。李彦东《古代文论研究的新视角——读〈中国传记文学理论研究〉》(《中国图书评论》2001年第10期)则总结为四大特点:一是资料翔实,旁征博引;二是博观约取,创造转化;三是重视经典,举一反三;四是文化观照,见微知著。

《古代传记真实论》对《中国传记文学理论研究》的核心问题之一的真实论再次做了深入的探讨,是一部致力于古代传记理论专题研究的力作。全书共分为八章,主要内容包括:传记真实的意义;传记"实录"论;刘知幾论"直书"与"曲笔";材料真实是传记真实的基础;传记作者与传记真实;传记真实与小说真实;传记文学的艺术加工等。这是对《中国传记文学理论研究》相关论题的进一步深化。

此外,《古代杂传研究》属于传记类型研究,是俞樟华带领浙江师范大学古代传记文学研究方向毕业的五名硕士研究生集体攻关的项目,其中许菁频关于古代自传的研究、盖翠杰关于古代行状的研究、叶娇关于唐代古文家传记的研究等,是对中国古代杂传文学研究的一次系统深化,是科研成果与育人成果的融合和统一。《传记文学谈薮》《清代传记研究》分别作为传记的专题研究与断代史研究著作,也同样各具特色。

需要强调一下的是,俞樟华教授在致力于传记文学研究的同时,也时时关注《史记》之后迄于当今传记文学创作的命运与前景,除了前文提及的《论后代传记文学无法超越〈史记〉的原因》的历时性思考之外,还在《时代呼唤史诗般的革命领袖传记》(文艺报2001年6月30日)一文中就当下盛极一时的领袖传记创作提出了自己的看法,认为"史诗般的领袖传记,首先要将诗意注入人生,注入生活,或者从日常生活中发掘诗意,升华诗意"。此文后被《新华文摘》2001年第10期全文转载,中国人民大学复印资料《文艺理论》2001年第9期全文复印,于此亦可见作者由古及今的现实当代意识与现实情怀。

三、学术史研究的创新性

学术的发展总是有它自身的内在逻辑与演化规律,从一定意义上说,俞樟华在1989—1990年间撰写《〈史记〉研究史略》之时，实际上已开启了作者未来的另一个学术方向——学术史研究，因为无论从学术领域还是学术范式而论，《史记》研究史都可以称得上是典型的学术史研究。

编年体史书源远流长，导源于《春秋》，由《资治通鉴》集其大成，这是编年体学术史的主体渊源。然而由于种种原因，编年体学术史著作晚至民国时期才得以开花结果。早期的重要成果以钱穆的《先秦诸子系年》、刘汝霖的《汉晋学术编年》《东晋南北朝学术编年》等为代表。尤其是后二书，已是成熟的编年体学术史研究著作，更具开创性意义。然后到了20—21世纪之交，得益于"重写学术史"思潮的有力推动，学术编年再度勃然而兴。因为"重写学术史"既需要学术史观的创新引领，同时还取决于扎实的文献基础，其中学术编年显得特别重要。面对这样学术背景和趋势，俞樟华教授以其敏锐的学术感悟和扎实的文献功底，积极从原有的《史记》研究、传记文学研究领域新辟了第三个学术板块——学术史研究，其学术成果伴随新世纪初《王学编年》《桐城派编年》《中国学术编年》的出版而趋于高潮。

《王学编年》（吉林大学出版社2010年版）是一部关于王阳明及其后学研究的融合学术性与工具性于一体编年之作。王阳明是我国古代伟大的思想家、政治家、军事家、教育家和文学家，他建立了以良知与致良知说为主干的理学体系——王学，又称阳明学，对当时及后代哲学、文学、史学产生了深远而巨大的影响，清人毛奇龄《王文成传本》谓："尧舜相禅，全在事功；孔孟无事功，为千秋大憾。今阳明事功，则直是三代以后，数千百年一人。"王阳明为"千古一人"，殆非虚言。但迄今为止，并无一部有关"王学"的编年之作问世，所以《王学编年》的学术创新意义首先在于填补了这一学术空缺。全书记事按时间顺序，起自王阳明生年，即明宪宗成化八年（1472），下迄清康熙十五年（1676）黄宗羲纂《明儒学案》，对王学及其流派进行全面总结为止。主体部分以王阳明的生平和学术为纲，按时间先后介绍王阳明的生平事迹和学术观点，以及后代的主要研究观点和对王学的评价。对于王阳明，重点介绍王阳明家世、少年经历、王阳明师承、科举仕历、龙场悟道、升迁朝官、赣州剿"寇"、王学遭禁、建祠表彰、学术评价等内容。1676年以后与王学有关的清代人事，作为附录，择要著录。《王学编年》在体例上，也颇有更新的意义，它在继承"学案"编撰之学术传统优长的基础上，又有所创新。概而言之，一是"细密"；二是"广远"。《王学编年》聚焦于案主王阳明及其后学弟子，以时为序，逐年推进，一方面细致考察王阳明学术思想之嬗变;另一方面旁录彼时理学名士的学术活动与见解,相互映照。王学之初萌潜变,细微可辨,足以见出编撰之"细密",为旧之学案体所罕见。再者,王阳明一生寿数为五十七载,而编年为二百年,后学群起响应,弟子如云,扬波推澜,《编年》备录人事之纷繁复杂,百年铺展,以宏阔的历史性演述,足见其"广远"。正是此处的"细密"和"广远"补传统"学案体"之阙如,使之得以细化完善,从而注入新意,更具学术活力。仅就体例一端,《王学编年》于学界就颇有启示和示范意义。总之,《王学编年》考镜源流、辨章学术,极大地扩充了王学的内涵和外延,以丰富的史料立体地勾画二百年王学的学术生态,具有持论的客观性、谱系的立体性与学理的会通性等鲜明特点。此外,书后附有《王学研究论著知见录》,包括著作和论文两部分,按发表时间先后编排,既可见王学研究的基本成果,也可以作为《王学编年》正文内容的补充,读者还可以按图索骥,寻找自己需要的资料。所以此书除了固有的学术价值之外,还兼具检索便捷的工具性功能。(参见葛永海《二百年王学谱系的立体架构与多维演述——俞樟华〈王学编年〉简评》,《云梦学刊》2010年第6期)

《桐城派编年》(合著,国家社科基金后期资助项目,2014年结题,2015年人民文学出版社出版)记事起于桐城派之祖戴名世的生年,即顺治十年(1653),迄于桐城派殿军马其昶的卒年,即民国十九年(1930)。著录的主要内容,包括桐城派主要人物的生年、从师问学、交游、唱和、科举、为官、书信、序跋、著作、重要诗文作品、卒年、卒后的情况等,重点反映桐城派各家在文学、历史、学术、教育、政治、经济、军事、外交诸方面所做出的贡献。作者的贡献主要是:第一,本书是第一部用编年形式叙述清代桐城派发生、发展、衍变及消亡历史的学术著作,在研究形式上有所创新;第二,在研究内容上,本书突破桐城派是一个文派的局限,将桐城派研究扩展到文学以外的其他各个领域,包括政治、经济、军事、外交、文化、教育、学术研究等方面,使桐城派的研究,体现出综合性的特点;第三,本书在叙述桐城派各成员的活动和成就的同时,又大量吸收了晚清以来关于桐城派研究的各种成果,使本书具有桐城派发展史和研究史的性质;第四,在目前关于桐城派研究的各类著作中,本书所著录的桐城派人物和著作是最全最多的,它为今后桐城派研究提供了许多问题、线索和翔实的资料,为进一步研究桐城派奠定了很好的基础。

《中国学术编年》(与梅新林主编,华东师范大学出版社2013年版)自

清代的《史记》研究

1985年正式启动研究项目以来,历经28年的不懈努力,至2013年由华东师范大学出版社出版,这是迄今为止学术界首次以编年的形式对中国历代学术发展史的系统梳理,是一部力图站在21世纪新的学术制高点上全面综合与总结以往学术成果的集成性之作,同时也是一部兼具研究与检索双重功能的大型工具书。《编年》起于三皇五帝,终于清宣统三年,共计9卷,12册,1 000万字。《编年》具有自己独特而鲜明的学术追求:一是注重揭示中国学术史的宏观发展演变历程,在通观这一演变历程中把握各代学术盛衰规律;二是注重把握、突显中国学术史发展过程中不同学术流派的源起、形成、鼎盛及至解体历程,使得各种学术流派的兴替规律得以提炼;三是注重历朝历代各种学术群体的区域流向、位移、传承关系,以见学术中心的迁移规律,这是极有特色和眼界的一个研究方式;四是注重中外学术的冲突、交流与融合历程,以见跨文化的学术传承规律。《编年》综合吸取历代史书与各种学术编年之长而加以融通之,率先创制一种新的编纂体例,即主要由学术背景、学术活动、学术成果、学者生卒四大栏目所构成,同时在各栏目适当处加按语,另外再在每年右边重点记载外国重大学术事件,以裨中外相互参照,合之为六大版块。

以上三书——无论是《王学编年》《桐城派编年》的出入文史,还是《中国学术编年》的走向综合,都鲜明地体现了俞樟华教授的学术创新意识,这一方面表现在选题上的创新性,连续创造了契合学术本身发展需要的三个"第一",也就是说填补了相应领域的三个学术空白;另一方面则是体例上的创新性,说实在的,在编年体基本趋于成熟的情况下,要在体例上有所创新谈何容易,然而俞樟华教授的以上三书都切切实实地做到了,而且得到了学界前辈同仁的高度认可和赞许。此外,俞樟华教授还承担了国家社科基金重大招标项目——《浙东学派编年史》的研究工作,此与《王学编年》《桐城派编年》《中国学术编年》三书一样,也同时兼具了选题与体例的创新性。

从《史记》研究到传记研究再到学术史研究,构成了俞樟华教授数十年的学术生涯,在以上三大板块的学术链接中,第三板块既是前两大板块的延续,同时又体现了一种学术坚守和超越的可贵精神。

"路漫漫其修远兮,吾将上下而求索",学术研究是艰苦的,也是快乐的,这是一种"痛并快乐着"的事业,只要有志气,有恒心,肯吃苦,肯努力,一定是会有所收获、有所成功的。这是俞樟华教授学术研究给我们的启示。

(原载于《渭南师范学院学报》2015年第3期,作者为浙江工业大学博士)

参 考 文 献

著作

刘宝楠:《论语正义》,上海书店1996年版。

杨伯峻编:《春秋左传注》,中华书局1981年版。

赵岐、孙奭:《孟子注疏》卷一上,《十三经注疏》,北京大学出版社2000年版。

郑玄、孔颖达:《礼记正义》,《十三经注疏》,北京大学出版社2000年版。

司马迁:《史记》,中华书局1982年版。

司马迁著,张大可注释:《史记新注》,华文出版社2000年版。

扬雄撰,韩敬注:《法言注》,中华书局1992年版。

班固撰,颜师古注:《汉书集注》,中华书局1962年版。

许慎撰,段玉裁注:《说文解字》,上海古籍出版社影印经韵楼藏1998年版。

陆机:《陆士衡文集》,凤凰出版社2007年版。

范晔:《后汉书》,中华书局1965年版。

刘勰:《文心雕龙》,上海古籍出版社2011年版。

刘知幾著,蒲起龙通释,王煦华整理:《史通通释》,上海古籍出版社2009年版。

房玄龄等:《晋书》,中华书局1974年版。

杜甫著,杨伦笺注:《杜诗镜铨》,上海古籍出版社1980年版。

韩愈著,钱仲联、马茂元校点:《韩愈全集》,上海古籍出版社1997年版。

柳宗元著,曹明纲标点:《柳宗元全集》,上海古籍出版社1979年版。

元稹著,冀勤点校:《元稹集》,中华书局1982年版。

董诰:《全唐文》,中华书局1983年版。
石介著,陈植锷点校:《徂徕石先生文集》,中华书局1985年版。
欧阳修、宋祁:《新唐书》,中华书局1975年版。
苏洵著,曾枣庄等笺注:《嘉祐集笺注》,上海古籍出版社1993年版。
司马光:《资治通鉴》,中华书局1982年版。
程颢、程颐:《二程遗书》,上海古籍出版社2000年版。
苏辙著,陈宏天、高秀芳点校:《苏辙集》,中华书局出版社1990年版。
黄庭坚撰,蒋方选编:《黄庭坚集》,凤凰出版社2007年版。
张耒著,傅信等点校:《张耒集》,中华书局1990年版。
郑樵撰,王树民校点:《通志》,中华书局1995年版。
朱熹撰,朱杰仁、严佐之等主编:《朱子全书》,上海古籍出版社2002年版。
朱熹著,黎靖德编,王星贤点校:《朱子语类》,中华书局1986年版。
叶适:《习学纪言序目》,中华书局1977年版。
张纲:《华阳集》,清文渊阁《四部全书》本。
真德秀编:《文章正宗》,清文渊阁《四库全书》本。
刘克庄撰,王秀梅点校:《后村诗话》,中华书局1983年版。
黄震:《黄震全集》,浙江大学出版社2013年版。
陈耆卿著,曹莉亚校点:《陈耆卿集》,浙江大学出版社2010年版。
谢枋得编:《文章轨范》,中州古籍出版社1991年版。
林駉:《古今源流至论》,上海古籍出版社1992版。
佚名:《宋文选》,清文渊阁《四库全书》本。
马端临:《文献通考》,中华书局1986年版。
王实甫著,金圣叹批评:《金圣叹批评本西厢记》,凤凰出版社2011年版。
盛如梓:《庶斋老学丛谈》,清知不足斋丛书本。
施耐庵著,金圣叹批评:《金圣叹批评本水浒传》,岳麓书社2006年版。
罗贯中著,毛纶、毛宗岗点评:《三国演义》,中华书局2009年版。
李贽、毛宗岗、鲁迅等评,钟宇辑:《三国演义:名家汇评本》,北京图书馆出版社2007年版。
叶盛:《水东日记》,清康熙刻本。
李开先:《李开先全集》,上海古籍出版社2014年版。
归有光著,周本淳校点:《震川先生集》,上海古籍出版社2007年版。

茅坤著,张梦新、张大芝点校:《茅坤集》,浙江古籍出版社2012年版。
茅坤编纂,王晓红整理:《史记抄》,商务印书馆2013年版。
胡应麟:《诗薮》,上海古籍出版社1979年版。
袁宗道著,钱伯城标点:《白苏斋类集》,上海古籍出版社1989年版。
凌稚隆辑校,李光缙增补,于亦时整理:《史记评林》,天津古籍出版社。
艾南英:《天佣子集》,艺文印书馆1980年版。
冯班:《钝吟杂录》,中华书局1985年版。
金圣叹:《杜诗解》,上海古籍出版社1984年版。
黄宗羲编:《明文海》,清涵芬楼钞本。
李渔:《闲情偶寄》,三秦出版社2011年版。
方以智:《文章薪火》,清昭代丛书本。
顾炎武著,黄汝成集释,栾保群、吕宗力校点:《日知录集释》,花山文艺出版社1990年版。
侯方域著,王树林校笺:《侯方域全集校笺》,人民文学出版社2013年版。
魏际瑞《伯子论文》,王水照编《历代文话》第四册,复旦大学出版社2007年版。
[日]泷川资言:《史记会注考证》,万卷楼出版社2010年版。
吴见思、李景星著,陆永品点校整理:《史记论文　史记评议》,上海古籍出版社2008年版。
徐乾学:《憺园文集》,清康熙刻冠山堂印本。
张先撰,江小角、杨怀志点校:《张先全书》,安徽大学出版社2013年版。
仇兆鳌注:《杜诗详注》,中华书局1979年版。
蒲松龄著,冯镇峦批评:《冯镇峦批评本聊斋志异》,岳麓书社2010年版。
戴名世著,王树民编校:《戴名世集》,中华书局1986年版。
吴楚才、吴调侯编:《古文观止》,浙江古籍出版社2010年版。
何焯:《义门先生集》,上海古籍出版社2002年版。
方苞者,刘李高校点:《方苞集》,上海古籍出版社1983年版。
李绂:《秋山论文》,王水照编《历代文话》第四册,复旦大学出版社2007年版。
姚苧田选评:《史记菁华录》,上海古籍出版社2007年版。
王又朴编选,凌朝栋整理:《史记七篇读法》,商务印书馆2013年版。

311

李晚芳:《李菉猗女史全集》,齐鲁书社2014年版。
刘大櫆:《论文偶记》,人民文学出版社1959年版。
刘大櫆著,吴孟复标点:《刘大櫆集》,上海古籍出版社1990年版
吴敬梓著,李汉秋辑校:《儒林外史汇校汇评》,上海古籍出版社2010年版。
牛运震撰,魏耕原、张亚玲整理点校:《史记评注》,三秦出版社2011年版。
牛运震:《读史纠谬》,齐鲁书社1989年版。
汤谐编纂,韦爱萍整理:《史记半解》,商务印书馆2013年版。
汪越:《读史记十表》,清文渊阁《四库全书》本。
王鸣盛撰,陈文和、王永平、张连生、孙显军校点:《十七史商榷》,凤凰出版社2008年版。
赵翼著,王树民校正:《廿二史劄记校注》,中华书局2013年版。
钱大昕撰,陈文和、张连生、曹明升校点:《廿二史考异》,凤凰出版社2008年版。
姚鼐著、刘季高标校:《惜抱轩诗文集》,上海古籍出版社1992年版。
姚鼐:《惜抱轩全集》,中国书店出版社1991年版。
姚鼐编,边仲仁标点:《古文辞类纂》,岳麓书社1988年版。
姚鼐著,卢坡校点:《惜抱轩尺牍》,安徽大学出版社2014年版。
章学诚著,罗炳良译注:《文史通义》,中华书局2012年版。
永瑢等编:《四库全书总目》,中华书局1983年版。
余诚编,吕营校注:《古文释义》,北京古籍出版社1998年版。
王念孙:《读书杂志》,中华书局1991年版。
梁玉绳:《史记志疑》,中华书局1981年版。
阮元:《诂经精舍文集》,中华书局1985年版。
吴德旋著,吕璜述:《初月楼古文绪论》,人民文学出版社1959年版。
方东树著,汪绍楹校点:《昭昧詹言》,人民文学出版社1984年年版。
方东树:《仪卫轩文集》,同治七年刻本。
梅曾亮:《柏枧山房文集》,《续修四库全书》,上海古籍出版社1995年版
吴敏树撰,张在兴校点:《吴敏树集》,岳麓书社2012年版。
曾国藩:《曾国藩全集》,岳麓书社1986年版。
曾国藩:《求阙斋读书录》,《续修四库全书》本,上海古籍出版社2002

年版。

曾国藩:《曾文正公家训》,《续修四库全书》本,上海古籍出版社 2002 年版。

曾国藩:《曾国藩文选》,苏州大学出版社 2001 年版。

曾国藩著,石晶编:《曾国藩点评古典名著》,中国人事出版社 2011 年版。

曾国藩著,陈书良校点:《曾国藩读书录》,上海古籍出版社 2012 年版。

曾国藩著,钱仲联主编:《曾国藩文集》,苏州大学出版社 2001 年版。

刘熙载撰,袁津琥校注:《艺概注稿》,上海古籍出版社 2009 年版。

郭嵩焘:《史记札记》,商务印书馆 1957 年版。

程馀庆著,高益荣、赵光勇、张新科编撰:《历代名家评注史记集说》,三秦出版社 2011 年版。

赵铭:《琴鹤山房遗稿》,金兆蕃 1992 年刊本。

林纾:《春觉斋论文》,王水照编《历代文话》第七册,复旦大学出版社 2007 年版。

林纾:《畏庐续集》,北京市中国书店 1985 年版。

刘鹗:《老残游记》,人民文学出版社 1982 年版。

王国维:《观堂集林》,中华书局 1959 年版。

李扶九选编,黄仁黼纂定:《古文笔法百篇》,岳麓书社 1984 年版。

何文焕:《历代诗话》,中华书局 1981 年版。

徐世昌编:《晚晴簃诗汇》,民国退耕堂刻本。

鲁迅:《南腔北调》,《鲁迅全集》,人民文学出版社 2005 年版。

鲁迅:《且介亭杂文》,《鲁迅全集》,人民文学出版社 2005 年版。

胡适:《胡适文存》,首都经济贸易大学出版社 2013 年版。

梁启超:《中国历史研究法》,《梁启超全集》,北京出版社 1999 年版。

梁启超:《中国近三百年学术史》,《梁启超全集》,北京出版社 1999 年版。

梁启超:《要籍解题及其读法》,《梁启超全集》,北京出版社 1999 年版。

陈寅恪:《金明馆丛稿二编》,上海古籍出版社 1980 年版。

陈柱:《中国散文史》,上海书店 1984 年版。

郭绍虞编:《中国文学批评史》,上海古籍出版社 1979 年版。

郭绍虞主编:《中国历代文论选》,上海古籍出版社 1980 年版。

魏际昌:《桐城古文学派小史》,河北教育出版社 1988 年版。

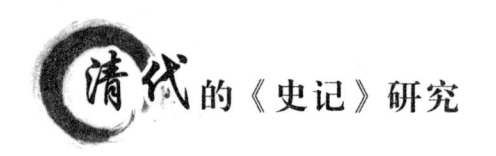

周振甫：《文章例话》，江苏教育出版社2006年版。

周汝昌：《红楼艺术》，北京人民文学出版社1995年版。

靳德峻：《史记释例》，商务印书馆1933年版。

[法]米·杜夫海纳著，韩树站译：《审美经验现象学》，文化艺术出版社1996年版。

李长之：《马迁之人格与风格》，天津人民出版社2007年版。

蒋致中编：《牛空山先生运震年谱》，台北商务印书馆1978年版。

陈幼石：《韩柳欧苏古文论》，上海文艺出版社1983年版。

程千帆等：《程千帆全集》，河北教育出版社2000年版。

孟醒仁：《桐城派三祖年谱》，安徽大学出版社2002年版。

吴孟复：《桐城文派述论》，安徽教育出版社2001年版。

王镇远：《桐城派》，上海古籍出版社1990年版。

郭预衡：《中国散文史》，上海古籍出版社1993年版。

[联邦德国]H·R·姚斯、R·C·霍拉勃著，周宁、金元浦译：《接受美学与接受理论》，辽宁人民出版社1987年版。

可永雪：《史记文学成就论衡》，中央人民出版社2012年版。

朱世英、郭景春：《唐宋八大家散文技法》，长江文艺出版社1989年版。

郑之洪：《史记文献研究》，巴蜀书社1997年版。

杨燕起、陈可表、赖长扬编：《历代名家评史记》，北京师范大学出版社1986年版。

韩兆琦：《史记题评》，陕西人民教育出版社2000年版。

韩兆琦：《史记评论赏析》，内蒙古人民出版社1985年版。

韩兆琦：《史记通论》，广西师范大学出版社1996年版。

周中明：《桐城派研究》，辽宁大学出版社1999年版。

王水照编：《历代文话》，复旦大学出版社2007年版。

王献永：《桐城文派》，中华书局1992年版。

蔡景康编：《明代文论选》，人民文学出版社1993年版。

漆绪邦、王凯符选注：《桐城派文选》，黄山书社1986年版。

成复旺、黄保真、蔡钟翔：《中国文学理论史》，北京出版社1987年版。

杨怀志、潘忠荣主编：《清代文坛盟主》，安徽人民出版社2002年版。

石昌渝：《中国小说源流论》，三联书店1994年版。

张大可、安平秋、俞樟华主编:《史记研究集成》,华文出版社2005年版。
张大可:《史记研究》,甘肃人民出版社1985年版。
蔡镇楚:《中国古代文学批评史》,岳麓书社1999年版。
李少雍:《司马迁传记文学论稿》,重庆出版社1987年版。
安平秋、张大可、俞樟华主编:《史记教程》,华文出版社2002年版。
[德]瑙曼等著,范大灿编:《作品、文学与读者》,文化艺术出版社1997年版。
朱立元:《接受美学》,上海人民出版社1989年版。
王运熙、顾易生主编:《中国文学批评史》,上海古籍出版社1981年版。
赖明德:《司马迁之学术思想》,台北出版社1983年版。
许福吉:《义法与经世 方苞及其文学研究》,学林出版社2001年版。
金元浦:《接受反应文论》,山东教育出版社1998年版。
陈文忠:《中国古典诗歌接受史研究》,安徽大学出版社1998年版。
赵望秦、蔡丹等编选:《史记与咏史诗》,三秦出版社2012年版。
俞樟华:《传记文学谈薮》,中国文史出版社2007年版。
俞樟华:《中国传记文学理论研究》,湖南文艺出版社2000年版。
俞樟华:《史记艺术论》,华文出版社2002年版。
俞樟华等:《唐宋史记接受史》,吉林人民出版社2004年版。
俞樟华:《史记新探》,民族出版社1994年版。
刘小枫:《接受美学译文集》,三联书店1989年版。
许结编选:《中国历代文学流派作品选 桐城文选》,凤凰出版社2012年版。
杨荣祥:《方苞姚鼐文选译》,巴蜀书社1991年版。
谭帆:《古代小说评点简论》,山西人民出版社2005年版。
张新科、高益荣、高一农主编:《史记研究资料萃编》,三秦出版社2011年版。
汪龙麟、段启明主编:《清代文学研究》,北京出版社2001年版。
朱志荣:《中国文学艺术论》,山西教育出版社2000年版。
万奇著:《桐城派与中国文章理论》,内蒙古教育出版社1999年版。
王攸欣:《选择、接受与疏离》,三联书店1999年版。
刘学军、徐业龙编:《国士无双——历代诗人咏韩信》,南京大学出版社

2009年版。

桐城县地方志编纂委员会编:《桐城县志》,黄山书社1995年版。

安徽省社会科学院文学研究所编:《桐城派研究论文选》,黄山书社1986年版。

杨海峥:《汉唐〈史记〉研究论稿》,齐鲁书社2003年版。

论文

朱希祖:《太史公解》,《制言》1936年第15期。

施蛰存:《太史公名号辨》,《学原》1948年第5期。

贺珏:《戴南山及其思想的初步考察》,《安徽史学通讯》1959年第4、5期合刊。

白寿彝:《司马迁寓论断于序事》,《史学史研究》1980年第1期。

李孝堂:《〈史记〉的人物描写》,《齐齐哈尔师范学院学报》1983年第2期。

许总:《论戴名世及其在桐城派中的地位》,《江淮论坛》1984年第2期。

钟扬:《论戴名世与桐城派之关系》,《安庆师院学报》1985年第4期。

俞樟华:《评明清学者论太史公叙事手法》,《浙江师范大学学报(哲学社会科学版)》1987年,《1987年青年教师论文专辑》。

韩兆琦:《司马迁自请宫刑说》,《北京师大学报》1988年2期。

俞樟华:《论〈史记〉对〈水浒传〉的影响》,《浙江师范大学报(社会科学版)》1992年第1期。

邓小军:《杜甫诗史精神》,《安徽教育学院学报(社会科学版)》1992年第3期。

俞樟华:《史记峻洁论》,《浙江社会科学》1994年第6期。

周中明:《应恢复戴名世桐城派鼻祖的地位》,《安徽大学学报》1994年第3期。

王增文:《〈史记〉的写人艺术》,《渭南师专学报》1995年第2期。

辛一江:《论〈史记〉的写人艺术》,《昆明师专学报(哲学社会科学版)》1996年第12期。

俞樟华、邱江宁:《论〈史记〉的复笔》,《汉中师范学院学报》1999年第3期。

俞樟华:《论〈史记〉与古代诗歌》,《浙江师范大学学报(社会科学版)》

2002年第2期。

可永雪：《说〈史记〉的长句》，《内蒙古师范大学学报》2002年第4期。

任刚：《〈史记〉、〈汉书〉"以事写人"方法的比较》，《内蒙古师范大学学报（哲学社会科学版）》2002年第12期。

赵明正：《〈史记〉写人艺术新探——遵循人性逻辑来表现人》，《湖北民族学院学报（哲学社会科学版）》2003年第5期。

张富春：《〈史记论文〉研究》，河南大学硕士论文2003年版。

潘定武：《〈史记〉写人成就略探》，陕西师范大学硕士论文2003年版。

王齐：《〈归评史记〉对〈史记〉的接受》，《文艺研究》2005年第6期。

张秀英、赵国玺：《谈〈史记〉的写人艺术》，《大连教育学院学报》2004年第6期。

邓国光：《古文批评的"神"论——茅坤〈史记钞〉初探》，《文学评论》2006年第4期。

王保兴、于素香：《〈史记〉的写人艺术略论——以细节描写和互见法为例》，《长沙通信职业技术学院学报》2007年第12期。

井东燕：《牛运震传略》，兰州大学硕士论文2007年版。

宋嗣廉：《历代吟咏〈史记〉人物诗歌选读》，吉林人民出版社2008版。

赵国安：《〈归方评点史记合笔〉研究》，广西大学硕士论文2008年版。

韩锁明：《〈史记评议〉论》，陕西师范大学硕士论文2009年版。

张清萍：《论〈史记〉的写人艺术》，《南昌教育学院学报》2010年第11期。

陈如毅：《略论〈史记〉的写人艺术》，《沙洋师范高等专科学校学报》2010年第12期。

朱志先：《从凌稚隆〈史记评林〉看明代〈史记〉评点》，《湖州师范学院学报》2011年第6期。

陈慧：《〈史记〉的写人艺术及其在文学史上的影响》，《黄冈职业技术学院学报》2011年第10期。

余祖坤：《王又朴的古文批评及其价值》，《文艺理论研究》2015年第2期。

清代的《史记》研究

后　　记

　　我从大学时代开始阅读和研究《史记》，一晃几十年过去了。回顾自己的学术研究道路，不禁感慨良多。当时之所以选择司马迁的《史记》为研究对象，一是因为《史记》既是我国第一部纪传体通史巨著，亦是古代传记文学的开创之作，历史与文学结合得非常好，很符合自己文史兼好的兴趣；二是因为司马迁是伟大的历史学家、文学家和思想家，他的《史记》博大精深，是一部百科全书式的文化巨著，可研究的东西很多，只要认真钻研，勤奋发掘，必然有所收获。这里需要强调的是，研究对象的大小与研究时间的长短、研究成果的大小及学术影响的大小是紧密相关的。研究对象是一流的，它才值得花较多的时间和较大的精力去研究，也可以花较多的时间和较大的精力去研究，如果研究对象范围太小，内容不多，你即便想花很多时间去研究也是不可能的，也是没有必要的；研究对象是一流的，你的研究成果才有可能是一流的，其影响也才可能比较大；即便做不出一流的成果，只做出二流的甚至是三流的成果，也会比一般研究成果的影响要大一些。此外，研究对象是一流的，已有的研究成果必然比较多，有的甚至汗牛充栋，不可胜计，要选择这样的对象进行研究，是比较困难的，这就需要勇气和胆识，同时还需要有耐力和恒心，否则，一害怕就放弃了。所以说，研究对象的选择是至关重要的，没有一个好的研究对象，自然也就没有理想的研究结果。

　　研究对象确定以后，需要以坚定不移、锲而不舍的精神来从事研究，只有始终不移地认准一个目标进行研究，才能产生系列成果，从而形成自己的拳头产品，才能在某个领域建立起自己的学术地位，发表属于自己的声音。如果不断地打一枪换一个地方，那么，其成果就会比较分散，不可能形成自己的特色，更不大可能引起学术界的注意和重视。我校教师中，凡是有所成就的，都是这样做的。十多年来，自己抱定一个宗旨，就是始终坚持以《史记》研究为中心来

后 记

开展学术研究,就《史记》研究方面就先后完成了《〈史记〉研究资料索引和论文专著提要》《〈史记〉研究史略》《〈史记〉新探》《〈史记〉通论》《〈史记〉艺术论》《〈史记〉人物故事嬗变研究》《唐宋〈史记〉接受史》等书的编写,其中有的是独立的专著,有的是合作的著作,同时还发表了几十篇《史记》研究论文,终于形成了自己的特色,在国内外的《史记》研究界造成了一定的影响。日本学者池田英雄在所著《史记学五十年》(1995年明德出版社)一书中,对本人的《史记》研究成果有多次好评,如说"杨燕起、俞樟华合编的《〈史记〉研究资料索引和论文专著提要》是由三个部分构成的,这里只谈一下第二部分《史记》研究论文提要",这一部分将四十年间发表的一百一十余篇有代表性的论文的要旨做了归纳整理,每篇各有半页至两页的篇幅。论文的排列次序以发表年代为序,自然而然地形成一部最近四十年来中国史记研究发展史。像这样对读者极为方便且有价值的书,在中国尚属首次出版,而在日本还没有。""对于《史记》艺术美研究方面最可资参考的材料是收录在刘乃和主编的《司马迁和〈史记〉》一书中的俞樟华的论文——《略述古代学者对于〈史记〉艺术的评论》。该文汇集中国从东汉至清末两千年间所出现的关于《史记》的艺术评论,按照时代顺次予以介绍并加以评论。这对想学习研究《史记》艺术方面的人来说,不仅是强有力的资料,而且极富启示性。本书多处采用俞樟华先生的高见,在此深表谢意。""张新科和俞樟华合著的《〈史记〉研究史略》也付梓印行。这本书的重点方面是研究史。新中国成立以来的《史记》研究不断开拓新的领域并取得了令人瞩目的进展,但其中的《史记》研究史方面却长期无人问津。而现在张新科、俞樟华合著的《〈史记〉研究史略》则填补了这方面的空白。……在这上下两千年的历史中,各代研究者所确立的研究目标和研究方法是随着时代发展而不断推移繁衍的,令人目不暇接。而著者能够准确地捕捉住复杂多变的头绪,整理分析各代庞杂的资料,为读者提供了一个体系。还有,在本书后面的八、九、十三章中,作者介绍了以日本、中国台湾为主的《史记》研究现状,并且强调,今后的《史记》研究,应该加强世界各国学者间的广泛联系,必须扩大《史记》研究的范围。张新科、俞樟华两人所开拓的《史记》研究史的功绩非常之大。……这本大作是新中国《史记》学上的一个辉煌的成果。"另如美国学者倪豪士的论文《中国的〈史记〉研究》、日本学者藤田胜久的《司马迁的时代》、韩国学者朴宰雨的专著《〈史记〉汉书比较研究》、中国台湾学者张高评主编的《〈史记〉研究粹编》等,对本人的研究成果或有引用,或有评价;内地《史记》研究名家韩兆琦、张大可、宋嗣廉、陈桐生、徐兴海、张新科、

319

清代的《史记》研究

可永雪等先生都曾撰写书评称赞本人的《史记》研究论著,他如孙海洋的《〈史记〉纵论》、梁建邦的《〈史记〉论稿》、朱枝富的《司马迁政治思想通论》、惠富平的《〈史记〉与〈中国农业〉》等论著,对本人的研究成果也都有引用或评述。

在《史记》研究中,我主要做了三方面的工作:其一,以《史记》研究为基点,全方位地训练自己的治学能力。比如古籍校点、翻译、注释、作品赏析、人物评传、目录索引、资料集评、事实考证、研究概述,以及理论阐发,几乎将古代文学研究所要涉及的各种能力,都做了程度不同的训练,不仅提高了自己的治学能力和学术水平,而且大大增加了研究的成果。比如自己校点的古籍就有《〈史记〉会注考证驳议》《四史评议》《历代名臣传》等数百万字。

其二,以点带面,延伸研究领域。专门研究《史记》一书,可能太专太偏,会被认为面太窄,为了弥补这种缺陷,我以《史记》为基点,一方面上挂下连,把《史记》放在整个文学发展史中考虑,往上联系撰写了《史记》与《左传》《晏子春秋》、屈原等文章,往后联系撰写了《史记》与《汉书》《新五代史》,与唐宋八大家,与戏曲,与小说《三国演义》《水浒传》《红楼梦》等文章,这样做,不仅扩大了《史记》研究的领域,而且使自己对文学发展的历史有了更深入的了解,对讲课、做文章都很有好处。另一方面从《史记》是古代传记文学开创之作的角度生发开去,由《史记》进入对古代传记文学理论的研究,经过多年的努力,撰写了《中国传记文学理论研究》一书。此书出版后,得到了学术界较高的评价,这里引一段传记文学研究专家全展教授在《当代:传记文学理论研究与批评态势》(荆门职业技术学院学报2003年第4期)一文中的评价:"俞樟华的《中国传记文学理论研究》的问世,填补了我国古代传记文学理论批评的学术空白,其开拓性自不待言。我们知道,古代传记文学理论资料零碎分散,浩如烟海,如珠玉散落在各种典籍之中。作者细心地下了一番爬罗剔抉、刮垢磨光的浩繁功夫,从历代传记作品的序跋论赞、各种史书、历代文人对史传和杂传作品的评点著作、笔记杂著、目录学著作、诗文书信序跋奏议表状、帝王诏书及一些专题文章、历代文学作品选等十大类的著作之中搜集资料,鉴别整理,系统总结,较为完整地建构出我国古代传记文学的理论体系。这部论著体例新颖,纵横结合,点面兼顾,达到了相当的理论深度。作者先从纵的方面概述了历代传记文学理论的发展进程,给读者一个整体印象;接下来再从横的方面分别论述了历代评论较多的十几个理论问题,涉及传记文学释名、体例、分类、作者、写作宗旨、立传标准、材料的搜集整理、真实性、人物写作、叙事、语言等等。所述论题之广泛,研究之深入,必将对当代传记文学理论的建立和发展,对当代传

后 记

记文学创作的推动,发挥其积极的影响作用。"

其三,注重运用新方法,开拓新领域。我始终认为,学问做得是否成功,与他采用的方法是否合理有效是密切相关的。有些青年教师迟迟进入不了学术研究领域,找不到研究的方向,这与他的治学方法是有关系的。治学方法既要向名家(包括书本)学习,也需要自己在长期的学术研究中不断积累与总结。大体而言,治学方法都是大同小异的,问题就出在这个"小异"上,"大同"的东西比较容易学,而"小异"却不容易得,偏偏这"小异"才是适合你自己的方法,才是你自己的特点,只有在方法上与人家"小异",你才可能做出与众不同的成果,发表属于自己的高见。我平时比较留意治学方法的学习,逐渐也摸索到一点适合自己的治学方法。比如我研究的《史记》和传记文学都是亦文亦史的,所以就在文史交叉方面多做些文章,这就与专门搞史的、专门搞文的人写的文章不大一样,文章发表多了,就形成了自己的特点。再如《史记》本身的研究,我也做一些,但是一些大家做得比较多的,自己又无法深入的,我一般不再去做。锦上添花的事比较难,所以我较多地选择人们做的比较少或还没有什么做的题目去做,效果却比较好。如《〈史记〉新探》一书中的18篇论文,学术界认为其中的12篇基本为新开掘的论题,填补了学术空白,评价甚高。像《司马迁的法律思想》《〈史记〉与〈晏子春秋〉》《〈史记〉与欧阳修的〈新五代史〉》《〈史记〉与戴名世》《〈史记〉与戏曲》等,都是比较新的选题。在研究方法上,我还比较喜欢采用纵横比较法,像《〈史记〉新探》中的文章,差不多全是用比较法进行论述的,这也颇有特色。《史记》研究专家、中国史记研究会常务副会长张大可教授在为该书所作的序中说:"在中国学术界,运用比较方法并不普遍,更谈不上深入。《新探》的尝试无疑开风气之先,且初试锋芒就取得成效,可喜可佩!"

清代是《史记》研究的高峰,成就巨大,可以总结的方面甚多,本书只是通过几个侧面,对清代研究《史记》的成果做了大致梳理。本书是由我和我的研究生周昉、朱晶晶、冯丽君、虞芳芳等共同完成的,书中的许多内容,已经以我和研究生署名在刊物上发表,这次汇为一书,在虞芳芳的协助下,又做了一些删改润色。不足之处,请读者批评指正。

俞樟华 于浙江师范大学江南文化研究中心
2016年1月4日